요한복음

요한복음

1권

도서출판 로고스

THE GOSPEL OF JOHN

Introduction, Exposition and Notes
BY
F. F. BRUCE D.D., F.B.A.

First published 1983 by Pickering & Inglis Ltd., England
This edition published 1983 through special arrangement with Pickering & Inglis by
William B. Eerdmans Publishing Company, 255 Jefferson Ave., S. E., Grand Rapids,
Michigan 49503

Printed in the United States of America

ISBN 0-8028-3407-8

Reprinted, January 1989

WILLIAM B. EERDMANS PUBLISHING COMPANY

GRAND RAPIDS, MICHIGAN

역자 서문

먼저 하나님 우리 아버지께 우리 주 예수 그리스도의 이름으로 감사와 찬미를 드리나이다. 누가 이 책의 저자이고, 누가 이 책의 역자이고, 누가 이 책을 출간 하였으며, 누가 이 책에 대한 실질적인 책임과 권한을 가지고 있느냐 하는 것은 전적으로 2차적인 문제입니다. 오직 이 책은 하나님의 책입니다. 하나님께서 우리에게 은혜로 허락하신 책입니다.

"지혜자의 말씀은 찌르는 채찍 같고 회중의 스승의 말씀은 잘 박힌 못 같으니 다 한 목자의 주신 바니라" (전12:11)

좋은 주석이란 본문에 대한 정당한 이해를 전제해야 합니다.

저자의 개인적인 체험이 아무리 놀랍다 할지라도 본문에 대한 정당한 이해가 없이는 그가 바른 주석이나 주해를 하고 있지 않다는 것을 알아야 할 것입니다. 성경해석의 대원리는 "성경이 말하는 바를 말하게 하는 것" 이다. 다시 말하면, 자기의 주관적인 이해는 가장 뒤로 옮기고 먼저 성경 본문 자체가 무엇을 말하고 있는가? 이 본문을 기록할 당시 성령의 감동을 받은 저자가 어떤 의도로 이렇게 기록하였는가? 그것을 정확하게 밝혀내는 것이 성경 해석의 임무이고, 책임입니다.

본 주석의 저자가 어떠한 식으로 이 요한복음을 주석했을지 이 책을 직접 대하지 않은 상황에서도 짐작할 만합니다.

우리는 이미 저자의 신앙적이고 신학적인 줄기가 어떠하다는 것을 이미 알고 있기 때문입니다. 그는 철저한 개혁주의적인 정통적인 성경관을 가진 20세기의 걸출(傑出)한 신약학자입니다.

그는 사람들이 흔히 이해하는 류의 요한복음 이해를 하나의 기준으로 삼지 않고 요한복음 자체가 무엇을 말하고 있는가? 즉, 이 복음서의 저자가 각 본문에서 그렇게 말한 의도가 어디에 있는지를 정확하게 알아내려고 학적이고 신앙적인 모든 도구를 다 동원합니다.

우리는 이 저자의 노력 속에서 이 주석이 단순한 주해가 아닌 적용의 암시를 담은 강해로의 모습으로 발전된 것을 발견합니다. 그는 이 복음서 지면(誌面)마다 증거 되는 그리스도의 영광과 그 탁월하심 앞에서 단순한 지적인 작업만을 할 수 없었던 것입니다. 그래서 본문에서 발견되는 진리에 자신의 학자적인 관심뿐 아니라 한 신앙인으로서의 모든 인격이 싸잡혀 들어가는 것을 발견하게 되는 것입니다.

이 주석은 이제까지 하나님의 섭리 속에서 출간된 모든 훌륭한 요한복음 주석이나 강해서들과 함께 하나님의 손에 들려서 하나님의 복음과 그 능력과 영광을 드러내기에 손색이 없는 책입니다.

바르고 정확한 본문 이해와 그 본문 이해 앞에서 경건한 한 신학자의 열정과 경건 속에서 하나님은 오늘도 말씀하시고 계십니다.

이 책을 출간하기 위해서 하나님의 손에 잡혀 쓰임을 받은 모든 이들과 이 책을 읽고 요한복음의 진리의 영광의 빛에 쏘일 모든 이들은 복 있는 자들입니다.

출판사의 사장님과 여러 직원들의 노고에 감사합니다.

주여, 이 책을 통하여 당신의 영광을 드러내소서. 번역의 거친 부분보다 주님의 영광의 진리가 더욱 크게 보이게 하소서. 아멘

1996. 여름이 물러가고 가을의 바람이 밀려오는 날에

서문 강 목사

머 리 말

본인의 에베소서 강해(1970)와 요한 서신 강해집(1961)과 같이 이 제 4 복음서에 대한 강해도, 전문적이거나 말씀 사역에 전념하여 성경을 연구하는 이들보다는 주로 성경 연구에 진지한 관심을 가지고 있는 일반 그리스도인 독자를 염두에 두고 쓰여진 것이다. 본문 비평 상의 문제나 언어학적인 문제나 다른 비평적인 문제들에 대하여는 가볍게 다루고 지나갔다. 여기서 주로 본인이 목적하는 바는 복음서 기자가 뜻하는 의미와 메시지를 본인이 아는 대로 전달하려는 것이다.

이 책이 모양을 갖추고 선을 보이기까지 거의 30여년이 걸렸다. 1953년에 나는 네 번에 걸쳐서 방갈로(Bangalore)의 *The Bible Student*지에 편집장 알프레드 맥도날드 레드우드(Alfred McDonald Redwood)의 청에 따라 분기당 1회씩 '요한복음 강해적 연구' (An Expository Study of St John' s Gospel)란 제목의 글을 연재하기 시작하였다. 그 잡지가 1960년에 정간(停刊)되었는데(그 때가 편집장이 죽기 2년 전이다), 그때는 요한복음 7장까지를 강해한 때였다. 그 후 몇 년간 그 일을 제쳐 놓고 있었다. 그러다가 1971년, 1972년에 제 4복음서에 나타난 그리스도 수난 기사에 대한 내 자신의 의도를 분명하게 밝혀야겠다(특히 그리스도가 법정에서 심문당하는 문제에 대하여)는 생각에서 *The Witness*지에 '요한복음 그리스도 수난 기사(記事)' (St John' s Passion Narrative)에 대해서 18편, '요한복음의 그리스도 부활 기사' (St John' s Resurrection Narrative)에 대하여 6편의 소논문을 기고하였다. 그 후 1977년에 *The Witness*지의 편집장이던 고(故)세실 하우레이(Cecil Howley)가 제안을 해왔다. 전에 *The Bible Student*지에 선을 보였던 강해적 연구를 실을 수 있도록 란을 허락할 테니(필요한 부분은 개정하여) 요한복음을 다 강해하기까지 그 일을 다시 시작해 달라는 제안이었다. 그 후 그 편집장이 작고한 뒤 후임자로 들어선 존 폴킹혼(John Polkinghorne)이란 사람도 그 일에 아주 호의적이어서 그 일을 잘 진행하여 나갈 수 있었다. 그 *The Witness*지가 *The Harvester*와 1981년에 합병을 하게 되는데 그 후에도 역시 그 월간지에 계속 매 달 그 강해가 실릴 수 있었다. 그리하여 1982년 11월에 그 강해를 완성하게 된다. 본인은 이처럼 하나로 묶여진 책의 형태로 출간할 준비를 위한 기회를 본인에게 준 출판 담당자들에게 감사하는 마음이다.

이 강해서의 내용이 처음에 선을 보였을 때에 가지고 있던 많은 부분의 군더더기나 난삽한 부분은 다듬어져야 하였다. 그 말은 전 회에 게재한 내용과 다음 회에 게재할 내용 사이를 연결하기 위하여 중복적으로 말해야 했던 상당한 부분이 삭제되어야 했다는 말이다.

본인은 본인보다 이전에 이 복음서를 강해하고 주석하는 이들에게 대단한 빚을 진 것을 안다: 어떤 강해자에게서 그 빚을 졌는지 밝힌 것도 있지만 아주 많은 경우에는 그러한 것을 밝히지 않고 그냥 지나치곤 하였다. 그것은 본인이 여러 해에 걸쳐서 요한복음에 대하여 읽거나 들었던 것의 대부분이 본인의 요한복음에 대한 사고(思考)속에 통합이 되어서 그 근거를 가려내기가 곤란하기 때문이었다. 본인이 가장 크게 도움을 입은 이는 다드(C. H. Dodd)박사의 저작이다. 또한 성경을 공부하는 많은 학생을 가르치는 일로 내 생애의 많은 부분을 들인 본인으로서는 이 복음서 연구에 특별한 전문성을 가진 두 동료를 만나는 행운을 안았었다-웨필드 대학의 알리인 길딩(Aileen Guilding)박사와 맨체스터 대학의 스티븐 스맬리(Stephen Smalley) 박사다-요한복음에 대한 본인의 이해는 그러한 이들과 협력관계를 유지하면서 더욱 강화되었다.

강해의 각 대목의 성경본문은 Nestle- Aland 헬라어판 1979년 본을 사역(私譯)한 것이다(그러나 본 역자는 특별하게 그리할 필요가 보이지 않는 한 한글개역본 본문 그대로 게재할 것이다-역주).

F. F. BRUCE

차 례

약 어 표

AB	Anchor Bible
ad loc.	At the place (cited)
AV	Authorized (King James) Version
BJRL	Bulletin of the John Rylands (University) Library
BNTC	Black' s New Testament Commentaries
CBC	Cambridge Bible Commentaries (on the New English Bible)
CBQ	Catholic Biblical Quarterly
CBRF	Christian Brethren Research Fellowship
EQ	Evangelical Quarterly
ExpT	Expository Times
GNB	Good News Bible
Hist. Eccl.	Ecclesiastical History
HTCNT	Herder' s Theological Commentary on the New Testament
HTR	Harvard Theological Review
IB	Interpreter 's Bible
ICC	International Critical Commentary
IEJ	Israel Exploration Journal
JQR	Jewish Quarterly Review
JTS	Journal of Theological Studies
LXX	Septuagint (Greek Old Testament)
MNTC	Moffatt New Testament Commentary
NCB	New Century Bible
NClarB	New Clarendon Bible
NEB	New English Bible
NICNT	New International Commentary on the New Testament
NIGTC	New International Greek Testament Commentary
NIV	New International Version

n.s.	new series
NT	New Testament
NTC	New Testament Commentary
NTS	New Testament Studies
op. cit.	The work (by the same author) cited (above)
OT	Old Testament
PEQ	Palestine Exploration Quarterly
PGC	Pelican Gospel Commentaries
Q	Qumran
Q1QS	Rule of the Community from Qumran Cave 1
Q3Q15	'Copper Scroll' from Qumran Cave 3
Q11QMelch	Melchizedek document' from Qumran Cave 11
Q11QTemple	Temple Scroll from Qumran Cave 11
QD	Quaestiones Disputatae
RB	Revue Biblique
RSV	Revised Standard Version
RV	Revised Version
SBLDS	Society of Biblical Literature Dissertation Series
SBLMS	Society of Biblical Literature Monograph Series
SBT	Studies in Biblical Theology
SNT	Supplement to Novum Testamentum
SNTSMS	Society for New Testament Studies Monograph Series
TDNT	Theological Dictionary of the New Testament
TNTC	Tyndale New Testament Commentaries
WBC	Word Biblical Commentaries
ZDPV	Zeitschrift des Deutschen Palästina-Vereins
ZNW	Zeitschrift für die neutestamentliche Wissenschaft

서 론

1. 복음서 기자와 복음서

제 4복음서는 다른 세 공관복음서와 같이 그 복음서의 저작자가 밝혀져 있다. 다시 말하면, 이 복음서의 저자의 이름이 그 내용 중에 소개되지 않았다는 말이다. '요한복음' 이라는 명칭은 네 복음서를 한데 묶어서 배포하기 시작할 때에 붙여진 명칭이다. 다른 세 복음서와 구별하기 위하여 붙여진 것이다. 정경(正經)에 포함된 네 복음서들이 익명으로 배포가 되었지만, 2세기 중엽부터 나타나기 시작한 가경적인 복음서들이 (거짓되이) 사도들이나 아니면 주님과 가까운 관계에 있던 자들에 의하여 쓰여졌다고들 선전하곤 했다. 그 사실은 주목할 만한 가치가 있다.

이 복음서가 '요한' 에 의하여 쓰여진 것으로 인식되기 시작하던 시점까지 거슬러 올라가서 보면 문제의 요한이 열 두 제자 중 한 사람인 세베대의 아들 요한이라는 의식이 일반적으로 기정되어 있었다. 요한[1]이라고 불리워지던 또 다른 '주의 제자' 요한에 대한 적극적인 증거가 있다. 그 요한은 (아마)아시아의 로마지경에 살았던 것 같다. 전승(傳承)에 따르면 세베대의 아들 요한이 1세기 후반에 팔레스틴에서 그리로 이주하였다는 것이다. 그러나 우리가 말할 수 있는 한에서 고대에 제 4복음서를 이 세베대의 아들 말고 다른 요한의 저작이라고 할 만한 다른 어떤 증거가 있는 것이 아니다. 이 다른 요한은 히에라폴리스의 감독이던 파피

1) Eusebius가 그의 *Hist. Eccl.* 3.39.4에서 인용한 파피아스 *Exegesis of the Dominical Oracles*, F. F. Bruce, *Men and Movements in the Primitive Church* (Exeter 1979), pp.132-136.

아스 (Papias)가 (주후 130년) '장로 요한' 이라고 지칭하는 사람이다-당시에 '장로' 는 사도 바로 다음 세대의 지도자적인 그리스도인들을 특별하게 지칭하는 명사다.

웨스트콧트(B. F. Westcott)는 고전적인 형태로 제 4복음서의 기자가 세베대의 아들 요한이라는 것을 증명하기 위한 구체적인 일련의 논증들이 발표되었던 것이다. 웨스트콧트에 의하면 복음서 자체가 증거하는 내증(內證)은, (1) 이 복음서가 한 팔레스틴의 유대인에 의하여 쓰여졌고, (2) 증인의 진술로 기록이 되었으며, (3) 예수께서 사랑하신 제자에 의하여 '쓰여진 것이며, (4) 그 사람은 다름 아닌 세베대의 아들 요한에 의하여 쓰여졌다[2]

이 복음서 기자가 유대인이었던 것은 분명한 것 같다. 유대교의 율법해석상 더 첨예한 문제점들에 대하여 종교지도자들과 예수님 사이에 있었던 논쟁이 이 복음서의 중심적인 장(章)들에 재현이 되어 있는데, 만일 이 복음서가 유대인이 아닌 자에 의하여 쓰여졌다면 당시 그 논쟁이 그렇게 잘 파악되어 그런 식으로 잘 기록되지는 못하였을 것이다. 복음서 기자가 자주 '유대인들' 이라는 어휘를 쓰면서 자신과 그들 사이에 거리를 크게 두고 있는 것 같이 느껴지게 하는 것은 사실이다. 그러나 그런 식의 표현을 쓰는 것은 (자신이나 자기와 연합하였던 자들과 구분되게) 통상 '다른 유대인들' 을 뜻하는 것이다. 아니면 때로는 (갈릴리에서 온 유대인들과 구분지어) 그 말을 쓴 것이다. 강해를 해나가면서 반복적으로 지적이 되겠지만, 각 본문에서 '유대인들' 이라는 말이 어떤 이들을

2) B. F. Westcott, *The Gospel according to St. John* (London 1880), pp. XXIV이하 참조. F. F. Bruce가 1966년에 Westcott의 *The Epistles of St. John* (London [3]1892)의 재판에 즈음하여 헌시(獻詩)를 쓴 것을 참조하라 (그 책 pp.lvii -lxxvi).

가리키고 있는지 확인하는 것은 항상 중요한 일이다.

이 복음서의 기자가 (적어도 그 출신에 있어서)팔레스틴 유대인이었던 것은 분명한 것 같다. 그럴듯하게 보이는 것 같이 이 복음서가 진술하는 일들이 일어나고 나서 약 60여 년 전에 아시아 지방에서 반포가 되었다면, 이 복음서가 기록하는 사건들이 일어난 상황뿐만 아니라, 그 사건들을 기록하여 반포하던 상황이 이 복음서에 비춰어 나타나는 것을 보고 놀라지 않아야 한다. 그러나 복음서 기자는 자기가 묘사하는 예수님의 사역의 여러 정경 (情景)에 대하여 개인적으로 친숙하다는 인상을 주고 있다. 특히 예루살렘 내에서나 그 주위에서 예수님께서 행하신 일들을 개인적으로 아주 친숙하게 알고 있었다는 인상을 주고 있다- '런던의 택시 운전사가 런던에 대하여 바삭하게 알듯이' 예루살렘에 대하여 잘 안다고 말하는 것이 과장이라고 할지라도 그 예루살렘에 대하여 아주 잘 알고 있는 이라는 인상을 그 복음서에서 끼치고 있다.[3]

소수의 학자들은 이 복음서의 기자와 그 복음서가 가지고 있는 팔레스틴의 성격을 강조한 나머지, 이 복음서가(다른 신약의 책들과 같이) 헬라어로 우리에게 전수되었지만, 본래는 팔레스틴 유대인들의 지방어였던 아람어로 기록된 것이라고 논증하는 데까지 나아갔다.[4] 그러나 그럴 개연성은 많지 않다. 만일 예수님과 그 제자들이 습관상 아람어로 말하였다면, 그들의 헬라어 말투에서 아람어적인 투가 나타나는 것이 자연스런 일일 것이다. (스코틀랜드의 고원지대에 사는 이들이나 웨일즈 출신 사람들이 사용하는 영어에서 토박이인 켈트적인 풍이 드러나듯이 말

3) A.R.Short, *The Bible and Modern Research* (London 1931), P.178.

4) E.g. C. F. Burney, *The Aramaic Origin of the Fourth Gospel* (Oxford, 1922); J. A. Montgomery *The Origin of the Gospel of St John* (Philadelphia, 1923)

이다); 이 복음서 전체에서 다 그러한 것을 발견하게 된다. 그러나 객관적인 증거의 자료가 분명하게 돌출되어 나타나지 않는 한(헬라어에서 번역된 어떤 흔적을 전혀 가지지 않은 아람어적인 본문이 복음서에 나타나는 식으로), 이같은 요한의 복음서가 본래부터 헬라어로 쓰여졌다는 것을 의심할 만한 이유가 전혀 없다.

앞선 시대의 학자들에게는 별 의미가 없었던 바, 이 복음서가 가지고 있는 팔레스틴의 지방색을 드러내고 있는 것에 대한 논증이 추가된 것은, 사해(Dead Sea) 북서쪽에 위치한 쿰란(Qumran)을 중심으로 구성되어 있었던 신앙공동체에서 추출된 문건들의 발견과 연구로 말미암은 것이다. 그 신앙공동체는 주후 70년 이전 2세기 기간 동안에 존재하였던 것으로 알려지고 있다.[5] 그것이 발견된 것이 가지는 의미에 대하여 과장할 필요는 없다. (같은 시대에 해당하는 근동(近東)의 종교적 역사에 대한 새로운 발견을 할 때마다 사람들은 제 4복음서에 대한 열쇠를 발견하게 되었다고 떠들어 대던 일을 생각하여 보면 좋은 분별력을 가지게 될 것이다).[6] 그러면서도 그 두 부류의 문건들 사이에는 어떤 모종의 유사성이 있다. '생명의 빛', '빛의 아들들', '진리를 행하는 것', '하나님의 일들' 이라는 식의 요한적인 표현들이 쿰란 문헌에서도 발견된다. 요한이나 쿰란의 사람들은 다 빛과 어둠, 선과 악, 진리와 거짓을 첨예하게 대조시키는 면에서는 같다. 그러나 만일 요한이 '에세네 사람들에게 잘 알려진 용어나 사상들의 보고(寶庫)를 많이 이용하였다고 할지라도, 이러한 용어들을 사용하는 데 있어서 그가 가지고 있는 새로운 요소를 간

---

5) J. H. Charlesworth가 편집하여 출간한 (London 1972) *John and Qumran* 이란 소론지 참조.

6) 아주 최근에 Syria의 Ebla의 기록들(BC 3천 년 전)마저 억지로 사용 당하였다. M. Dahood, 'Ebla, Genesis and John' *The Christian Century*,' April 15, 1981, pp.418-421 참조.

과해서는 안 되는 것이다.[7] 그가 '생명의 빛' 에 대하여 말할 때에, 추상적인 방식으로 생각하지 않고 있다. 또한 우선적으로 어떤 교훈체계나 거룩한 어떤 공동체와 관련을 가지고 사용하고 있는 것은 아니다. 그에게 있어서 참된 빛은 예수 그리스도, 성육신(成肉身)하신 말씀과 같은 의미로 쓰고 있기 때문이다. 제 4복음서와 쿰란 문서의 유사성에 대하여 관심을 기울인 최초의 학자들 가운데 한 사람인 알브라이트(W. F. Albright)는 지혜롭게도 '에세네 사람들의 교리들과 요한의 교훈의 진수 사이에 엄청난 간격이 있음' 을 강조한 바 있다: 그는 그러한 요점들 중에서 메시야의 기능과 관련하여 네 가지를 열거하였다. 죄인을 구원하시는 것과, 병을 낫게 하는 일과 사랑의 복음과 관련하여서 말이다.[8]

이 복음서를 기록한 기자는 정말 목격자였는가? 한 곳에서 눈으로 직접 목격한 자가 가지는 권위를 강조적이고 노골적으로 강조하고 있다. 예수님께서 십자가에서 운명하신 뒤에 예수님의 허리를 찌르는 일에 대하여 진술하는 곳이다. "이를 본 그가 증거하였으니" (요19:35)(다시 말하면, 그 표현은 직접 눈으로 목격한 자가 아니고서는 쓸 수 없는 표현이다)-이 직접 본 자는 이 복음서의 기자거나 아니면 이 기자가 신빙할 만한 증거를 가지고 있는 어떤 사람일 것이다. 다시, 이 복음서의 말미에서 "예수의 사랑하시는 그 제자" 라는 말이 나오는데, 그 사람이 바로 "이 일을 증거하고 이 일을 기록한 제자" (요21:24)와 동일인이라고 주장되기도 한다. 그가 "이 일을 기록하였다" 는 말은 바로 그가 그 일들을 기록하

7) W. F. Albright, *The Background of the New Testament and its Eschatology* (W. D. Davies 그리고 D. Daube의 편집)(Cambridge 1954), p.169에서 '최근 팔레스틴의 발견과 요한복음' (Recent Discoveries in Palestine and the Gospel of St John)이란 제하의 글 참조.
8) *Ibid,* pp.170.

게 하였다는 말로 이해할 수도 있는 말이다. 아니면 그 사람의 증거가 이 기록의 근거가 된다는 말로 이해할 수도 있다. '이 일들' 은 아마 21장에서 설명된 사건 뿐 아니라 복음서의 나머지 부분에서 기록된 다른 사건들을 가리킬 수도 있다. 특히 사랑하는 제자가 최후의 만찬에 참여하였고(13:23), 십자가에 예수님께서 죽으실 때에도 함께 있었던 사람이고(19:26이하), 빈 무덤에도 가 보았던 사람(20:2-10)이라고 주장되기도 한다; 그래서 그 이상은 아닐지라도 그리스도 수난과 부활의 장면들에 대한 권위자일거라는 유추를 용이하게 할 수 있게 된다.

여기 이 복음서에서 나오는 사랑하는 제자가 바로 세베대의 아들 요한과 동일 인물이라고 주장하는 이들은 소극적이고 적극적인 근거들을 다 제시하여 왔다. 소극적이고 부정적인 근거들이란, 이 복음서에 요한이라는 이름이 전혀 언급되지 않는다는 것이다(그 문제를 위하여 그 형제 야고보의 이름도 전혀 나와 있지 않다). 복음서 마지막장 초에 '세베대의 아들들' 이 갈릴리 호숫가에서 부활하신 예수님을 만났던 제자들 중에 끼어 있었다는 진술이 있는 것을 제외하고 말이다(요21:2). 요한이나 야고보의 이름이 전혀 언급되지 않은 것은 이 복음서에 나오는 다른 제자들의 역할에 대하여는 그들 이름을 거론하여 밝히고 있는 것을 감안하면 더욱 주목할 만한 일이다-시몬 베드로나 그의 형제 안드레와 같이 더 중요한 역할을 감당한 자들의 이름은 말할 것도 없고 덜 중요한 역할을 하였던 빌립이나 도마나 '가룟인 아닌' 유다의 이름이 밝혀지고 있다.

적극적인 근거란 최후의 만찬에서 사랑하는 제자가 있었다는 것이다. 만일 막14:17(그 외에 다른 복음서에서 나오는 병행구들도 참고하여)에서 유추하여 그 최후의 만찬에 열 두 제자만 있었다고 추정하는 것이 바르다면, 주께서 사랑하는 제자도 바로 그 열 둘 중에 들어가는 제자였을 것이다-그 사람이 베드로가 아닌 것은 분명하다(요13:24에서 베드로와 그 사랑하는 제자는 분명하게 구별이 되고 있다). 요한복음13-17장에서 이름이 거명된 다른 제자들 중의 한 사람도 아닌 것이 분명하다. "주께서 사랑하는 제자"라는 칭호를 자주 쓰는 것은 일부러 자기 이름을 밝히지 않고 있음을 드러내는 것이다. 그래서 호숫가에 주님께서 나타나실 때에 거기 있던 일곱 제자 중 한 사람이었던 것을 분명하게 밝히고 있는 요한복음의 마지막장에서 그는 베드로와는 분명하게 구별지어 언급되고 있다(요21:7, 20). 아울러 도마와 나다나엘 하고도 구별되는 인물이었음이 함축되어 드러난다. 그러면 우리는 그 사람을 세베대의 아들들 중 한 사람으로 생각하여야 한다(그들이 누구인지 이름이 밝혀져 있는 것은 아니다). 요21:2에 지적이 되어 있으나 이름은 드러나 있지 않은 다른 두 제자 중 한 사람으로 보아야 한다. 세베대의 아들들의 입장에서 본다 할지라도 그 사람은 야고보라고 하기에는 무리이다. 야고보는 헤롯 아그립바 1세(Herod Agrippa I)가 잠시 유대 왕으로 통치하던 중(주후 41~44년)에 그 헤롯에 의하여 순교 당하였다(행12:1이하). 후에 "그 제자는 죽지 않았을 것이다"라는 소문이 퍼졌는데 그 소문이 야고보에 관한 것은 아니었다(요21:23).

최후의 만찬 석상에서나(요13:24), 빈 무덤에서나(요20:2-10), 호숫가에서나(요21:7,20) 그 사랑하는 제자는 특별하게 베드로와 연관을 가지고 있다. 그리고 교회의 초기에 거듭하여 요한은 베드로의 동반자로 반복적으로 등장한다(행3:4-23;8:15-25;갈2:9에서도 요한과 베드로가 주의 형제 야고보와 함께 거명되어 '예루살렘 공동체의 기둥들' 로 지칭되고 있다). 사도행전의 처음 장들에서 베드로는 아주 뛰어난 동반자였다. 그래서 상대적으로 요한은 그 옆에 있는 평신도같이 보였다. 실로 우리는 신약성경에서 이름이 개인적으로 거명되는 세베대의 아들로서의 요한에 대한 정보는 거의 찾을 수 없다. 그와 그 형제 야고보는 우리 예수님께서 *보아너게(Boanē-rges)*곧 '우뢰의 아들' 이라고 칭한 자들이었다(막3:17). 그들을 우리 주님께서 그렇게 부른 것은 그들의 불같은 성미 때문이었을 것이라고 추측할 수 있다. 예수님의 무리들을 친절하게 영접하지 않는 사마리아 사람들에게 불을 내려 멸하게 하시라는 기도를 하자는 제안을 한 사람들이 바로 그 요한과 야고보였다(눅9:54); 자기들과 함께하지 않는 어떤 이가 예수님의 이름으로 귀신을 쫓아내고 있으니 그로 그 일을 하지 못하게 하자는 제안을 한 사람도 바로 그 요한이었다(눅9:49). 야고보와 요한이 자기들과 함께 있는 이들의 마음에 분개를 일으킨 적이 있다. 그들은 다가오는 그리스도의 나라에서 자신들을 위한 유리한 지위를 확보하여 둘 양으로 은근히 호소를 하였다가 같은 동료 제자들의 분을 샀던 것이다(막10:35-45). 그 두 사람은 베드로와 함께 그들의 선생이신 주님과 예외적으로 친밀한 관계를 가지도록 허락받은 세제자 중에 들어갔다(막5:37;9:2;14:33).

세베대의 아들 요한에 관해 우리가 부족한 지식을 가지고 있기는 하지만 고등비평적인 학자들과 견해를 같이 하기는 어렵다. 그들 중에는 제4복음서가 요한에 의하여 쓰여지지 않은 것은 '도덕적 확실성' 에 속한 일이라고 판단을 하고 있다[9]-이 복음서가 어떤 증인에 의하여 기록된 것이 아니라는 것을 '도덕적 확실성' 으로 주장할 수 있다고 말하기 전에는

9) C. K. Barrett *The Gospel according to St John* (London ²1978), p.132.

말이다. 그 학자(C. K. Barrett)는 이 복음서를 기록한 사람(직접 주님의 일을 목격한 자가 아닌)은 사도 요한의 제자였을 것이라고 주장한다. 사도 요한이 팔레스틴에서 에베소로 이거한 후 그 주위에 모여 들었던 이들 중에 한 사람이 이 복음서를 기록하였다는 것이다.[10] 물론 이 사람은 제 4복음서를 연구하는 이들 중에서 요한복음 저자로 자주 거론되는 '파피아스의 장로' 요한이 바로 그 제자라고 말하려고 애를 쓰는 것은 아니다. 우리는 사도 요한과 친밀하게 연관을 짓거나 이 복음서와 친근하게 관련을 짓기에 충분할 만큼 이 장로 요한에 대하여 알고 있지 못하다.[11]

이 복음서에서 인식되는 목격자의 증언은 주로 사랑하는 제자, 사도 요한의 것이다(만일 그 사랑하는 제자가 바로 그 요한이라는 것이 확인될 수만 있다면 말이다). 그러나 주님을 위하여 이 복음서를 기록한 사람이 주님의 제자 중에 한 사람이라면, 여기 복음서에 기록된 사건들 몇을 직접 목격한 사람이었을 것이다. 그 사람이 예루살렘에 사는 사람이었을 것이라는 추정도 있다. 그가 '대제사장과 아는' 제자가 아니었을까?(요 18:15이하) 더 나아가, 그는 예수님의 허리가 창에 찔리는 것을 본 목격자가 아닐까?(요19:35) 해답을 찾으려하는 것보다 그러한 질문들을 던져 보는 것이 안전하다.

바렛 교수는, 이 요한복음 20장까지는 한 사람에 의하여 기록이 되었으

---

10) *Ibid.*, pp.133이하

11) 요한일서와 요한이서의 저자가 이 두 편지에 나타난 대로 '장로' 자신이라고 한다면, 그는 아마 파피아스나 2세기의 기독교 저술가들과 자신이 다르다는 것을 밝히기 위해서 그러한 칭호를 사용하였을 가능성이 있다. 자신보다 훨씬 더 어려서 '어린 자녀들아' 라고 그들을 부르지 않을 수 없었던 그리스도인들에게 편지를 쓰면서 그는 그들이 자기를 말할 때에 사용하기를 즐기던 친숙하고 애정이 넘치는 칭호를 써서 자기를 가리킨 것이다.

나 마지막장(21장)은 이 복음서의 반포를 위하여 편집을 할 때에 첨가된 것이라는 주장을 한다. 요21:24의 "우리가…아노라"는 말을 한 바로 그들이 그 마지막장을 첨가하였을 것이라는 것이다. 이 일단의 사람들은 요한 사도를 추종하던 사람들이나 요한과 한 무리였던 자들-분명하게 말하여 이 복음서와 관련하여 어떤 역할을 하고 있었다.

만일 흔히 일컫는 대로 '요한의 유전(遺傳)' 이 예수께서 사랑하셨던 제자의 기억에 일차적으로 보존이 되었다면, 그 사람은 메너드(P. H. Menoud)가 지적한 대로, '나는 유전이다' (la tradition, c'est moi)라고 말할 수 있었을 것이다.[12] 그러나 그 사람이 그 수 십 년의 세월이 지난 후에 자기의 기억 속에 있는 것을 하나도 손상되지 않은 채 다시 복원하여 살리고 있다는 식으로 생각하는 것은 실수일 것이다. 로빈슨(J. A. T. Robinson)은 오랫동안 요한복음의 사도 저작성을 강력하게 옹호해 온 사람인데 요한의 협력자들이 그런 식으로 이 저작에 부수적인 기여를 한 것보다 더 큰 기여를 한 것으로 말하고 있다. 그가 보는 바로는 요한의 유전이 '주후 100년의 우울한 분위기 속에서' 나오지 않은 것이었다. 오히려 한 노인의 기억 속에만이 아니라, 기독교의 최초의 시기들과 함께 시작이 되어 연이어 존재하던 공동체의 삶속에 '진정한 계속성' 으로 존재하고 있었던 것이다.[13]

제 4복음서의 신빙할 만한 오직 유일한 '자료' 를 형성한 것은 바로 그렇게 보존이 되어 전수되어 내려온 것이다. 이 복음서를 기록한 기자가

---

12) P. H. Menoud *L'éuangile de Jean d'apres recherches récentes* (Neu-chatel/Paris ²1947), p.77.

13) J. A. T. Robinson, *Twelve New Testament Studies* (London 1962), p.l06에서 '제 4복음서에 대한 새로운 관망' (The New Look on the Fourth Gospel)이라는 글을 썼음.

다른 복음서를 전혀 알지 못하였을 것이라고 생각하는 것은 어리석은 일이다. 적어도 다른 복음서들의 기록을 어느 정도는 알고 있었을 것이다. 그러나 그러한 다른 복음서의 기록들만을 의존하여 이 복음서를 기록한 것은 아니다.[14] 그가 달리 기록되어 있었던 자료들을 의지하여 이 복음서를 기록하였을 것이라고 주장하는 것은 근거가 더 희박하다. 불트만(Rudolf Bultmann)은 예수님의 표적들에 대한 자료와 예수님의 말씀에 대한 자료들을 구분하여 쓰고 있다.[15] 그러나 표적과 강화(講話)의 말씀을 따로 떼어 자료로 삼을 만큼 상관없이 나뉘어 있는 것은 아니다.

주께서 사랑하는 그 제자로부터 시작이 되어 그를 추종하는 자들을 통하여 전수된 유전은 공관복음서들 중에 표현된 유전들과 별개의 것이다.[16] 그러면서도 그 유전이 결단코 그 진정성에 있어서는 뒤지지 않는 것이다. '사랑하시는 제자의 공동체' 의 내력을 추적하는 것이 우리가 할 일은 아니다.[17] 다만 우리는 그 유전이 에베소의 큰 교회와 긴밀한 연관을 가지고 있는 것 같지는 않다고 말하는 것으로 족하게 여길 따름이다. 2세기 초에 그 교회는 바울적인 터를 가진 것으로 위치를 굳히고 있었다. 그 뒤에 가서야 그 교회가 요한에게 그 교회의 사도로서 '탁월성'을 부여하였던 것이다.

역사적인 유전이 단순하게 요한이나 그 제자들에 의해서만 보존 된 것

14) P. Gardner-Smith *St John and the Synoptic Gospels* (Cambridge 1938) 참조.
15) R. Bultmann *The Gospel of John* (Oxford 1971),pp.6-9 도처를 참조.
R. T. Fortna *The Gospel of Signs* (Cambridge 1970).
16) C. H. Dodd *Historical Tradition in the Fourth Gospel* (Cambridge 1963) 참조.
17) R. E. Brown *The Community of the Beloved Disciple* (London 1979) 참조; O. Cullmann *The Johannine Circle* (London 1976); R. A. Culpe-pper *The Johannine School* (Missoula 1975).

은 아니었다. 예수님의 말씀과 예수님의 사역에서 나타나는 여러 사건들을 그 유전은 잘 보존하고 있었는데, 그 말씀과 그 사건들은 그 후에 묵상과 가르침과 설교를 위한 기본을 형성하는 것이었다. 그것이 살아 있고 자라나는 유전으로 풍성하게 되어 갔는데 여전히 그것의 역사적 기초의 신실성은 보존하고 있었다.

이 복음서의 기자는 이 유전을 정리하고 기록하면서 여러 방면에서 아주 주목할 만한 기술을 보여주고 있다. 그러면서도 자신의 개성적인 특성이 전혀 드러나지 않게 하였다. 사마리아 여인(2장)과 예루살렘의 한때 소경되었다가 나은 사람(9장)의 일은 정말 잊히지 않을 정도로 세밀한 인물 묘사가 되어 있다. 막달라 마리아라는 인물에 대한 전통적인 생생한 묘사는 전적으로 바로 이 복음서 기자가 담당하였다. 학자들은 이 복음서에 나오는 대화의 형식에 대하여 논의하면서 다른 복음서들에 나오는 대화의 형식들과 구별 지어 말한다.[18] 그러나 대화를 극적이고 사실적으로 묘사한 이 복음서의 특정을 가장 주목할 만하게 증거한 이는 도로시 세이어(Dorothy Sayers)이다. 그 사람은 왕이 되기 위하여 태어난 사람(*The Man Born to be King*)이라는 라디오 연속 드라마에 관하여 말하면서 이렇게 논평한다. 곧 어떤 장면이든지 요한이 쓴 복음서를 가지고 극작을 하면 '각본' 을 쓰는 일이 아주 쉬워진다는 것이다. 거기에는 대화가 아주 다 나와 있고, 그런 경우가 아니라도 주어져 있는 대답들을 통해서 대화자의 역할을 금방 재구성할 수 있다는 것이다.[19]

18) C. H. Dodd의 *BJRL* 37(1954-1955), pp.54-67에 나오는 '복음서들에 나타난 대화' (The Dialogue Form in the Gospels')란 글 참조.
19) D. L. Sayers *The Man Born to be King* (London 1943), pp.33이하. 또한 p.409(요21:24)에서 인용된 그녀의 주석들도 참조하여 이 복음서의 증인의 주장에 관해서 알아보라.

2. 초대 교회와 제 4복음서

제 4복음서가 반포된 지 얼마 오래지 않아서 세 공관복음서와 합본이 되어 복음서는 네 복음서로 되었다. 거의 대부분이 네 복음서들이 배포되어 읽혀질 때에 따로 떼어 읽혀지기보다는 그러한 합본된 형태였다. 초대교회가 두루마리보다는 서책(codex)을 더 좋아하였는데(그 서책이라고 하는 것이 우리가 알기로는 페이지가 매겨져 있는 책에 가까운 것이었다. 반면에 두루마리라고 하는 것은 글 쓴 것들을 길게 연결한 것이었는데 아마 어떤 많은 분량의 것은 백 개의 본문 문단을 가진 것도 있었을 것이다. 그러기 때문에 그러한 두루마리는 손상이 되기 쉽고, 손상이 가지 않았어도 그 두루마리 중심에는 구부러져 있었을 것이다), 그렇게 서책을 사용한 경우에는 한 책에 그 네 복음서를 같이 합본시키는 것이 더 실용성이 있었을 것이다.

신약의 초기 사본들 중 몇이 제 4복음서 본문의 일부분을 보여 준다. 신약의 파편 중에서 가장 일찍 알려진 것은 한 때에 이 복음서의 서책의 한 낱장이었던 것의 작은 조각이다. 존 레이랜드 (John Rylands)대학에 그 파피루스(papyrus) 요한복음 파편이 소장되어 있다. 맨스타 도서관에 주후 130년경에 필사한 것으로 보이는 요한복음 18장의 한 부분의 말씀이 있다. 헨리 구피(Henry Guppy)는 1900년부터 1948년까지 레이랜드 도서관에서 봉직 한 사람이었는데, 그 사람은 좀 애교어린 과장법을 써서 말한 적이 있다. 이 사본은 '원본의 잉크가 채 마르기도 전에' 필사한 사본이라고 말이다.[20] 공인된 신약 파피루스 사본 목록에 '파피루스 52' 로 등재되어 있다.

20) *Catalogue of an Exhibition Illustrating the History of the Trans mission of the Bible* (Manchester 1935), p.4; C. H. Roberts *An Unpublished Fragment of the Fourth Gospel in the John Rylands Library (Manchester 1935).*

요한복음의 두 다른 파피루스 사본 파편은 제 2세기 말에 나온 것들이다; 그 사본들은 제네바(Geneva) 근처 콜로뉴(Cologny)의 보드머(Bodmer)도서관에 소장되어 있다. 그 중 한 사본인 파피루스 66은 요한복음1-14장을 담고 있다. 그리고 그 나머지 장들의 아주 진수적인 부분들도 다 들어 있다. 다른 사본은 파피루스 75인데 누가복음 거의 전부를 필사하고 나서 요한복음1-11장 거의 전부와 12~15장의 여러 부분들을 담고 있다.

그러나 또 다른 파피루스 서책은 파피루스 45인데 더블린(Dublin)의 체스터 비티 컬렉션(Chester Beatty collection)에 소장되어 있다; 그 사본은 아마 애굽의 헬라어를 말하는 고장에서 나온 것일 것이다. 그리고 파피루스 45는 네 복음서와 사도행전 전부를 헬라어로 필사되어 있다. 이다섯 권의 신약문서 여러 부분들이 절단된 형태 그대로 보전되어 있다.

제 2세기 후반 초기에 제 4복음서는 영지주의적인 작가들에 의하여 인정되고 인용되었다. 적어도 사도적인 유전과 더 많이 일치되고 있는 교훈을 말하던 이들이 이 복음서를 인용하고 인정하는 것만큼 그들 영지주의적인 저자들도 이 복음서를 인용하고 있었다. 안디옥(Antioch)의 감독이던 이그나티우스(Ignatius) 편지에 나타난 사상과 언어에 있어서 유사성이 발견된다(주후 110년경의 저작으로 보여진다). 솔로*몬의 오데스(Odes of Solomon)*라 불리우는 찬송 모음집에서(같은 시기에 만들어진 것으로 보이는)도 역시 같은 사상적인 유사성과 어법상의 유사성이 발견되는 것이다. 그 찬송 모음집에서는 영지주의적인 내음이 풍긴다.[21]

21) J. Rendal Harris는 1909년에 *Odes of Solomon*을 발견하고는, 그것이 제 1세기에 쓰여진 것들일 수 있다는 제안을 하였다. 그때에 독일인 학자 Adolf Jü licher는 이렇게 말했다고 한다. '그러니 결국 변변치 않은 돌기에 지나지 않는다' (T. R. Glover *Cambridge Retrospect* [Cambridge 1943], p.73)

스미르나의 감독 폴리캅(Polycarp)은 요한일서에서 인용하고 있다(주후 120년경에 기록된 것으로 추정된다). 그가 요한일서를 알고 있었다는 것은 요한복음에 대하여도 이미 알고 있었다는 증거로 추정될 수 있는 것이다.[22] 히폴리투스(Hippolytus)는 영지주의자 바실리데스〈Basilides〉(주후 130경으로 추정되는 시기에)도 요1:9을 인용하되(세상에 오시는 빛에 관하여 말하면서) "빛이 있으라"(창1:3)는 창조적인 언사에 대한 주석으로 그 말씀을 인용하고 있음을 지적하고 있다;[23] 만일 그의 진술이 타당하다면 그가 말한 것이 요한복음에서 인용한 것이 아주 초기에 알리어졌다는 말이 된다.

발렌티누스(Valentinus)나 그 제자 중 어떤 한 사람의 저작으로 보이는 후에 나온 진리의 복음(주후 140년경의 저작으로 추정된다)도 요한복음에서 직접 인용한 구절들은 보이지 않지만 요한복음의 분위기를 느끼게 하는 진술들이 여럿 있다. 발렌티누스에게는 요1:14의 성육신 교리가 많은 영지주의적인 교사들에게 그러하였던 것같이 반박할 수 없는 교리로 보였던 것이다: *진리의 복음*은 이렇게 말하고 있다. "말씀이 우리 중에 왔을 때에 한 몸(*소마(sōma)*)이 되었다" - 아마 요한이 '육신' (살크스(*sarx*))이라고 쓰는 것이 그 저자에게는 성미에 맞지 않았지만 '몸' 이라는 말은 받아들였던 것 같다. 어쨌든 뒤에 가서 이렇게 말한다. "물질적인 자들은 그분에 대하여 외인들이라서 그의 형체는 보지 못하거나 알아보지 못하였다. 그것은 그가 진행하는 것을 아무것도 막을 수는 없는 류에 속한 육신(살크스)으로 나타나셨기 때문이다"(31:1~7). 여기서 '육

22) Polycarp *To the Philippians* 7:1: '예수 그리스도가 육체로 오신 것을 고백하지 않는 이는 모두 다 적그리스도다' (요일4:2이하를 대충 인용한 것이다).
23) Hippolytus *Refutation of Heresies* 7.22.4.

신' 이란 말을 시인(是認)한다. 그러나 일반적인 의미의 육신으로는 받아들이지 않는다: 그 육신은 물질적인 것이 아니다. 또는 물리적인 한계에 복종하지 않는 것으로 본다. 다만 문이 닫혀져 있는데도 전혀 문제가 되지 않았던 예수님의 부활하신 몸같이 자유로운 몸이었던 것이다(요 20:19).[24] '진리의 복음' 이라는 책의 저자는 그렇게 말한다.

발렌티누스의 제자 중 주후 180년경에 죽은 헤라클레온(Heracleon)이라고 하는 자가 제 4복음서에 대한 주석을 처음으로 쓴 사람으로 알리어져 있다. 그의 주석은 온전하게 그 주석 자체로는 계속 존재하지는 못하였다. 그러나 오리겐(Origen)(주후 185~254)이 요한복음 주석을 쓰면서 자주 그 주석을 인용하였다. 오리겐이 그 주석에서 여러 번 인용하였다는 것은 그 헤라클레온의 주석이 극히 풍유화(諷喩化)한 성격을 가지고 있었다는 분명한 증거가 되는 셈이다.[25]

제 2세기의 영지주의자들이 제 4복음서를 인용하는 것이 보편화 되었다는 사실은 우리로 하여금 '매우 중요한 요점마다에서 그 복음서를 공관복음서의 관점과 팽팽한 대조를 보이게 하고, 심지어는 그 공관복음서의 관점을 거부하게 하였다' 는 사실을 눈여겨보지 않을 수 없게 한다.[26] 영지주의자들은 이 복음서의 핵심을 불리하게 해석하는 강력한 주해를 통해서만이 자기들이 뜻하는 바를 이롭게 할 수 있었던 것이다.

영지주의자 말고 이 복음서에서 인용하여 쓴 듯한 느낌을 주었던 최초의 저자는 순교자 저스틴(Justin Martyr)이었다. 그는 세례에 대하여 논의

---

24) C. K. Barrett, *Essays on John* (London 1982), pp.50-64에서 '제 4복음서의 신학적 어휘와 진리의 복음' (The Theological Vocabulary of the Fourth Gospel and the Gospel of Truth) 참조.
25) E. H. Pagels *The Johannine Gospel in Gnostic Exegesis* (Nashville /New York 1973).
26) S. C. Neill *The Interpretation of the New Testament* 1861~1961 (Oxford 1964), p.210.

하면서 "그리스도께서 진정 '너희가 거듭나지 아니하면 하나님 나라에 들어갈 수 없다' 고 말씀하셨다. 거듭난 모든 사람들이 모태(母胎)로 다시 들어가는 것이 불가능한 것은 너무 분명하다"[27] 이 진술은 아마 요 3:3-5의 말씀을 기억하여 인용하였을 가능성이 높다. 그런데 그렇게 함직 한에서도 요한복음을 노골적으로 인용하는 일은 하지 않는다-예를 들어서, 예수 그리스도 안에서 성육신 하신 선재(先在)하신 하나님의 말씀(*logos*)에 관하여 가르치면서도 분명하게 인용하지는 않았다.[28] 그는 정경(正經)적인 복음서들 중 어떤 복음서의 저작자에 대한 언급이 전혀 없다. 다만 보편적으로 사도들이 한 말을 기억해 나가면서 말하였을 뿐이다.[29] 저스틴의 제자 타티안(Tatian)은 네 복음서를 이루고 있는 여러 각 단위적인 제목들을 따로 떼어서 하나의 이어지는 내용으로 재편집을 시도해보는 일을 가장 먼저 시도한 사람이다. 그 사람이 적극적인 증거를 가지고 있다. 타티안이 복음서들의 여러 각 단위들을 따로 다 떼어내서 재편집하고 배열하여 만든 *디아테사론(Diatessaron)*이 주후 170년경에 배포되었다 - 그 '디아태사론' 이 란 말은 '넷의 조화' 라는 뜻을 가진 헬라의 음악적인 용어이다. 처음에는 그 책이 헬라어로 묶여져 있었던 것 같다. 그러나 북부 유프라테스와 티그리스 지역에서 수리아어로 번역이 되어 많은 이들에게 매우 큰 인기를 얻게 되었다. - 그 두 지역은 바로 타티안이 속한 지역이었다. 제 4세기에 수리아 교회의 교부들 중에서 가장 탁월한 에프렘(Ephrem)이라는 사람이 *디아테사론*에 대한 주석을

27) Justin *First Apology* 61.4 이하.
28) 본 주석 1장 주(註) 4항 참조.
29) Justin *First Apology* 67.3: *Dialogue with Trypho* 106.1. 그는 Dialogue (81.4)의 다른 곳에서 요한 사도를 계시록의 저자로 언급하고 있다.

썼다. 수리아 그리스도인들이 복음서들을 그러한 형태로 이해하는 일에 너무 많은 집착을 보인 나머지 에데사의 라블라(Rabbula) 감독(주후 411~435년)이 네 복음서들을 따로 떼어서 페시타(Peshitta) 판으로 발행하여 받아들이게 하는데 얼마나 애를 먹었는지 모른다-그 페시타 판은 수리아 성경의 '공인된 역본' 으로 존재하던 판이었다.

타티안의 *디아테사*론에서 요한복음은 다른 복음서들에서 얻은 자료들을 요지(要旨)대로 정리하도록 하는 틀을 제공하였다. 여기에 요한복음이 예수님의 이야기에 대한 권위 있는 기록 중 하나로 인정받고 있었다는 적당한 증거가 되는 것이다-아니 특별하게 권위 있는 기록으로 여겨졌다는 증거가 되는 것이다.

타티안의 시대를 전후하여 반(反) 말시온적(anti-Marcionite)서론을 요한복음에다가 붙여 놓는 것이 아주 관례가 되어 있었다. 반 말시온적인 서론은 라틴어 사본들 속에서는 이 복음서의 본문 보다 앞선 것이다.[30)] 보다 최근에는 그 날짜를 그 뒤로 잡는 진지한 논증들이 제시되기도 하였다.[31)] 그렇다 할지라도 이는 그것을 언급하기 위한 편리한 요점이다.

말시온(Marcion)은 소아시아의 북부에 속한 폰터스 출신으로 바울의 극단적인 신봉자였다. 그래서 그는 바울만이 예수님의 순수한 메시지를 보전한 사도라고 주장하였다. 다른 모든 사도들은 유대주의적인 데로 빠져들었다고 주장하곤 하였다. 그래서 다른 사도들은 메시지를 부패하

30) 이 책과 이 책에 곁들인 서두 부분과 주후 160년과 180년 사이의 연대가 가진 반 말시온적(anti-Marcionite)을 들어서 D. de Bruyne은 변증한다. 그의 책 Revue bénédictine 40(1928), pp.193-214; A. von Harnack Die ältesten Evangelien- Prologe und die Bildung des Neuen Testaments(Berlin 1928).

31) J. Regul Die antimarcionitischen Evangelienprologe (Freiburg 1969), 4세기보다 더 이른 연대를 편들어 논증하지 않는다.

게 하였다는 것이다. 소아시아의 감독들이 자기의 견해를 진지하게 받아들일 마음이 없는 것을 알고는 주후 140년경에 로마로 갔다. 그가 소망하기로는 로마의 교회는 그래도 깨우침이 더 많고 여러 가지의 선입견에 빠져있지 않다고 생각하였다. 그러나 거기서도 그는 자기의 의견이 그렇게 신종(信從)되지 않는 것을 알게 되었다. 그래서 그는 자기 추종자들로 하여금 그러한 자들과 교제를 하지 못하게 하고, '말시온파' 교회를 형성하였다. 그는 기독교의 정경 또는 기독교 성경의 목록을 작성하되 아주 폐쇄적인 목록을 작성하였다. 그는 그 목록에 바울의 열 서신들과 하나의 복음서적인 기록(바울의 동료로서 예수님의 순수한 메시지라고 믿을 만한 글을 썼을 누가복음의 한 판)을 거기에 포함시켰다. 그의 행동은 당시 보편 교회(구 카톨릭 교회)를 자극하여 복음서들마다 반 말시온적인 서론이라 불리우는 것을 첨가하게 만들었다. 반 말시온적 서론이라 불리는 것들은 그러한 반작용의 부분으로 인정되어 왔다. 요한복음에다가 붙인 그 서론으로 지금 남아있는 것은 라틴어로 된 사본인데 번역이 잘못되어 있는 것이다. 그 서론은 다음과 같이 되어 있다(그 번역이 잘못되어 있는 데는 고쳐서 게재한다):

요한복음이 기록되어 교회들에게 반포된 것은 요한이 실제로 살아있을 때 요한 자신에 의하여 되어진 일이다. 파피아스라는 히에라폴리스 사람은 요한이 퍽 사랑하던 제자였는데 그가 쓴 주해적인 다섯 권의 책에서 그 점을 밝히고 있다.[32)] 그는 요한의 구술에 따라서 이 복음서를 필기하였다. 그러나 이단적인 말

32) Latin text는 *extremis*('마지막')이라고 읽는다. 이는 헬라어 엑소테리코이스(exōterikois)를 번역하여 extremis의 변형인 것 같다. 그 말은 바꾸어 말하면 본래의 *액세게티코이스(exēgētikois)*의 변형이었다.

시온이 요한과 반대 견해를 가진 것으로 인하여 요한에게서 질책을 당한 뒤에 요한에게서 축출을 당한다. 그는 폰터스에 있는 형제들을 통하여 여러 저작들과 여러 편지들을 요한에게 전해오곤 하였다.

이 자료의 연대가 정확하게 어떠하든지 간에, 이 글은 프리기아(Phrygia)에 있는 히에라폴리스의 감독이던 파피아스의 진술에 의존하여 나온 것이라고 보여진다(주후 130년 경). 파피아스의 *주요한 말씀 주해(Exegesis of the Dominical Logia)*라는 다섯 권으로 된 책(이 책은 더 이상 현존하는 책이 아니다)은 중세에 유럽의 몇몇 수도원 도서관에서 만날 수 있었다. 그러나 그러하다 할지라도, 그 정보는 여러 차례 원본에서 전이되는 고통을 당해야 하였다. 부분적으로는 헬라어를 라틴어로 번역하면서 원본의 의도가 손상이 되었고, 한편으로는 그 뒤에 그것을 필사(筆寫)하는 과정에서 실수도 있었을 것이다.

파피아스가 요한의 제자였다는 것이 이레네우스(Irenaeus)에 의하여 확인되었다.[33] 그러나 유세비우스(Eusebius)는 그 점을 부인하고 나선다.[34] 파피아스가 폴리캅(주후 70~156년경의 사람)과 동시대의 사람이었고, 그 폴리캅이 분명하게 요한의 제자였음에 틀림없기 때문에, 파피아스가 이 제 4복음서가 쓰여지는 동안에 필기생(筆記生)으로 봉사를 했을 가능성이 있다. 그러나 서론에 그러한 의미를 담은 진술을 한 것이 파피아스가 쓴 것을 오해하여 나온 것일 수도 있다. 파피아스는 '그들[이 복음서가 요한에 의하여 전달된 교회들]이 요한이 불러주는 대로 받아

33) Irenaeus *Against Heresies* 5.33.4.
34) Eusebius *Hist.* Eccl. 3.39.2.

서 썼다' 고 말했을 수도 있다(헬라어에서 '그들이 썼다' 라는 말이 '내가 썼다' 라는 말로 잘못 읽혀지기 쉽다).[35] 말시온이 요한에 의하여 축출되었으니 그러한 일이 전혀 불가능하였다고 보는 것은 개연성이 희박하다. 아마 말시온이 폰터스에 있는 동료 그리스도인들의 보냄을 받은 사자로 히에라폴리스에 있는 파피아스를 방문하였을 때에 파피아스가 그 말시온을 비판하였을 것이라고 보는 것이 더 타당해 보인다. 그러니 그 복음서에 이 서론을 쓴 사람이 말시온과 그의 교훈들이 평판 있는 교회 지도급 인사들에게 얼마나 철저하게 거부당하고 있는지를 강조하고 싶었던 것이다.

이 제 4복음서의 저자가 누구냐라는 수수께끼 같은 신비는 '카톨릭 신약목록' 으로 최초의 것으로 알려진 무라토리 정경(Muratorian Canon) 때문에 그 강도를 더해간다.[36] 이 문건을 소개하면 이러하다:

제자들 중 한 사람인 요한이 제 4복음서를 기록하였다. "자기를 따르는 제자들과 감독들이 복음서를 기록하도록 종용하니 그는 이렇게 말하였다. '삼 일 동안 나와 함께 금식하고 나서 어떤 응답이 주어졌는지 서로 각자에게 말해보기로 하자.' 그 밤에 사도들 중 한 사람인 안드레에게 그 뜻이 계시되었다. 요한이 자신의 이름으로 모든 것을 써야 한다는 것이었고, 그러고 나서 요한이 쓴

35) *아페그라폰(apegraphon)*이 불완전시제에서는 '내가 기록하였다' 또는 '그들이 썼다' (문말〈文未〉에 따라서)는 뜻이 된다. 부정과거시제로 '내가 썼다' 는 말은 아페그랖사(apegrapsa)이다. 그리고 '그들이 썼다' 는 아페그랖산(apegrapsan)이다 (자주 아페그랖사(apegrapsā)로 쓰이기도 한다).

36) A. Ehrhardt는 그의 *The Framework of the New Testament Stories* (Manchester 1964), pp.11~36에서 '무라토리아 파편 속에서의 복음서들' (The Gospels in the Muratorian Fragment) 이란 글 참조할 것. 그는 라틴어본을 원본으로 여기는 강력한 논리를 편다. 다시 말하면 헬라어에서 라틴어로 번역된 것이 아니라, 라틴어본이 원본 자체라는 것이다. 그는 심지어 책을 묶어서 내는 사람이 라틴어를 말하는 2세기의 교황 가운데 한 사람이라고까지 주장하였다. 주의 깊은 주장을 펴기는 하였지만 결정적인것은 아니다. 4세기를 주장하는 논증은 A.C.Sundberg가 편다. 그의 책 'Canon Muratori : A Fourth-Century List' *HTR*66(1973), PP.1~41.

것을 모든 사도들이 다 함께 손을 보아야 한다는 뜻이었다."

그 목록을 책임진 자들이 의심의 여지없이 어떤 전통에 의존하였거나 아니면 다른 어떤 유전을 의존하였을 것이다. 그러나 그 목록이 가지고 있는 역사적 가치가 있는 오직 한 가지 요점은 이 복음서 저자 이외에도 다른 이들이 이 저작의 출간에 함께 책임을 나누고 있다는 것이다-요 21:24로 그러한 일리 있는 추정을 할 수 있는 것이다.

그러한 다음에 그 목록을 책임진 자가 또 이렇게 계속하여 나가고 있다:

그러므로 여러 복음서들에서 여러 다양한 원리들이 가르쳐졌다 할지라도 신자들의 믿음에는 하등의 차이를 가져오지 못한다. 그 복음서들에 나온 모든 것들이 한 성령의 인도하심을 받았기 때문이다. 우리 주님의 탄생과 수난과 부활하심과 제자들과의 대화하신 일과 이중적인 강림에 대한 것이 다 성령의 인도하심 속에서 기록된 것이다-처음의 강림은 존귀함을 받지 못하고 겸비하게 낮아지신 일이다. 그 강림은 지나간 일이다. 그리고 그 다음에 일어나는 강림은 장래에 있을 것인데 왕권을 가지고 영화롭게 나타나시는 강림이다. 요한이 자기 서신들에서 이러한 체험들을 하나하나 노골적으로 강조하면서 자신에 대하여 다음과 같이 말한 것은 정말 이상한 일이 아니다. "태초부터 있는 생명의 말씀에 관하여는 우리가 들은 바요 눈으로 본 바요 주목하고 우리 손으로 만진 바라 이 생명이 나타내신바 된지라-이 영원한 생명을 우리가 보았고 증거하였느니라" 그와 같이 그는 옆에서 구경하는 자로서 뿐만 아니고 오직 주의 모든 기이한 일들을 순서 있게 저작한 자라고 스스로 말하고 있는 것이다.

그 목록 책임자는 네 복음서들이 다 하나같이 서로 일치되고 있음과 요한의 기록이 목격자가 쓴 특정을 지니고 있음을 강조한 것이다. 그는 요일 1:1,3a을 거침없이 인용하는데 그 말씀을 이 복음서의 내용에 적용시키고 있다. 그가 그렇게 강조한 것이 그 사람 당대의 신학적인 논란과 관련을 가지고 있는 듯하다.

아울러 제 2세기가 끝날 무렵에 요한복음은 기독교회들에 네 정경적인 복음서 중 한 책으로 보편적으로 알려져 있었다. 이 시대의 주요한 증인은 이레네우스이다. 그 사람은 주후 177년 후 얼마 되지 않아서 아시아에 있는 자기 본향에서 떠나서 로네(Rhone) 골짜기에 있는 리욘(Lyon) 감독으로 부임한 이레네우스는 로마 제국의 동부나 서부 지역의 여러 기독교회들에 관하여 아주 친숙한 사람이었다. 그는 역시 로마에 있는 교회하고도 친분이 있었다. 기독 교리 전반에 관한 진술과 같이 신약의 책들에 관한 그의 진술들이 기독교 신앙에 관한 광범위한 지각(知覺)을 반영해 주는 것이다.

이레네우스가 볼 때에는 복음이 4중적으로 기록된 것이 마치 세계의 바람들이 주요하게 네 방향에서 불어오는 것과 같은 자명한 원리였다(아니면 우리가 오늘날 나침판의 네 방향이라고 말하듯이 말이다. 당시에 그 나침판의 관용구는 사용이 되지 않았을 것이다).[37] 그는 제 4복음서가 권위 있는 것에 대하여 전적으로 확신하였다. 그리고 그 복음서가 누구에 의하여 쓰여졌는지에 대하여 전혀 의심을 하지 않았다. "주의 제자 요한은 주님의 가슴에 등을 대고 있었던 사람인데 아시아의 에베소에 머물러 있을 때에 그 복음서를 저작하였다"[38] 말하자면, 이 복음서를 기록한

37) Irenaeus *Against Heresies* 3.11.11.
38) Irenaeus *Against Heresies* 3.12.

이는 요13:23의 사랑하시는 제자였다. 그의 이름은 요한이었다.

이 문제나 다른 문제에 있어서 이레네우스는 신빙할 만한 기독교 전통의 증거의 중요성에 대하여도 강조하였다. 그리고 제 4복음서에 관하여 그는 전통을 중요하게 지니고 있는지를 특별하게 여겨야 함을 강조하였다-그가 말하는 이는 다름 아닌 스미르나의 감독 폴리캅이다. 한 번은 수년 전부터 스미르나에서 알고 지내던 사람에게 충고를 할 기회가 있어서 다음과 같이 쓴 적이 있다.

나는 최근에 일어난 일보다 그 날들에 일어난 사건들을 더 분명하게 기억하고 있네. 우리가 소년 때에 배운 것이 우리의 삶과 함께 자라고 우리의 삶과 연갑(年甲)이 되기 때문이지. 그처럼 나는 폴리캅이 앉아서 강론하던 바로 그 자리를 알고 자네에게 묘사할 수 있네. 그가 들고 나가고 하던 모습, 그의 삶의 방식, 그의 몸가짐, 그가 사람들에게 하던 강론, 주님을 직접 뵈었던 요한과 다른 제자들에 대하여 말해주던 일, 주님에 관하여 그들에게서 배운 것이 어떠한 것들인지; 그의 능한 일들과 그의 가르침들에 대하여 다 자네에게 말해 줄 수 있네….[39)]

우리는 폴리캅이 말하던 요한이 바로 그 이레네우스에 의하면 에베소에서 복음서를 저작한 그 요한이라고 인정하지 않을 수가 없는 것이다. 폴리캅은 주후 156년에 순교할 당시 그 나이 적어도 86세였을 것이다. 그는 어린 시절에 예수님을 직접 만나본 이들을 잘 알 수 있었을 것이

39) Eusebius *Hist. Eccl.* 5.20.5,6.

다. 그들은 그 폴리캅의 어린 시절에 제 1세기의 팔, 구십 년쯤까지 살아 있었던 자들이었을 것이다.

이레네우스가 폴리캅이 요한과 잘 아는 사이였다는 것을 말하는 또 다른 서신은 로마의 감독이던 빅토(Victor)에게 보내졌다(주후 190년 경). 빅토는 그때에 아시아 풍습을 따라 부활하신 달의 한 날을 지키면서도 부활하신 주간의 그 날은 지키지 않는 이들을 성찬에 참여하지 못하게 하자는 제안을 하고 있었던 참이다. 이레네우스는 아시아 풍습이 꽤 선행된 풍습이라는 것을 지적하였다: 폴리캅이 '주의 제자 요한과, 그와 함께한 다른 제자들도 그 방식을 따랐음을' 지적하였다.[40]

이레네우스 당시에 제 4복음서가 사도 요한의 저작으로 보편적으로 받아들여졌음에도 불구하고 그 추세를 거부한 이들이 있었는데 *알로고이(Alogoi)*라고 불리던 부류들이다. 그들이 그러한 식으로 불린 데는 그들이 요한복음의 서두에 있는 *로고스(logos)*교리를 반대하는 자들이었기 때문이다(그리고 *알로고이*라는 단어는 일반적인 헬라어 수식어로서 '기지가 없는' 이라는 뜻이기 때문이기도 하다).[41] 그들 중에 유력자는 가이오(Gaius)라는 사람이었는데, 그 사람이 일반적인 추세와는 다른 견해를 가지고 있는 것은 제 4복음서와 계시록을 거부하는 데서 드러나는 것이다. 그가 그 두 책을 거부하는 주요한 이유는 몬타니즘(Montanism)에 대한 반감 속에서 발견될 것 같다. 몬타니즘은 주후 156년 경 부르기아(Phrygia)에서 일어난 은사 운동이었다. 그들 몬타니스트들은 그리스도께서 보혜사를 보내주신다고 하는 약속은 그들의 운동이 일어남을 통해

40) Eusebius *Hist. Eccl.* 5.24.16.
41) Epiphanius *Heresies* 51.3

서 이루어졌다고 주장하였던 것이다. 그리고 그 운동의 창설자인 몬타누스가 보혜사의 대변인이라는 것이다. 제 4복음서가 도래할 보혜사에 관한 모든 교훈의 원천이기 때문에 (요14:16,26; 15:26; 16:7), 가이오가 이 복음서를 거부하는 것이 바로 몬타니스트들의 주장을 강하게 거부하게 만들었던 것이다.[42]

이레네우스 이후에 교회 내에는 제 4복음서의 정경성(正經性)과 저작권에 대하여 사실상 의견이 일치되어 있었다. 이레네우스당대의 알렉산드리아의 클레멘트는 처음 세 복음서가 쓰여진 후에 '맨 마지막에 요한이 그 복음서들 속에서 사실들이 외면적으로 증거된 것을 알고 있는 중에 그 제자들의 강권함을 받고 성령에 감동을 받아서 영적인(곧 풍유적) 복음서를 저작하게 되었다' 고 주장한다.[43]

3. 제 4복음서의 메시지

복음서의 목적이 요20:30이하에 진술되어 있다. 독자들로 하여금 믿음을 가지게 하고 또한 믿음 안에서 견고하게 하려는 데 있었다. 믿음은 '누구를 믿는 것' , '*어떤 사실*을 믿는 것' 을 다 함축한다: 예수님을 믿는 것이 복음서 전면에 드러난 삶의 방식으로 강조되었다. 그러나 예수님

42) Bar-Salibi *Commentary on Apocalypse* Introduction; Eusebius *Hist. Eccl.* 2.26.6,7; 3.28.1,2; 3.31.4; 6.19.3 가이오-논증들은 Hippolytus에 의해서 반박 당하였다. 분실된 논문 *Concerning the Johannine Gospel and Revelation*에서 반박하였다. 아마 그 논문이 그의 *Chapters against Gaius*와 같은 것일 것 같다. 그 파편들이 수리아어로 번역되어 다시 복원되었다.
43) Clement *Hypotyposes*는 Eusebius가 그의 책 *Hist. Eccl.* 6.14.7에서 인용.

을 믿는다는 것은 그에 관한 어떤 사실들을 믿는 것을 함축하는 것이다-다시 말하면, 그가 '하나님의 아들 그리스도이심' 을 믿는 것을 함축하는 것이다. 이것이 별개의 두 항목은 아니다: 요한에게 있어서 예수님을 메시아로 믿는 것은 그를 하나님의 아들로 믿는 것을 의미하였다(다른 복음서 기자들에게도 역시 매 한가지이다).

제 4복음서 기자는 그 구원 사건이 일어났던 지역과는 전혀 다른 세계에 있는 자들을 위하여 복음서를 기록하였다. 이 새로운 세계의 사람들에게는 예루살렘과 팔레스틴이 아주 먼 거리였다. 그것보다 더한 것이 있다. 삶의 방식에 있어서도 60년간의 간격이 있었다. 거리도 멀리 떨어져 있고 시대적인 차이도 그렇게 60년간이나 나는 배경이 복음 해설의 배경이 되었던 것이다. 그러한 배경이 그러한 사람들에게는 아주 먼 옛날에 지나간 버린 세상에 속하는 것이라고 생각되었을 것이다. 그들이 영위하던 삶의 관점에 대한 분위기도 역사적인 사실이나 지리적인 위치에 대하여 관심이 없는 것이었다. 역사적인 사실이나 지리적인 위치를 표명하는 것이 영원한 진리의 보편적인 요소를 흐리게 하는 경향도 있다는 생각이 이 복음서의 저작자에게 들어 왔을 것이다. 영원한 진리는 영적인 영역에 속한 것이다. 정말 문제가 되는 것은 바로 그 영적인 영역이다. 역사적인 사실과 지리적인 위치에 대한 것들은 지나가는 물리적인 질서에 너무 긴밀하게 연관되어 있다. 주후 30년경에 유대의 왕이 누구였고 누구가 아니었느냐 문제는 어느 지역에 국한된 것이고 잠시적인 의미만을 가질 수 있을 뿐이다. 심지어 그 문제에 대한 해답이 예수께서 본디오 빌라도에게 사형 선고를 받은 것이 옳은 일이었느냐 아니냐를 즉시 판가름 해주는 경우라 할지라도 말이다.

요한 자신이 영원한 진리에 최상의 중요성을 부여하였다. 요한은 그 영원한 진리가 하나님의 자기표현 자체라고 생각하였다. 태초에 하나님과 함께 계셨던 말씀과 영원한 진리를 항상 같은 것으로 보았던 것이다. 그러나 영원한 진리가 독특하게 시간과 장소를 통해서 나타났음을 주장한다-본디오 빌라도가 총독으로 있을 당시에 팔레스틴에서 나타났다는 것이다-그때에 말씀이 나사렛 예수의 인간적인 삶을 통하여 지상에서 나타난 것이다. 요한은 물리적인 질서를 하찮게 생각하지 않고 말씀이 육신이 되었다고 확언한다. 진리의 세계에서 왕이신 분은 다름 아닌, 주후 30년에 유대인의 왕으로서 십자가에 못 박히신 그 사람이다. 진실로 영원한 진리에 열심 있는 자들은 점차 그의 순종하는 백성으로서 그의 말씀을 청종할 것이다.[44]

그러나 요한이 가진 보편적인 헬레니즘적인 분위기를 보니 그가 어떤 특별한 독자층을 마음에 두었다고 생각할 수 있을까? 이 복음서의 중심적인 몇 장에 걸쳐서 전개되어 나타나는 큰 논쟁에서 누구를 설득하려고 하는 의도가 있었는지? 이 중심적인 몇 장들은 주로 예수님과 예루살렘의 종교 지도자들 사이에 꾸준하게 진행되었던 하나의 논쟁에 할애되어 있다-그 다음의 수 십년에 걸쳐 예수님을 따르던 자들과 회당의 권위자들 사이에도 논란이 있게 된다.

예루살렘 성전의 멸망과 주후 70년에 제사 제도가 정지된 일은 흩어져 사는 유대인의 삶에는 그리 큰 변화를 가져오지 않았다. 제자들과 회당의 지도자들과의 논쟁은 주후 90년을 전후한 상당히 논란어린 긴박한 분위기까지 미치게 된다. 주후 90년경에 회당의 기도문 가운데 하나는

44) 본주석 요18:33-38 참조.

예수를 따르는 자들을 배제시킬 효과를 얻기 위하여 되풀이 암송되었다.[45] 이러한 일은 복음서 기자나 그의 제자들이 흩어져 살던 여러 지역의 회당에 출석하는 사람들로 하여금 예수님을 이스라엘의 메시아요 하나님의 아들이요 성부 하나님을 나타내신 자로 믿도록 하려고 이 복음서가 쓰여져 반포된 배경을 반영하는 것일 것이다.[46] 회당에 출석하는 사람들 중에서 그 책에 가장 깊은 인상을 받기 쉬운 자들은 정규적으로 회당 예배에 참석하는 하나님을 경외하는 이방인들이었을 것이다(사도행전의 기록은 바울이 선교하던 지역에서 아주 일찍 그러한 일이 일어나고 있었음을 예증하고 있다).

그러나 이 복음서 기자로 하여금 이 복음서를 써서 읽게 하여야겠다는 확실한 생각을 처음 가지게 한 이들이 누구였든지 간에, 그 기자가 가지고 있던 확신의 힘이 다양한 여러 종류의 독자들을 통하여 효력으로 나타났다. 당연한 일이겠지만, 철학적인 또는 신비적인 마음의 구조를 가지고 있는 자들은 이 복음서를 읽고서 자기들이 생각하고 있던 것과 아주 잘 맞아 들어간다고 생각하였다. 그러나 이 복음서의 메시지는 훨씬 더 기대되지 않는 청중들의 조건에도 아주 잘 맞는 것이었다. 예를 들어서, 시카고의 스키드로(Skidrow)지역에 사는 주민들 중에 그리스도인의 사랑을 나누어주는 일에 자원하여 헌신한 조직인 기독실업인연맹(Christian Industrial League)의 회원들이 한 말이 있다. '자기들이 일을 하면서 발견한 바는 요한복음이 이러한 거칠고 완고한 사람들을 다루기 위하여 가장 좋은 말씀이었다는 점이다. 이 요한복음이 죄와 구원에 대

45) 본주석 요9:22 참조.
46) W. C. van Unnik가 그의 책 *Studia Evangelica* 1 = *Texte und Unter suchungen* 73 (Berlin 1959),pp.382~411에서 쓴 '요한복음의 목적' (The Purpose of St John' s Gospel)을 참조하라.

하여 하는 직선적이고 명료한 말씀은 정말 가련하게 버리운 자들에게 곧장 죄를 깨닫게 한다. 그러면서도 요한복음은 직접적인 초청의 말씀을 말하여 다른 어느 것도 얻어내지 못하는 반응을 내게 한다.[47] 19세기가 흘러오는 동안에 존재 하였던 수많은 다른 이들과 함께, 요한복음의 강해를 듣고 직접 요한복음을 읽은 자들은 자기들의 체험 속에서 처음이 복음서 기자의 기록의 진정성을 맨 먼저 보증하였던 신앙고백의 메아리가 들려오는 것을 발견한다: "우리는 그의 증거가 참인 줄 아노라"[48]

그가 증거한 것은 이것이다: "하나님이 세상을 이처럼 사랑하사 독생자를 주셨으니"(요3:16). 하나님께서 영원한 진리를 세상에 나타내신 것은 바로 세상을 사랑하셨기 때문이다. 영원한 진리는 영원한 사랑과 불가분리의 관계이다. 둘 다 하나님의 생명 안에서 고유하게 존재하고 있다. 그리고 예수님은 바로 그 둘의 구체적인 표현이시다. 바로 그분이 신적 생명 자체의 구체적인 표현이시기 때문이다. "또 증거는 이것이니 하나님이 우리에게 영생을 주신 것과 이 생명이 그의 아들 안에 있는 그것이니라" (요일 5:11).

요한복음의 서두에서 표현하듯이, 예수님께서는 영원한 말씀이시고, 또한 하나님의 자기 계시(self-revelation of God)이시다. 여러 시대, 여러 모양으로 표현되신 하나님의 자기 계시이시다. 복음서 전체가 강조하는 바와 같이 예수께서는 세상을 구원하기 위하여 아버지께서 보내신 아버지의 영원한 아들이시다. 그가 알리신 아버지의 계시(啓示)는 바로 세상의 구원을 의미한다. 예수께서 십자가상에서 자기 목숨을 버리신 일 가

47) A. M. Chirgwin *The Bible in World Evangelism* (London 1954) p.113.
48) 요21:24.

운데서 그 계시와 구원이 함께 완성이 된다.

아버지와 아들이 서로 간에 영원토록 가지신 관계는 서로 사랑 안에 함께 거하시고, 함께 하나가 되시는 관계로 선언되었다. 예수께서는 아버지 안에 계시고, 아버지께서는 예수님 안에 계신다. 예수께서 오셔서 아버지를 나타내신 목적은 사람들이 그를 믿음으로 말미암아 영생을 얻게 하시려는 것이다 다른 말로 해서, 사람들을 이 사랑의 신적(神的) 교제로 이끌어 들이시고 하나님께서 그들 안에 거하시듯이 그들도 하나님 안에 거하게 하려 하심이다.[49]

영원한 말씀이 육신이 되신 그 생명은 영과 육이 되신 참 사람의 생명이라는 것이 복음의 진수(眞髓)다. 예수님의 인성(人性)에 있어서 가현적(假現的)인 요소는 전혀 없다. 예수께서 아버지를 드러내신 사건들이 역사적인 사건들이었다는 것도 복음 진수다 - 특히 부어주시는 신적 사랑의 주요한 사건이 주후 30년 4월 어느 날 예루살렘의 만찬석에서 있었다. 기드론 골짜기를 가로질러 있는 동산에서 있었다. 그리고 본디오 빌라도의 본영에서 실제 있었던 일이다. 그리고 로마식의 십자가 형틀에서 달리신 일이 그 골고다 언덕에서 실제로 일어났던 일이다.[50] 더구나, 예수님의 말씀은 그가 행하신 행동들 만큼이나 계시적인 사건들이었다. 이 복음서 기자는 실제로 하신 말씀 실제로 행해진 행동들을 기록하고 있는 것이다. 이러한 말씀과 행동에 대한 그의 기록들은 그 말씀과 행동들에 대한 해석을 내포하고 있다. 그 해석은 말씀과 행동들의 내면적인 의미를 밝혀주고 예수님을 믿게 하되 아버지를 나타내시고 세상을 구원

49) 이 점이 C. H. Dodd의 *The Interpretation of the Fourth Gospel* (Cambridge 1953), pp.199이하의 웅변적이고 기념될 만한 대목에서 표현되었다.
50) C. H. Dodd, *ibid.*

하신 이로써 믿게끔 깨우쳐 준다.

예수께서 하신 말씀과 하신 행동들을 무엇을 통하여 알게 되었는가를 이 기자는 명백하게 밝히고 있다. 보혜사 성령께서 오셔서 예수님의 제자들을 모든 진리 가운데로 인도하시되 예수께서 가르치신 모든 것을 생각나게 하시고 분명하게 해주시는 방식으로 인도하실 것이라고 예수님께서 친히 약속하신 일을 명백하게 기록하고 있다.[51] 그 약속을 기록하면서 복음서 기자는 그 약속이 성취된 것을 자기가 직접 체험하였음을 함축하고 있다. 예수께서 공생애 기간 중에 하신 말씀과 하신 일들의 의미를 숙고할 때에 그 점을 드러내고 있다. 또한 자기와 자기 동료들이 보았고 들었던 일을 다른 이들에게 알게 하니 그러하다. 그리고 결국 이 복음서의 내용을 기록에 옮겨 놓고 있으니 그러하나. 만일 이 복음서에서 예수의 말씀과 행실이 다른 공관복음서에서 우리가 익히 아는 것보다 '더 고차원적인 데로 전이(轉移)'[52]되고 있는 것같이 보인다면, 그것은 성령께서 이 복음서 기자로 하여금 그 전에 기록된 복음서들이 노리는 독자들과는 다른 독자들에게 이해되게 예수님의 이야기를 능히 조율하게 하신 때문이다. 성령께서는 다른 일들보다도 신실한 해석자의 일을 하시고 계셨던 것이다. 해석자로서의 성령의 사역이 이 요한복음에서 분명하게 드러나 있다.

해석의 양상이 다양하게 나타난다(초기 단계에 그 해석은 복음서들 속에서 예수께서 일상적으로 쓰신 아람어로부터 헬라어로 번역하는 일을 함축한다). 한 단어, 한 단어를 다른 글자로 옮기는 번역은 통상적인 단

51) 요14:26과 16:13이하의 본서 주석 참조.
52) P. Gardner *The Ephesian Gospel* (London 1915), p.284.

어의 의미를 나타내는 것이기 때문에 해석되기가 어렵다. 오늘날 예수님의 말씀을 보전하여 기록하고 있는 헬레니즘주의적인 헬라어에서 최신의 20세기의 관용어로 옮겨 놓음으로써 예수님의 말씀을 '해석할' 것이다(영어든 아니면 다른 어느 언어이든지 간에). 해석은 결과적으로 내용을 간추리거나 요약하는 일이 될 수 있다. 반면에 해석이 말해진 것을 확장 설명하는 것일 수도 있다. 그러하다면, 해석은 상당 부분 의역(意譯)을 함축하게 될 것이다. 그러한 식으로 구절을 확장하여 의역하는 것이 그 의미를 보다 상세하게 드러내는 효과를 노리고자 함이라면, 그러한 형식을 활용하는 일은 그 정당성을 충분하게 인정받을 수 있을 것이다.

플루타크(Plutarch)는 자기가 쓴 *브루투스의 생애 (Life of Brutus)* 에서 줄리어스 시이저가 암살된 직후에 로마에 있었던 일을 다음과 같이 묘사한다:

안토니와 그 지지자들은 시이저의 유지(遺旨)가 담긴 글을 공중(公衆)에게 읽어 들려주어야 한다고 주장했다. 그리고 시이저의 시신은 가족장으로 해서는 안 되고 관례에 따라 예우를 갖추어야 한다고 주장하였다… 브루투스는 그러한 요구들을 받아들이기로 하였다… 그 결과 가장 먼저 나타난 일은 이러하다. 그 독재자가 자기 뜻에 따라 로마의 시민 한 사람당 75드라크마를 선물하고, 티베르 강 너머에 있는 자기 동산들을 시민들이 사용하도록 유증(遺贈)하였다는 것이 알려지게 되면서… 시이저에 대한 애정과 그 시이저를 잃은데 대한 강한 상실감이 백성들을 사로잡게 되었다. 그 다음으로 일어난 일은 그 죽은 사람의 시신이 광장에 안치되자, 안토니가 그 시신을 향하여 관례에 따라 장송사(葬送

辭)를 낭독한 일이다. 안토니는 자기가 한 말로 백성들이 깊게 동요하는 것을 보자마자 어조를 바꾸어 연민어린 투로 말하면서 피투성이가 되어있는 시이저의 겉옷을 들어 모든 이들이 볼 수 있게 펴보였다. 그러면서 살인자의 단도가 찔러댄 여러 군데의 상처를 가리켰다. 어떤 이들은 살인자들을 죽여야 한다고 소리를 쳤다; 또 어떤 이들은… 이웃한 가게에서 긴 의자와 식탁을 끌어다가 차곡이 쌓아 아주 큰 나무더미를 만들었다. 그리고 그 위에 시이저의 시체를 올려놓고 불을 질렀다… 화염이 치솟기 시작하자 사람들은 사방에서 달려와서 그 벌겋게 타는 장작개비를 집어 들고 시내로 달려갔다. 살인자들의 집을 불살라 태워버리려고 말이다.[53]

정말 생생한 묘사다. 그러나 시이저의 유시(遺旨)가 어떤 방식으로 읽혀졌는지, 마크 안토니가 시이저를 칭송하는 말에서 정확히 무슨 말을 하였는지? 그 질문에 대한 만족할 만한 대답이 플루타크의 진술을 영어로 해석하여 놓은 그 유명한 해석집에 들어있다 -그저 단어 단어를 그냥 번역한 것이 아니다. 그 진술을 확장하여 의역하였다. 거기서는 안토니가 시이저의 찢겨지고 피 묻은 의복을 들어 보이고 상처난 시이저의 시체를 들추어내어 군중들의 의분을 일으킨 후에 안토니가 그 시이저의 유지를 큰소리로 읽은 것으로 되어 있다. 안토니는 나직하게 서두를 꺼내었다:

친구들이여, 로마인들이여, 국민들이여, 내 말에 귀를 기울이시오;
내가 온 것은 그를 찬미하기 위한 것이 아니라
그를 장사하기 위한 것입니다

53) Plutarch, *Life of Brutus* 20.1-4 그의 *Life of Caesar* 68.1; *Life of Antony* 14.3이하 참조.

그리고는 절정에 이르러서는 우렁찬 음성으로 외쳐댔다:

여기에 시저가 있었습니다!

언제 그러한 사람이 또 나겠습니까?[54]

그 안토니의 연설 전체는 가장 자유로운 번역의 형태를 띄고 있는 것이다. 그리고 다른 어조로 문장을 전이한 것이다. 그러나 셰익스피어의 천재적인 재능은 안토니의 입에 바른 말을 넣어 줄 수 있었던 것이다. '실제로 말해진 것의 보편적인 의도를 가능한 정확하게 나타내려고 애를 쓰면서(투시디안적인 형식을 빌어서) 말이다.' [55]

드라마에 대한 통찰력을 가지고 셰익스피어가 한 것(부연하여 말한다면, 많은 설교자들이 설교적인 기교로서 하는 일)-그러한 모든 일보다 더 많은 일을 성령께서는 복음서 기자를 통해서 다 해 내실 수 있었다. 나는 신적 영감이 말을 줄인 것이라고 생각 하지는 않는다; 다만 이 요한복음의 메시지를 처음 듣던 그 신자들에게 신령과 생명이었던 그 말씀들을 재 산출시키시되, 요한이 이 복음서를 쓴 후 19세기의 기간이 흘러간 오늘의 사람들에게도 역시 구원의 메시지를 계속 전해주고 여전히 그 말씀이 오늘 현대인들에게도 신령과 생명인 것을 드러내는 방식으로 재 산출시키시는 것이다-그것이 바로 성령께서 하시는 일이시다. 윌리암 템플(William Temple)이 말한 대로 '예수님의 마음에 있었던 것을 바로 이 네 복음서들이 다 밝혀냈다' [56] 바로 그 일이 성령의 작용으로 말미

54) Shakespeare *Julius Caesar*, Act 3, Scene 2.
55) Thucydides, *History* 1.22.1.
56) W. Temple *Readings in St John's Gospel* (London 1939), p.xxxii.

암은 것이다. 지금도 여전히 이 복음서 속에서 예수님의 진정한 음성을 인지하게 되는 것도 바로 성령께서 허락하신 조명으로 말미암는다.

참고문헌

1. 주석류

BAILEY, R. F. *The Gospel of S John: An Introductory Commentary* (SCM Press, London 1940).

*BARRETT, C, K. *The Gospel according to St John: An Introduction with Commentary and Notes on the Greek Text* (SPCK, London ^{2}1978).

*BEASLEY-MURRAY, G. R. *John*, WBC (Word Books, Waco, Texas, forthcoming).

*BERNARD, J. H. *The Gospel according to St John*, ICC. Two volumes(T. & T. Clark, Edinburgh, 1928).

BROWN, R. E. *The Gospel according to John: Introduction, Translation and Notes*, AB. Two volumes (Doubleday, Garden City, N.Y. 1966, 1970).

*BULTMANN, R. *The Gospel of John: A Commentary.* Trans - lated by G. R. Beasley-Murray, R. W. N. Hoare,J. K. Riches (Blackwell, Oxford, 1971).

FENTON, J. C. *The Gospel according to John.* NClarB (Clarendon Press, Oxford, 1970).

FINDLAY, J. A. *The Fourth Gospel: An Expository Commentary* (Epworth Press, London, 1956).

HENDRIKSEN, W. *Exposition of the Gospel according to John* NTC. Two volumes (Baker, Grand Rapids, Michigan, 1953, 1954).

HOSKYNS, E. C. *The Fourth Gospel.* Edited by F. N. Davey (Faber & Faber, London, 1954).

HOWARD, W. F. *'The Gospel according to John'* IB 8 (Abing- don, Nashville/New York, 1952).

HUNTER, A. M. *The Gospel according to John* CBC (University Press,

Cambridge, 1965).
KELLY, W. *An Exposition of the Gospel of John* (T. Weston, London, 1898).
LIGHTFOOT, R. H. *St John' s Gospel: A Commentary* (University Press, Oxford 1956).
LINDARS, B. *The Gospel of John* NCB (Oliphants, London, 1972).
MACGREGOR, G. H. C. *The Gospel of John* MNTC (Hodder & Stoughton, London, 1928)
MARSH, J., *The Gospel of St John*, PGC (Penguin Books, Har- mondsworth, 1968).
MORRIS, L. *The Gospel according to John*, NICNT (Eerdmans, Grand Rapids, Michigan, 1971).
NEWBIGIN, L. *The Light has come: An Exposition of the Fourth Gospel* (Eerdmans, Grand Rapids, Michigan, 1982).
SANDERS, J. N. A *Commentary on the Gospel according to St John*. Edited and Completed by B. A. Mastin. BNTC(A. & C. Black, London, 1968).
*SCHNACKENBURG, R. *The Gospel according to St John.*
Translated by K. Smyth, C. Hastings and others. HTCNT.
Three volumes(Burns & Oates, London 1968, 1980, 1982).
*SMALLEY, S. S. *The Gospel according to John* NIGTC (Pater - noster, Exeter; Eerdmans, Grand Rapids, Michigan, forth - coming).
TASKER, R. V. G. The Gospel according to St John TNTC (Tyndale Press, London 1960).
TEMPLE, W. *Readings in St John ' s' Gospel.* Two volumes (Mac - millans, London 1939, 1940).
VINE, W. E. *John: His Record of Christ* (Oliphants, London 1948).
WESTCOTT, B. F. *The Gospel according to St John*(1880). With a new

introduction by A. Fox (James Clarke, London, 1958).
*WESTCOTT, B. F. *The Gospel according to St John: The Greek Text with Introduction and Notes.* Two volumes (John Murray, London, 1908).

2. 기타문헌들

ASKWITH, E. H. *The Historical Value of the Fourth Gospel* (Hodder & Stoughton, London, 1910).
BACON, B. W. *The Fourth Gospel in Research and Debate* (Unwin, London, 1910).
BARRETT, C. K. *Essays on John* (SPCK, London, 1982).
BARRETT, C. K. *The Gospel of John and Judaism* (SPCK, London, 1975).
BOICE, J. M. *Witness and Revelation in the Gospel of John* (Zondervan, Grand Rapids, Michigan, 1970).
BROOMFIELD, G. W. *John, Peter and the Fourth Gospel* (SPCK, London, 1934).
BROWN, R. E. *The Community of the Beloved Disciple* (Geoffrey Chapman, London, 1979).
BURNEY, C. F. *The Aramaic Origin of the Fourth Gospel* (Clarendon Press, Oxford, 1922).
BURY, R. G. *The Fourth Gospel and the Logos-Doctrine* (Heffer, Cambridge, 1940).
CHAPMAN, J. *John the Presbyter and the Fourth Gospel* (Clarendon Press, Oxford, 1911).
CHARLESWORTH, J. H. (ed.), *John and Qumran* (Geoffrey Chapman, London, 1972).

COLWELL, E. C. *The Greek of the Fourth Gospel* (University Press, Chicago, 1931).
CROSS, F. L. (ed.), *Studies in the fourth Gospel* (Mowbray, London, 1957).
CULLMANN, O. *The Johannine Circle*. Translated by J. Bowden (SCM Press, London, 1976).
CULPEPPER, R. A. *The Johannine School* SBLDS 26 (Scholars Press, Missoula, Montana, 1975).
DAVEY, J. E. *The Jesus of St John* (Lutterworth Press, London 1958).
DE JONGE, M. *Jesus: Stranger from Heaven and Son of God* (Scholars Press, Missoula, Montana, 1977).
DODD, C. H. *The Interpretation of the Fourth Gospel* (University Press, Cambridge, 1953).
DODD, C. H. *Historical Tradition in the Fourth Gospel* (University Press, Cambridge, 1963).
DRUMMOND, J. *An Inquiry into the Character and Authorship of the Fourth Gospel* (Williams & Norgate, London, 1903).
EDWARDS, H. E. The Disciple who Wrote These Things (James Clarke, London, 1953).
FORTNA, R. *The Gospel of Signs*, SNTSMS 11(University Press, Cambridge, 1970).
FREED, E. D. *Old Testament Quotations in the Gospel of John* SNT 11 (Brill, Leiden, 1965).
GARDNER-SMITH, P. *St John and the Synoptic Gospels* (University Press, Cambridge, 1938).
GREEN-ARMYTAGE, A. H. N. *John Who Saw* (Faber & Faber, London, 1952).
GUILDING, A. *The Fourth Gospel and Jewish Worship* (Clarendon Press,

Oxford, 1960).

HARRIS, J. R. *The Origin of the Prologue to St John' s Gospel* (University Press, Cambridge, 1917).

HARVEY, A. E. *Jesus on Trial: A Study in the Fourth Gospel* (SPCK, London, 1976).

HEADLAM, A. C. *The Fourth Gospel as History* (Blackwell, Oxford, 1948).

HENDERSON, R. A. *The Gospel of Fulfilment* (SPCK, London, 1936).

HIGGINS, A. J. B. *The Historicity of the Fourth Gospel* (Lutter - worth Press, London, 1960).

HOLLAND, H. S. *The fourth Gospel.* Edited by W. J. Richmond (John Murray, London, 1923).

HOLWERDA, D. E. *The Holy. Spirit and Eschatology in the Gospel of John* (J. H. Kok, Kampen, 1959).

HOWARD, W. F, *Christianity according to St John* (Duckworth, London, 1943).

HOWARD, W. F. *The Fourth Gospel in Recent Criticism and Interpretation.* Revised by C. K. Barrett (Epworth Press, London, [4]1955).

HUNTER, A. M. *According to John* (SCM Press, London, 1968).

JOHNSTON, G. *The Spirit-Paraclete in the Gospel of John* SNTSMS 12 (University Press, Cambridge, 1970).

KÄSEMANN, E. The *Testament of Jesus: A Study of the Gospel of John in the Light of Chapter 17.* Translated by G. Krodel (SCM Press, London, 1968).

KYSAR, R. *The Fourth Evangelist and his Gospel: An Examination of Contemporary Scholarship* (Augsburg, Minneapolis, 1975).

LIGHTFOOT, J. B. *Biblical Essays* (Macmillan, London, 1893), pp.1-44 ('Internal Evidence for the Authenticity and Genuineness of St John' s Gospel'), 45~122 ('External Evidence for the Authenticity and Genuineness of St John' s Gospel'),

123-193 ('Internal Evidence for the Authenticity and Genuineness of St John' s Gospel'), 194-198 ('Additional Notes').

LINDARS, B. *Behind the Fourth Gospel* (SPCK, London, 1971).

LOFTHOUSE, W.F. *The Father and the Son: A Study of Johannine Thought* (SCM Press London 1934).

MANSON, T. W. *On Paul and John*, SBT 38(SCM Press, London, 1963).

MARTYN, J. L., *The Gospel of John in Christian History* (Paulist, New York 1978).

MARTYN, J. L. *History and Theology in the Fourth Gospel* (Abingdon, Nashville, ^{2}1979).

MORRIS, L. *The Dead Sea Scrolls and St John' s Gospel* (Westminster Chapel Bookroom, London 1960).

MORRIS, L. *Studies in the Fourth Gospel* (Paternoster Press, Exeter; Eerdmans, Grand Rapids, Michigan, 1969).

MUSSNER, F. *The Historical Jesus in the Gospel of St John*, QD 19. Translated by W. J. O' Hara (Bums & Oates, London, 1967).

NOLLOTH, C. F. *The Fourth Evangelist* (John Murray, London, 1925).

OLSSON, B. *Structure and Meaning of the Fourth Gospel.* CB: NTS, 6 (Gleerup, Lund, 1974).

PAGELS, E. H. *The Johannine Gospel in Gnostic Exegesis*, SBLMS 17 (Abingdon, Nashville/New York, 1973).

PAINTER, J. *John: Witness and Theologian* (SPCK, London, 1975).

POLLARD, T. E. *Johannine Christology and the Early Church* SNTSMS 13 (University Press, Cambridge, 1970).

REDLICH, E. B. *An Introduction to the Fourth Gospel* (Longmans, London, 1939).

ROBERTSON, A. T. *The Divinity of Christ in the Gospel of John* (Revell, New

York, 1916).

ROBINSON, J. A. *The Historical Character of St John' s Gospel* (Longmans, Green & Co., London, [2]1979).

ROBINSON, J. A. T. *Redating the New Testament* (SCM Press, London, 1976), pp.254~311 ('The Gospel and Epistles of John').

ROBINSON, J. A. T. *Twelve New Testament Studies* SBT 34 (SCM Press, London 1962), pp.94~106 ('The New Look on the Fourth Gospel'), 107~125 ('The Destination and Purpose of St John' s Gospel').

SANDAY, W. *The Authorship and Historical Character of the Fourth Gospel* (Macmillan, London, 1872).

SANDAY, W. *The Criticism of the Fourth Gospel* (Clarendon Press, Oxford 1905).

SANDERS, J. N. *The Fourth Gospel in the Early Church* (University Press, Cambridge, 1943).

SAUNDERS, E. W. *John Celebrates the Gospel* (Abingdon, Na- shville / New York, 1968).

SIDEBOTTOM, E. W. T*he Christ of the Fourth Gospel* (SPCK, London, 1961)

SMALLEY, S. S. *John: Evangelist and Interpreter* (Paternoster Press, Exeter, 1978).

STRACHAN, R. H. *The Fourth Gospel: Its Significance and Environment* (SCM Press, London, [3]1941).

WILES, M. F. *The Spiritual Gospel: The Interpretation of the Fourth Gospel in the Early Church* (University Press, Cambridge, 1960).

WRIGHT, C. J. *Jesus the Revelation of God: His Mission and Message according to St John* (Hodder & Stoughton, London, 1950).

요한복음 분해

서두 (1:1-18)

A. 예수님의 공생애 시작 (1:19-2:12)

Ⅰ. 세례요한의 증거 (1:19-34)

1. 세례요한과 예루살렘에서 보내온 사람들 (1:19-28)

2. 오실 자의 신분확인 (1:29-34)

II. 첫 제자들 (1:35-2:12)

1. 처음으로 부르심을 받은 제자들 (1:35-51)

2. 가나에서의 표적 (2:1-11)

3. 가버나움에 거하심 (2: 12)

B. 세상에 아버지를 나타내시는 예수님 (2: 13 -12:50)

Ⅰ. 유대에서의 사역 (2:13-3:36)

1. 예루살렘에서 첫 번째 유월절을 맞으며(2: 13 - 3:21)

(a) 성전을 정화하심 (2:13-22)

(b) 표면적인 믿음 (2:23-25)

(c) 니고데모와 거듭남 (3:1-21)

2. 예수님을 더 증거하는 세례요한 (3:22-36)

II. 예수님과 사마리아 사람들 (4:1-42)

III. 왕의 신하의 아들의 병을 고치심 (4:43-54)

IV. 예루살렘에서 사역 (5:1-47)

1. 베데스다 연못에서 병자를 고치심 (5:1-9a)

2. 아버지와 아들 (5:9b-29)

3. 인자의 신빙성을 입증하는 것들 (5:30-47)

Ⅴ. 갈릴리 사역 (6:1-71)

1. 허다한 무리를 먹이심 (6:1-21)

2. 생명의 떡 (6:22-71)

(a) 참된 만나 (6:27-34)

(b) 예수님 자신이 영생의 떡 (6:35-51)

(c) 인자를 먹는 것의 문제 (6:52-59)

(d) 부 록 (6:60-71)

Ⅵ. 예루살렘의 사역 (7:1-10:39)

1. 초막절 (7:1-8:59)

(a) 예수님과 그 형제들 (7:1-9)

(b) 명절에 있었던 소동 (7:10-13)

(c) 명절에 올라오신 예수님(7:14-8:59)

ⅰ. 모세와 그리스도 (7:14-24)

ⅱ. 예수님 자신이 메시아라고 주장하심 (7:25-31)

ⅲ. 막간: 예수님을 체포하려는 시도 (7:32-36)

ⅳ. 살아있는 물: 격화되는 메시아 논쟁 (7:37-44)

ⅴ. 높은 지위에서의 불신앙 (7:45-52)

- 간음하다 잡힌 여인 (7:53-8:11) -

ⅵ. 세상의 빛 (8:12-20)

ⅶ. "내가 그로라" (8:21-30)

viii. 아브라함의 자녀들 (8:31-59)

2. 소경된 남자의 치료 (9:1-41)

(a) 실로암 연못 (9:1-12)

(b) 바리새인들의 심문 (9:13-17)

(c) 부모들을 심문 (9:18-23)

(d) 소경되었던 사람을 두 번째 심문함 (9:24-34)

(e) 믿음의 고백 (9:35-38)

(f) 판단에서 소경됨 (9:39-41)

3. 목자와 양떼 (10:1-39)

(a) 선한 목자 비유 (10:1-21)

(b) 성전에서의 조우 (10:22 -30)

(c) 새로운 양상으로 발전하여 가는 갈등 (10:31-39)

VII. 예수님의 세상에서의 마지막 국면 (10:40-12:50)

1. 요단강 저편 (10:40-42)

2. 나사로의 살아남 (11:1-46)

(a) 나사로가 병이 듦 (11:1-5)

(b) 유대로 다시 돌아가심 (11:6-16)

(c) 베다니에 도착 (11:17-27)

(d) 무덤으로 가는 길에서 (11:28-37)

(e) 살리시는 외침 (11:38-44)

(f) 구경꾼들의 외침 (11:45, 46)

3. 운명적인 회합 (11:47-53)

4. 광야로 물러나신 예수님 (11:54)

5. 예루살렘에서의 며칠 (11:55-12:50)

(a) 순례객들이 유월절을 위하여 예루살렘으로 올라오다 (11:55-57)

(b)베다니에서의 만찬과 기름부음 (12:1-11)

(c) 예루살렘성에 들어오심 (12:12-19)

(d) 명절에 온 헬라인들 (12:20-33)

(e) 인자와 빛의 아들들 (12:34-36a)

(f) 세상에서의 예수님의 사역을 요약함 (12:36b-50)

C. 제자들에게 아버지를 나타내시는 예수님 (13:1-17:26)

I. 최후의 만찬 (13:1-30)

1. 제자들의 발을 씻겨주심 (13:1-17)

2. 진 속에 있는 배반자 (13:18-30)

II. 다락방 강화 (13:31-16:33)

1. 떠나심과 다시 연합하심 (13:31-14:31)

(a) 영광을 받으시는 인자 (13:31,32)

(b) 새 계명 (13:33-35)

(c) 베드로의 확신과 주님의 경고 (13:36-38)

(d) 아버지의 집과 그리로 가는 길 (14:1-7)

(e) 아들 안에서 아버지를 보는 일 (14:8-11)

(f) 일과 기도 (14:12-14)

(g) 보혜사에 대한 첫 번째 언급: 돕는 이로서의 성령 (14:15-17)

(h) 제자들에게 다시 나타나신다는 예수님의 약속 (14:18-24)

(i) 보혜사에 대한 두 번째 말씀 · 해석자로서의 성령 (14:25,26)

(j) 화평을 물려주시는 예수님 (14:27-31)

2. 주님과 그의 백성들 (15:1-16:33)

(a) 포도나무와 가지들 (15:1-11)

(b)예수님의 친구들 (15:12-17)

(c) 핍박에 대한 경고 (15:18-25)

(d) 보혜사에 대한 세 번째 말씀 증거자로서 성령 (15:26,27)

(e) 핍박에 대한 또 다른 경계 (16:1-4b)

(f) 보혜사에 대한 네 번째 말씀: 책망하시는 자로서의 성령 (16:4b -11)

(g) 보혜사에 대한 다섯 번째 말씀: 계시자로서의 성령 (16:12-15)

(h) '조금 있으면' (16:16-18)

(i) 슬픔 대신 기쁨 (16:19-24)

(j) 환난과 승리 (16:25-33)

Ⅲ. 헌신의 기도 (17:1-26)

1. 자신을 영화롭게 하여 주십사고 아버지께 기도하시는 예수님 (17:1-5)

2. 제자들에게 주신 계시 (17:6-8)

3. 제자들을 위한 기도 (17:9-18)

4. 아들의 자기 헌신 (17:19)

5. 장차 생겨 날 교회를 위한 기도 (17:20-23)

6. 영화롭게 된 교회 (17:24)

7. 결 론 (17:25,26)

D. 수난과 승리 (18:1-20:31)

I. 수난의 기록 (18:1-19:42)

1. 동산에서 잡히시는 예수님 (18:1-11)

2. 대제사장의 심문 (18:12-24)

3. 베드로의 마지막 부인 (18:25-27)

4. 빌라도 앞에서의 심리 (18:29-19:16)

(a) 고소자들을 심문하는 빌라도 (18:28 -32)

(b) 예수님을 심문하는 빌라도 (18:33 -38a)

(c) 우리는 바라바를 원하노라 (18:38b -40)

(d) '여기에 너희의 왕이 있다!' (19:1-16)

5. 십자가에 달리신 예수 (19:17-30)

(a) 사형집행자들의 일 (19:17-24)

(b) 십자가에서 하신 마지막 말씀들 (19:25 -30)

6. 다리를 꺾는 일, 십자가에서 시신을 내려 장사지냄 (19:31-42)

II. 부활사건에 대한 기술 (20:1-29)

1. 빈 무덤 (20:1-10)

2. 막달라 마리아에게 나타나신 예수님 (20:11-18)

3. 제자들에게 나타나신 부활하신 예수님 (20:19-23)

4. 도마에게 나타나신 예수님 (20:24-29)

III. 요한복음의 기록 목적 (20:30, 31)

결말 (21:1-25)

1. 고기 잡으러 간 제자들 (21:1-11)
2. 호숫가에서의 아침식사(21:12-14)
3. 베드로의 새 사명 (21:15-19)
4. 사랑하시는 제자 (21:20-23)
5. 첫 번째 추신 (21:24)
6. 두 번째 추신 (21 :25)

제 1 장

서 두(Prologue)(요1:1 -18)

제 4복음서의 서두는 이 저작 전체의 주제를 말하고 있다[1] 이 복음서의 전체 내용은 다 이 서두의 메시지를 풀어내는 것이라고 할 수 있다. 곧 나사렛 예수의 생애와 사역 속에서 하나님의 영광이 독특하고 완전하게 나타났다는 것이다. 물론 이 메시지는 신약의 저자들 중에서 이 제 4복음서 기자에게만 특이하게 보이는 것은 아니다. 사실 그 메시지는 바울의 확언, " '어두운데서 빛이 비취리라' (Let light shine out of darkness)하던 그 하나님께서 예수 그리스도의 얼굴에 있는 하나님의 영광을 아는 빛을 우리 마음에 비취셨느니라"(고후4:6)고 한 진술 속에서 바로 그 메시지가 요약적으로 응축되어 있는 것이다. 옛 창조시에 하나님께서 하신 일과 새로운 창조시에 하나님께서 하신 일 사이에 존재하는 동일한 병행선이 바로 여기 요한의 서두에 묘사가 된 것이다.

이 서두는 운율적(韻律的)인 산문으로 구성되어 있다-어떤 이들이 넌지시 암시한 바와 같이 이 서두를 시문(詩文)으로 보기는 어렵다. 이 서두가 처음에는 본래 구분이 지어진 형식을 취하였을지 모른다. 본래의 두 구분되는 대목의 진술을 요한복음 속에 함께 짜 넣어 통합된 것일 수도 있다는 말이다. 다시 말하면 세례 요한의 증거의 시작을 기록한 6-8, 15절을 그리하였는지도 모른다. 그렇게 보거나 그와 유사하게 보는 시

1) 참조할 문헌.C- K. Barrett의 *신약 에세이'(New Testament Essays)*(London 1972),pp.27-48의 '요한복음 서두에 관하여' (The Prologue of St John' Gospel).

각(요한복음이 작성이 된 다음에 그 부분을 서두에 넣은 것이 아닌가 하는 시각)들은 아무리 잘 보아 준다고 해도 하나의 사변(思辨)에 지나지 않는다. 이 서두는 요한복음 기자 자신의 저작(著作)인 것이 분명하다. 다음에 나오는 여러 장들이 이 복음서의 주요한 주제를 다양한 방식으로 나타낼 것을 내다보게 하는 이 서두의 방식에 비추어 판단하여 본다면 그러하다. 복음서의 주요한 7개의 핵심 단어들-생명, 빛, 증거, 영광(예들 들어)-이 이 서두에서 나타난다. 그러나 이 서두에서 가장 특정적인 어휘는 '말씀' 이다. 이 '말씀' 이란 어휘가 서두에 나온 것과 같은 의미로 복음서 내용 중에 나타나지는 않는다. 그럼에도 불구하고, 이 서두는 그 '말씀' 에 관하여 말하는 것을 통하여 복음서 전체를 이해하게 해주는 전망을 우리에게 제공하여 준다. 요단강 뜰의 이야기에서부터 부활하신 주께서 나타나신 여러 차례의 일들을 기록한 모든 내용이 다 사람들로 하여금 믿고 살게 하시려고 영원하신 하나님의 '말씀' 이 어떻게 육신이 되셨는지를 알게 한다.

1:1 "태초에 말씀이 계시니라 이 말씀이 하나님과 함께 계셨으니 이 말씀은 곧 하나님이시니라"

('태초에 말씀이 계셨으니, 그 말씀이 하나님과 함께 계셨고, 그 말씀이 하나님이셨다' -필자사역)

이 복음서와 창세기가 각각 같은 어구로 시작이 되고 있는 것은 우연한 일이 아니다. 창1:1에서는 '태초에' 라고 하면서 옛 창조의 내력을 도입한다. 여기 요한복음에서는 그 어구로 새로운 창조의 내력을 도입한다.

두 창조 사역의 행위자는 하나님의 '말씀' 이시다.

분명하게 말하여 영어의 'Word' (말씀)라는 말이 헬라어의 로고스(Logos)라는 말을 정확하게 옮겨놓은 것은 아니다. 그러나 그 어휘보다 더 근접하게 그 어휘의 핵심을 나타낼 만한 다른 어휘를 발견하기가 어렵다. 학자들을 위하여 쓰여진 주석이나 번역 성경에서는 그 'Word' 라는 말을 쓰지 않고 그저 '로고스' 라고 하여도 무방할 수 있다. 그러나 일반인 독자들을 위하여 낸 책의 경우에는 제임스 모펫(James Moffatt)이 번역한 성경과 같이 그 말을 옮기지 않고 그대로 두는 것이 사실상 무방한 일이 아니다. 모펫은 이 요한복음 첫 문장을 '로고스가 태초에 계셨다' (The Logos existed in the very beginning)라고 번역하였다. "말씀" 이라고 번역하여 독자들을 오도(誤導)하느니 차라리 그냥 그대로 '로고스' 라고 놓는 것이 현대 독자들에게 낫지 않느냐" 는 시각으로 보면 그렇게 하는 것이 정당해 보일 수도 있다. 그러나 만일 '로고스' 라는 말이 일반 독자들에게 전혀 의미 없게 들리지는 않는다면 그 말이 '이성' (理性) (reason)을 암시하는 것과 같은 말로 들려질 수 있다. 만인 그리한 경우라면 'Word' (말씀)라고 하느니 보다 더 오도하는 결과를 가져온다. '말' 은 하나의 의사소통의 방편이다. 그 사람의 마음에 있는 것을 표현하는 방편이다. 필립스(J. B. Phillips)는 그 소절을 '태초에 하나님께서 자신을 표현하셨다.' (At the beginning God expressed himself)로 번역하였다. 그는 복음서 기자가 신적 자기표현에 인격성을 부여한 것을 안전하게 방호해 주려고 계속 이어서 다음과 같이 번역하여 나간다: '그 인격적 표현, 곧 그 말씀이 하나님과 함께 계셨으니…' 필립스는 이 번역이 100% 정확한 번역이 아닌 것을 인정하였다. 그러나 자기 번역 성경을 읽은 수많은 독자들이 자기더러 한 말이 있다고 부연한다. '말씀' 이라고 번역할 때에 뜻이 너무 모호하게만 느껴졌는데 그렇게 번역하니 어떤 적극적인 의미가 자기들에게 오더라는 것이다[2)]

괴테(Goethe)의 '파우스트' 란 작품 중에 주인공 파우스트가 이 소절을 번역하려고 고심하던 차에 '로고스' 라는 말에 해당하는 적절한 말(mot juste)을 떠올리려고 애쓰는 대목이 나온다. 그러다 가는 결국 그 말을 발견하였다라고 생각한다; 'I m Anfang war dei *Tat* - '태초에 행위, 행동이 있었다' (In the beginning was the deed, the action).[3)] 그 번역은 전체 의미를 드러낸 것이 아니고 그 부분만을 드러낸 것이다. 만일 이 요한복음 초두의 '로고스' 를 '행동하는 말씀' (word in action)으로 이해한다면 그 말에 대하여 공정한 일을 하기 시작하였다고 할 수 있다.

'로고스' 라는 말이 어떤 헬라 철학파에 속한 자들에게는 아주 익숙한 단어였다. 이성의 원리, 또는 우주 내에 내재되어 있는 질서, 물질적인 세계에 형식을 부여하고 사람 속에 있는 합리적인 영혼을 구성하는 원리 등을 지시할 때에 그 '로고스' 라는 말을 썼다. 그러나 요한의 사상과 언어의 배경을 그 헬라 철학 속에서 찾아서는 안된다. 그럼에도 그런 용례 때문에, '로고스' 라는 말이 제 2세기의 순교자 저스틴(Justin) 같이 헬라 철학 속에서 자라난 이들에게는 요한 사도의 기독교에 이르는 길을 발견케 하는 가교(架橋) 구실을 하였다[4)]

2) E. V. Rieu and J B. Phillips, '복음서 번역문제' (Translating the Gospels) 성경 번역자(*The Bible Translator*) 6(1955), pp.157이하.

3) J W. von Goethe *Faust*, line 1237.

4) 저스틴(Justin)의 *첫 번째 변론(First Apology)* 5,3,4에 따르면, 소크라테스로 하여금 진리를 분변하고 거짓을 폭로하게 하는 로고스나 바른 이성, 옹호하다가 사형판결을 받아 죽게 한 바로 그 로고스가, 후에 그리스도 예수 안에서 성육신되었다는 것이다. 저스틴의 책 8면과, 어거스틴의 말을 인용한 39면의 내용을 참조하여 보라.

요한의 사상과 언어의 진정한 배경은 헬라 철학에 있는 것이 아니고 히브리 계시 속에 있다. 구약에서 '하나님의 말씀' (word of God)은 행동하시는 말씀을 지시한다. 특히 창조와 계시와 구원에서 활동하시는 하나님을 지시하는 말인 것이다.

창세기 초두의 창조 기사(記事)에서는 거듭하여 "하나님이 가라사대(말씀하셨으니)…(그대로 되었으니)"라는 진술이 나온다. 그 진술은 시33:6에서와 같이 다른 어휘로도 표현될 수 있다. "여호와의 말씀으로 하늘이 지음이 되었으며." 그러나 이 후자의 언어형식을 사용할 때에는 '여호와의 말씀' 을 인격화(人格化)하여 그 말씀을 주 여호와의 메신저(messenger)로, 대리 행위자로 여기는 길이 열리는 것이다. 유사하게 "여호와께서 이사야에게 이르시되…" (사7:3)라는 진술을 들을 때에 "여호와의 말씀이 이사야에게 임하니라"(사38:4)라는 말씀과 같이 들릴 수 있다. 다시 말해서, 그 두 진술이 동의어이다. 그러나 후자의 '여호와의 말씀' 을 하나님께서 선지자에게 보내신 사자(使者)로 묘사할 수 있다.

이 용법을 더 강하게 나타낸 곳이 시107:20에서 나타난다. 그 시편에서 사람들은 거의 죽기에 이를 정도로 병으로 고통당하면서 하나님께 도움을 구한다. 거기에 대하여 그 시편은 이렇게 계속 된다.

저가 그 말씀을 보내어 저희를 고치사 위경에서 건지시는도다

지혜서의 유명한 대목(잠18:14.15)에서 애굽의 처음 유월절 밤에 그 황폐하게 하는 죽음의 천사를 하나님의 '전능하신 말씀' 이라고 말하고 있다. 하늘의 통시(洞視)의 보좌에서 그 망할 나라에 내려 와서 '날카로운

삭도 같이' 하나님의 명을 시행하시는 말씀이라는 것이다:

> 서서 모든 것을 죽음으로 가득하게 하고 땅에 발을 딛고
> 하늘을 만지고 있는 자로 하고 있다.

여기서 그 책에서는 우리가 히브리 구약 성경에서 보는 것보다 더 상세하고 더 구체적인 상황에 맞게 인격화를 시도하고 있다. 그러나 그 책에서 나오는 그것이 하나님의 말씀에 대하여 선지자들이 가지고 있는 개념, 곧 그들이 하나님의 말씀을 사55:11에서와 같이 하나님께서 명하신 것을 확실하게 이루어내시는 사자로 생각하던 것이 그러한 식으로 발전되어 나간 것이리라:

> 사55:11에서는 이렇게 말한다.
> 내 입에서 나가는 말도 헛되이 내게로 돌아오지 아니하고
> 나의 뜻을 이루며 나의 명하여 보낸 일에 형통하리라.

그러니 우주가 생겨나게 되던 그 '태초' 에 그 우주를 생겨나게 하던 그 하나님의 말씀이 이미 존재하고 계셨다. 그 다음에 오는 어법은 이 복음서 기자가 단순하게 문학적으로만 인격화시키고 있는 것이 아님을 보여준다. 요한복음 저자가 그 '말씀' 에 대하여 묘사하고 있는 인격적인 상태는 실제로 존재하고 있는 것이다. 말씀이 하나님과 가진 관계는 인격적인 관계이다: "그 말씀이 하나님과 함께 계셨으니"

그 진술은 심오한 신학적인 진리를 함축하고 있다. 그러나 이 진술에

함축되어 있는 것들이 '함께' (with)의 의미를 가지고 있는 헬라어 전치사 *프로스(pros)*를 선택한 데 있는 것이 아니다. 사실은 헬라 문학에서 프로스라는 말은 통상적으로 그러한 뜻으로 쓰이고 있지 않다. 그러나 프로스가 네 복음서에서 가장 일반적이고 매일의 일상적인 흐름 속에서 일양 그렇게 쓰이고 있음을 지적할 수 있다. 나사렛 사람들이 막6:3에서 "그 누이들이 우리와 함께 여기 있지 아니하냐?"라고 말할 때에 그 '함께' 가 바로 헬라어 프로스이다. 하나님의 '말씀' 그것과 하나님 자신은 구분이 되고 있다. 그럼에도 그 하나님의 '말씀' 은 하나님과 친밀한 인격적 관계 속에서 존재하고 계신다. 더구나 '말씀' 이 하나님의 본질 자체를 함께 가지고 있다. 왜냐하면 '곧 그 말씀이 *하나님*이셨기' 때문이다

1절의 세 번째 소절, *데오스 엔 호 로고스(theos ē n ho logos)*는 "이 말씀은 곧 하나님이시니라" (The Word was God)고 번역할 것을 요구하신다. *로고스*가 그 앞에 선행 관사를 가지고 있으니 그 말을 주어로 보아야 한다. *데오스*가 접속사 *카이(kai)*('and')후에 가장 먼저 놓여 있다는 사실은, 그 소절의 요점이 바로 그 말에 주어져 있는 것을 드러내고 있다. 만일 *로고스*와 같이 *데오스*에도 관사가 붙어 있다면, 그 의미는 그 말씀이 곧바로 그 하나님이시라는 식으로 될 것이다. 그러면 '말씀' 이 '하나님과 함께' 계시는 일이 불가능하였을 것이다. 여기서 의미하는 바는 '말씀' 이 하나님의 본질과 하나님의 존재를 함께 가지고 있다는 것이다. 또는 (일종의 현대적인 세속어로 말하자면) '말씀' 이 하나님의 인격성의 연장이셨다는 것이다. NEB (New English Bible)는 이 부분을 '하나님이 어떠하시면 바로 그 말씀도 그러하셨다' (What God was, the Word was)라고 번역한다. 그 번역은 정말 대구(對句) 번역이 가능한 한도 내

에서 아주 성공적으로 그 소절의 의미를 드러내고 있다. 요한은 자기 복음서 전체가 이 한절에 비추어서 읽혀질 것을 바라고 있다. 예수님의 행실과 말씀들이 하나님의 말씀과 행실들이다; 만일 그게 아니라면 이 책은 정말 하나님을 모독하는 아주 몹쓸 책인 것이다[5]

그와 같이 하늘과 땅이 창조될 때에 이미 하나님과 가장 친밀한 연합관계를 유지하고 계시면서 하나님의 본체(본질)를 함께 가지신 분으로서 이미 존재하고 계셨던 것이다. 우리의 상상력을 아무리 뒤로 물러가게 할 수 있다 할지라도, 그 신적 '말씀' 에 대하여, 아리우스(Arius)가 '그가 아니 계셨던 때가 있었다' 고 한 것 같이 말할 수 있는 그런 시점을 만나는 일은 불가능한 것이다.[6]

1:2 "그가 태초에 하나님과 함께 계셨고"

이 구절이 1절의 둘째 소절에서 말한 것을 반복한 것 이상을 넘어가지 못하는 것 같이 보인다. 그러나 이 소절은 그보다 더한 것이다. 복음서 기자는 함축적으로 말하고 있다. 내가 말한 이 신적인 '말씀' 은 앞서 존재한 여러 성경에 따르면, 태초에 하나님과 함께 계셨던 분이시라는 것이다. 기자는 아마 신적 지혜를 인격화(人格化)시켜서 세상을 창조하실 때에 계셔서 활동하시는 이로 말하는 성경의 대목을 가리키고 있을 것이

5) C. K. Barrett, *The Gospel according to St john*(London ²1978), p.I56 이 소절의 문장구조에 대하여는 E. C. Colwell의 '신약 헬라어에 있어서 관사사용의 한정적 법칙' *JBL* 52(1933), pp.12-21 참조: 그는 "그 말씀이 하나님이셨다" 라는 번역에 대하여 이렇게 말한다. "이 진술이 도마의 고백으로 그 절정을 이루는 이 복음서의 서두에 나오는 것이 이상한 일 같이 여겨서는 안된다" (p.21).

6) Socrates *Hist. Eccl.* 1.5.2. 이 전제는 니케아 공회(주후 325년)에서 분명하게 정죄 받았다.

다. 잠8:22-31에서 지혜는 자기가 창조주 주의 일꾼이었다고 주장한다:

여호와께서 그 조화의 시작 곧 태초에 일하시기 전에
나를 가지셨으며[7] 만세 전부터, 상고부터, 땅이 생기기 전부터…
내가 이미 났으며… 내가 그 곁에 있어서…

복음서 기자는 자기가 말한 그 '말씀' 이 구약시대에 시편 기자와 지혜자가 묘사한 바로 그 '지혜' 도 되심을 분명하게 천명하고 있다. 그리고 계속하여 '말씀' 과 '지혜' 가 다 같이 예수 그리스도 안에서 육신이 된다고 선언한다[8]

1:3 "만물이 그로 말미암아 지은 바 되었으나 지은 것이 하나도 그가 없이는 된 것이 없느니라"

('모든 것들이 그로 말미암아 있게 되었고, 있게 된 것 중에 그가 없이 된 것이 없느니라' - 필자사역)

7) RSV, NEB는 70인경을 따라서 '창조하였다(지었다)' 는 동사를 첫 소절에 둔다. Arius와 그 추종자들은 이 70인경의 번역을 열렬하게 고수하여 하나님의 아들이 본래는 지음을 받았다는 것을 보여주는 대목으로 제시하고 나섰다. 그들을 반대하는 자들은 이 논증을 꺾어버리는 일에 아주 애를 먹었다. 사실 그 두 면이 다 실수를 한 것이다 여기서나 구약에서 지혜를 의인화(擬人化)한 것이 하나의 상징어적인 말이었다. 그러나 그것이 여러 신약의 저자들에게 관념적이고 어구적인 구조를 형성하여 주거나, 그리스도를 단순하게 의인화하지 않고 인격적인 독생하신 하나님의 지혜로 그려주게 하였다. 지음을 받은 존재가 아니라는 것을 그들로 확인하게 하였던 것이다.

8) 2절의 진술을 사44:24에 나오는 창조주의 수사적인 질문에 대한 답변으로 받아들일 수도 있다. "나는 만물을 지은 여호와라... 홀로 하늘을 폈으며 땅을 베풀었고 ... 나와 함께한 자가 누구냐?" (한글개역 성경에서는 직설법으로 '나와 함께함 없이' 라고 번역하고 있다-역주). 아니면 창1:26에 있는 하나님의 말씀이 야기시키는 질문에 대한 답으로 취급할 수도 있다. "하나님이 가라사대 우리의 형상을 따라 우리의 모양대로 우리가 사람을 만들고... 라고 하였을 때에 하나님과 함께 있던 자가 누구냐? 라는 질문이 떠오른다. 복음서 기자는 말한다. '이는 바로 태초에 하나님과 함께 계셨던 자다.'

이 번역은 무언가 어눌하여 보인다. 지나치게 문자 그대로 번역한 것이기 때문이다. 그러나 사실상 지나치게 문자 그대로 번역한 것은 저자의 분명한 요지를 드러내기 위한 것이다. 저자의 요지는 '하나님께서는 창조주시다; 창조주의 말씀이 그 창조를 실행한 행동인이시라' 는 것이다. 이 구절의 두 부분이 다 같은 것을 말하고 있다. 첫 부분은 적극적인 부분으로 "만물이 그로 말미암아 지은 바 되었고" 이다. 그리고 두 번째 부분은 부정적인 부분으로서 "지은 것이 하나도 그가 없이는 된 것이 없느니라" 라고 말한다. 이 이중적인 확증은 창세기 1장의 가르침을 요약한 것이다. 창세기에서는 각 날의 창조사역을 "하나님이 가라사대" 라는 말로 기록하기 시작한다. 시33:6에서는 이 "하나님이 가라사대" 라는 말이 "여호와의 말씀으로" 하늘(그 외에 만물)이 존재하게 되었다는 의미로 해석된다; 지혜문학에서는 그 말이 역시 유사하게 만물이 하나며 그의 지혜로 존재하게 되었다는 뜻으로 해석된다(잠3:19,8:30과 시104:24 참조). 신약에서 이 요한복음 서두에서만 선재(先在)하신 그리스도께서 세상을 친히 창조하신 당사자로 말하고 있는 것은 아니다. 골1:16이하에서 바울은 "만물이 그에게 창조되되… 만물이 다 그로 말미암고 그를 위하여 창조되었고" 라고 하였다. 히1:2에서는 하나님의 아들을 가리켜 말하기를 "저로 말미암아 모든 세계를 지으셨느니라" 라고 한다. 계3:14에서는 당신께서 친히 당신 자신을 소개하시되, "아멘이시요 하나님의 창조의 근본이신 이가…" 라고 한다(여기서 '아멘' 이라는 말은 잠8:30의 '창조자' (히브리말로 아몬('āmôn))라는 말을 달리 쓴 것이라고 할 수 있다). 이러한 여러 대목들 속에 문학적으로 종속된 표현이 있을 리가 없다. 그 대목들이 전하는 교훈은 그 모든 대목들 보다 이미 선행하는 것이었다. 그러므로 그 교훈은 정말 인상 깊게 원초적인 성격을 가지고 있다.

'지은' (존재하게 된)이라는 형용적인 소절(여기서 헬라어 동사형이 완료형인데 과거로부터 '되어가고' 있었던 것에서 결과로 인한 존재의 현재 상태를 지시한다)을 여러 역본들에서는 4절에 덧붙인다. 그래서 RSV의 난하주를 보면, RSV본문, "그가 없이는 그 어느 것도 지음 받지 못하였다. 지음 받은 것은 그 안에 생명이었다" (without him was not anything made. That which has been made was life in him)가 취한 구두법을 다른 것으로 바꾸어 쓸 수도 있음을 암시하여 준다. 그와 유사하게 NEB는 "그가 없이는 단 하나도 창조되지 않았다. 존재하게 된 모든 것이 그의 생명 안에서 살아 있었다" (no single thing was created without him. All that came to be was alive with his life)라고 번역한다. 이 구두법은 이 대목을 인용하는 니케나 총회 이후의 그리스도인 저작자들 거의 모두에게 지지를 받는다(정통이든 이단이든 간에). 실로 웨스트콧트(Westcott)는 다음과 같이 말하였다. "두 번째 구두법을 지원하는 읽기(RSV 난하주 읽기와 NEB의 역본 본문과 같은 읽기를 말하는 것이다)만큼 고대의 권위자들의 한결 같은 지원을 받은 경우를 발견한 적이 없을 성 싶다. 또한 이 구두법이 문장 구조로 볼 때에 더 균형이 있어 보인다. 그러나 반면에 "그 안에 생명이 있었으니"라고 하는 것이 요한의 용례에 더 걸맞아 보인다고도 주장할 수 있다. 그리고(모든 것 중에서 가장 결정적인 논증으로) "지음 받은 것이 그 안에 있는 생명이었다"라고 하거나 "존재하게 된 모든 것이 그의 생명과 함께 더불어 살아있었다"라고 하는 것이 의미를 전달하기가 극히 어렵다. 메츠거(B. M. Metzger)는 말하기를,

"여러 주석가들이 이 문장 구조 속에서 의미를 끌어내려고 무진 애를 써 왔지만 그런 식으로 하면 그 대목의 의미가 어딘지 심하게 이상해 보이고 불분명해 보인다"[9]고 하였다. 한편 영어성경의 독자들에게 익숙한 전통적인 방식으로 문체를 아무리 조정해보는 일에 대하여 무슨 말을 한다고 할지라도 그 의미는 정말 선명하기 그지없다. 따라서 3절의 수식어적인 소절을 그대로 3절 안에 둔다면 4절에서 지음 받은 것들에 대한 진술이 아니고 창조의 '말씀' 에 대한 진술을 만나게 되는 것이다.

1:4 "그 안에 생명이 있었으니 이 생명은 사람들의 빛이라"

생명이 말씀 안에 있었다는 진술은 복음서를 따라서 더 뒤로 가면 확장되어 설명이 된다-특히 5:26로부터 본격적으로 이 진술에 대한 확장 설명이 되는 것이다. 요5:26으로부터 우리가 추정하는 바는 '말씀' (또는 뒤에 나오는 대목의 어법을 사용하여 '아들')은 아버지의 선하신 뜻으로 말미암아 피조물과 구별되는 창조주에 속한 자존(自存)하는 생명을 함께 누리신다는 것이다. 요5:19-29에서는 아들이 다른 이들에게 생명을 나누어 주실 수 있는 것은 그 자존하는 생명을 아버지와 함께 누리고 있기 때문이다. 그러니 여기서 '그 안에 생명이 있었다' 는 진술은 '말씀' 편에서 생명을 주시는 행위를 하고 계시다는 것을 함축한다(서두에 나오는 하나님과 말씀의 관계가 복음서의 여러 강화의 말씀들 속에서는 아버지와 아들의 관계로 표현되고 있어 서로 짝을 이루고 있다). 그러나

9) B. M. Metzger *A Textual Commentary on the Greek New Testament*(London / New York 1971), p.196, n.2.

'말씀' 안에 고유하게 존재하는 생명은 피조물 - 특히 인류의 편에서는 정말 특별한 중요성을 가지고 있는-인 것으로 지적된다. "그 생명은 사람들 (인간 존재들, *톤 안드로폰⟨tōn anthrōpōn⟩*의 빛이라" 이는 인간의 이지(理智)에 주어진 이성의 본성적인 깨우침이나 새로 나게 하시는 일에 수반되는 신령한 비추임에 다 해당이 되는 것이다: '말씀' 안에 거하는 빛을 떠나서는 그 둘 중 어느 것도 받을 수 없다. 그러나 여기서 복음서 기자가 마음에 두고 있는 것은 죄와 불신앙의 흑암을 몰아내는 신령한 비추임이다.

1:5 "빛이 어두움에 비추되 어두움이 깨닫지 못하더라"

(이기지 못하더라 - 필자사역)

첫 번째 창조(여기서 필자가 말하는 첫 번째 창조는 사람을 그리스도 안에서 다시 지으시는 신령한 창조에 대조시켜 말하는 것이지 흔히 말하는 '재창조론' 을 말하는 것은 아니다-역주)때에는 하나님께서 빛이 있어라 하실 때까지는 "흑암이 깊음 위에 있었다" (창1:2). 그러하듯이 새로운 창조(이 경우에도 처음의 경우와 같이 말씀이 하나님의 대리자가 되어 효과적으로 역사하신다)는 말씀 속에서 비취는 빛으로 말미암아 영적인 어둠을 추방하는 일을 수반하는 것이다. 그 빛(복음서 전체를 통하여 거듭 강조하는바)이 아니고서는 인류의 세계는 어둠에 묻혀 있다.

부정과거형 *카테라벤(katelaben)*의 정확한 의도는 문맥을 통하여 판단되어야 한다; '이겼다' (overcame)(RSV참조), '정복하였다' (mastered)(NEB)라고 하는 것이 '포용하였다' (comprehended)(AV)나

'이해하였다' (apprehended)(RV)라고 하는 것보다 낫다는 것을 문맥이 암시하여 준다. 그러한 일은 일반적인 빛의 경우에도 해당되는 진리이다: 작은 촛불은 방안에 가득한 어둠을 물리칠 수 있지만, 방안에 가득한 어둠에 의하여 촛불의 광채가 흐릿하게 되진 않는다. 빛과 어두움은 정반대이다. 그러나 같은 세력을 가지고 있는 적수가 되지는 못한다. 빛이 어두움보다 더 강하다. 어둠이 빛을 거스려 이길 수 없다. 그래서 빛과 어두움을 동등하고 영원하게 서로 대적하는 것 같아 보이게 하는 이원론적인 체계들은 다 거짓된 것이다. 이제 '말씀' 이 세상에 온 이 마당에서 "어두움이 지나가고 참빛이 벌써 비췸이니라" (요일2:8). 세상의 빛은 어둠의 세력에게 질 수 없었다. 아무리 어둠이 갖은 힘을 다하여 대적한다 할지라도 말이다. 그와 같이 어둠이 빛 가운데 행하는 자들을 이겨낼 수 없었다(요12:35).[10)]

빛과 어두움을 형이상학적으로 보다는 윤리적으로 이해하여야 한다: '빛' 은 선과 진리의 동종(同種)인 반면에, '어두움' 은 악과 거짓과 동종이다.

1:6-8 "하나님께로서 보내심을 받은 사람이 났으니 이름은 요한이라 저가 증거하러 왔으나 곧 빛에 대하여 증거하고 모든 사람으로 자기를 인하여 믿게 하려 함이라 그는 이 빛이 아니요 이 빛에 대하여 증거하러 온 자라"

여기서 우리는 요한복음 서두에 함께 짜 맞추어진 간단한 두 대목 중

10) 가경 지혜서 7:29,30 참조: '지혜는 빛과 비교해서도 우월하다. 빛은 밤이 지나야 오나 악은 지혜를 이기지 못하기 때문이다.'

처음 것을 대한다(두 번째 대목은 15절에 나온다). 그 두 대목이 이 부분에 삽입된 것 때문에 독자는 복음서 기자에 대하여 다음과 같은 생각을 할 수도 있다. 곧 기자는 시대를 타지 않는 단순한 진리를 전하는 일에만 관심을 둔 것이 아니라 이러한 진리들이 인간 역사 속에서 어떻게 정착되어 있는지를 보여주는 데도 관심을 기울였다고 말이다.

다른 세 공관복음서들의 경우에는 예수님이 공생애에 대한 기록을 시작하면서 세례 요한의 사역을 개요(概要)적으로 먼저 밝히고 있다. 사도행전에서도 고넬료의 집에서 한 베드로의 설교 속에서도 세례 요한의 일을 먼저 말한다(행10:37). 바울이 비시디아 안디옥의 회당에서 한 연설에서도 역시 세례 요한의 일이 먼저 언급된다(행13:24이하); 유다가 빠짐으로 열 두 제자의 자리 중 빈 한 자리를 채우는 문제가 떠오르자 베드로가 제시한 조건에서도 세례 요한의 이름이 거명된다. "이러하므로 요한의 세례로부터 우리 가운데서 올리워 가신 날까지 주 예수께서 우리 가운데 출입하실 때에 항상 우리와 함께 다니던 사람 중에…" (행1:21이하)라고 말한다. 이 복음서 기자는 그 최초의 전도(설교)의 본에 충실하다: 그 모든 진수(眞髓)적인 요소들은 이 기록 속에 재 산출되어 있는 것이다. 사람들의 빛이었던 생명이 처음으로 공중 앞에 나타나셨을 때에 하나님께로서 보내심을 받은 사람의 증거를 받으셨으니, 그 이름은 요한이었다.

이 복음서에서 요한이 '세례자' 로 밝혀지지 않은 적이 없다. 복음서 기자는 복음서 내용 중에서 같은 이름들을 가진 다른 인물들을 서로 구별시키는 데 세심한 주의를 기울인다. - '가룟인 아닌 유다' (요14:22)와 가룟 유다를 구별한 것과 같이 말이다. 그러나 요한의 이름을 가진 이는 세례를 주던 그 요한 이외에는 이 복음서에서 전혀 나타나지 않는다. 이 복음서에서 다른 요한의 이름이 전혀 언급되지 않는 것에 대한 전통적인 해설은, 예수님의 부류에 들던 한 사람의 요한이 더 있는데 세베대의 아들이고, 바로 이 복음서를 저작한 장본인이라는 것이다. 그보다 더 나은 설명을 기대하기는 어렵다.[11]

그러니 요한은 증거하기 위하여 보내심을 받은 자다. 그가 증거한 것에 대한 더 상세한 기사는 19~34절에서 나타난다. 그리고 더 뒤에 가서 요3:27~30(요5:33 참조)에 나타난다. 여기서 처음 소개되는 증거의 주제가 복음서 전편에 배어 있다. 세상에 하나님의 자기 계시의 진리를 증거하는 일은 다중적인 국면을 가지고 있다. 아버지의 증거(5:32,37,8:18)와 아들의 증거(8:14,18), 성령의 증거(15:26), 그리스도의 사역의 증거(5:36;10:25), 성경의 증거(5:39); 제자들의 증거(15:27) 그리고 거기다가 예수께서 사랑하시는 제자의 증거(19:35,21:24)를 포함한다. 요한의 증거와 같이 이 다중적인 국면인 증거의 목적은"모든 이들로 하여금 믿게"하려는 것이다; 이 복음서를 기록한 목적 자체가 바로 그것이다(요20:31).

요한 자신은 빛이 아니고 그 빛에 대하여 증거하러 온 자라는 것을 지적하는 복음서 기자는 마음으로 이 복음서가 기록될 당시에 생존해 있던 한 부류의 사람들을 생각하고 있었을 수 있다. 그들은 요한을 선지자들의 선구자로 생각하며 추모하면서 하나님께서 그를 통하여 당신의 마지막 계시를 인류에게 내려주신 것을 생각하고 흠모할 그런 사람들을 기자는 마음에 두고 있었을 수 있다. 선지자들 중에서 가장 큰 자이면서

11) 서론 참조.

마지막 선지자로서 그를 흠모하였을 것이다. 정말 그러한 부류가 존재하였다 해도 그들이 어떤 이들인가를 알 수는 없다; 그러나 복음서 기자가 그러한 사람들을 알고 있었다면, 복음서 중에 몇 번 강조가 되어지는 것이 특별한 적절성을 가지는 것이 된다(행19:1-7에서 언급된바 요한의 세례 밖에는 알지 못하는 에베소의 열 두 제자를 이러한 맥락 속에서 생각해야 할는지에 대하여는 확실치가 않다).[12)]

만일 복음서 기자가 요한이 빛이 아니라고 하니, 우리도 예수님께서 나중에 요한을 가리키면서 "저는 켜서 비취는 등불이라" (요 5:35)하신 말씀을 항상 기억하여야 할 것이다. 등불의 역할이라고 하는 것은 빛이 밝히 드러나게 하는 것이다; 바로 예수님께서는 그의 증거의 가치를 바로 그러한 식으로 평가하신 것이다.

1:9 "참 빛 곧 세상에 와서 각 사람에게 비취는 빛이 있었나니"

('각 사람에게 비취는 참 빛이 세상에 오는 중에 있었으니' - 필자 사역)

여기서 분사구인 '세상에 오는' 이라는 말이 문법적으로 '빛' 에 걸릴 수도 있다(이 경우에 분사 *에르코메논(erchomenon)*이 주격 중성형이다). 아니면 '사람' 에게 걸릴 수도 있다(이 경우라면 그 분사는 남성 여격이 되는 것이다). 흠정역(AV)에서는 후자의 문장 구조를 택한다. 그러나 '세상에 오는' 이라고 하는 분사가 여기 요한복음에서는 영원한 말씀이

12) 그들이 요한의 세례 외에는 알지 못하였지만, 누가가 그들을 요한의 제자로 표현한다고 보기는 어렵다 그가 어떤 규정이 없이 '제자들' 이라고 할 때가 있다. 행19:1이 바로 그러한 경우이다 그러한 경우에는 규례적으로 '예수님의 제자들' 을 뜻한다.

되시고 참 빛이신 분을 서술하는 방식으로 반복되어 나타난다. 모든 밝음은 바로 이 참 빛으로부터 나오는 것이다. 모든 시대의 사람들이 어떤 진리의 척도를 이해한다고 할지라도 다 이 원천에서 나오는 것이다. 순교자 저스틴(Justin)이, 바른 이성(로고스)에 순응하여 살았던 소크라테스 (Socrates)나 스토아학파(Stoics) 사람들이나 그밖에 다른 이들은 자기들도 알지 못하는 사이에 선재(先在)하시는 그리스도의 인도를 받고 있었다고 확언(確言)한 것은 잘못이 아니었다[13] - 물론 그가 로고스라는 말을 이 복음서 기자하고는 다르게 쓰고 있지만 말이다. 그러나 복음서 기자가 우선적으로 마음에 두고 있는 비췸은 죄와 불신앙을 몰아내는 신령한 것이었다; 참 빛이 최상의 비췸을 준 것은 세상에 오심으로 말미암아 된 것이다 - 그리하여 그 빛이 온 인류에게 비춰어진 것이다. 그가 주시는 그 비췸이 차별 없이 모든 이들을 위한 것이라는 의미에서 그는 '각 사람에게 비취는 빛' 이시다. 참으로 그 빛에 나오기를 싫어하는 이들이 있다(요3:19이하 참조). 만일 그들이 어둠 가운데 그냥 머물러 있다면, 그것은 그들에게 비취는 것이 없었기 때문이 아니다. 오히려 그들이 일부러 빛보다 어둠을 더 사랑한 까닭이다. 여기서 우리는 복음서 전체를 통해서 여러 차례 정교화 되어 나타나는 주제가 무엇인가를 얘기하게 되는 것이다 - 그 주제는 바로 예수님은 "세상의 빛이시라"(8:12,9:5)는 사실이다.

1:10 "그가 세상에 계셨으며 세상은 그로 말미암아 지은 바 되었으되 세상이 그를 알지 못하였고"

13) Justin *First Apology* 46.2;3 참조.

문장구조는 병렬법(竝列法)이다. 아주 자주 그러하듯이 여기서 복음서 기자는 일련의 협력관계에 있는 주요한 소절들을 병행시켜 놓는다. 그러면서 그 소절들 사이에 어떤 논리적인 연관을 지시함이 없이 그렇게 한다. 만일 우리가 요한의 병렬법을 종속적인 소절들을 자유롭게 사용하여 바꾸어 놓는다면, 이 문장은 다음과 같이 재구성될 것이다: '그가 세상에 계셨다. 그러나 세상은 그로 말미암아 존재하게 되었으면서 그를 아는데 실패하였다.' 세상(코스모스)은 3절에 있는 '만물' 과 같은 것을 가리키는 우주이다. 신적인 계시는 하나님이 창조하신 우주 전체에 값없이 펴져있다. 그러나 그러한 신적인 계시를 받은 자들은 알아보지 못하였다. 복음서 기자가 '세상' 이라고 할 때에는 특히 하나님께 등을 돌리고 멀리 떠나 있는 인류세계를 뜻하고 있다. 그 세상이 바울의 표현으로는 "하나님을 인정하기를 싫어하였다" (한글개역성경에서는 '마음에 하나님 두기를 싫어하매' 역주). "창세로부터 그의 보이지 아니하는 것들 곧 그의 영원하신 능력과 신성이 그 만드신 만물에 분명히 보여 알게 되었나니" (롬1:20) 말이다.

이미 그 신적인 '말씀' 이 세상에 계셨다. 특히 '세상에 오시기' 전에 계셨다. 세례 요한의 나타남은 바로 그 사실을 알리는 신호였다(6-9절). 그리고 그 사실은 이 복음서 전체의 주제다. 그 '특별한 오심' 에 대한 세상의 보편적인 반응은 그 이전 시대에 그 '말씀' 에 대하여 보인 보편적인 반응과 보조를 맞추는 것이었다. 요한의 글에서 '세상' (코스모스)이라는 단어가 양면적으로 사용되고 있는데, 그 양면성은 이 요한복음의 서두에서 처음 쓰이던 여러 경우에서 드러난다. 세상은 하나님께서 로고스의 대리적인 작업을 통하여 창조하신 하나님의 세계이다. 복음서 기자의 사상 속에는 이원론(二元論)의 근거가 전혀 존재하지 않는다. 하나님께서 지으신 우주 말고 또 다른 우주에 속한 독립적인 악의 원리가 있다는 식의 이원론을 함축하는 것이 그 사상 속에 전혀 존재하지 않는다. 그 신적인 '말씀' 을 떠나서 존재하게 된 것이 없다. 만일 하나님께 지음 받은 세상이 '하나님을 인정하지 않는 경건치 않은 세상' (NEB에서는 요한의 글의 문맥에 맞게 그냥 코스모스를 '경건치 않은 세상' 으로 번역한다)이 되었다 하더라도, 그것은 세상이 하나님의 계시를 인정하기를 거절하거나 하나님이 제시하는 바에 대하여 적극적으로 반응하지 않기 때문이다.[14] 그러나 세상은 여전히 창조주의 사랑의 대상으로 남아 있다: 만일 세상에 '말씀' 이 계시다는 것이 그를 인정하는 소수(少數)사람들과 그를 인정하지 않아 스스로 정죄를 자취한 다수 사이를 구분지어 놓는다 해도, 하나님께서 당신의 아들을 세상에 보내신 목적은 "세상을 심판하려 하심이 아니요 저로 말미암아 세상이 구원을 받게 하려 하심 이라" (요3:17).[15]

1:11 "자기 땅에 오매 자기 백성이 영접지 아니하였으나"

'자기 땅' 이란 말은 중성 복수명사 *타 이디아(ta idia)*라는 말을 번역한 것이고 '자기 백성' 은 남성복수 명사 *호이 이디오이(hoi idioi)*라는 말을 번역한 것이다(*에이스 타 이디아(eis ta idia)*라는 어구가 이 구절 첫머리에 나오는데 다시 그리스도의 수난 기사 속에서 나타난다(요19:27). 거

14) 본 주석 저자의 *The Epistles of john* (Pickering & Inglis 1970), pp.59 - 64.

15) 요한복음 서두가 말씀의 오심에 대하여 말하는 곳이라면, 복음서 전체의 흐름은 아들을 보내심에 대하여 말하고 있다.

기서 사랑하는 제자가 예수의 어머니를 '자기 집' 으로 모시고 간다(16:32도참조하라);

이 말은 단순하게 10절을 반복한 것이 아니다;10절에서 보편적으로 말했던 것을 여기서는 더 특정적으로 기술하고 있다. 보편적인 인류세계에 오신 '하나님의 말씀' 은 이스라엘 백성들에게 특별한 계시의 형식으로 오셨었다. 곧 율법과 예언과 지혜로 오셨던 것이다. 그리고 다른 민족은 전혀 체험하지 못한 자비와 판단의 능하신 행사들을 통해서 오셨었다.(신4:7,8,시147:20). 그러나 하나님을 대변하는 자들이 이스라엘에게 반복적으로 증거한 것을 보면, 하나님의 메시지가 그들에게 무시를 당하였다. "너희의 열조가 애굽 땅에서 나온 날부터 오늘날까지(바벨론으로 포로 잡히기 직전까지) 내가 내 종 선지자들을 너희에게 보내었으되, 부지런히 보내었으나 너희가 나를 청종치 아니하며 귀를 기울이지 아니하고 목을 굳게 하여" (렘7:25이하). 복음서 기자는 이스라엘의 역사의 그 전 세대에 있었던 일만을 생각하고 있는 것이 아니다. '말씀' 이 그 전과는 전혀 딴판으로 '자기 땅' 에 오셨을 때에 있었던 일도 염두에 두고서 하는 말이다. 복음서 기자의 계획은 다음에 나오는 기록들 속에서 그 점을 확대하여 설명하려는 것이다. '자기 백성' 이었던 자들은 그가 오셨을 때에 그에게 하나도 속하지 아니하였다. 그러한 식으로 엄격하고 절대적으로 진술하고 난 뒤에 나타나는 역설(逆說)은 아주 단호하다. 그러나 그 단호함이 그저 변화가 없는 단조로움은 아니다. 만일 아무도 그를 영접하지 않았다면 어둠이 정말 이겼을 것이다. 그러나 어떤 사람들은 기쁨으로 그를 영접하였다. 그리하여 자기들이 참으로 '그의 백성' 임을 스스로 천명하였다. 복음서를 주요하게 크게 나누어 보면 1장에서

12장까지가 처음 주요 대목인데, 우리는 그 대목 전체를 대변하여 "자기 백성이 그를 영접치 않았다"라고 쓸 수 있다. 그러나 그 다음 대목(13-17장)에서는 이 문맥 속에서 바로 뒤이어 나오는 진술: "(그러나) 영접하는 자 곧 그 이름을 믿는 자들에게는"이라고 쓸 수 있다 - 그리고 13장 초두(初頭)에 "유월절 전에 예수께서 자기가 세상을 떠나 아버지께로 돌아가실 때가 이른 줄 아시고 세상에 있는 자기 사람들을 사랑하시되 끝까지 사랑하시니라"는 말씀이 나오는데, 바로 그리스도께 끝까지 사랑을 입은 자들이 바로 11절의 진술에서 언급되는 자들이다. 구약에서와 같이 지금에도 하나님의 진정한 백성을 이루고 있는 자들은 믿는 남은 자들이다. 그러한 자들이 자기들에게 주신 하나님의 모든 말씀들이 이루어짐을 눈에 보이게 보증하는 증표들이다.

1:12,13 "영접하는 자 곧 그 이름을 믿는 자들에게는 하나님의 자녀가 되는 권세를 주셨으니' 이는 혈통으로나 육정으로나 사람의 뜻으로 나지 아니하고 오직 하나님께로서 난 자 들이니라"

영적으로 태어남과 새 생명이 요한복음의 탁월한 하나의 주제이다. 요한복음은 바로 그 영적 출생과 새 생명에 이르는 현관이라고 할 수 있다. '말씀'이 세상에 오셨을 때 환영한 남은 자들은, 그가 오셔서 나누어 주시려고 하신 모든 복락과 특권들을 물려받는 생득권을 받았다. 그 복락과 특권들은 그들이 하나님의 권속으로 받아들여졌다는 사실 속에 함축되어 있다. 하나님의 권속이 되기 위하여는 하나님의 말씀을 받아야 한다-다른 용어로 말하면 그의 이름을 믿어야 한다[16] 그 '이름' 은 그 사람을 가리키는 도구로 사용하는 경우보다 훨씬 더한 것이다; 이름이 그 사람의 성품을 의미한다. 또는 여기서와 같이 그 사람 자신을 가리키기도 한다. 그러니 '하나님의 말씀' 이신 분을 영접하는 것은, 자기 믿음을 그에게 둔다는 뜻이고, 그분에게 자기의 충성을 드린다는 뜻이기도 하다. 그래서 가장 실제적인 의미에서 그분을 영접한다는 것은 그가 주장하는 것을 다 인정한다는 것이다.

13절에서 동사 *겐나오(gennaō)*는 본래 '태어나게 하다' (give birth)는 의미보다는 '낳다' (beget)라는 뜻을 가진 말이다. 그러나 (특히 수동형에서) '낳게 된' (to be begotten), '태어나게 된' (to be born)이라는 말로 구분 없이 사용되게 되었다. 그래서 요3:4에서 니고데모는 거듭남에 대한 예수님의 말씀을 오해하고는, 사람이 '두 번째 모태로 들어갔다가 날 수 있삽나이까' 라고 묻는다. 그때에 동사는 *겐나오*(수동형)로서 그 의미가 '낳게 된' (be born)임에 분명하다. 같은 동사가 요16:21의 예수님의 예증에서 그런 의미로 분명하게 사용된다: '아이를 낳으면 세상에 사람 난(여기서 그 동사가 수동형으로 사용되고 있다) 기쁨을 인하여.' 영적인 체험을 염두에 두는 곳이면 어떤 경우에서든지 태어남과 낳는 것이 다 같이 상징적인 차원에서 사용된다.

13절은 3장에서 더 자세하게 거론되는 거듭남에 대한 진술을 미리 예고하고 있다. 육신적인 출생과 거듭남의 순서상의 차이가 거기 3장에서는 강조되고 있다: "육으로 난 것은 육이요 성령으로 난 것은 영이니" (요

16) '많은 이가 그 이름을 믿었다' 는 표현이 요2:23에서 사용되나 더 연약한 의미에서 사용되어, 내면적인 충정이 따르지 않고 그저 머리로만 승인하여 예수님과 함께 있던 자들에 대하여 표현하고 있다.

3:6). 그와 같이 여기서, 반복적으로 부정어 (否定語)를 씀으로써 하나님의 권속이 되기 위하여 거듭나는 것이 육신적인 출생과는 전혀 다르다는 것을 강조하고 있다. 이렇게 하나님께로서 나서 가지는 권세는 인종이나 민족이나 가족의 관계와 전혀 상관이 없다. 어떤 사람이 하나님 앞에서 문제되는 오직 유일한 의미에서 아브라함의 자녀가 아니라면 - 다시 말하면, 아브라함이 가진 믿음을 재현하는 의미에서 아브라함의 자녀가 아니라면, 육신적으로 아브리함의 혈통으로 태어나는 것이 영적으로는 전혀 의미가 없다. 육신적인 출생, 자연 출생의 의미에서 가족의 일원이 되는 것은 혈통상의 관계이다. 그것은 몸의 소욕(小慾)의 결과이다(그렇다고 여기서 '육정' ⟨flesh⟩ 이란 말을 경멸하는 의미로 쓴 것은 전혀 아니다). 그것은 한 사람(남성인 *아넬(anēr)*은 *안드로포스⟨anthrōpos⟩*, 즉 한사람을 뜻할 뿐만 아니라, 두 사람 이상인 *안드로포이(anthrōpoi)*를 뜻할 수도 있다)의 의지의 결과다. 그러나 하나님이 아버지인 가정의 권속으로 들어가기 위한 영적인 출생은 전혀 다른 요인들에 의하여 결정된다-하나님께서 보내신 이를 믿음으로 영접하는 일에 달린 일이다.

요한복음에 대한 몇몇 고대 라틴인 증거자들(불가타 이전에)은 흥미있는 차이를 보이고 있다(그러한 차이를 위하여 그들은 소수의 수리아 사본들의 부분적인 지원을 받는다). 거기서 '난 자들' (who were born)이라는 복수를 '난 자' (who was born)라는 단수로 대치시켜 놓았다. 그러니 문장구조도 '혈통으로나… 나지 아니하고 하나님께로서 난 자를 믿는 자들에게' (…to those who believe in the name of him who was born, not from blood… but from God)라고 되어 있다. 그런 식으로 본문을 바꾼 것은 우리 주님의 동정녀 탄생을 증거하는 요한의 분명한 증거를 부각시키려는 의도에서 한 일이었을 것이다; 그러나 헬라어본문 전통에서 완전하게 그 읽기가 철저하게 검증이 되지 않았다는 사실은 그 읽기가 일고(一顧)의 가치도 없다는 것을 스스로 드러내는 것이다[17]

1:14 "말씀이 육신이 되어 우리 가운데 거하시매 우리가 그 영광을 보니 아버지의 독생자의 영광이요 은혜와 진리가 충만하더라"

어거스틴(Augustine)은 자기의 *고백록(Confessions)* 제 7권에서, 회심한 지 얼마 되지 않아서 어떤 신플라톤(Neoplatonic)적인 글이 라틴어로 번역되어 있는 것을 접하게 되었다. 그는 그 글들 속에서(자기 마음에) 이 요한복음 서두의 가르침과 유사한 점이 많다는 것을 알았다. "나는 거기서 하나님이신 말씀이 '육신에게서나 혈통으로 나지 아니하고 사람의 뜻으로도 나지 아니하고 육체의 뜻을 따라 난 것도 아니요 오직 하나님께로서 났느니라' 란 것을 읽게 되었다. 그러나 그 글에서 '말씀이 육신이 되어 우리 가운데 거하셨다' 는 말씀은 읽지 못하였다"[18] 요한복음과 이 신플라톤적인 글 사이의 여러 차이들은 서로 유사해 보이는 점들보다 더 중요한 것들이었다—그리고 그러한 유사점들이 사실은 어거스틴이 인식하였던 것보다 더 피상적인 것들이었다.

요한복음 서두의 앞부분의 진술들은 바로 이 사건을 말하기 위하여 주

17) 더구나 헬라어 읽기는 '요한의 특정적인 가르침과 서로 조화를 이루고 있다' (B. M. Metzger *A Textual Commentary on the Greek New Testament* p.197). 현대의 영어번역 성경 중에는 Jerusalem Bible이 예외로서 단수(單數)로 되어 있는 소수의 읽기를 채택하고 있다.

18) Augustine *Confessions*, 7.13,14. 그는 위에서 언급된 요1:13의 고전 라틴어 읽기가 단수로 되어 있다는 것을 분명하게 알고 있었다.

어진 것들이었다. 요한의 글이 나타났을 시기에 일종의 가현설(假顯說)이 파다하게 유포되어 있었다는 것이 요한의 처음 두 서신을 통해서 분명해진다. 그 교훈은 예수 그리스도께서 '육체로 오신 것'을 부인하였고, 지상에 있는 예수와 하늘에 있는 그리스도를 분리하여 생각하였던 것이다(요일4:1-3 참조).[19] 요한복음 여기저기에 그 교훈의 정체를 알고 있음을 보여주고 있다. 그래서 그 교훈을 배제시키는 말의 형식이 채용된다. 복음서 기자는 이 문맥에서 영원하신 말씀이 사람(manhood)을 취하시고, 또는 몸의 형식을 취하셨다고 선언할 수도 있었다. 그런 식으로 천명하는 것 가지고는 '말씀이 육신이 되어' 라고 천명한 것 같이 가현설을 단호하게 배격할 수는 없었을 것이다. 때가 되어 그 시점에서 신적인 '말씀'이 취하신 인성(人性)이나 '육신'은 그의 신성(神性)과 같이 완전한 것이었고, 언제나 완전한 채로 있었다. 그러나 그가 취하신 인성은 '우리'의 것과 똑같은 것은 아니었다(죄와 관계없는 인성이었다). 또는 다른 차원에 속한 '하늘에 속한 인성' (heavenly humanity)이 아니었다('하늘에 속한 인성' 이란 말은 우리 주님의 부활하신 생명이나 빛 가운데 있는 당신의 백성들의 상태를 나타내기 위하여 합당한 표현이다(고전15:44-53). 그러나 지상에서 입고 계셨던 인성은 하늘에 속한 그런 인성이 아니었다): 역사신학(歷史神學)이나 조직신학(組織神學)의 용어로 말씀의 성육신(成肉身)을 확대 적용하면, 이 복음서 기자의 의도를 벗어나게 될 것이다.[20] 그가 여기서 강조하고 싶은 바는, 여러 가지 방식

19) 본 저자의 *The Epistles of John*, pp.16이하,104이하 140-143참조.

20) H. D. McDonald & F. F. Bruce, '예수 그리스도의 인성' CBRF *Journal* 24(1973), pp.5~23; D. J. A. Clines, '인간의 모양을 입으신 하나님: 성경 신학의 한 테마로서' (God in Human Form: A Theme in Bilical Theology) *ibid*, pp.24-40.

으로 처음부터 자신을 계시하시고 자신을 표현하신 - '당신의 말씀을 보내신' - 하나님께서 결국에는 역사적인 실제 인간을 통하여 자신을 알리셨다는 것이다: '말씀이 육신이 되셨을 때', 하 나님이 사람이 되신 것이다. 그 사실을 기자는 강조하고 싶었던 것이다.

신약의 어떤 다른 대목보다 이 성경구절이 니케아 신경(Creed of Nicaea)(주후325년)에서 작성, 채택한 그리스도의 격위(person) 교리를 위한 더 큰 기초를 제공하였다. 칼케돈 규정(Definition of Chalcedon)(주후451년)[21] 에서도 역시 마찬가지다. '내가 비장의 카드 같이 말하기를 좋아하는 것이 있는데, 그것은 기독교의 위대한 이점(利點)은 성육신(成肉身)을 믿는 것이다. 전에는 하나님이셨던 자로서 이제는 사람이 되신 (물론 여기서 사람이 되심으로 하나님 되심을 멈추었다는 의미로 이해하지는 말아야 할 것이다. 다만 필자가 강조하는 것은 성육신의 사실에 있다-역주) 구주를 믿는데 기독교의 위대한 이점이 있다…. 아리우스(Arius)는 성부와 성자가 본체(本體)에 있어서 동동하시다는 것을 부인한으로써 초절(超絶)적인 신성과 인간의 무의미성 사이에 기독교가 건설하여 놓은 다리를 부수어뜨렸다.'[22] 하나님께서 인간이 되셨다는 진리는 하나님 아버지에 대한 기독교 교리와 인간에 대한 기독교 교리를 그리스도의 격위(인격)교리와 함께 안전하게 지켜준다.

성육신하신 '말씀' 이 '우리 가운데 장막을 치셨다' *(에스케노센 (eskēnōsen))*라는 진술은 이스라엘이 광야에서 있을 때의 *스케네 (skēnē)*(성막)를 뒤돌아 생각나게 한다. 그 성막은 하나님께서 당신의 백성들과 함

21) J. N. D. Kelly *Early Christian Creeds*(London 1950), pp.205-331 참조. 평범하게 기술한 논문을 참조하고 싶으면 F. F. Bruce *The Spreading Flame*(Exeter 1970), pp.302-315.
22) H. I. Bell *Egypt from Alexander the Great to the Arab Conquest*(Oxford 1948), p.107.

께 거처를 정하시기 위하여 명하여 세우게 하신 것이다: "내가 그들 중에 거할 성소를 그들을 시켜 나를 위하여 짓되"(출25:8). 그것을 적용하여 보면 이러하다. 하나님께서 전에 모세가 세운 장막에서 당신의 백성들 중에 임재하심을 드러내신 것 같이, 이제는 더 충만한 의미에서 육신이 된 '말씀' 안에서 땅에 거처를 정하신 것이다.[23)]

그 뿐만 아니라, 헬라어를 말하는 유대인들 중에서는 명사 *스케네*와 어원이 같은 동사 *스케누(skēnoō)*(이 구절에서 사용되고 있는)같은 어원이 같은 단어들은 보통 히브리어 *솨칸(shākan)*(거하다)과 그 파생어들과 함께 연관 지어 사용된다. '성경의 미쉬칸' *(mishkān)*(성막, 장막)이나 성경 후 시대의 단어인 *쉐키나(shekînāh)*도 거기에 속한다. 그 '쉐키나' 는 문자적으로 하여 '거처' (residence)를 의미하는 데, 그 말이 더 특별하게 모세의 성막과 솔로몬의 성전에 거하셨던 하나님의 영광스러운 임재를 나타내는 말로 사용된다. 성막이 완성되었을 때에 "그 후에 구름이 회막에 덮이고 여호와의 영광이 성막에 충만하매"(출40:34). 유사하게 솔로몬의 성전을 헌당할 때에 "구름이 여호와의 전에 가득하매... 이는 여호와의 영광이 전에 가득함이었더라"(왕상8:10이하). 그 같이 '말씀' 이 육신이 되셨을 때에, 하나님의 영광스러운 임재가 그 안에서 육화(肉化)되어 구체적으로 표현된 것이다. 이는 그가 참된 쉐키나이시기 때문이다[24)]

23) 출25:8이 저주의 의중에 있었다면 70인경의 본문이 아니라 히브리어 본문이었을 것이다 70인경은 '내가 거할 수 있기 위하여' 라고 번역하고 있다 (히브리어로는 *솨칸티(shākantî)*). '내가 나타나리라' (헬라어로 *옾테소마이 (ophthēsomai)*라 한 것과 같다.

24) Sir.24:8에서 하나님께서 장막(헬라어로 *스케네(skēnē)*)을 지을 장소를 지정하여 주시면서 '야곱 안에서 거처*(카타스케노손(kataskēnōson))*를 삼고 이스라엘 안에서 처소를 받으라' 고 말씀하신 것은 바로 그 지혜를 향해서 하신 말로 되어 있다.

성막과 성전에서 신비로운 구름에 가리워 비취던 영광은 바로 성육신하신 '말씀' 속에서 비취던 그 탁월한 영광의 전조에 불과하였다. 그 영광은 빛에 나올 마음을 전혀 가지지 않는 자들에게는 가리워지고 오직 믿음에게만 나타나는 영광이다. 복음서 기자는 성육신하신 '말씀' 의 지상 생애 전체와 그 생애의 극치인 십자가상의 희생이 하나님의 영광을 어떻게 초절적인 탁월함으로 나타내셨는지를 뒤돌아보면서 생각하고 있다. "우리가 그 영광을 보니"[25] - 복음서 기자와 자기 동료 제자들의 증언-는 바로 이 복음서의 부제목이 될 만하다; '영광' 은 이 복음서의 주도적인 열쇠어들 중의 하나다. 성육신하신 말씀 속에서 비취어 나온 영광은 아버지가 가장 사랑하는 아들에게 베푸는 것과 같은 영광이었다. 우리는 시편의 탈굼(Targum)에서 "너는 내 사랑하는 아들이라" (시2:7)는 말씀에 대한 대조설명을 만나게 된다: "너는 내게 있어서 아버지에게 아들과 같이 사랑스럽다" 형용사적인 '독생하신' *(모노게네스 (monogenēs))*('오직, 유일한' , AV에서는 '독생자')은 70인경(LXX)에서 히브리어 *야히드(yāhîd)*[26]를 번

25) 동사 *데아오마이(theaomai)*가 이 복음서의 다른 곳에서는 '보거나 쳐다보는 것' 을 의미하는 보편적인 의미로 사용되고 있다(요1:32,38,4:35,6:5,11:45). 그런데 그 동사가 여기서는 역사적 예수님을 숙고하는 것을 의미하는 것으로 사용되고 있다. 그래서 역사적 예수님 안에 있는 신적 특징 ('영광')을 인지하는 방식으로 보는 것을 나타내는 동사로 쓰여지고 있다. 그리하여 하나님에 대한 참된 비전으로서의 그리스도를 아는 지식을 얻게 하는 식이다. 이 복음서의 다른 곳에서 이것이 *호라오(horaō)*나 *데레오(theōreō)*로 표현되고 있다. C. H. Dodd의 *The Interpretation of the Fourth Gospel* (Cambridge 1953), p.167 참조.

26) 그 말이 삿11:34에서 입다의 딸에게 사용되고 있다. 그리고 가경 Tobit 3:15,6:14,8:17에서는 라구엘의 딸 사라와 코빗의 아들 토비아에게 사용된다. 다른 헬라어 역본들에서는 그 말이 유사하게 창22:2,12의 이삭에게 사용된다(히11:17에서도 그러하다). 눅7: 12,8:42,9:38에서는 어린 아이들을 가리킬 때만 여러 차례 사용된다. 사도 요한의 글에서는 그 말이 예수님께서 하나님과 가진 관계를 위하여만 사용된다(18절,3:16,18,요일4:9). 그 말이 어원학적으로는 그 남자/그 여자/그런 종류(*게노스(genos)*)의 독자(*모노스(monos)*)를 의미한다. 하나님의 아들로서의 예수님을 가리켜 할 때, 전통적으로 '독생하신' 이라고 말하는데 여기서도 그 읽기를 보전하고 있다. 복음서 기자가 아마 *게네스(genēs)*라는 말과 동사 *겐나오(gennaō)*(13절에서 사용되고 있는)라는 말을 연합시키고 있는 것 같다. 그래서 '독생하신 자' 또는 '오직 한 분에게서 난' 이라는 의미로 *모노게네스(monogenēs)*라는 합성어를 취한 것 같다.

역할 때에 사용되는 말이다. 그러나 그 히브리어가 뜻하는 다른 국면은 70인경에서 *아가페토스(agapētos)*(사랑받는)라는 말로 옮겨지고 있다. 그래서 창22:2에서 이삭이 아브라함의 '외(*야히드*)아들' (한글개역 성경에서는 독자〈獨子〉라고 하였음-역주)이라고 일컬어진다. 그런데 그 70인경은 그 형용사를 *아가페토스(agapētos)*라고 번역하고 있다. 이삭은 문자적인 의미에서 아브라함의 '외' 아들은 아니었다. 다만 가장 사랑받는 아들이었다. 아브라함이 가진 모든 것을 다 베푼 '독특한 아들' 이었다. 하나님께서 그 외아들에게 베푸신 영광은 훨씬 더 위대하다 -

세상이 존재를 시작하기 전부터
아버지의 사랑으로 낳은 아들

'우리가 본' 영광은 바로 그러하였다고 복음서 기자는 말하고 있다.

표준이 될 만한 영어성경들(NEB는 말고)은 '은혜와 진리가 충만하더라' 는 말을 '말씀' 을 가리켜 하는 말로 취급하고 있다. 형용사 '충만' (*프레레스*)가 주격이고 주격 명사인 '*로고스*' 하고 서로 잘 부합하기 때문이다. 그러나 헬레니즘적인 헬라어에서 *프레레스(plērēs)*란 말이 어떤 경우에서든지 어미 변화를 하지 않는 동사와 잘 조화를 이루어 사용될 수 있음을 보여주는 증거는 충분하다. 그래서 '은혜와 진리가 충만한' 이란 말을 더 가까이 접해 있는 '영광' 이라는 명사에 걸리는 것으로 취급할 수 있다. 물론 '영광' 이 여격으로 되어 있기는 하지만 말이다(*독산(doxan)*)이라 되어있다) ; 이 단어들의 배경들을 숙고하여 보면 그렇게 하는 것이 더 개연성(蓋然性)이 많아 보인다.

광야에서 모세는 하나님께 한 가지 소원을 아뢴다: "주의 영광을 내게 보이소서." 그 간청에 대한 하나님의 응답은, "내가 나의 모든 선한 형상을 네 앞으로 지나게 하고 '여호와의 이름' 을 네 앞에 반포하리라"(출33:18이하). 하나님의 독특한 속성인 그 하나님의 영광은 그의 선하심이다. 약속을 이루시는 경우에도 역시 그 하나님의 선하심이 그렇게 영광으로 나타난 것이다. "여호와께서 구름 가운데 강림하사 그와 함께 거기서서 여호와의 이름을 반포하실새[27] 여호와께서 그의 앞으로 지나시며 반포하시되 '여호와로라 여호와로라 자비롭고 은혜롭고 노하기를 더디하고 인자와 진실이 많은 하나님이로라"(출34:5이하). 바로 이 마지막 대목의 말씀이 바로 그 하나님의 뛰어나신 영광인 그 선하심을 구체적으로 표현한 것이다. 그러나 요1:14의 헬라어 단어, 곧 '은혜' (*카리스(charis)*)와 '진리' (알레데이아(alēheia))는 출34:6의 마지막 어구를 번역한 것으로 기꺼이 인정하고 있다. "인자(히브리어로 *헤세드(hesed)*)와 진실(히브리어로 *에메스('ĕmeth)*)이 많은 하나님이로소이다" 성육신하신 '말씀' 을 통해서 드러나는 영광이 야훼(우리 한글개역성경에서는 '여호와' 로 번역 - 역주)의 이름이 모세의 귀에 들릴 때에 모세에게 계시된 바로 그 영광이다; 그러나 이제 그 영광은 인간 생명 속에서 땅 위에 나타났다. '은혜와 진리가 충만한' 상태로.[28]

---

27) 여기서 가리키는 바는 소리 나는 대로 YHWH라 표기하는 분이다. 보통 그 이름을 Yahweh라고 쓴다(다른 역본들에서는 'Jehovah'). 그 지칭어는 그 이름을 어원학적으로 쓴 것이 아니다. 다만 하나님께서 당신의 백성들을 다루시는 일을 통하여 드러난 그 이름의 의미를 나타내고 있을 뿐이다. 곧 '선포하였다' 또는 '선언하였다' 는 의미다. 이러한 의미에서(그러나 더 충만하게) 예수님은 당신을 헌신하여 드리는 기도에서 아버지의 이름을 '선포하였다' (나타내었다)고 외치고 계신다(요17:5,26).

28) A. T. Hanson은 *Grace and Truth*에서 칼케돈 기독론(Chalcedonian Christology)에 대하여 불만을 나타낸다. 그가 보기로 그 기독론은 (전통적인 기독론 대부분이 그러하듯이) 이 요한복음만 의존한다는 것이다. 그러나 그가 칼케돈 기독론을 작성한 신학자들이 전제하여 놓은 것보다 더 견고한 기독론적 기초를 그것도 이를 위하여 그가 시선을 돌리는 것은 바로 요1:14이다. 그 구절이 출34:6에서 계시된 하나님의 이름을 재 진술한 것이라고 그는 보았던 것이다.

1:15 "요한이 그에 대하여 증거하여 외쳐 가로되 내가 전에 말하기를 내 뒤에 오시는 이가 나보다 앞선 것은 나보다 먼저 계심이니라 한 것이 이 사람을 가리킴이라 하니라"

이 두 번째 해설 대목은 서두의 한 대목(6-8절)과 아주 잘 들어맞는다. 우리는 여기 이 두 번째 대목에서 다음의 해설기사에서 또 요한의 문제가 거론되리라는 기대를 하게 된다(30절 참조). 요한복음 서두 다음에 나오는 해설은 요한의 증거에 대하여 말하여 준다. 여기서는 그 증거에 속한 부분이 요약되어 있다. 그리하여 7,8절에서 요한이 증거하고 있는 빛이 다름 아닌 14절의 육신이 되신 '말씀' 임을 분명하게 밝혀주고 있다. "요한이… 증거하여"라고 한 동사가 현재시제인 것으로 보아 이 복음서가 쓰여질 때에는 요한이 이미 죽은 지 오랜 후에도 여전히 그 증거가 남아 있었다는 것을 지시(指示)할 수 있다. 유사하게 '외쳐 가로되' 라는 완료형은 요한의 선포가 지나간 과거에 속한 일이고, 그가 선포한 내용의 진수는 항상 진리로 남아 있음을 함축하고 있다.

요한은 어떤 특정인을 가리키며 '이 이가 바로 그로다' 라고 말할 수 있기 전에 먼저 그 오시는 이의 강림이 가까웠다는 사실을 공표(公表)한 것이다. 결국 그가 33절에 묘사된 표적을 보았을 때, 그 이후로 그 사람을 가리키며 '내가 말하는 그가 바로 이분이다' 라고 말할 수 있었다. 오실 이가 요한보다 역사상 더 늦게 나타나셨다. 그러나 요한보다 앞선다(오실 길이 예비된 이가 앞서 온 자보다 더 높은 자다). 아무리 외적으로, 강조적으로 표현된다 하더라도 그는 요한보다 앞서셨다. 요한은 간단하게 *프로 무 엔(pro mou ēn)* (그가 나보다 앞섰다)이라고 말한 것이 아니다. 오히려 *프로토스 무 엔(prōtos mou ēn)* 문자 그대로 하면 '그가 내게 대하여 첫째시다'). 다시 말하면, '그가 절대적으로 나보다 앞서시다.' 또는 NEB같이 더 낫게 번역하면 '내가 나시기 전에 그가 이미 계셨느니라' (before I was born, he already was). 요한복음 서두를 읽고 나서 이 대목에 이르게 된 독자는 요한의 증거를 이해하는데 아무 어려움이 없다. 요한은 태초에 하나님과 함께 계셨다가 때가 차매 사람들 중에 육신이 되셔서 오신 '말씀' 을 말하고 있음을 알 수 있다.

1:16 "우리가 다 그의 충만한데서 받으니 은혜 위에 은혜러라"

논리적으로, 이 말씀은 14절의 마지막의 말과 직접 연관이 되는 것이다 (15절은 어떤 의미에서 삽입절이다). 성육신하신 말씀은 은혜와 진리로 충만하다 복음서 기자는 그의 충만한 데서 우리가 다 받았다고 말한다. '우리가 다' 란 아마노 복음서 기자와 그와 본래 연관되던 자들을 가리키지 만은 않을 것이다. 그들 본래 이 복음서 기자와 친하였던 자들은 육신이 된 '말씀' 의 영광을 보았다. 그러나 이 복음서를 읽는 독자들 모두를 가리키기도 한다. 20:29에 선언된 복락에 참여하는 모든 자들을 말하고 있는 것이다. "보지 못하고 믿는 자들은 복되도다." 그리스도 안에 있는 그 신적 영광과 선하심의 충만함(골1:19,2:9 참조)의 대양(大洋)에서 당신의 모든 백성들이 다 마시되, 언제나 충만한 데서 조금도 줄어들지 않는 그 대양에서 마시는 것이다.

'은혜 위에 은혜' 라는 어구에서 전치사는 *안티(anti)*이다. 그런데 그 전치사를 '대신에'(instead of)라는 뜻이라고 억지를 부리면 만족한 의미를 결코 얻어내지 못한다.[29] 그리스도를 따르는 자들이 그 신적 충만한 데서 마시는 것은 은혜 위에 은혜다-은혜의 파도가 계속 밀려오는 것을 연상할 수 있다. 하나님께서 그리스도 안에서 당신의 백성들이 원하는 대로 마시게 하신 은혜는 끝이 없 다: 바울처럼 복음서 기자는 확신의 진리를 입증하였다. "내 은혜가 네게 족하도다"(고후12:9).

1:17 "율법은 모세로 말미암아 주신 것이요 은혜와 진리는 예수 그리스도로 말미암아 온 것이라"

하나님께서 모세에게 알리신 하나님의 방식에는 은혜와 진리가 전혀 배제되어 있었던 것은 아니다. 우리가 알았듯이 그 정반대로 하나님께서는 당신 자신을 모세에게 계시하되 "인자와 진실이 많은 하나님"(출34:6)으로 계시하였었다. 구약 전체에 하나님의 성품을 대변하는 것으로 그 점이 거듭 반복된다(시86:15 참조). 그러나 이 복음서 기자는 옛 질서와 새 질서를 서로 대조시켜 말하는 것을 좋아한다. 모세로 말미암아 주어진 법 안에서 마저 은혜와 진리를 시사 하는 것들이 모자람이 없다. 그러나 구약시대에 이러한 성질에 속하여 나타난 모든 것들이 육신이 되신 '말씀' 안에서 집약되어 충만하게 드러났다. 여기서는 바울의 글에서와 같이 그리스도께서 하나님의 계시의 초점이요 생명에 이르는 길로

29) 필로(Philo)는 하나님께서 당신의 은사(*카리테스(charites)*)를 다양하게 부여하시되 어떤 자들이 충분하게 가지고 있던 은사들을 거두시기도 하시고, 앞으로 더 많은 은사를 주시려고 쌓아 놓으시기도 하시고, 어떤 경우에는 가지고 있던 은사 대신에 다른 은사를 주시기도 하신다고 하였다. 그리고 '항상 초기에 주었던 은사 대신에 새 은사를 주신다' 고 말하였다. 그렇게 할 때에 그와 같은 의미를 가진 것 속에서 전치사 *안티(anti)*를 사용한다(*On Cain' 's Posterity and Exile*, 145).

서 율법이 선 자리에 대신 들어서게 된다. 이 복음서는 새로운 질서를 이루고 옛 질서를 능가하고 그 자리에 대신 서게 된 경우들을 일련의 연속적인 줄기로 강조하고 있다: 새로운 창조의 포도주는 유대교에서 사용되던 물보다 더 낫다(요2:10). 새 성전은 옛 성전보다 더 낫다(2:19). 새 출생(거듭남)은 자연적인 출생으로서는 들어갈 수 없는 생명의 영으로 들어가는 관문과 같다. 거듭 나지 않고는 택한 백성들의 지체 안에 들어갈 수가 없다(3:3,5). 예수님께서 나누어 주시는 생명수는 야곱의 우물에 있던 물이나 초막절(草幕節)에 성전 뜰에 의식(儀式)으로 부어지던 물보다 낫다(4:13이하,7:37 참조). 하늘에서 내려 주시는 떡은 광야에서 만나를 통하여 예시된 떡이다(6:32이하). 모세는 율법의 중보자다; 예수 그리스도께서는 은혜와 진리의 중보자이실 뿐만 아니라, 그것들을 구체적으로 실현하신 분이시다. '하나님이셨던 분이 곧 말씀이셨다.'

여기서 '은혜와 진리가 예수 그리스도로 말미암아 왔다' 라고 한 진술에서 성육신하신 '말씀' 을 위하여 처음으로 '그리스도' 란 이름이 붙여졌다. 통상적으로 이 복음서에서 '예수' 는 그의 개인적인 이름이고, '그리스도' 는 하나의 칭호나 명칭이다 - '메시아' 나 '기름부음 받은 자'[30] - 그러나 이곳에서 '예수 그리스도' 가 이중적인 이름으로 사용되고 있다. 그 이름은 헬라어를 말하는 그리스도인들 사이에서는 통상적으로 그렇게 예수 그리스도로 알리어져 있었다.

1:18 "본래 하나님을 본 사람이 없으되 아버지 품속에 있는 독생하신 하나님이 나타내셨느니라"

30) 20절 주해를 참조하라.

하나님께서는 순결한 영으로서 육신으로는 보이지 않으신다.

'하나님의 친구' 아브라함조차도 육신의 눈으로는 뵈올 수 없었던 분이시다. "여호와께서 대면하여 아시던"(신34:10) 모세도 하나님의 영광의 완전한 충만은 볼 수 없었다. 모세가 하나님의 영광을 보게 하여 주십사라고 간청하였을 때에 하나님께서는 그에게 이렇게 말씀하셨다. "네가 내 얼굴을 보지 못하리니 나를 보고 살 자가 없음이니라"(출33:20). 하나님께서는 대신 그더러 하나님의 영광이 지나갈 때에 바위로 되어 있는 시내산 기슭의 틈 속에 서 있으라는 말씀을 주셨다. "내 영광이 지날 때에 내가 너를 반석 틈에 두고 내가 지니도록 내 손으로 너를 덮었다가 손을 거두리니 네가 내 등을 볼 것이요 얼굴은 보지 못하리라"(출33:22 이하). 우리는 지나치게 신인동형적(神人同型的)이 되지 않고 그러면서도 동등하게 상징적이 되기 위하여 말하자면 모세가 하나님의 영광의 잔상(殘像)을 보았다고 말해야 할 것이다. 모세가 그 정도로 "여호와의 형상을 보았다"(민12:8)는 것은 사실이다; 그러나 모세도 보지 못하였던 그 영광이 이제는 남자와 여자들 중에 제시된 것이다.

벤 시라(Ben Sira)는 하나님에 관하여 묻기를 "누가 하나님을 보고 묘사해(*엑디에게세타이(ekdiēgēsetai)*)낼 수 있을까?" (Sir. 43:31)라고 하였다. 그는 그 질문에 대한 답을 하지 않았다. 그러나 이제 그 답이 나온다; 그 하나님을 보았을 뿐만 아니라 그 품속에 있었던 이가 하나님을 선포하였다(*엑세게사토(exēgēsato)*).[31)]

여기서 본문적인 증거의 무게는 *모노게네스 데오스(monogenēs*

31) 욥28:27에서 주어와 목적어가 바뀌어 있다: 지혜(70인경에서 *액세게사토(exēgēsato)*)를 '선포하신' 이는 하나님이셨다.

theos)(독생하신 하나님) 또는 '독생자' (God only begotten)요, '(친히) 하나님이신 이' (the only begotten, 〈himself〉 God)라고 읽는 것을 더 유력하게 한다. 초기 권위 있는 사본들이 이를 지지한다. 최초의 사본 중에서 가장 잘 알려진 두 사본(보드메르 파피리66과 75)도 그 읽기를 지지한다; 더 일반적인 *모노게네스 하이오스(monogenēs hyios)*('홀로-나신 아들')로 그 읽기를 대신하는 추세로 돌아설 수밖에 없게 될 것이다. 반면에 만일 더 보편적인 읽기가 원본이라면, 서기관이나 편집자로 하여금 서로 병행을 이루지 않는 *모노게네스 데오스*로 대치하여 강한 자극을 준 것이 무엇인지 알기가 어렵다. 이런 식으로 서로 병행을 이루지 못하는 읽기가, 더 어려운 읽기보다 더 좋은 사본이라는 원리나 베껴 썼을 개연성에 의하여도 지지를 받는다. 최근에 별 인정을 받지 못하는 다른 읽기가 소개되기도 한다. 그 읽기란 형용사 *모노게네스*(독생한)만으로 표현하는 것이다; 이 간단한 읽기가 본래의 원문이었는데 나중에 두 방면에서 그 읽기가 확장되었던 것이라고 주장할 수도 있을 것이다: 하나는 몇몇 초기 사본들에서 *데오스(theos)*라는 말이 첨가되고, 나머지 다른 초기 사본들에서는 *하이오스(hyios)*가 첨가된 방식으로 확대된 것이라는 식이다. 그러나 그럴 개연성은 희박하다. 복음서 기자가 처음에 기록할 당시에 쓰지 않았는데 어느 누가 *데오스*라고 붙여서 독특한 어구인 *모노게네스 데오스*란 어구를 만들어 낼 생각을 어째서 했겠는가? 만일 모노게네스 데오스가 본래 원문의 읽기였다면, 이 절의 세 번째 어구에서 로고스에 대하여 말한 것을 반복하고 있다는 말이 된다: 로고스는 하나님이셨고, 그런 의미에서 독생자는 하나님이시다. 로고스와 독생하신 이는 같은 인격이시기 때문이다.

독생자가 아버지의 품 안에 존재한다는 진술은 눅16:22의 아브라함의 품에 안긴 나사로에 대한 묘사를 생각나게 한다. 요13:23에서와 같이 마지막 만찬석에서 예수님의 품을 차지하고 있는 사랑하는 제자에 대한 묘사를 생각나게 한다; 이 두 대목의 그 표현은 연회석에서 주요한 인물 바로 옆에서 특별한 총애를 입은 사람의 자리를 지시한다. 여기서도 그러한 의미일 수도 있다. 그러나 성부와 성자 간의 상호 사랑과 이해를 암시하기도 한다. 성부 하나님을 온전하게 아는 자만이 그 성부 하나님을 온전히 알릴 수 있다. 공관복음서에 박혀있는 '요한이 하늘에서 떨어진 운석' 과 같은 요지로 말미암아 같은 뜻이 전파된다: "내 아버지께서 모든 것을 내게 주셨으니 아버지 외에는 아들을 아는 자가 없고 아들과 또 아들의 소원대로 계시를 받는 자 외에는 아버지를 아는 자가 없느니라" (마11:27,눅10:22 참조).

동사 *액세게오마이(exēgeomai)*가 신약에서 나타나는 다른 곳들 (눅24:35, 행10:8, 15:12, 14, 21:19)에는 그 뜻을 말하거나 어떤 사실을 설명하여 말하는 것이다. 요1:18의 끝에서 그 동사가 바로 그러한 뜻이다: 헬라어 동사에서 유래된 영어단어를 사용할 수도 있다. 그래서 아들은 아버지의 '해석자' (exegete)시다. 원어에서는 그 동사가 접두어 *엑스(ex)*와 같이 *헤게오마이(hēgeomai)*('이끌다')에서 합성되어 나온다; 한 프랑스 학자(M. E. Boismard)는 어원학적인 면에서 그 동사를 취급하여 그 동사를 다음과 같은 식으로 번역한다: '독생하신 이 외에는 하나님을 본 사람이 없으나 그가 아버지의 품으로 들어가는 길을 안다 하셨다.' [32] 그런 식의 문장 구조는 개연성이 없다. 마치 그 동사가 전치사 *에이스(eis)*

32) 모세가 보도록 허락받은 오직 유일한 부분은 그의 등과 대칭되는 그의 품이었다(출33:23).

가 그 고전적인 의미로 '…에로의' (into)라는 식으로 쓰여지듯이 말이다. (주후 1세기경에는 *에이스*가 *엔* 〈in〉의 영역에까지 잠식하여 들어오기 시작한다. 그래서 결국은 *엔*의 자리를 *에이스*가 빼앗아 버린다).

아들 되신 분이 눈에 보이지 아니하시는 하나님을 어떻게 아들이 사람들에게 선포하여 세상에서 살아계신 '말씀' 으로 작용하시는 지를 기록을 통해서 설명하려고 하는 것이 이 복음서 기자의 의도이다. 바로 처음의 열 여덟 구절이 바로 그 기록의 서두를 이루고 있다.

A. 예수님의 공생애 시작(요1 :19-2:12)

I. 세례 요한의 증거 (1 :19-34)

1. 세례요한과 예루살렘에서 보내온 사람들(1:19-28)

1:19, 20 **"유대인들이 예루살렘에서 제사장들과 레위인들을 요한에게 보내어 네가 누구냐 물을 때에 요한의 증거가 이러하니라 요한이 드러내어 말하고 숨기지 아니하니 드러내어 하는 말이 나는 그리스도가 아니라 한대"**

요한의 증거는 서두에서 간단하게 해설대목으로 할애하여 언급되고 인용된 바 있다: 지금 복음서 기자는 요한의 증거를 계속성 있게 진술하여 말하고 있다(19-34절). 여기에 소개된 요한의 증거의 첫 경우는 예루살렘의 종교 지도자들이 보낸 대표가 물은 질문에 대한 답변이다.

우리는 여기서 요한복음서에서 유대인들 전체를 대표하는 말로서가 아니고 어떤 특별한 부류를 대표하는 말로서의 '유대인들' 이란 용어를 처음 만나게 된다-여기서, 그 말은 예루살렘의 기성 종교계를 지시하는 용어이다. 산헤드린 공회[33]이든지 성전 당국자들이든지 다 그 용어로 표현한다. 그 말이 다른 곳에서(요7:1에서와 같은 곳에서)는 유대에 사는 사람들을 이방인들과 구분하여 나타낼 때에 그 말을 사용한다. 반면에 어떤 곳에서는 아주 일반적인 의미로도 사용되기도 한다. 그 말이 나타나는 문맥의 특수한 사정 속에서 그 말이 어떤 의미로 사용되는지를 잘 주목하면 복음서 기자가 유대인들에 대하여 그와 같은 적의(敵意)를 가지고 있다는 오해를 가지지 않게 될 것이다(복음서 기자 자신도 유대인이었다).

세례 요한이 요단 골짜기에서 회개를 외치는 설교자로서의 공적 생애를 시작할 때쯤 해서 기대감이 확산되어 있었다. 특히 '예루살렘의 구속을 기다리는' 경건한 이스라엘 사람들 중에 말이다(눅 2:38). 이 이상한 설교자요, 세례자의 갑작스런 출현은 옛 선지자들이 가진 참 선지자로서의 표증을 보여주면서 동료 이스라엘 사람들에게 아주 깊은 인상을 심어주었다. 이전 채 1세기가 되지 못하는 짧은 기간 전(주전63년)에, 유대의 하스모니안(Hasmonaean)왕조가 몰락하고 이스라엘 땅은 로마 제

33) 주전 2세기 초부터 주후 66년 로마를 대항하는 전쟁이 일어나기까지 그 산헤드린 공회는 유대 민족의 최고 법정이었다. 로마가 유대를 점령한 가운데서도 유대인의 일을 내면적으로 조정하였다. 그 해의 현직 대제사장이 그 회의 의장을 맡았다. 그리고 70인의 다른 '장로들' 이 그 회를 구성하였다. 이때쯤 해서 그 공회는 '대제사장들' (대제사장이 배출된 가문에 속한 자들)에 의하여 주도되었다. 그들은 사두개파에 속한 자들이었다; 그러나 거기 공회 중에서 소수파에 속한 바리새인들의 관점이 무시당하지는 않았다.

국에 합병하게 되었다. 독립을 상실하고, 하스모니안 왕조와 그 제사장들에게 걸었던 기대가 무너지게 되자 그들은 다윗 혈통에서 나올 메시아에 대한 옛 소망의 부흥이 일어나게 되었던 것이다.

요한은 사실상 제사장의 가정에서 태어났고, 레위 지파에 속한 사람이었다. 유다 지파에서 난 자는 아니었다(다윗과 그 가정이 바로 그 유다 지파에 속하였다); 그러나 요한의 부모가 누구인지에 대하여는 보편적으로 다 알려져 있지는 않았었다. 어떤 경우에서든지 메시아에 대한 소망이 광범위하게 확산되어 있었다. 다윗의 혈통에서 메시아가 나오리라는 기대에 부응하여 어떤 지역들에서는 아론의 혈통에서 '기름부음 받은 자' 에 대한 기대가 있었다는 증거가 있다.[34] 어찌하였든 간에 사람들은 그 요한이 누구인가, 그가 자기를 무엇이라고 주장하는가에 대하여 의문을 가지기 시작하였던 것이다; 다른 복음서가 말하듯이 "백성들이 바라고 기다리므로 모든 사람들이 요한을 혹 그리스도신가 심중에 의논하니" (눅3:15). 이것이 바로 "네가 누구냐?" 라고 기성 종교계가 보낸자들이 그에게 던진 질문의 배경이었다: "사람들이 네가 메시아인지 아닌지 의문을 가지고 있다. 너는 네 자신에 대하여 무어라 하느냐?"

요한이 그 질문에 대하여 자기는 그리스도가 아니라고 하였다는 것을 감안하면, '드러내어 말하고 숨기지 아니하는 말' 이라는 식으로 그 답변을 소개하고 있는 것이 이상하다. 우리 생각 같으면 '자기가 그리스도라고 자증(自證)한 적이 없었다고 하였다' 는 식으로 진술하는 것이 더 자연스러워 보인다. 그러나 복음서 기자는 우리로 하여금 다음과 같은

34) 쿰란 공동체 내에서는 말세에 세 인물이 일어날 것이라고 기대하였다; '한 선지자와 아론과 이스라엘의 기름부음 받은 자들' 이 일어날 것이라는 기대감이었다(IQS 9.11)-그러한 기대감이 아니라면 한 선지자를 빼고 나머지 둘은 '제사장적이고 평이한 메시아' 로 옮겨질 수 있는 것이었다.

것을 이해하게 한다. 곧 요한의 부인하는 말조차도 적극적인 증거나 고백의 부분이라는 점이다. 만일 요한이 자기가 그리스도라고 증거하였다면 은근히 자기가 그러한 칭호를 받아들일 기회를 용이하게 얻을 수 있었을 것이다. '그리스도' 라는 칭호는 헬라어 *크리토스(christos)*를 나타내는 말인데, *크리오(chriō)*('기름붓다')의 동사적 형용사형이다; '메시아' 라는 말과 맞먹는 말이다. 그 말은 히브리어 *마솨(māshah)*('기름붓다')의 동사적 형용사다. 그 히브리서는 왕들과 대제사장들에게 적용되었고, 때로는 선지자들에게 적용되기도 하였다[35] 그러나 요한은 자기 자신에게 그러한 메시아적 칭호를 쓰기를 거부하였다. 왕이나 제사장이나 선지자적인 의미에서 그러한 칭호를 사용하기를 거절하였다는 말이다. 복음서 기자가 요한이 자기가 그리스도가 아니라고 한 사실을 강조한 것이 바로 이 복음서가 기록될 당시 세례 요한을 하나님께서 '아주 특별하게 보내신' 이라고 주장하는 자들의 부류가 있었다는 것을 넌지시 비춰주고 있는 것이라고 생각들을 하기도 하였다; 그러나 그러한 조짐이 여기서 드러나고 있다고 보기는 어렵다.

1:21 "또 묻되 그러면 무엇, 네가 엘리야냐 가로되 나는 아니라 또 묻되 네가 그 선지자냐 대답하되 아니라"

만일 요한이 메시아가 아니라면, 마지막 때를 기대하게 하는 어떤 다른 인물일 수 있다. 예를 들어, 포로기 이후에 나타난 선지자가 이스라엘을 향하여 다음과 같은 하나님의 메시지를 전달하였었다: "보라 여호와

35) 41절의 주해를 참조하라.

의 크고 두려운 날이 이르기 전에 내가 선지 엘리야를 너희에게 보내리니"(말4:5). 엘리야가 다시 돌아오리라는 기대는 여전히 남아있었던 것이다. 요한은 분명하게 엘리야의 표지(標識)들을 가지고 있었다. 그가 입은 옷이 그러하다. "요한은 약대 털을 입고 허리에 가죽 띠를 띠고 메뚜기와 석청을 먹더라"(막1:6)-그의 복장이 사람들로 하여금 왕하1:8의 엘리야의 묘사를 연상하게 하였다. 그러나 누구든지 엘리야의 복장을 모방 할 수는 있었다(슥13:4). 그러면서도 단순한 모방으로는 엘리야의 메시지나 요한의 메시지 속에서 다 울려 퍼지는 심판에 대한 경고와 회개에 대한 촉구를 재생시킬 수는 없는 것이다. 그러면 엘리야가 요한이었던가? 아니면 조금이라도 말해서 그가 자신이 엘리야라고 주장한 적이 있었던가? 요한은 아니라고 잘라 말한다.

공관복음서에서 요한과 엘리야의 연관이 거듭해서 확인된다. 예수께서 제자들에게 하신 말씀 속에서는 아주 강하게 확인되고 있다(막9:13). 그러나 요한이 자기 스스로 그러한 자라고 암시한 곳은 한 곳도 없다. 이 복음서에서는 자기는 그리스도가 아니라고 분명하게 말하고 있다.

만일 그가 엘리야가 아니라면, 구약의 선지자 중에서 그와 방불(訪佛)한 인물이라고 할 수 있는 자가 있었다. "또 묻되 네가 그 선지자냐?"라고 질문자들이 묻는다. 요한은 그들에게 "어떤 선지자를 말하는 것이냐?"라고 다시 물을 필요가 없었다. 왜냐하면 그는 그들이 뜻하는 이가 누구인지를 잘 알고 있었다. 모세는 백성들에게 한 고별 연설에서, 그들 백성들이 하나님의 뜻을 확인하고 싶을 때에 그들 이웃에 있는 이교도들 같이 점을 치거나 마물(魔物)을 의뢰하는 일이 없어야 한다고 말하였다. 하나님께서 그들 백성들에게 어떤 통신을 보내실 때에 그들 중에 모세와 같은 한 선지자를 일으켜서 그를 통하여 말씀하실 것이라고 말하였다. 이 선지자의 소리는 하나님의 음성으로 여겨져야 할 것이다(신 18:15-19).

모세가 한 이 말들은 일찍이 한 특별한 선지자를 가리키는 것으로 이해되었다. 그 선지자는 모세가 행사한 중보적인 역할을 온전하게 감당할 것이다. 모세 5경의 마지막, 모세의 사망에 대한 기록 속에서 "그 후에는 이스라엘에 모세와 같은 선지자가 일어나지 못하였나니 모세는 여호와께서 대면하여 아시던 자요"(신 34:10)라는 대목이 나온다. 그리하여 모세와 같은 선지자는 말세가 되기 전에는 일어나지 않을 것이라고 믿기에 이른다. 어떤 부류, 특히 사마리아인들 속에서는 메시아가 이 도래하는 선지자의 모습으로 임하게 될 것이라고 믿어졌고,[36] 이 복음서 기자는 이 복음서 독자들이 그 예언은 예수님 안에서 성취된 것이라는 사실에 아무런 의심도 가지지 못하게 하였다. 요한은 자신이 엘리야가 아니라고 할 때와 같이 아주 강조적으로 자기는 모세와 같은 선지자가 아니라고 말하고 있다.

1:22, 23 "또 말하되 누구냐 우리를 보낸 이들에게 대답하게 하라 너는 네게 대하여 무엇이라 하느냐 가로되 나는 선지자 이사야의 말과 같이 주의 길을 곧게 하라고 광야에서 외치는 자의 소리로라 하니라"

36) 요4:19,25 주해를 참조하라. 주34에서 인용된 쿰란 사본에 나타난 말세에 나타날 한 선지자에 대한 기대감과 비교하여 보라.

그 보냄을 받아서 온 대표들은 정말 난감한 생각이 들었다. 요한은 오실 자로 말미암아 시행될 심판이 임박한 것을 설교하는 사람으로서 분명하게 '종말론적 인물' 임에는 틀림없었다. 그러나 그는 정작 백성들이 생각하는 종말론적인 기대의 인물 중 그 어느 누구도 아니라고 하였다. 그러면 그는 자신에 대하여 무어라고 말하는가? 그들은 자기들을 보낸 이들에게 무슨 답변을 가지고 가야 할까?

요한은 사실 이렇게 말하고 있는 셈이다. "만일 너희가 선지자들을 통하여 증거된 하나님의 맡기신 말씀 중에서 나에 대하여 예고된 말씀이 어떤 것인가 알고 싶거든, 나를 광야에서 주의 길을 예비하기 위하여 부르심을 받은 '소리' 라고 생각하라" 다른 복음서 기자들은 사40:3이 요한의 사역에 대한 예언으로 인용하고 있다. 여기서 요한은 그런 의미로 직접 그 말씀을 인용하고 있다. 본래 이사야서의 문맥 속에서 이사야 선지자는 동방의 광야를 관통하는 한 길을 평탄케 하는 소리를 듣는다. 그 길을 통하여 이스라엘의 하나님께서 그 백성을 포로에서 고향으로 돌아오게 하실 예정이었다.[37] 신약에서는 그 말씀을 적용하면서 광야는 요한이 회개의 메시지를 설교한 유대의 광야가 된다. 이사야 40-66장에 이르는 모든 예언의 이중성은 시온의 자식들이 포로 잡힌 데서 다시 돌아오게 되리라는 좋은 소식을 선포함으로 말미암아 시작되나 더 나아가 더 큰 구속(救贖)을 말하는 것으로 연장이 된다. 그리고 더 큰 구속은 고레스의 칙령(勅令)에 의하여 성취되는 것이 아니라 주의 순종하는 '종' 의 수난과 승리로 말미암아 성취되는 구속이다. 그리고 그 예언 전체가 가

37) 사40:3은 쿰란 공동체가 유대 광야로 처소를 옮긴 것이 정당하다고 선동하는 듯이 보인다.(1QS 8.13-15).

진 이중성은 새 하늘과 새 땅에 대한 약속으로 결론지어진다. 신약의 기자들은 시온에 전해지는 기쁜 소식을 그리스도의 복음의 차원에서 해석한다. 그 복음의 메시지는 요한이 자신보다 더 큰 이를 위하여 길을 예비할 때에 소개되기 시작하였다. 그분이 성취하실 구속은 이제 그 이루어질 때를 앞에 두고 있었다. 요한의 큰 영예는 바로 그 구속이 가까이 왔다는 것을 알리는 소리의 역할을 하였다는 것이다.

1:24, 25 "저희는 바리새인들에게서 보낸 자라 또 물어 가로되 네가 만일 그리스도도 아니요 엘리야도 아니요 그 선지자도 아닐진대 어찌하여 세례를 주느냐"

24절의 번역에 대하여 논란이 있다. 한 문제는 나오는 대표들이 앞에서 나온 대표들인지 아니면 다른 이들인가에 대한 것이다. 분명하게 말하여 이 구절에서 나오는 대표들은 앞에서 나온 대표들이다. 25절의 질문은 20-23절에서 주어진 요한의 답변을 전제한다. 보다 어려운 문제는 *에크 톤 바리사이온(ek tōn Pharisaiōn)*(바리새인들에게서)의 어구와 연관되어 나타난다. 여기에 나오는 전치사 에크는 '에게서' (from)라는 의미를 가지든지 아니면 '중에 속한' (some of)이 라는 뜻인가? - 다시 말하면, 그 말이 부분사(部分詞)의 분위기를 나타내는가? 표준개정역(RSV)은 전자의 의미를 취하고 있다: '자 저희는 바리새인들에게서 보내온 자들이라' (Now they had been sent from the Pharisees). 그러나 바리새인들이 성전에 속한 자들을 자기들의 대표로 보낼 지위에 있었다는 것은 개연성이 적은 이야기다. 새 영어성경(NEB)은 그 요지를 더 가깝게 나

타내고 있다: '대표로 온 어떤 바리새인들이 그에게 묻되…' (Some Pharisees who were in the deputation asked him...). 만일 그 대표들이 산헤드린이 보낸 자들이라면, 그 집단 내에서 영향력 있는 소수를 형성하고 있던 바리새인들은 그 대표로 파송한 이들 중에 자기 사람들도 끼게 했을 것이다. 이렇게 해석하는 것이 바리새인들이 단독으로 대표를 보내었다고 하는 것보다는 더 개연성이 있다.

바리새파 사람들은 율법의 상세한 부분까지 지키는데 아주 세심한 주의를 기울인 사람들이다. 물론 율법의 상세한 부분에까지 다 지키는 일이 이스라엘의 언약 공동체의 일원 모두에게 마땅한 바였다. 그런 점에서 바리새인들이 더 세심하였다. 주전2세기 말경에 역사 속에서 처음 등장한 그 바리새인들은 하시디안(Hasidaean)들의 영적 후예였거나, 안티오커스 에피파네스(Antiochus Epiphanes)(주전175-163년)가 고대종교 말살정책을 폈을 때(외경 마카비전서2:42,7:14과 마카비후서14:6을 참조), 그들 고대종교를 방호(防護)하기 위하여 고상한 역할을 감당하였던 경건한 그룹들의 후예였던 것이다. 초기에 그 경건한 그룹들은 말3:16-4:3에서 영예로운 지칭을 받는다. 율법에 대한 그들의 헌신은 시119편에 반영되어 나타난다.

'바리새인' 이라는 용어는 '분리된 자들' 이라는 뜻이다(히브리어의 *페루쉼(pᵉrûshîm)*에 해당하는); 그런데 그 말이 여러 가지로 설명된다. 그러나 실제에 있어서 그 말은 그들이 윤리적이거나 의식적(儀式的)인 순결을 줄 수 있는 모든 것에서 분리되는 것을 강조하는 말이었다(그들은 심지어 십일조를 떼지 않은 산물을 먹는 일조차도 삼가했다). 그들은 구전의 전통을 형성한 자들이다. 그 전통이란 기록된 율법의 옛 원리들을 훗날의 변화된 상황에 적응시킬 의도로 정해진 전통이었다. 그런 것을 통하여 그들은 그 원리들이 시대에 뒤지거나 쓰지 않아서 무시되지 않게 보호하려고 하였던 것이다. 이러한 일에서 그들의 가장 큰 라이벌격인 사두개인들과 자신들을 구분하였던 것이다. 기록된 율법의 권위만을 인정하였고, 바리새적 믿음이 몸의 부활을 믿고 천사들의 등급과 귀신들의 서열의 존재들을 믿는 것을 불러들인 교리라고 해서 거부하였다(막12:18, 행23:8).[38] 그들은 '지역적으로 합세하여 형제애를 나누거나 교제하였다. 19세가 될 때부터 바리새적 원리로 자기 삶을 통제한 것으로 여겨지는 요세푸스(Josephus)는 자기 바리새인들이 약 6천 명 가량 되었을 것으로 추산한다.(*Antiquities* 17.42).[39]

바리새인들은 특히 요한의 활동이 종교적인 의미에서 어떤 의미를 가지는 지에 대하여 관심을 기울였다. 특히 세례를 베푸는 일이 어떤 정당성을 가지고 있느냐에 대하여 관심이 깊었다. 그들이 던진 질문은 그들 눈에 그 세례가 종말론적인 의식(儀式)으로 이해되었다는 것을 암시해 준다. 말세에 기대되는 인물들 중 한 사람이 집행하는 것으로 보았다는 말이다. 쿰란(Qumran) 공동체나 다른 엣세네파(Essene group) 사람들은 정결하게 하는 물로 목욕을 하는 특이한 의식을 만들었었다. 그렇게 하기 위한 자기들의 권위를 위하여 겔36:25을 인용하였다. 그 대목에서는 이스라엘의 하나님께서 회복의 때에 어떻게 하실 것인지를 말한다. "맑은 물로 너희에게 뿌려서 너희로 정결케 하되 곧 너희 모든 더러운

38) 사두개인들은 이 복음서에서 전혀 언급되지 않는다. 그 이유는 아마 이 복음서가 기록될 당시에 그 파가 사라졌기 때문이 아닌가 한다. 주도적인 대제사장들(예를 들어서 안나스와 가야바와 같은)과 그 가문이 그 사두개파에 속하여 있었다.

39) 바리새인들에 대하여 알고 싶으면 Josephus의 *Jewish War* 2.162-166; *Antiquities* 18.12-15 참조할 것; J. Bowker *Jesus and the Pharisees* (Cambridge 1973)도 참조할 것; E. Rivkin *A Hidden Revolution*(Nashville 1978).

것에서와 모든 우상을 섬김에서 너희를 정결케 하리라."[40] 쿰란의 사람들은 자신들이야 말로 말세의 의로운 공동체라고 여겼다. 요한도 자기 때가 되어서 "주를 위하여 세운 백성을 예비하리라"(눅1:17)는 임명받은 사람이었다. 그의 세례는 그가 직접 베풀었다는 면에서 아주 독특하였다; 변질된 세례와 같이[41] 자기가 직접 세운 그런 것이었다. 요한은 그 세례 사역을 위하여 최상의 권위를 가지고 있었던 것이다. "나를 보내어 물로 세례를 주라 하신 그이가"(33절) 바로 하나님이셨다. 그러하기 때문에 그의 개인적인 지위는 중요한 것이 아니었다; 그가 하나님의 손에 들려 그보다 더 큰자를 소개하는 도구로 사용되고 있었던 것이다.

1:26, 27 "요한이 대답하되 나는 물로 세례를 주거니와 너희 가운데 너희가 알지 못하는 한 사람이 섰으니 곧 내 뒤에 오시는 그이라 나는 그의 신들메 풀기도 감당치 못하겠노라 하더라"

여기서 강조적으로 "나는 물로 세례를 주거니와"라고 한것은 다른 매체로 세례를 주실 다른 이를 언급할 때에 독자가 생소한 느낌을 가지지 않게 하려함이다. 요한이 한동안은 다른 세례를 말하지 않는다. 그러나 그 세례를 베풀 이를 언급하고 있다. 요한은 바로 선구자로서 그의 길을 예비하고 있을 뿐이다. 그분은 바로 요한 뒤에 오시고 계신 분이셨다.

40) 그 뒤에 따라오는 진술에서 겔36:25-27이 적용되는 것을 더 알아보고 싶으면 33절 주해를 참조하라.

41) H. H. Rowley의 *Moses to Qumran*(London 1963), pp.211-235에 나오 는 '유대 개종자에게 베푸는 세례와 요한의 세례' 라는 글을 참조할 것.

모든 것을 감안해 보아도 선구자는 길을 예비하는 이로써 그 길로 오실 이 보다는 덜 중요하다; 요한은 자기는 그를 위하여 신들메(유대의 샌들 형식의 신발끈)를 풀 아주 낮은 섬김도 행하기에 합당하지 못하다고 말함으로써 오실 자에 비하여 자기가 상대적으로 중요하지 않다고 강조하고 있다. 한 랍비는 말하기를, "종이 자기 상전을 위하여 행하는 모든 섬김을 제자는 자기 선생을 위하여 행하되 신들메를 푸는 일만은 하지 않아도 된다"[42]라고 하였다. 요한은 자신이야 말로 '오실 이'를 위하여 그러한 가장 비천한 일마저도 하기에 합당하지 않다고 생각하고 있다. 그러나 사실 요한이 오실 자를 위하여 그 길을 예비하는 데 있어서 그 말을 듣는 이들이 인식할 수 있었던 것보다 훨씬 더 영예로운 일을 감당하였다.

1:28 "이 일은 요한의 세례 주던 곳 요단강 건너편 베다니에서 된 일이니라"

요단 저편에 있는 베다니는 예루살렘 근교에 있는 더 잘 알려진 베다니와 구분되는 곳이다(요11:1 참조). 그 위치가 정확히 어딘지 지금은 확인할 길이 없다. 오리겐(Origen)은 본문을 다른 읽기로 '베다바라'(Bethabara)라 하여 '여울진 곳'이라는 의미로 이해하였다(AV참조). 오리겐은 지리적인 근거 위에서 그런 식으로 이해하기를 더 좋아하였다.[43] 복음서들에 대한 시내산 수리아역(Snaitic Syriac version)에서도 같은 읽기가 나타난다. 그곳은 분명히 헤롯 안티파스의 영내의 베레아(Peraea) 지역에 속한 곳이었

42) Babylonian Talmud의 논문 *Kthûbôth* 96a에 보도되는 대로 Rabbi Joshua ben Levi(주후 239).
43) *Commentary on John, ad loc.*

다(요한이 헤롯에게서 미움을 받게 된 것도 바로 그 베레아에서였다. 그가 옥에 갇혀서 죽임을 당한 곳도 바로 마케루스의 베레아 숲에서였다).[44] 어떤 이들은 그곳이 삿7:24의 벧 바라〈Beth - barah)와 같은 지역이라고 주장하기도 하고, 또 다른 이들은 수13:27의 벧 니므라(Beth-nimrah)와 같은 지역이라고 주장하였다(후자가 더 개연성이 있어 보인다).[45]

2. 오실 자의 신분확인(1:29~34)

1:29 "이튿날 요한이 예수께서 자기에게 나아오심을 보고 가로되 보라 세상 죄를 지고 가는 하나님의 어린 양이로다"

'다음 날' 은 당연히 요한이 예루살렘에서 온 대표들을 만난 그 다음 날을 의미하는 것이다. 아마 이때는 예수께서 요한의 손에서 세례를 받고 나서 몇 주간이 지났을 때였다. 세례를 받으시고 예수님께서 어디론지 가셨었다. 그러나 이제는 다시 그가 돌아오시고, 요한은 군중들의 시선을 그에게 옮겨준다. 요한이 오실 자가 가까이 오셨다는 것을 공표하기 시작하였을 때, 그 오실 자가 누구신지 알지 못하였다. 그가 설명하여 나가는 바와 같이 이제 그는 그 오실 자가 누구신지 가리켜 말할 수 있게 되었다. 고맙게도 그가 한 표증을 받았기 때문이다.

그러나 그가 예수님께서 나타나실 때에 그를 지칭한 칭호는 아주 놀라

44) Josephus, *Antiquities* 18.119
45) 70인경 한 판은 Bethnimrah를 *Baithanabra*로 번역하고 있다. 그 형식은 Bethany와 Bethabara를 합성한 듯 하게 보이게 하는 형식이다.

운 것이다-적어도 그 칭호를 처음으로 듣는 이들에는 정말 그러하였을 것이다. 우리에게 있어서 '하나님의 어린양' 이라는 칭호는 그리스도인의 강화(講話)나 예술 속에서 너무 익숙한 것이다. 그래서 요한의 말을 처음 듣던 이들의 귀에 그 말이 얼마나 생소하게 들렸을 것인지를 알아내기가 정말 어려운 일이다. 요한이 그 말을 쓰게 된 배경을 알아내기 위하여 많은 시도가 있어왔다. 그러나 그 배경을 완전하게 설명하기에 유용한 기술은 전혀 만나지 못했다. 설령 그 배경을 완전하게 밝혀냈다할지라도 신약적인 용법을 완전하게 설명한 것은 결코 아닐 것이다. 신약적인 용례가 될 때에 그 용어가 속에 새로운 창조적 요소를 담고 있을 것이다.

요한의 말을 듣던 이들 중에 어떤 이들에게는 메시아적 전사(戰士)를 뿔이 달린 양이나 어린양으로 묘사하곤 하던 계시문학(啓示文學)적인 상상에 익숙해 있었을 것이다.[46] 이 상상은 신약의 계시록 속에 투영되어 있다. 계시록에서 믿음 있는 백성들의 지도자로서 승리를 거두고 높아진 어린양이 나타나고 있다(계7:17, 17:4 등). 그러나 계시록에서 그 어린양의 심상이 복음을 표현하기 위하여 재형성된다. 어린양이 죽임을 당하여 많은 이들의 구속(救贖)이 되심으로써 승리를 얻으셨기 때문이다(계5:6이하). 비록 계시록에서 사용된 헬라어(*아르니온(arnion)*)가 요1:29, 36에서 사용된 단어 (*암노스(amnos)*)와 같지 않다고 하더라도, '어린양' (lamb)을 의미하는 단어를 그리스도로 지칭하는 경우는 신약에서 요한의 두 책에서 밖에는 발견되지 않는다는 것은 주목할 가치가 있다.[47]

46) 예를 들어서 I Enoch 90:9-12; *Testament of Joseph* 19:8. C. H. Dodd 의 *The Interpretation of the Fourth Gospel*(Cambridge 1953), pp.230 - 238 참조.

47) 벧전 1:19에서는 *암노스(amnos)*가 그리스도와의 관계에서 쓰여지고 있는데, 칭호로서 쓰여지지 않고 하나의 직유적인 유사법으로 쓰여지고 있는 듯하다. 아마 유월절 어린양을 가리키며 그 용례를 쓴 것 같다.

요한이 이 단어를 쓰기 전에 그 단어가 쓰여진 여러 가능한 경우들 중에 하나님께서 주신 어린양의 경우가 있음을 발견할 수 있다. 창22:8에 아브라함이 언급한 경우다(요8:56 참조). 아니면 유월절 어린양의 경우이다. 그 경우는 그리스도의 수난을 묘사할 때에 이 복음서 기자의 심중에 있었음에 분명하다(요19:36 참조). 그러나 아브라함은 어린양을 번제를 위하여 드리는 어린양의 경우를 말하였다. 유월절 어린양이 속죄제로 드려질 것이라는 하나님의 언급은 없었다. 만일 요한이 '어린양' 이라는 단어를 선택할 때 그 마음속에 희생의 개념이 들어있었다면, 속죄제의 경우가 될 것이다. 그 경우에는 희생의 개념이 들어있게 된다. 거의 모든 사람들이 어린양이라는 단어를 만나면 그 개념을 생각하게 된다. 왜냐하면 그 어린양이 "세상 죄를 지고 가는 어린양"이기 때문이다. 레위제사 제도에 있어서 어린양은 속죄제를 위하여 반드시 드려져야 하는 특정 동물은 아니었다; 다만 요한의 언어 뒤에는 여호와의 '종' 의 개념이 숨어있을 수 있다. 그 종은 '도살할 양' 같이 고난을 당하고, 자신을 '속죄제' 로 드리는 종이다(사53:7, 10).

어떤 학자들은 더 노골적으로 이사야서에 나오는 종을 지칭하는 것이라고 주장한다. 그러한 생각을 가지는 자들은 헬라어 암노스 *(amnos)*의 어원학적 배경 속에 아람어 *타리야(ṭalyā)*[48]라는 말이 있음을 발견한다. 그들은 주장하기를 그 아람어 타리야는 '어린 양' 이나 '종' 의 뜻을 다 가지고 있다는 것이다; 실로 팔레스틴에서 발견한 한 수리아 역본의 사52:13에서는 '종' 의 의미로 사용된다.[49] 그와 같이 주장하여, 요한은 하

48) 예수님께서 야이로의 딸에게 "달리다굼… 소녀야… 일어나라"(막5:41)고 말씀하실 때에 사용하신 *타리야(ṭalyā)*의 여성형이다(막5:41).
49) J. Jeremias *TDNT* 5, p.702, n.356(*s.v. pais theou*)도 그러하다.

나님의 *타리야*를 말씀하였을 수도 있고, 그 아람어가 *암노스(어린양)*나 *파이스(pais)* ('종')로 번역될 수도 있었다는 것이다. 그러할지라도 그 논증은 증거가 충분치 못하다. 이사야에서 말하는 종의 개념 세례 요한의 사상이나 대구(對句)에 기여를 하였다는 것이 충분한 주장이다. 특히 만일 우리가 요1:13에서 복음적 예언의 대목에 해당하는 이사야의 말씀에서 이미 인용한 것을 감안한다면 더욱 그러하다.

동사 *아이로(airō)*는 여기서 '지고가다' 또는 '옮기다'로 번역하는 것이 바르다. 죄를 '짊어진다'는 차원에서 생각되는 곳에서 히9:28과 벧전2:24에서와 같이 보통으로 사용되는 동사는 *아나페로(anapherō)*다. 물론 두 개념이 상호 배척되는 개념은 아니다. 다른 이가 죄를 짊어진다는 것은 전에 죄의 책임이 있는 자에게서 그 죄를 옮겨지는 것을 함축하고 있다. 여기서 하나님의 어린양이 짊어지는 죄는 '세상'(*코스모스(kosmos)*)의 죄다; 그저 보편적으로 세상이라고 지칭하는 그 충격적인 표현이 이 복음서가 진행되는 과정에서 다시 발견된다(3:16이하; 4:42. 6:51등과 같이). 그리고 요한일서에서도 발견된다(2:2, 4:14). 복음서를 전체로 읽어가는 독자는 요한이 그런 식으로 선포하는 것을 처음 대하는 사람의 경우보다 덜 신비롭게 여겨질 것이다. 처음 이 선포를 듣는 이들은 그 선포가 의미하는 진정한 의미가 무엇인지를 알게 해주는 그러한 문맥을 전혀 안 적이 없었을 것이기 때문에 아마 이 복음서를 다 읽은 독자보다 더 신비롭게 느껴질 것이다. '세상'이라는 말이 인종이나 종교적 배경이나 문화적 차이를 뛰어넘은 모든 이들을 함축한다(요12:32 참조).[50]

50) '세상'이라는 말이 더 엄격하게 제한적으로 사용된 사례를 알아보려면 요7:7, 14:17, 15:18 등을 참조하라.

1:30 "내가 전에 말하기를 내 뒤에 오는 사람이 있는데 나보다 앞선 것은 그가 나보다 먼저 계심이라 한 것이 이 사람을 가리킴이라"

이 증거는 이미 서두에서 인용된 바가 있다(15절). 그전에는 요한이 이 사람에 대하여 일반적인 차원에서 말할 수밖에 없다. 그러나 이제는 그 사람이 누구인지 지적할 수 있다.

1:31 "나도 그를 알지 못하였으나 내가 와서 물로 세례를 주는 것은 그를 이스라엘에게 나타내려 함이라 하니라"

이미 언급한 바와 같이 요한은 하나님께서 약조하신 표증을 보기까지는 오실 자가 누구인지 알지 못하였다. 그러나 이제 그는 알게 되었다. 자기에게 주어진 그 세례사역이 이 '오실 자'가 공적으로 나타나시기 위하여 커튼을 여는 것을 위하여 하나님께서 정하신 것임을 말이다.

1:32 "요한이 또 증거하여 가로되 내가 보매 성령이 비둘기 같이 하늘로서 내려와서 그의 위에 머물렀더라"

물론 여기서 말하고 있는 바는 예수께서 요한에게 세례를 받으신 후에 요단강에서 나왔을 때에 일어난 일이다. 그러나 이 복음서 어디에도 예수께서 세례를 받으셨다는 노골적인 진술이 없다. 그 진술이 없는 이유를 추적하면 우리는 불가피하게 사변(思辨)의 영으로 떨어지게 될 것이다. 요한이 여기서 가리켜 말하는 세례 사건 전체 중에 한 가지 특정적인 것 - 그 일을 아주 강조적으로 언급하고 있다 - 이 바로 요한에게 있어서 특별한 의미를 가지고 있는 것이었다.

예수님께 성령이 임하셨다는 것은 그가 바로 사11:1 이하에 묘사 되는 다윗적인 치리자임을 지적하는 것이다. 그에 대하여 이사야에서는 "여호와를 (경외하는) 신이 그 위에 강림하시리니" (사11: 2)라고 하였다. 그리고 사42:1에서 그를 소개하면서 하나님께서는 그를 가리켜 종이라 하시면서 이렇게 말하고 있다. "내가 나의 신을 그에게 주었은즉". 사61:1에서는 광포하시는 선지자로 지칭하면서 "주 여호와의 신이 내게 임하셨으니 이는 여호와께서 내게 기름을 부으사…" 라 기록되어 있다. 이 경우가 바로 행10:38의 말씀, "하나님이 나사렛 예수에게 성령과 능력을 기름 붓듯 하셨으매" 에 해당한다. 성령께서 예수께 비둘기같이 임하셨다는 것이 공관복음서들에도 기록되어 있다(마3:16, 막1:10, 눅3:22). 누가는 "형체로 비둘기같이" 라고 기록하고 있다. 고대에 비둘기를 성령으로 상징한 다른 대목을 찾아내는 것이 어렵다. 주후100년경쯤 해서 한 경우를 만나기는 한다: 랍비 벤 조마(Ben Zoma)는 창1:2("하나님의 신은 수면에 운행하시니라")을 주석하면서 '어린 새끼들을 건드리지 않으면서 위에서 날개로 파닥이고 있는 비둘기 같다' [51]고 한 적이 있다. 우리는 존 밀톤(John Milton)의 실낙원(Paradise Lost)의 서두에서 성령에 대하여 묘사한 분위기를 회상할 수 있다:

당신은 처음부터 계신 분이시오,

51) Babylonian Talmud의 논문 *Hăgīgāh*,15a.

능하신 날개를 펴시고

그 광대한 심연(深淵) 에 비둘기 같이 묵묵히 좌정하시어

그 심연으로 잉태케 하시나이다

1:33 "나도 그를 알지 못하였으나 나를 보내어 물로 세례를 주라 하신 그이가 나에게 말씀하시되 성령이 내려서 누구 위에든지 머무는 것을 보거든 그가 곧 성령으로 세례를 주는 이인 줄 알라 하셨기에"

여기서 요한은 자기가 그 '오실 자' 가 누구신지 그 순간까지는 알지 못하였었다고 되풀이 말한다. 그러나 성령께서 비둘기같이 임하시는 것을 보고는 하나님께서 이미 알려주신 표증인 것을 알아차렸던 것이다. 자, 이로 인하여 그의 무지가 이제 확신으로 바뀌었다: 바로 '오실 자' 가 이분이구나 하고 확신하게 되었던 것이다-아니면 여기에 묘사된 대로 '성령으로 세례 베푸실 이' 가 바로 이분이구나 하고 알게 되었다.

여기서 결국 우리는 26절의 요한의 진술 '나는 물로 세례를 주거니와' 와 대칭을 이루는 것을 만나게 된 것이다. 이 대칭을 함축하는 바는 이러하다. 요한이 예비한 길을 통하여 오시는 이는 다른 유의 세례를 주실 거라는 점이다. 지금은 그 세례의 본질이 가리워져 있다. 하나님께서는 에스겔에게 주신 회복의 예언에서 당신의 백성들을 물로 깨끗하게 하실 뿐만 아니라, 그들에게 새 영을 부어주고 나누어 주실 것이라고 약속하셨다 - 다시 말하면, 당신 자신의 성령을 주실 것이라고 하셨다(겔36:25-27). 만일 물로 씻는 것이 요한의 사역과 연관을 가진다면 성령을 주시

는 것은 요한보다 더 큰 이가 담당하실 일이다. 자, 이 더 큰 세례를 베푸시는 이가 그 앞에 나타나 서있다. 그 자신이 성령으로 말미암아 특이하게 기름부음 받으신 이는 당신의 백성들에게 같은 기름부음을 주시기에 고유한 자격을 구비(具備)하셨다-요한복음 뒤에 가서 강조되는 바와 같이 성령을 충만하게 나누어 주시는 일은 예수님께서 영화롭게 되시기 전에는 일어날 수가 없는 일이었다(요7:39).

1:34 "내가 보고 그가 하나님의 아들이심을 증거하였노라 하니라"

비둘기 모양으로 눈에 띄게 성령께서 임하신 일은 하늘로서 들려오는 소리, 예수님이 바로 하나님의 사랑하시는 아들이라고 하시는 소리로 말미암아 함께 선포된 진리를 요한에게 확증하여 주었다.[52] 시2:7의 입장에서 볼 때, '하나님의 아들' 이란 칭호는 직무상 하나님께서 메시아로 인정하시는 이를 가리키는 말이다. 그러면서도 그 칭호는 그저 예수님께 형식적으로나 공적으로만 붙여 진 이름만은 아니다. 예수께서 친히 그 칭호를 당신의 아버지 하나님과 가진 본질적인 관계를 표현하는 것으로 쓰셨다는 것이 이 복음서에서보다 더 분명하게 드러나 있는 곳이 없다. 당신이 하나님의 아들이라는 예수님의 의식은 예수님의 내면적 생명의 가장 인상적인 특정이다. 이 복음서의 기록을 통하여 예수님

52) 소리에 대하여 더 알아보고 싶으면 막1:11을 보라 - 거기 보면 '너는 내 사랑하는 아들이라 내가 너를 기뻐하노라' 는 소리가 기록되어 있다-. 그 말소리는 시2:7의 주 하나님의 기름부음 받은 자에 대한 외침('너는 내 아들이라')과 사42:1의 종의 소개('나의 종, 내 마음에 기뻐하는')를 서로 결합시키는 듯 한 느낌을 준다.

의 개인적 헌신의 골수를 파고 들어가는 한에서 그러하다는 말이다. 아마 그 제자들의 체험에서 예수님이 메시아로서 하나님의 아들이라는 사실을 알아차린 것은 아버지와의 관계의 더 깊은 차원을 포착하기 전이었던 것 같다. 그러나 실제로 예수님이 메시아로서 행하신 봉사 속에서 나타난 '자격' (子格)은 그가 가진 '영원한 자격' 에 근거를 두고 있는 것이다. 제 4복음서인 이 복음서에서 이점이 아주 명료하고 특별하게 강조되어 나타난다. 그러나 공관복음서들도 그 점을 가르치고 있다. 메시아적인 사역 속에서 예수께서 세상에 마지막이자 가장 위대한 하나님의 사신으로 보내진 것은 바로 그가 전행(專行)적으로 하나님의 아들이시기 때문이다(막12:6); 그리고 그가 다른 이들에게 아버지를 아는 지식을 전달하도록 사명을 받으신 그것은 바로 아들과 아버지가 서로를 고유하게 알고 계시기 때문이다(마11:27, 눅10:22).[53]

II. 첫 제자들 (1:35-2:12)

1. 처음으로 부르심을 받은 제자들(1 :35-51)

1:35-37 "또 이튿날 요한이 자기 제자 중 두 사람과 함께 섰다가 예수의 다니심을 보고 말하되 보라 하나님의 어린 양이로다 두 제자가 그의 말을 듣고 예수를 좇거늘"

53) G. Vos The Self-Disclosure of Jesus (Grand Rapids ^{2}1954), pp.195-226, on 'The Sonship of Jesus in the Fourth Gospel'.

'이튿날' 은 요한이 29-34절에 기록된 증거를 한 다음날이다. 이 해설부분에서 날짜의 연속성에 세심한 주의를 기울이는 것 (1:29, 35, 43,2:1)은 그 사건들에 직접 참여한 자의 회상을 기초하고 있음을 암시하고 있다. 그 사람은 예수님과 처음 알게 된 이후의 복잡한 추이(推移)에도 불구하고 그 기억 속에 항상 그 일을 담고 있었다.[54] 사실 직접 참여하였던 자가 여기서 언급된 요한의 두 제자 중 한 사람이었을 것이라는 추측을 반대할 아무것도 없다. 물론 이 두 사람은 예수님의 제자가 되기는 하지만, 다른 제자들은 요한이 살아 있는 동안에는 요한의 무리 속에 남아 있었다. 그리고 어떤 제자들은 그가 죽은 이후에도 요한의 제자로 자처하기도 하였다. 전날에 예수님께서 그들과 함께 지나가시는 것이 목격되었다. 요한은 그 제자들에게 저 분을 보라고 하면서 그가 이미 그분에게 썼던 칭호를 되풀이 말하고 있다. "하나님의 어린양" 이라고 말이다(29절을 보라). 이 말을 듣고 두 사람이 즉시 예수님을 좇기 시작한다(여기서 '좇거늘' 이란 말은 부정과거형이다. 이 동사를 '기동(起動)적' 인 부정과거형이라고 할 수도 있다: '저희가 그를 따르는 자들이 되기 시작하였다').

요한이 그 제자들에게서 무엇을 바라고 이 말을 하였는지는 확실하지 않다. 그러나 그들 제자들은 즉시 자기들 선생을 떠나서 급히 예수님과 함께 다니기 위하여 예수님을 따라나섰다. 그들은 현대지도자들이 '하나님의 어린양' 이라는 칭호에서 발견하는 의미의 깊이를 확실하게 포착하지는 못하였다; 그러나 그들은 아마 자기들 선생 요한이 이 사람을 보라고 하는 것은 그가 전에 말하던 바로 그 '오실 자' 이기 때문이려니

54) 이 부분에 해당하는 이것은 여러 날들을 가지고 창1:3-2:3에 나오는 일곱 날을 암시했다고 보는 것보다 그렇게 보는 것이 더 개연성이 있다; T. Barrosse의 *CBQ* 21(1959), pp.507-516의 '요한복음 속의 새 창조의 일곱 날' 이라는 글을 참조하라.

하는 식으로 이해하였을 것이다. 그들이 그 예수님에 대하여 더 알고자 하는 열심을 보인 것은 정말 이상한 일이 아니다.

1:38, 39 "예수께서 돌이켜 그 쫓는 것을 보시고 물어 가라사대 무엇을 구하느냐 가로되 랍비여 어디 계시오니이까 하니(랍비는 번역하면 선생이라) 예수께서 가라사대 와 보라 그러므로 저희가 가서 계신 데를 보고 그날 함께 거하니 때가 제 십 시쯤 되었더라"

예수님께서는 그들이 무얼 원하는지를 아주 잘 알고 계셨다. 그가 질문을 던지신 것은 그들로 하여금 그들 심중에 있는 것을 말하도록 기회를 주려는 단순한 동기에서였다. 그들이 원하는 것은 '그분' 을 정말 알고자 함이었다. 그러나 이러한 말이 주제 넘어 보일 수도 있다; 그들은 그가 어디 계신지를 묻는 것으로 만족하게 여긴다. 그들이 거기 서서 몇 마디의 대화를 주고받는다 해도 좋을 판이다. 게다가 와서 그분과 같이 더 개인적이고 즐거운 대화를 나누자고 하시니 정말 더 좋은 일이다. '랍비' 라고 하는 존칭(문자 그대로 그 '랍비' 라는 말은 '내 위대하신 분' 이라는 말임)을 복음서 기자는 헬라어 독자들을 위하여 번역하여 준다. 주후 1세기 내의 기간 중에는 그 칭호가 오히려 더 전문적인 의미에서 소정의 랍비의 훈련과정을 필하고 나서 교사로 세움 받은 자에게만 적용되었다.[55] 그러나 그 말이

---

55) 이 공식적인 장립(將立)은 안수(按手)를 포함한다(히브리어로는 *세미크하 (s°mîkhāh)*). 참조할 책은 J. Newman의 *Semikha*(Manchester 1950); A. A. T. Ehrhardt, '유대의 장립과 기독교의 장립' (Jewish and -Christian Ordination) *The Framework of the New Testament Stories* (Manchester 1964), pp.132-150.

예수님께 붙여진 것은 그를 하나님께로서 보내심을 받은 선생으로 인정하는 자들 때문이다. 니고데모가 한 것 같이 말이다(요3:1)

그들이 거의 바라지도 못하였던 초청을 받아서 그들은 즉시 그 청을 받아들였다. 여전히 주님을 더 잘 알기를 간절히 소원하는 이들에게 그 청은 항상 그렇게 받아 들여진다: "와 보라"(오라, 그러면 알게 될 것이다). 그래서 그들은 예수님을 따라서 그가 계신 데를 가 보았다. 그리고 그 날의 남은 시간을 그와 같이 보내었다. "제 십 시"(해가 뜨는 시각으로부터 계산하니 그렇게 나왔다)는 지금으로 하면 오후4시다. 그 시각은 사람들이 하루의 일과를 마칠 때다.[56] 예수님께서 그들에게 하신 말씀은 기록이 되지는 않았다. 그러나 예수님께서 하신 말씀은 요한이 실수를 하지 않았다는 것을 그들에게 확증시켜 주기에 족한 것이었다. 이 분은 실로 오실 자, 기다리던 바로 그 메시아다. 그러한 놀라운 소식이 그들에게만 머물러 있을 리가 없다. 그들 친구들에게 그 소식을 함께 나누어야 한다.

1:40-42 "요한의 말을 듣고 예수를 좇는 두 사람 중에 하나는 시몬 베드로의 형제 안드레라 그가 먼저 자기의 형제 시몬을 찾아 말하되 우리가 메시아를 만났다 하고 (메시아는 번역하면 그리스도라) 데리고 예수께로 오니 예수께서 보시고 가라사대 네가 요한의

56) 어떤 저자들은 말하기를, 요한이 '로마' 계산법을 따라서 정오에서부터 시간을 계산하였다고 한다. 이 관점을 지지하는 자료로 Pliny장로가 언급이 되곤 한다. 그러나 그가 말하는 바는, 로마인들(애굽인들과 같이)이 사람들 사이에서 통용되는 하루 개념을 정오에서 자정으로 규정지었다는 것이다.(*Natural History* 2.79.188). 그들은 일광(日光)이 있는 시간대를 12시간대로 나누고, 해가 진 다음부터 다음 해가 뜨는 시간대를 4경(更) 으로 나눈다. 요4:6,52,19:14 참조.

아들 시몬이나 장차 게바라 하리라 하시니라(게바는 번역하면 베드로라)"

후기 수십 년 간에 걸친 기간 내에 시몬 베드로의 이름이 너무나 잘 알려져 있어서 안드레의 신분을 밝힐 때에 그의 형제로 밝히고 있다.[57] 심지어 안드레가 이 복음서 기자의 역사의 무대 위에 베드로보다 더 먼저 나타났는데도 말이다(다른 제자의 이름은 밝혀져 있지 않다). 안드레가 예수님을 알아보고 난 후에 취한 최초의 행동은 그 형제 시몬을 인도하여 예수님을 알게 하였다는 것이다. 개정역(RV)은 여기서 문자 그대로 '자기 형제 시몬' (his own brother Simon)이라고 번역한다. 그러면서 대명사 *이디오스(idios)*에 완전한 고전 헬라어의 의미를 부여하고 있다. 그러나 이 때쯤 해서 *이디오스*는 하나의 명사가 뒤따를 때에는 그 강조점을 상실하는 경향이 있고, 결국은 단순한 소유격적인 대명사가 된다.[58] 그 대명사는 명사가 뒤따르지 않은 11절에서 두 번 나타나서 강조적으로 쓰여지고 있다.

안드레는 '우리가 메시아를 보았다' 고 말한다. 이 셈어적인 동사적 형용사는 이 복음서를 제외하고는 신약에서 전혀 나타나지 않는다. 여기 이 요한복음서에서는 두 번 나타난다-이곳에서와 요4: 25에서 나타난다. 두 곳 모두에서 그 말이 헬라어로 *크리스토스(christos)*로 해석이 되고 있다. 구약에서 그 동사적 형용사는 이스라엘의 왕(삼상16:6에서와 같이 '여호와의 기름부음 받은 자' 로), 대제사장(레4:3에서와 같이 기름부음

57) P. M. Peterson *Andrew, Brother of Simon Peter*(Leiden 1958) 참조.
58) *이디오스(idios)*가 '규명하였다' 는 뜻으로 쓰여진 다른 사례를 위하여는 행24:24 참조할 것.

받은 제사장' 으로)을 가리키기 위하여 사용된다. 그리고 복수로 한 번 사용되는데 선지자의 역할을 하였던 족장을 지칭하여 사용되었다(시 105:15에서와 같이 '나의 기름부음 받은 자들' 이라고 하였다). 기독교시대가 열리기 시작하면서부터 메시아에 대한 기대는 왕적인 형태로 메시아가 임할 것이라는 것이 지배적이었다. 그러나 예수님께서는 친히 자신이 이 세 가지의 모든 역할을 *탁월하게* 성취하셨다. 선지자와 제사장과 왕의 역할을 다 감당하신 것이다. 안드레가 이때에 메시아라는 칭호를 통해서 의도한 것이 무엇이냐에 대하여는 확실하게 밝혀져 있지 않다. 의심할 여지없이 그의 이해는 이스라엘의 소망이 흥왕(興旺)하였던 당대의 여러 가지 형태로 말미암아 다채로운 내용을 함축하는 것이었을 것이다. 그러나 그와 자기의 동료 제자들이 예수님을 '더 잘 알게 되었을 때 메시아와 그 성취에 대한 초기 개념들은 예수님의 실제적인 성품과 사역에 의하여 그들 마음속에서 바뀌었을 것이다.[59)]

안드레는 자기 형제를 예수님께 인도하였다. 훗날에 시몬 베드로가 예수님의 이름으로 그렇게 능한 일들을 행하게 되었을 때-처음에는 오순절에 예루살렘에서, 그 다음 이방인들이 처음으로 복음을 듣고 믿은 가이사랴 지방에서, 그리고 더 많은 여러 먼 지역에서 그러한 능한 일을 예수님의 이름으로 행하였던 것이다-안드레는 자기 형제 베드로와 예수님과 만나게 한 그 날을 만족한 심정으로 회상하였을 것임에 틀림없다. 아무라도 자기가 예수님께 인도하는 자를 예수님께서 어떻게 사용하실는지는 인도하는 당시에 미리 알지 못하는 것이다.

그러나 예수님께서 친히 안드레의 형제를 어떻게 사용하실 것인 지를

59) 20절에 대한 주해를 참조하라.

정하셨고, 초면에 예수님의 목적을 발설하시었다. 시몬 바-요하나(Simon Bar-Yohanea)가 시몬의 온전한 이름으로 알려졌는데, 마16:17에서는 시몬 바-요나(Simon Bar-Yona)로 약축되어 있다. 예수님께서는 바로 그와 같은 사람을 시작으로 새로운 당신의 공동체를 형성하기 시작하였던 것이다. 예수님께서 그에게 새 이름을 주신 것과 사51:1에서 아브라함을 이스라엘을 떠낸 반석이라고 한 이유를 설명하기 위하여 전해진 후기 랍비적인 비유 사이에 어떤 연관이 있는지에 대하여 자주 추적들을 하곤 한다. 그 이야기는 이렇게 진행되어 나간다. '어떤 임금이 궁궐을 짓기로 마음을 정하고 그 일꾼들이 견고한 기초를 세우기 위하여 땅을 깊게 팠다. 긴 두 행보의 파기가 끝나고 나서 신중하게 깊이를 살폈다. 그러나 습지(濕地)만 발견되었다. 그러다가 결국 그들은 반석(*페트라*-베드로)을 떠냈다. 그랬더니 왕이 "자 이제 시작할 수 있게 되었어"라고 말하였다.'[60]

예수님께서 그 의중에 그러한 류에 속한 것을 숨기고 있었는지는 모르겠으나, 그는 시몬을 *케바(Kepha)*라고 추켜올렸다. 그말은 아람어로 '반석' (rock)이라는 뜻이다.[61] 바울이 보통 그를 부를 때에 케바스(Cephas)라고 불렀는데 그 명칭이 그 베드로의 공식 명이었다. 헬라어적인 방언으로 받아들여지기 위하여 's' 를 붙여 말하였다(고전9:5, 갈1:18 등). 그러나 그 아람어를 헬라어로 옮길 때는 *페트로스(petros)*라는 형태로 옮기는 예가 더 상례화 되어 있었다(현재 우리가 다루는 본문에서와 같

60) 그 비유가 중세의 모음집인 *Yalquṭ Shim'ônî*(1.766)에 보전되어 있다. 이 전의 두 가지의 소리는 에노스의 날에 취한바 된 것이다 "사람들이 여호와의 이름을 부르기 시작하였던"(창4:26) 때와 "여호와 앞에서 은혜를 입었던"(창6:9) 노아의 날에서 취한 것이다.

61) 거기에 상응하는 히브리어는 *케프(kēph)*이다. 그 말은 욥30:6과 렘4:29에서 '반석' 이란 의미로 사용된다.

이). 헬라어 페트로스와 페트라 사이에 어떤 의미상의 변화가 가능한지에 대하여는 여기서는 논의할 것이 없다. 남자의 이름을 위하여 남성형으로 페트로스라고 하는 것이 상례이기 때문이다. 물론 그 말이 가지고 있는 정확한 뉘앙스(nuance)가 어떠하든지 말이다.

1:43, 44 "이튿날 예수께서 갈릴리로 나가려 하시다가 빌립을 만나 이르시되 나를 좇으라 하시니 빌립은 안드레와 베드로와 한 동네 벳새다 사람이라"

안드레가 자기 형제 시몬을 예수님께 데리고 간 것은 그날 저녁 때였던 것 같다. 그날 낮에 있었던 일이 35-42절에 기술되어 있다. 이제 우리는 그 다음 날에 있었던 일을 듣게 된다. 그러나 '갈릴리를 떠나 빌립을 만나기로 마음을 먹은 사람' 이 누구인지? 예수님이셨을 것이라고 보는 것이 가장 자연스러울 것이다. 그러나 어째서 '예수' 라는 명사가 다음 동사 '이르시되' 앞에 놓여졌는지? 그렇게 되면 주어가 바뀐 것같은 인상을 주게 되는데 말이다. 안드레나 베드로나 자기 동네에 같이 살고 있는 빌립을 만났을 수 있잖는가?[62] 만일 그를 만난 사람이 안드레였다면 41절의 '먼저' 라는 말에 부가적인 요점을 줄 수 있을 것이다; 그렇게 되면 안드레가 만나서 예수님께 데리고 온 처음 사람이 자기 형제 시몬이었다는 뜻이 될 것이다. 그러나 그 다음 사람은 빌립이 된다. 그러나 형식적으로 드러난 어법상의 모호한 점을 비추어 볼 때에 우리는 확실하게

62) 막1:29을 보면, 예수님께서 갈릴리 사역을 시작하였을 즈음에 베드로와 안드레가 호수 저편 가버나움에서 거처를 정하고 살고 있었다는 암시를 발견한다(요2:12 참조).

말할 수는 없다. 예수님께서 갈릴리로 통하는 길로 나아가기 시작하시면서 요한이 세례를 베풀고 있었던 베레아에서 집을 향해 같은 길을 가던 빌립을 만나 자기를 따르라고 청하신 것이라고 생각할 수도 있다. '나를 좇으라' 나 '나를 따라 오너라' 라는 말이 이 복음서에서는 여기서 처음 나타난다. 우리는 그 예수님의 명령이 가진 권위의 분위기를 인지(認知)해야 할 것이다. 마치 어깨에 손을 얹으며 행동을 명하는 말의 분위기다 - '너는 나를 따라 오너라'

모펫(Moffatt)은 예수님께서 갈릴리에 도착하신 후에 빌립을 만나신 것처럼 번역하고 있다: "이튿날 예수께서 갈릴리를 떠나시기로 마음을 정하셨다. 갈릴리에서 예수께서 빌립을 만나 이르시되 '나를 좇으라' 하시니라" (Next day Jesus determined to leave for Galilee; there he met Philip and told him, 'Follow me'). 그러나 이 번역이 그 진술을 바르게 이해하는 자연스런 방식이라고는 할 수 없다.

뱃새다는 '어부의 집, 또는 '어촌' (漁村)이라는 뜻이다. 요단강과 갈릴리 호수가 만나는 지점에서 동편으로 약간 멀리 떨어진 곳에 위치한 동네였다. 아마 지금 엘아라지(el'Araj) 자연항이 있는 곳에 가까운 지역이었을 것이다. 주전 2세기경에 필립이라는 영주(領主)가 그 고을을 재건하였다(지금 에트 텔 〈et-Tell〉이라고 하는 이웃 정착촌도 다 포함시켜서 세운 고을임에 틀림없다). 그 고을을 재건하고는 아우구스투스의 딸 쥴리아의 이름을 본따 쥴리아스(Julias)라고 명명하였다. 요12:21에서 '갈릴리 뱃새다' 를 빌립의 고향으로 말하고 있는데, 그것이 호수의 서편을 반드시 지칭하는 것은 아니다. 사람들이 흔히 쓰는 말로 '갈릴리' 는 호수의 동면에 속한 어떤 지역도 포함하였다(행5:37에 언급된 바, '갈릴리 유다' 는 실제로는 호수의 동편 가말라 출신이다).

> 1:45 "빌립이 나다나엘을 찾아 이르되 모세가 율법에 기록하였고 여러 선지자가 기록한 그이를 우리가 만났으니 요셉의 아들 나사렛 예수니라"

이런 식으로 해서 예수님을 따르는 자들의 수가 늘어나게 되었다. 서로 간에 자기가 알고 있는 좋은 소식을 다른 이들에게 나누어 주므로 말이다. 이러한 구절들 속에서 언급된 초기 다른 제자들은 공관복음서들에서 밝히는 열 두 제자들의 목록에 들어 있는 인물들이다. 그러므로 나다나엘도 역시 아버지의 이름을 따서 이름을 지어 바돌로매(곧, 돌로마이나 프톨레미의 아들)로 명명한 이들 중에 나타나 있다. 마10:3, 막3:18, 눅6:14에서 바돌로매와 빌립이 함께 연관이 있는 것으로 나타나 있다(그러나 행1:13에서는 그렇지가 않다).

빌립이 나다나엘에게 한 말은 안드레가 시몬에게 한 말과 방불하다(41절). 그러나 빌립은 예수님을 메시아라 하지 않고 모세와 선지자들이 기록한 '그 이' 라고 하였다. 구약성경을 성취하시는 자로서의 예수님의 역할이 이 복음서 전체에 걸쳐서 강조되어 있다. 그는 모세가 신18:15-19에서 말한 바로 그 선지자다(요1:21 참조); 그는 여호와의 기름부음 받은 자로서, 선지자들이 예고한 대로라면 그가 오심은 온 세계에 의와 평강과 하나님을 아는 지식과 하나님을 두려워하는 것을 세우기 위한 것이다. 빌립은 우리 주님을 가리켜서 '요셉의 아들 나사렛 사람 예수' 라고 지칭함으로써 예수님의 온전한 명칭을 쓴 것이다. 예수님은 당시에 그 이름으로 세상 사람들에게 알려져 있었다; 보통 남자의 이름에는 그 아버지의 이름(아버지의 실제 이름이나 아버지의 아호 등)이나 그 사람이 사는 동네의 이름이 첨가되는 게 상례였다

1:46 "나다나엘이 가로되 나사렛에서 무슨 선한 것이 날 수 있느냐 빌립이 가로되 와 보라 하니라"

나다나엘 자신이 가나 출신의 갈릴리 사람이었다(요21:2 참조). 이 질문의 모양은 당시 갈릴리 사람들에게 나사렛이 좋은 평판을 전혀 얻고 있지 못하다는 것을 함축한다. 나사렛이 사람들에게 천시를 받고 있었다는 다른 증거는 없다. 그러나 나사렛이 중요하지 않은 지역이었다는 것은 이상한 일이 아니다. '그곳이 처음으로 세상에 알려져 유명하게 된 것' 은 바로 예수님께서 자기의 사적인 생활 거의 전부를 거기서 보내셨다는 사실 때문이었다(그 지명을 가장 먼저 언급하는 유대의 최초의 문건은 1962년에 굴착된 히브리어로 된 비명에서이다. 그 비명에는 갈릴리의 여러 곳이 나열되어있다. 주후135년에 예루살렘 터에 이방의 도시가 세워지고 난 후 24명의 제사장 수련자들이 그리로 이주를 하게 되었다).[63] 그 지역에서 사는 사람들은 그 이웃들 중에서 그리 작은 고을이 어떻게 해서 그리도 나쁜 평판을 얻게 되었는지를 알고 있다. 그러나 그렇게 국지적으로 알려진 평판이 문학에 일상적으로 기재되는 일은 흔하

63) M. Avi-Yonah의 *The Teacher's Yoke*, ed. E. J Vardaman and J. L. Garrett(Waco' Texas 1964), pp.46-57에 나오는 '24단계의 제사장 수련 과정에 대하여 기록한 가이사라의 비명(碑銘)' (The Caesarea Inscription of the Twenty-Four Priestly Courses)을 참조 할 것. 나사렛이 중요한 의미를 가지게 된 것은 주후 4세기 이후부터이다. 그러나 그 지역에 사람이 정착하여 살기 시작하게 된 것은 주전 2000년에서 1550년 사이가 아닌가한다.

지 않다. 어찌되었든 간에 나다나엘이 던진 힐문(詰問)에 대하여 오직 한 가지 답변만이 적당할 뿐이다:

"와 보라" 정직한 의문을 제시하는 것은 선입견을 없애는데 아주 좋은 처방이다. 나사렛은 나다나엘이 생각한 것대로 일 수 있다. 그러나 모든 법칙에도 예외는 있는 법이다; 이들은 바로 이 놀라운 예외를 발견하게 된 것이다!

1:47 "예수께서 나다나엘이 자기에게 오는 것을 보시고 그를 가리켜 가라사대 보라 이는 참 이스라엘 사람이라 그 속에 간사한 것이 없도다"

나다나엘은 예수님께서 자기가 가까이 가는 것을 보시고 반갑게 맞이하시는 것을 보고 놀랐다. 마치 그를 아주 잘 아는 듯이 하신다. 그리고 예수님께서 그에게 얼마나 놀라운 찬사를 보내셨는가! 그 찬사의 요지가 어떠한지는 다음에 나오는 대화를 통해서 온전하게 알게 된다. 야곱의 사닥다리를 가리키며 말씀하신 것이다. "여기에 이스라엘의 신실한 아들이 있다" 예수님의 말씀을 이렇게 바꾸어 말할 수도 있다. "참 야곱은 아니고 오로지 이스라엘만으로 가득 찬 사람이 있다" 어원학적으로 따져서 야곱이란 말이 어떤 의미를 가지든 간에 그 이름은 전통적으로 속임수와 연관을 가지는 이름이었다.[64] 이삭이 에서에게, "네 아우가 간교하게 와서(요한이 여기서 사용한 말은 70인경을 따라서 도로스(*dolos*)

64) 그 말은 '발꿈치' 라는 의미의 *아켑('āqēb)*이란 말에서 파생된 것이다. *야곱(ya'āqōb)*은 '발꿈치로 잡았다' 는 의미를 가진 것이다 .그래서 그 말이 확장된 의미로 '꾀로 이기다' 는 뜻이다.

다) 네 복을 빼앗았도다" 할 때 에서가 답변하였다. "그의 이름을 야곱(히. *ya'āqōb*)이라 함을 합당치 아니하니이까" 하였다(창27:35이하).

나사렛이 악명이 높음에도 불구하고 나다나엘이 마음을 관대하게 열고 가서 빌립이 모세와 선지자들이 미리 예고한 사람이라고 하는 그 나사렛 사람을 보고자 하였다. 야곱은 자기 이름에 걸맞게 항상 속임수를 쓰다가 하나님의 환상을 보게 되었다. 그 일로 인하여 그 성품이 변하였다. 그리고 변화를 표시하는 새 이름 이스라엘이 주어진다(창28:10이하; 32:24~28 참조). 이스라엘이 사실상 히브리 동사 *사라(śārāh)*('살려고 애를 쓰다')[65]인데도, 1세기에는(알렉산드리아의 필로에게서 보는 바로는) 사람들 중에 흔히 통하는 어원학적인 의미가 있었다. 히브리어 대구(對句)로 *이쉬-로에에-엘('ish-rō'eh-eh' ēl)*('하나님을 본 사람')[66]이란 이름으로 설명이 가능한 어원이었다; 여기서 바로 그러한 어원학적 힌트가 숨어 있을 수도 있다. 나다나엘은 참되게 믿는 신자의 전형적인 사람으로서 그와 그 동료들이 야곱에게 허락된 환상을 체험하게 될 것이라는 약속을 받게 되니 말이다.

1:48 "나다나엘이 가로되 어떻게 나를 아시나이까 예수께서 대답하여 가라사대 빌립이 너를 부르기 전에 네가 무화과나무 아래 있을 때에 보았노라"

예수님께서는 나다나엘과 예수님 자신만이 알고 있는 어떤 것을 넌지

---

65) 창32:28 참조. '네가 겨루어 이겼다' (*śārîthā*).
66) Philo *Allegorical Interpretation* 3.186 참조.

시 암시하면서 나다나엘이 상상할 수 있는 것보다 나다나엘에 대하여 더 많이 알고 계심을 그에게 주지시키신 것이다. 다만 우리는 무화과나무의 의미가 어떤 것인지를 추상할 수 있을 뿐이다. 모울(C. F. D. Moule)은 '무화과나무 아래' 라는 표현이 어떤 사람의 일거수일투족을 소상히 알고 있다는 것을 의미하는 것이라고 암시하였다.[67] 아니면 나다나엘이 바로 이보다 앞서서 묵상하느라고 그 나무 아래 앉아 있었을 수도 있다. 그래서 거기서 어떤 영적인 인상을 받게 되었을 것이라는 추측이 나올 수도 있다. 그러나 확실하게 말하기는 곤란하다. 분명한 것은 무화과나무의 넓은 그늘은 낮에 앉아 있기에는 아주 적합한 장소를 제공한다. 어거스틴은 '집어 들고 읽으라!' 는 소리를 들을 때에 무화과나무 아래서 묵상하고 있었다. 그래서 로마서 13장의 후미 부분의 말씀을 읽을 때에 하늘의 빛이 그 영혼 속에 쏟아져 흘러들게 되었던 것이다[68]

1:49 "나다나엘이 대답하되 랍비여 당신은 하나님의 아들이시요 당신은 이스라엘의 임금이로소이다"

나다나엘이 가지고 있던 의문이 무엇이든지 간에 순식간에 사라지게 되었다. 그의 생각과 그의 일거수일투족을 그러한 식으로 알고 있는 자를 성경에서는 앞세워 지적하고 있다. 그는 예수님을 정중하게 랍비('선생')라고 부른다. 그러나 좀 뒤에 가서는 그보다 훨씬 더 고상하기 그지없는 칭호를 부여한다. 사실 그는 당신이 바로 메시아로소이다 라

67) C. F. D. Moule, 'A Note on "Under the Fig Tree"' *JTS* n.s.5(1954), pp.210이하.
68) Augustine *Confessions* 8.29.

고 외치고 있었던 것이다. 시편 2편에서는 메시아적인 칭호가 둘이 함께 조합되어 쓰이고 있다. 하나님께서는 그 시편 2편에서 거룩한 시온산 위에 좌정하신 이스라엘의 기름부음 받은 임금에게 말씀하신다. "너는 내 아들이라; 오늘날 내가 너를 낳았도다" (시2:6이하). 이 복음서 기자가 '하나님의 아들' 이라고 쓸 때는 나다나엘이 말할 때에 가지고 있었던 개념보다 더 크고 깊은 의미를 가지는 것으로 이해가 된 때였다. 그러나 나다나엘이 제자로서의 그렇게 이른 초기 단계에 '이스라엘 왕' 이라고 하면서 그보다 더 깊고 많은 의미를 생각하고 그런 말을 하였을 것이라고 상상할 필요는 없다; 그 진술들은 메시아를 지칭하는 여러 가지 방식들이었다. 어찌되었든 이 복음서의 문맥에서 볼 때에 두 칭호는 독자에게 나다나엘이 부여할 수 있었던 의미보다 더 온전한 의미를 전달해준다.

1:50,51 "예수께서 대답하여 가라사대 내가 너를 무화과나무 아래서 보았다 하므로 믿느냐 이보다 더 큰 일을 보리라 또 가라사대 진실로 진실로 너희에게 이르노니 하늘이 열리고 하나님의 사자들이 인자 위에 오르락내리락하는 것을 보리라 하시니라"

예수님께서 나다나엘의 무화과나무 체험에 대해 하신 말씀이 초자연적인 지식의 정도를 아무리 확증한다 할지라도 이와 같은 말을 통하여서 보다 예수님의 진정성을 확증적으로 드러내는 더 놀랍고 결정적 증거들을 나다나엘만이 보는 것은 아닐 것이다: 51절에서 제 2인칭 단수가

2인칭 복수('너희가 보리라'[69])로 바뀌는 것이 당시 제자들이 나다나엘과 예수님의 만남을 보고 있었다는 것을 시사한다.

예수님께서는 이러한 '큰 것들' 중에 하나를 공표하시면서, 이 복음서에서는 처음으로 예수님 특유의 엄숙한 확증어, '진실로' ('아멘')를 사용하신다. 공관복음서들에서 '진실로 내가 너희에게 이르노니' 라고 하시는 경우 '진실로' 를 한 번만 사용한다. 여기에서 처음 '진실로 진실로' 라고 두 번 반복하여 말하는 것은 요한 특유의 어법이다.[70] '아멘' 은 본래 '견고한' 또는 '확실한' 이란 뜻을 가진 히브리어다. 같은 어원에서 '신앙', '신실할', '진실' 을 뜻하는 히브리 단어가 파생된 것이다. 기도(하나님의 이름을 영화롭게 하기 위한 기도)가 이루어질 것이라는 확신을 표현하기 위하여 기도문(시41:13 참조)에서 사용되었다. 예수님의 입술에서 그 말이 나올 때는 당신이 하신 말씀의 확실성과 진실성을 확증하는 말이다. 그래서 헬라어를 쓰는 교회에서는 예수님의 고유한 권위를 선포하는 것으로 여겨서 번역하지 않고 그대로 둔다.

다음에 이어 나오는 말들은 인자(人子)가 '큰 권세와 영광으로' 하늘의 구름을 타시고 나타나시게 될 날에 대한 공관복음서적인 예고와 맞

69) '너희가 보리라' 앞에 '장차' 라는 말이 붙어 있는 것이 옳다는 것이 최근의 평가이고, 아마 마26:64에서 빌어온 것일 것이다.

70) NEB는 이 요한복음서에 나오는 '아멘' (진실로)이라는 말이 두 번 반복하여 쓰여지는 것으로 번역하고 있다. 이러한 어법은 B. Lindars에 의하면, 요한이 자기가 활용한 전통적인 자료에서 예수님의 말씀을 인용하고 있음을 상기시켜주는 표증이다(*Behind the Fourth Gospel* ⟨Lodon 1971⟩, p.44).

71) '인자' (人子)란 말은 히브리어나 아람어에서 흔히 쓰이는 말로서 단순하게 그저 '한 사람' 또는 '인간' 이라는 뜻이다. 예수님께서 평상시 하신 말씀들이 주로 아람어적인 어법으로 쓰인 것 같은데, 그 어법에서 '인자' 는 '그 사람' 이라는 의미로 쓰여졌을 것이다. 예수님께서 이 표현을 '나는', '나를' 이라는 말 대신에 사용하실 수 있다(요3:27 주해를 참조). 그러나 그보다 더한 의미가 있는지의 여부에 관하여는 그 말을 사용하시는 예수님의 경우에 따라서 달라진다. 헬라어로 *호 휴오스 투 안드로푸(ho hyios tou anthrōpou)*라는 형식은 신약에서 예수님을 가리킬 때만 나타나고, 항상 그 예수님의 입술에서만 그 말이 나왔다. 단 한 차례(요5:27)에서만 이중적인 정관사 없이 예수님께 적용되어 사용되었다.

먹는 요한의 대응이라고 할 수 있다(막13:26, 14:62).[71] 그러나 여기서 그 상념은 야곱이 벧엘에서 본 환상을 묘사하는 기사에서 취한 것이다. 그는 그때에 "꿈에 본즉 사닥다리가 땅 위에 섰는데 그 꼭대기가 하늘에 닿았고 또 본즉, 하나님의 사자가 그 위에서 오르락 내리락하고" 있는 것을 보았다(창28:12).[72] 그러나 야곱의 환상을 이렇게 적용함에 있어서 하늘과 땅 사이의 연합은 바로 인자로 말미암아 되어진 것이다: 그는 하나님과 인류 사이의 중보자시다.[73] 그뿐 만이 아니다: 예수님의 말씀이 가리키는 경우는 다름 아닌 당신 자신이 십자가에 못 박혀 죽게 되는 일이다. 후에 예루살렘의 사람들에게 말씀하시기를 "너희는 인자를 든 후에 내가 그인 줄을 알고"(요8:28)라고 하셨다. 그가 '들리우게 되는 것'은 바로 그가 높아지는 일이다. 물론 그 원수들은 십자가에 그렇게 높이 매달아 낮아지게 하려고 한 것이지만 말이다; 십자가는 그의 영광에 대한 최상의 표현이다. 십자가를 통하여 크게 열려졌다. 하나님께서 사람에게 가까이 오시고 사람이 하나님과 화해하게 된 것이다.

거룩한 족장
그 놀라운 꿈을 꾸었네
내 구주의 십자가는 내게는
하늘로 올라가는 사닥다리로 보이네

72) 그 히브리어를 다음과 같이 번역하는 것은 가능하다. '하나님의 천사들이 그(야곱) 위에 오르락 내리락하는 것을…' 최근의 주석 *Genesis Rabba* 69.7(창28:17)에 견지되어 있는 랍비적인 전통에 따르면, 야곱의 사닥다리는 장차 성전이 지워질 터 위에 서있었다. 이는 벧엘('하나님의 집') 이라는 말의 어원학적 이해를 함축하는 것이지 그곳의 지리학적 이해를 함축하지는 않는다.

73) 시8:4에서 '인자'(히브리어로 *벤 아담(ben 'ādām)*는 '사람'(히브리어로 *에노쉬('ĕnōsh)*이라는 말과 동의어적인 병행을 이루면서 일반적인 의미로 두 표현이 다 사용되고 있다.

'인자' 로 지칭한 것이 메시아를 위한 당대의 칭호였던 것 같지는 않아 보인다. 또는 어떤 다른 종말적인 인물을 가리키는 칭호는 아니었던 것 같다. 예수님께서는 오해를 받지 않으면서도 이 칭호를 사용하실 수가 있으셨다. 그 칭호를 듣는 이들이 그 칭호의 개념을 조정할 수 있는 여러 가지의 관계 때문이다. 그는 그 표현을 아주 자유롭게 쓰신다. 그리고 당신이 부여하시는 의미가 무엇이든 그 의미로 가득 채워 사용하셨던 것이다.

아마 그 표현은 다니엘이 본 심판 날에 관한 환상 중에서 우주를 다스리는 자의 권위를 입고 신적으로 서 계시는 '인자 같은 이' 에서 그 구약적 배경을 가지고 있는 것이다(단7:13,14).[74] 예수님께서는 구약의 여기저기서 묘사되어 있는 의로운 고난자의 모습과 이 인물을 서로 융합하므로써 그 칭호를 더욱 풍성하게 하셨다. 사42:1-53:12의 '종의 노래' 에서는 그 배경을 전혀 찾을 수 없다. 그래서 그는 인자의 고난을 자기에 관하여 '기록된' 것으로 말씀 하실 수 있었던 것이다. 인자되신 예수님께서는 고난과 변론을 통하여 당신의 백성의 구원자와 대언자가 되신 것이다.

공관복음서를 연구하는 이들은 인자의 고난을 말하는 대목과 인자가 장차 영광중에 오실 것에 대하여 말하는 대목을 서로 구분한다. 그러나 이 요한복음에서는 그러한 구분이 없다: 인자의 고난이 막바로 영광으로 싸잡혀 들어간다. 그래서 영광이 고난 중에서 미리 탁월하게 계시된다(요12:23 참조).[75]

---

74) 계1:13,14:14의 '인자 같은 이(one like a son of man)는 이 범주에 들지는 않는다. 그 말은(단7:13의 *크발 에나쉬(Kᵉbar ' ĕnāsh)*라는 아람어 어구와 같이) '사람 같은 형용을 한 이' 라는 뜻이다.

75) S. S. Smalley의 *New Testament Studies* 15(1968-69), pp.278-301에 나오는 '요한의 인자라는 말의 사용법에 관하여' 란 글을 참조할 것; B. Lindars의 *Christ and Spirit in the New Testament* ed. B. Lindars와 S. S. Smalley(Cambridge 1973), pp.43-60에 나오는 '요한의 기독론에서 인자' 에 관한 글을 참조할 것; E. Kinniburgh의 *Studia Evangelica* 6= *Texte und Untersuchungen* 102(Berlin 1973), pp.64-71에 나오는 "요한의 '인자' 용법에 관하여" 라는 글을 참조하라.

제 2 장

2. 가나에서의 표적(2:1-11)

2:1, 2 "사흘 되던 날에 갈릴리 가나에 혼인이 있어 예수의 어머니도 거기 계시고 예수와 그 제자들도 혼인에 청함을 받았더니"

'사흘 되던 날' 은 아마 지난 1장에서 마지막으로 언급한 사건, 곧 나다나엘을 부르신 일이 있은 후부터 계산한 날일 것이다. 통상적으로 그 계산법은 그 날도 포함하여 세는 법이다. 그래서 사실 우리 같으면 '이틀 후에' 라고 했을 것이다(Moffatt). 베다니에서 요단을 건너(1:28) 가나에 이르는 거리를 정확하게 측정하기는 곤란하다. 나다나엘의 일이 어디서 있었던 것인지를 정확하게 알지 못하기 때문이다. 그러나 아마 그 곳은 젊은 남자들의 걸음으로 이틀이면 무난히 갈 수 있는 거리였을 것으로 보인다. 줄잡아 말해서 갈릴리에 도착한 이틀 후에 혼인이 있었던 것으로 보는 것이 좋을 것이다. 어떤 해석가들은 '셋째 날' 에 상징적인 의미가 있는 것같이 생각한다. 곧 예수님께서는 셋째 날에 당신의 영광을 나타내신 일(11절)은 예수님의 부활을 예표하기 위해서라는 것이다. 복음서 기자가 그 의중에 그러한 생각을 하고 있었다는 건 믿기가 어렵다.

나다나엘의 고향인 가나(21:2)는 전통적으로 나사렛에서 도보로 4마일가량 떨어진 거리에 위치한 케플 케나(Kefr Kenna) 호숫가 있는 지역과 동일하다고 여겨졌다. 로마 카톨릭과 희랍정교회는 다 그곳을 물로 포도주를 만드신 곳이라고 믿고 있다. 그곳을 찾는 방문객들은 그 일을 기념하기 위하여 옛 양식의 포도주를 마시곤 한다. 그러나 더 신빙성이 있는 지역은 키르벧 콰나 (Khirbet Qana)다. 그곳은 나사렛 북편으로 9마일 떨어진 지점에 위치한 곳인데 폐허가 된 마을로 나온다. 요세푸스는 주후 66년에 갈릴리에서 자기 군대를 지휘하고 있었고, 가나에서 자기 본영을 두고 있었다고 스스로 말하고 있다. 그러하다면 가나가 아소키스(Asochis) 평원[1]에 위치하여 있는 곳이다. 그 평원에 케플 케나가 있는 것이 아니라 키르벧이 있다.

예수님의 어머니가 이 복음서에 두 번 나타난다-여기서와 십자가를 지시던 장소(9:25이하)에서다. 6:42에서도 그 어머니를 넌지시 암시하는 대목이 있기는 하다. 그 어느 대목에서고 그 어머니의 본 이름인 마리아로 지칭되지는 않는다. 이는 이 복음서에서 거명된 다른 여인들과 혼동될 것을 염려한 데서 나온 배려로 말미암을 수 있다. 이 복음서에서 그녀를 아주 풍유적(allegorically)으로 보려고 시도하는 이들이 여럿 있었다-그녀가 이스라엘을 의인화(擬人化)한 것이라고 생각하는 이들도 있었고, 어떤 이들은 교회를 가리키는 것으로 보려는 이들도 있었다-그러나 그러한 시도의 정당성이 입증되기는 어려웠다.

예수님께서 혼인 자리에 계셨다는 것을 들어서 혼인이 하나님께서 세우신 제도임을 입증하는 인침으로 보려는 것이 전통적인 관점이다-그리고 사실 그러하다. 예수님께서 이 기쁜 예식에 참여하신 것과 혼인을 금한 에세네파(Essenes)의 자세 사이에는 분명한 차이가 있다.[2]

1) Josephus *life* 86,207.
2) Josephus *Jewish War* 2.120 참조.

2:3 "포도주가 모자란지라 예수의 어머니가 예수에게 이르되 저희에게 포도주가 없다 하니"

그러한 잔치는 한 주간 내내 계속될 수도 있었다. 그리고 그 잔치가 정한 시기에 끝나기 전에 포도주가 모자라게 되는 일은 아주 심각한 문제였을 것이다. 특히 거기 온 손님들에게 좋지 않은 평을 듣게 될 위험을 가져다 준 것이다. 마리아는 음식이 조달될 가능성에 대하여 잘 알고 있었을 수도 있다. 어찌하였든 간에 그녀는 그러한 위기에는 자기 아들에게 문제를 해결하여 달라고 하는 것보다 더 좋은 일이 있을 수 없다는 것을 알고 있었던 것이다. 아마도 그녀는 체험을 통하여 무엇이 모자라서 문제가 발생할 때에 그에게 말하면 무엇인가를 확실하게 얻게 된다는 것을 배웠을 것이다.

2:4 "예수께서 가라사대 여자여 나와 무슨 상관이 있나이까 내 때가 아직 이르지 않았나이다"

아마 그녀의 아들이 집을 떠난 이후(몇 개월 전에 집을 떠났을 것이다) 그들의 이전 관계에 차이를 가져오게 했음에 틀림없는 일이 발생하였다는 것을 바르게 인식하지 못하는 이들이 많은 것 같다. 그는 성령으로 기름부음을 받으셨다. 그리고 당신의 아버지께서 당신에게 하라고 맡기신 특별한 일을 이해하는 능력을 받게 되셨던 것이다. 이제 나사렛에서 보낸 오랜 동안의 '침묵의 세월' 이 지나고 당신의 공생애에 돌입하신 것이다. 그래서 모든 일이 바로 이 공적사역에 복속하게 된 것이다(가족

관계를 포함하여). 그가 그 어머니에게 그렇게 깜짝 놀랄만한 답변을 하신 것 뒤에 적어도 그러한 배경이 깔려있는 것이다. 더 오래된 번역에서는 '여자여 내가 당신과 무슨 상관이 있나이까?' 라고 되어있다. 영어에서 '여자' 란 말은 통상적으로 호격(呼格)으로 사용될 때는 무시하는 분위기가 풍기는 말이다. 그냥 그 말을 그대로 쓸 때에는 그러한 분위기가 보이지 않는다는 말이다(아마 얼스터〈Ulster〉의 표현 방식대로 '사랑하는 여자여'〈Woman dear〉라고 하는 것이 더 공정한 표현이리라). 우리 주님께서는 십자가에 달려 계시면서 같은 칭호로 그 모친을 부르셨다(헬라어로 *귀나이(gynai)*)(19:26). 실로 그 칭호는 아주 정중함이 풍기는 것이었다. '마담' 또는 '부인' 이라고 번역될 수 있는 칭호다. 그러나 NEB는 '어머니 나는 당신이 마음 쓰시는 것에 관심이 없습니다' (Your concern, mother, is not mine)라고 하여서 요점을 상실하고 있다. 사실대로 하여 '어머니' 라고 부르지 않으셨기 때문이다. 만일 그녀가 예수의 도움을 구하였다면 그녀는 그 예수님이 아들이라는 사실에 기초하여서 구하지 말아야 했었다.

그 나머지의 대답을 더 확실하게 번역하는 것이 더 어렵다. 헬라어로 *티 에모이 카이 소이(ti emoi kai soi)*라고 되어 있는데 그 표현은 '나와 당신이 무슨 상관이 있나이까?' (RV)라는 뜻일 수 있고, '당신이 나와 무슨 상관이 있나이까?' (RSV)라는 뜻일 수도 있다. 어느 것이 더 나으냐는 문맥에 따라서 결정할 일이다. 그리고 지금의 문맥은 후자의 경우를 선호한다. Douai-Rheims-Challoner 역본이 하는 바와 같이 헬라어 단어를 하나하나 직역하면 '그것이 나와 당신에게 무엇이니까?' 라고 해야 할 판이다. 그러나 그러한 식으로 번역을 하면 의미는 아주 탁월하게 드러나 보이지만 원문의 의미와는 다른 것이 되어버리고 만다. 원문의 의미는 보다 최근의 카톨릭의 두 역본이 더 잘 밝혀주고 있다. - R. A. Knox의 역본은 '아니, 여자여, 어찌하여 그 일로 나를 괴롭게 하나이까?(Nay, woman, why dost thou trouble me with that?) (부분적으로는 위의 번역에서 빌어온 것이다). 그리고 Jerusalem Bible의 번역이다. '여자여, 어찌 날 바라보시나요? (Woman, Why turn to me?)(이 번역은 너무 과격하게 들린다). 마리아가 예수님께서 취해 주시기를 바라는 행동의 종류는 그녀가 마음에 두고 있는 제한된 목적 때문에 그의 메시아적 소명과 조화를 이루는 것은 아니었다. 돌로 떡을 만들라는 식의 분위기가 풍긴다(공관복음서에 기록된 예수님의 시험 중 하나와 같이). 만일 그 행동이 그의 영광을 나타내는 통로가 된다고 할지라도 그 일을 할 때가 아직 이르지 않았다. 그 영광이 충만하게 나타나는 일은 인자가 들려지는 때까지 미루어진다. 그러나 그는 그녀의 요청에 응하신다. 그것은 후에 충만하게 드러날 영광을 예표하는 방식으로 응하신 것이다. "상징을 '실질' 로 바꾸는 일은 성령의 부어주심과 함께만 일어날 수 있다. 그러한 일은 예수님께서 죽으실 때까지 일어날 수 없는 일이다.[3] 이것이 바로 이 복음서의 공리다" 공생애의 초기 단계에서마저 장차 그러한 변화가 있을 것에 대한 교훈을 행동화된 비유를 통해서 배울 수 있게 하신 것이다.

2:5 "그 어머니가 하인들에게 이르되 너희에게 무슨 말씀을 하시든지 그대로 하라 하니라"

3) G. H. C. Macgregor, *The Gospel of John* (London 1928), p.52.

마리아는 (아들의 퉁명스런 대답에도 불구하고) 상황을 그에게 맡기면 위기를 모면할 수 있다는 것을 알았다. 그녀는 그가 무엇을 하실지에 대하여는 알지 못하였다. 그러나 바른 일을 하실 것은 알고 있었다. 그래서 그 하인들에게 그녀가 그 잔치에서 어떤 책임 있는 위치에 있다는 인상을 확실하게 풍기는 어조로 명한다. 여기에 기록된 마리아의 말은 몇 마디 되지 않는다. 이 말들은 그들 하인들을 불러 세울 당시의 상황보다 더한 무엇을 함축하고 있다.

2:6-8 "거기 유대인의 결례를 따라 두세 통 드는 돌 항아리 여섯이 놓였는지라 예수께서 저희에게 이르시되 항아리에 물을 채우라 하신즉 아구까지 채우니 이제는 떠서 연회장에게 갖다 주라 하시매 갖다 주었더니"

잔치가 진행되는 동안에 거기 문 곁에 세워져 있는 돌 항아리들은 지금 팔레스틴의 여러 곳에서 발견된 그 시대의 돌 항아리들과 아주 흡사한 것이었다. 복음서 기자는 이 항아리가 두세 통 드는 항아리라고 하였다. 한 '통' (헬라어. *metrētēs*)은 지금으로 하면 8, 9갤론(약 40리터-우리 되로는 대두 두말 정도) 정도의 부피다.[4] 거기 오는 손님들이 손을 씻게 하려고 세워둔 것이다. 그리고 잔치에 쓰일 여러 가지의 그릇이 거기서 세척되었을 것이다. 막7:3 이하에서 언급되는 이 오래된 전통에 따라서 그리하였던 것이다. 이 복음서 기자가 '유대인의 결례' (潔禮)에 대하여 말하는 방식 (13절의 '유대인의' 유월절도 참조)은 이 복음서가 주로 이방

4) GNB(영국판)에서는 미터법으로 환산이 되어있다: '통마다 백 리터들의 크기였다.'

인을 상대로 하여 쓰여지고 있음을 암시하여 준다. 그러나 여기서 그들의 '결례' 를 언급하고 있는 것은 지금 이 대목의 영적인 의미를 넌지시 암시하는 실마리를 제공하고 있다. 유대인의 법과 관례인 결례를 위하여 거기 예비되어 있는 물은 유대의 옛 의식 질서를 대표하는 것이다. 그리스도께서 이제 더 나은 것으로 그 옛 것을 바꾸려 하시는 것이다.

마리아가 시킨 일을 마음에 둔 하인들은 예수님께서 하라는 대로 따라 하였다. 여섯 항아리를 물로 가득 채웠다. 그런 다음에 예수님께서는 그들에게 물을 떠다가 연회장(宴會長)에게 가져다주라고 명하신다. 흔히 사람들은 여섯 항아리에든 물이 다 포도주로 변하였을 것이라고 생각한다. 그러나 '떠서' (*안트레오(antleō)*)라는 말은 본질적으로 우물에서 물을 길어내는 것을 함축한다(4:11에서 명사 *안트레마(antlēma)*가 라는 말이 나오는데 그 말은 '물 길을 것' 이라는 뜻이다). 여기서 기자가 암시하고자 하는 바는 이러하다. 포도주로 변한 것은 물을 채운 후에 그 물에서 떠온 물이라는 것이다. 그 물을 아구까지 채운 것은 유대인의 법으로 지켜지는 의식적인 규례대로 정한 시간이 다 되었음을 시사한다; 이 규례는 그 목적을 어찌나 완전하게 성취하였던지 옛 질서에 속한 것은 무엇이든지 더 이상 쓸모없게 되었다. 그러므로 이제 새로운 질서가 들어올 시점에 이른 것이다. 포도주는 새 질서를 상징한다. 항아리에 든 물이 옛 질서를 상징하는 바와 같이 말이다.

'연회장' 또는 하인장은 그 잔치를 배설하는 곳에서 책임을 지고 있었다. 그가 오는 손님들에게 먹을 것과 마실 것을 제공하는 일을 감독하고 있으니, 그 하인들이 그 물을 떠서 식탁에 둘러 앉아 있는 사람들에게 주기 전에 먼저 그에게 가져가는 것이 마땅한 일이다. 여기서 식탁은 방의 세 변에 빙 둘러 놓여 있는 것이었다(라틴어로는 *트리크리니움* *⟨triclinium⟩*). 연회장은 '잔치 식탁의 주관자' 로 불리워진다 (헬라어로 *아우취트리크리노스⟨archtriklinos⟩*).

2:9,10 "연회장은 물로 된 포도주를 맛보고 어디서 났는지 알지 못하되 물 떠온 하인들은 알더라 연회장이 신랑을 불러 말하되 사람마다 먼저 좋은 포도주를 내고 취한 후에 낮은 것을 내거늘 그대는 지금까지 좋은 포도주를 두었도다 하니라"

일상적인 관례는 속담이 될 정도로 잘 알려져 있었다. 손님들은 처음에는 가장 좋은 것으로 대접을 받는다. 그러나 잔치가 진행되어 가면서 자기들에게 주어지는 것의 질에 대하여 덜 까다로워진다. 그러나 연회장이 알지 못하는 어떤 이유로 가장 좋은 것이 잔치의 마지막까지 보전되어 있다. 복음서 기자가 이 대목을 기술하면서 가진 요점은 물은 항상 그대로 물로 남아 있었다고 주장하는 대중적인 주석가들로 말미암아 철저히 무시된다. 그러나 예수님께서는 훌륭한 유머가 있는 정신으로 포도주의 이름으로 그것을 대접하게 한 것이다. 물론 그 연회장도 역시 그것을 받으면서 아주 기분 좋은 마음을 가지고, '그러하다, 정말 가장 좋은 포도주다! 아담의 포도주야! 그러나 자네는 어째서 이 좋은 것을 끝까지 두었는가?' 라고 말하였다. 다른 주석가들은 덜 인기 있었지만 연회장의 놀람과 디오니소스(Dionysos)가 인류에게 포도주를 들여온 헬라신화 사이의 문학적인 유사성을 지적하기도 하였다.[5] 그러나 이러한 유사성은 언어상의 문제이지 물질적인 문제는 아니다. C. S. Lewis의 용어론에 의하면 예수님의 행동은 '옛 창조에 속한 이적' 이었다는 것이다. 매년 자연 과정을 통하여 물을 포도주로 만드시는 창조주께서 이 경우에는 그 과정을 신속하게 진행하시어 같은 목적에 이르게 하셨다는 것이다.[6] 그러나 만일 그것이 옛 창조에 속한 이적이라고 할지라도 새로운 창조를 넌지시 알리는 비유가 될 것이다. 그리스도께서 이 세상에 오신 것은 옛 질서를 완성하고 마치기 위한 것이다. 또한 그 옛 질서를 포도주가 물을 능가하는 것만큼 더 뛰어난 예배, 곧 '신령과 진정으로' 예배하는 것으로 바꾸려고 하신다.

2:11 "예수께서 이 처음 표적을 갈릴리 가나에서 행하여 그 영광을 나타내시매 제자들이 그를 믿으니라"

복음서 기자는 그 서두에서 성육신 하신 말씀에 대하여 '우리가 그 영광을 보니' 라고 하였다: 이제 그는 복음서 전체를 통하여 성육신 하신 말씀의 영광을 보여주는 일련의 '표적' 들 가운데 처음 것을 알리고 있다. 그 영광은 예수님께서 자신을 스스로 드리신 일로 그 절정을 이룬다. 영광이 나타남에 따라서 그를 믿는 제자들의 믿음이 그 마음속에서

5) R. Bultmann *The Gospel of John* (Oxford 1971), pp.118이하 참조. 그는 디오니소스 축제가 열리는 날짜인 1월 6일과 후기 기독교의 예수*공현(公顯)* 축일의 날짜가 서로 일치함을 지적한다. 요2:1-11이 그 축일에 대한 교훈을 지정하여 주었다. 그러나 이 교훈을 예수공현(공중 앞에 나타남) 축일을 알리는 교훈으로 삼는 이유는 예수님께서 이때에 당신의 영광을 나타내신(*에파네로센(ephanerōsen)*) 방식을 기록한 것 속에 있었다. Bultmann은 이 일을 '예수공현 이적' 이라고 불렀다.

6) C. S. Lewis *Miracles* (London 1947), p.163.

자극을 받고 더 강화되었다.

예수님의 능하신 행사들을 위하여 신약에서 사용되는 어휘들이 여럿 있다. 실제적으로 '능하신 일들' (*뒤나메이스*〈dynameis〉)은 이 복음서에서는 발견되지 않는다. 사실 *뒤나미스*(dynamis, '능력')라는 말(복수는 *뒤나메이스*)은 이 복음서에서 전혀 나타나지 않는다. 능하신 예수님의 행사들을 지시하는 다른 단어는 *테라타*〈terata, '이적' 또는 '기사')는 말도 신약 중 *세메이아*(sēmeia '표적')라는 말이 함께 나오지 않으면 전혀 발견되지 않는다. 신약의 이적들은 단순한 이적들이 아니다. 그 이적들은 어떤 강조적인 진상을 알리는 표증들이다. 요한복음에서 *테라타*라는 말이 딱 한 번 나온다 - 4:48의 일반적인 진술에서 말이다: "예수께서 가라사대 너희는 표적(*세메이아*)과 기사(*테라타*)를 보지 못하면 도무지 믿지 아니하느니라." 요한은 예수님의 이적들을 단순하게 '표적' (*세메이아*)이라고 표현하기를 좋아한다.[7] 예수께서도 친히(이 복음서에 기록된 바에 의하면) 당신의 행사(*에르가*(erga))를 그렇게 부르고 계신다.[8]

3. 가버나움에 거하심(2:12)

2:12 "그 후에 예수께서 그 어머니와 형제들과 제자들과 함께 가버나움으로 내려가 거기 여러 날 계시지 아니하

7) 흔히 사람들은 이 '표적들' 중에서 일곱가지가 요한복음에 기록되었다고 한다. 가나의 이적에서부터 나사로를 살리는 표적(요12:18 참조)까지 일곱 가지가 이 복음서에 기록되었다고 한다. 그러나 그렇게 확실하게 말하기는 어렵다. 요한이 묘사한 모든 이적들이 노골적으로 다 '표적' 이라고 불리워지지 않기 때문이다.

8) 요5:36; 7:21;10:25,32,38 참조.

시니라"

가버나움(*Kefar-naḥum*, '나훔의 마을')은 갈릴리 호수 북서쪽 해변에 뻗어있던 지역이다. 그래서 가나 혹은 나사렛에서 여기로 내려오곤 하였다. 그곳은 가나에서 16마일 가량 떨어진 곳이다. 지금으로 하면 지역적으로 아랍령이 되어 있는 텔-훔(Tell-Hum) 일 것이다(이스라엘의 권위자들도 바로 이 점을 일반적으로 인정하고 있다). 거룩한 가정 전체가 나사렛에서 가버나움으로 이주 한 것 같다. 거기서 예수님께서는 공관복음서들에 기록된 갈릴리 사역의 대부분을 위한 본영(本營)으로 삼으셨다(요6:24,59도 참조). 그들이 '잠시' 거기서 머물렀다고 하는 진술(문자 그대로 하면 '몇 날이 되지 못하게' 이다)은, 거기에 정착한 지 수일 만에 예수님과 그 제자들이 유월절을 지키기 위하여 예루살렘으로 올라갔다는 것을 단순하게 함축하고자 하였을 것이다(13절).

우리 주님의 형제들이 누구냐에 대하여 가장 자연스런 이해 방식은, 그들이 요셉과 마리아의 자녀들이라는 것이다. 예수님 자신도 마리아의 장자시다.[9] 여기서 지적되는 제자들은 1장에 기록된 자들일 것이다.

9) 이는 분명하게 말하여 Tertullian의 관점이다(*Against Marcion* 4:19; *On the Flesh of Christ* 7). 또한 로마의 Helvidius(주후 380년 경)의 관점이다. 가령 '야고보의 복음' (*Protevangel of james*)(9:2)은 그들을 요셉의 전처에서 난 아들들로 간주한다. 그 관점은 후에 Epiphanius(*Against Heresies* 78)에 의하여 지원을 받는다. 그 아들들이 마리아가 낳지 않았다고 주장하는 것은 (적어도 부분적으로는) 그녀의 영구한 처녀성을 믿는 것이 점점 확산되어간데 기인한 것이다. Jerome(*Against Helvidus*)은 세번째 관점을 제시한다-예수의 '형제들' 은 실제로 그의 친 조카들이었다. 곧 '글로바의 마리아' 를 통해서 낳은 알패오의 아들들이라는 것이다. 요19:25과 막15:40을 근거로 그녀가 동정녀 마리아의 동생이었다는 것이다. Jerome은 이 관점이 옳다는 논증을 강하게 제기하고 나선다. 그렇게 해야 마리아의 동정(童貞)뿐 아니라 요셉의 동정성도 안전하게 보호가 된다는 것이다. 그 자신이 결혼한 상태보다도 그냥 결혼하지 않고 있는 것의 우월성을 확신하고 있었다. R. E. Brown, K. P. Donfried, J. A. Fitzmyer, J. Reumann(ed.) *Mary in the New Testament* (London 1978), pp.65 -72, 270 - 278 참조.

B. 세상에 아버지를 나타내시는 예수님

(요 2:13 -12:50)

I. 유대에서의 사역(2:13~3:36)

1. 예루살렘에서 첫 번째 유월절을 맞으며(2:13~3:21)

(a) 성전을 정화(淨化) 하심(2:13-22)

2:13 "유대인의 유월절이 가까운지라 예수께서 예루살렘으로 올라가셨더니"

복음서 기자는 거듭하여 명절들을 '유대인들의' 명절이라고 말하고 있다[10] -그것은 그 자신이 유대인 출신이 아니거나 유대인으로 길러지움 받지 않아서가 아니다(그는 유대인이었다). 다만 자기의 복음서를 읽은 많은 이들 중에 이방인들이 있을 것을 생각하고 있었기 때문에 그렇게 한 것이다. 그들은 유대인의 거룩한 절기들에 대하여 상세하게 알지 못할 것이다. 그가 이제는 폐한 바 된 구약적인 질서에 속한 명절을 아주 무시하느라고 이러한 식으로 묘사한 것이라고 생각할 필요는 없다. 이스라엘이 애굽에서 구원받은 것을 기념하는 절기인 유월절은 매년 그때의 구원의 날인 니산월 14일에 지켜지고 있었던 것이다(그때는 3-4월 중에 만월일 때다). 그리고 바로 이어서 무교절(니산월 15-22일)이 지켜졌다. 요한은 세 절기를 언급한다. 다른 두 절기는 요6:4과 11:55이하에서

10) 요5:1; 6:4; 7:2; 11:55참조.

언급하고 있다; 이들 중에 마지막 절기만이 공관복음서에 기록되어 있다. 지금의 유월절은 아마 주후 28년의 유월절일 것이다; 예수님께서 유월절에 올라가신 것은 바로 그렇게 하실 필요성이 있음을 감지하셨기 때문이다(눅2:41 참조).

2:14 "성전 안에서 소와 양과 비둘기 파는 사람들과 돈 바꾸는 사람들의 앉는 것을 보시고"

소와 양과 비둘기들은 성전에서 드려지는 희생의 제물로 주로 쓰여지던 동물들이다. 가능한 희생 제사를 드리는 가까운 곳에서 그러한 짐승들을 구입할 수 있으면 예배하는 이들에게 편리하였을 것이다. 이러한 목적으로 성전의 바깥뜰에 노점식의 마굿간을 세우게 되었는데, 그러한 일은 예배자들을 위하여 유용하게 쓰여질 많은 공간을 필요하게 되었다. 성전 구내에 그러한 것들을 세우는 것은 임시방편적으로 꼭 필요할 경우에는 있을 수 있는 일이었다; 이에 대하여 확실하게 말할 수 있는 증거가 충분한 것은 아니다.[11] 그러한 식으로 짐승들을 파는 것으로 인하여 대제사장들의 주머니가 두둑해지게 되었다는 일반인들이 가지고 있던 생각을 뒷받침할 만한 증거가 충분한 것도 아니다. 돈 바꾸는 자들도 역시 성전을 찾는 이들에게 편의를 제공하고 있었다. 그들 성전을 찾는 이들은 모든 류의 주화를 가지고 와서는 쓰기에 더 유용한 것으로 바꾸었

11) 비둘기나 다른 제물을 살 수 있는 '하난의 아들들의 매점' 이 감람산 위에 정상적으로 차려져 있었다(Jerusalem Talmud, tractate *Pē'āh* 1.6). 그러나 성전 당국자들이 하난의 아들들과 다툰 일로 인하여 다른 뜰에서 그러한 산물을 살 수 있는 경쟁 행상인의 장사를 허락하였다는 논증이 있다. 그리하여 예수님께서 보시고 분(忿)을 내셨을 때에 바로 매점이 새롭게 거기에 차려져 있었다는 것이다. V. Eppstein, 'The Historicity of the Gospel Account of the Cleansing of the Temple' *ZNW* 55(1964), pp.42~ 58 참조.

을 수도 있다. 이 구절에서 '돈 바꾸는 자들' 이라고 한 말은 헬라어로 *케르마티스테스(kermatistēs)*인데(작은 주화를 취급하는 이들일 것이다), 그 말은 헬라어 *케르마(kerma)*에서 나온 말이다. 그 말의 복수는 *케르마타(kermata*, 작은 주화들)이다. 15절에서는 *콜뤼비스테스(kollybistēs)*인데 *콜뤼보스(kollybos)*란 말에서 나온 말이다. 그 말은 돈을 바꿀 때에 드는 수수료를 말하는 것이다. 그러나 이러한 단어의 어원학적인 근거 문제는 그것들의 의미를 위하여 그리 중요한 것은 아니다. 많은 사람들은 성전을 찾는 이 기회를 이용하여 매년 반 세겔을 바쳤다. 성전을 유지하기 위하여 세계 전역에 흩어져 있는 모든 20세 이상의 유대인 남자는 그 돈을 바쳐야 했다. 이러한 성전세를 바치려면 오직 튀리안(Tyrian) 주화만 가능하였다(그 주화가 가진 아주 특이한 은의 순도 때문이었다); 유대인들은 흔히 두 사람이 한 조가 되어서 튀리안 주화를 바치거나 아니면 테트라드라큼(tetradrachm)주화를 드리거나 하였다(베드로와 주님께서 함께 성전세를 그 주화로 드린 적이 있다(마17:27).[12] 아달월 25일부터 (유월절 이전 19일 전이나 20일 전에 해당됨) 이러한 목적을 위하여 환전소가 예루살렘에 설치되었다.[13] 아마 그때에 환전 수수료가 12.5%에 해당하였을 수 있다.

2:15,16 "노끈으로 채찍을 만드사 양이나 소를 다 성전에서 내어 쫓으시고 돈 바꾸는 사람들의 돈을 쏟으시며

---

12) 스타테르(stater)나 테트라드라큼(tetradrachm)은 한 세겔과 맞는 가치였다.

13) 미쉬나(Mishnah)에 의하면 이러하다. '아달월 첫 날에 그들은 세겔을 바 칠 것에 대하여 경고를 하였다… 15일에는 지방마다 상(床)을 놓아두었다. 그리고 25일에는 성전에 상이 놓여졌다' (Tractate *쉐카림 〈Sh*ᵉ*qālîm〉* 1.1,3).

상을 엎으시고 비둘기 파는 사람들에게 이르시되 이것을 여기서 가져가라 내 아버지의 집으로 장사하는 집을 만들지 말라 하시니"

웨스트콧트(E. F. Westcott)가 이 일속에서 말3:1이하의 말씀에 대한 주석을 발견한 것이 옳을 수 있다('만군의 여호와가 이르노라 보라 내가 내 사자를 보내리니 그가 내 앞에서 길을 예비할 것이요 또 너희의 구하는 바 주가 홀연히 그 전에 임하리니 곧 너희의 사모하는 바 언약의 사자가 임할 것이라'). 그리고 나서 슥14:21의 말씀이 나타난다. "그 날에 만군의 여호와의 전에 가나안 사람(필자는 여기서 이 말을 '장사하는 사람' 이라고 번역한다. 한글개역성경이나 NIV에서도 '가나안 사람' 이라고 번역하고 있다 - 역주)이 다시 있지 아니하리라" 이 구절 중 두 번째 것은 사실 예수님의 충고를 반영하는 것일 것이다.

노끈으로 만든 채찍은 동물들을 내어 쫓는 데는 아주 쓸모가 있었다. 예수님께서 그러한 부드러운 류의 힘을 이용하셔야 하였다는 것에 놀라움을 표현하는 설교자들과 다른 이들은 이미 김승들을 몰아 시리나 문수한 마을의 빈 공간으로 내모는 일에 대한 체험이 별반 없는 자들일 것이다. 현대의 몰이꾼들은 개들의 도움을 의지할 수 있다. 그러나 그 당시에는 그러한 일이 가능하지 못하였다. 우리 주님께서 그 동물들을 몰아내실 때에 어느 정도의 힘을 쓰셨든지 간에, 그 행동은 안토니아 요새에 있는 로마의 주둔군의 신독하고 매서운 간섭을 불러들일 만큼의 과격한 성격을 띠고 있었던 것은 전혀 아니었다. 그 주둔군은 성전의 북서쪽 지역을 감시하고 있었다. 그리고 두 층대가 바깥뜰과 통하여 있었다(행21:35 참조).

예수님께서 취하신 행동을 예언적인 상징의 행동으로 보는 것이 가장 좋다. 만일 주께서 당시의 아버지의 집이 장사하는 곳으로 변하는 것을 막으실 때 (눅2:49 참조), 그 마음 속에 슥14:21이 있었다면, 슥14:21 이전에 기록된 구절들이 모든 열방이 예배하러 예루살렘에 올라가게 될 것을 말하고 있음을 떠올릴 수 있다. 성전 구역에서 '모든 열방' 의 족속들에게 열려져 있는 오직 유일한 지역은 바깥뜰이었다(때로 그 바깥뜰을 가리켜 '이방인들의 뜰' 이라고도 불렀다); 만일 이 지역을 장사하는 곳으로 만들면 그 지역은 예배를 위하여 사용될 수 없을 것이다. 예수님의 행동은 당신께서 말씀으로 성전을 사수하시는 것을 더욱 강화시킨 것이다.[14]

2:17 "제자들이 성경 말씀에 주의 전을 사모하는 열심이 나를 삼키리라 한 것을 기억하더라"

제자들이 바로 이 시점에서 이 말씀을 기억하게 되었는지 아니면 나중에 부활하신 후에 이러한 일들을 회상하면서 이 말씀을 생각하게 되었는지에 대하여는 확실하지가 않다(22절 참조). 성경이 말하는 바(시69:9)는 "주의 전을 사모하는 열심이 나를 삼켰다" 이다; 동사가 미래시제로 바뀐 것은 성전을 정화하시는 행동의 전망(展望)을 가지게 하려함이었다: 예수님께서 이 경우에 나타내신 하나님의 전에 대한 열심은 당신이 죽으실 때에도 여전할 것이다. 시69:9의 다음 소절('주를 훼방하는

14) 요12:20의 주해를 참조하라(헬라에서 예수님을 찾아와 질문을 던진 이들). 구약의 빛에 비추어서 그 사건에 대한 창의적인 연구를 하려면 C. K. Barrett의 *Jesus und Paulus*, ed. E. E. Ellis and E. Grässer(Göt-tingen 1975), pp.13-20 참조하라.

훼방이 내게 미쳤나이다')은 바울이 롬15:3에서 인용한 말씀이다. 다드(C. H. Dodd)는 "다른 이의 저작에 대하여 전혀 친숙하지 못한 이 저자들 각 자가 우연하게 한 구절의 반절을 취하여 '증거' 로 삼았다고 믿어야겠는가-그리고 어떤 명백한 의미에서 메시아적인 시편이 아닌데도 말이다" 라고 묻는다.[15] 그는 그러한 일은 '전혀 우연이 아니었다' 고 함축하고 있다; 그 시편은 일반적으로 초대교회 그리도인들 때부터 하나의 '증거' 시편으로 여겨져 왔었다는 것이다.

2:18 "이에 유대인들이 대답하여 예수께 말하기를 네가 이런 일을 행하니 무슨 표적을 우리에게 보이겠느뇨?"

여기서 '유대인들' 은 기득권층에 속한 자들을 말하는 것이다.

특히 막11:25이하에서 보는 대로 성전의 당국자들이라는 말이다. 그들이 '표적' 을 구한 것은 잘못된 일이다. 그들이 직접 본 것보다 더 웅변적인 표적이 어디 있겠는가?[16]

2:19-21 "예수께서 대답하여 가라사대 너희가 이 성전을 헐라 내가 사흘 동안에 일으키리라 유대인들이 가로되 이 성전은 사십 육 년 동안에 지었거늘 네가 삼 일 동안에 일으키겠느뇨 하더라 그러나 예수는

15) C. H. Dodd *According to the Scriptures*(London 1952), p.58 요15:25에서 같은 시편이 더 인용되고 있는 것 같다. 요19:28 참조.

16) 막11:27-33에 병행구가 보인다. 거기서 예수님께서는 '대제사장들과 서기관들과 장로들' (산헤드린 공회원들)에게 답변하신다. 그들은 성전 구내에 있는 예수님께로 와서는 물었다. "무슨 권세로 이런 일을 하느뇨 누가 이런 일의 권세를 주었느뇨?"

성전된 자기 육체를 가리켜 말씀하신 것이라"

예수님께서 산헤드린 공회 앞에서 심문을 당하신 것에 대한 공관복음서의 기록을 보면, 예수님은 여기 요한이 기록한 것과 비슷한 진술로 고소를 당하고 있다: "우리가 그의 말을 들으니 손으로 지은 이 성전을 내가 헐고 손으로 짓지 아니한 다른 성전을 사흘에 지으리라 하더라 하되"(막14:58). 이러한 고소를 하는 이들은 '거짓 증인들'로 불리워진다. 그들의 증언이 완전하게 꾸민 것이라서가 아니라, '신실하시고 참된 증인이신' 그분을 대적하여 증거한 것이기 때문이다. 그들의 증거는 내면적으로 일관성을 가지지 못하여서 인정받을 만한 것이 되지 못하였다. 예수님께서 그러한 류에 속한 일을 공중(公衆)가운데서 말씀하셨다는 것은, 예수님께서 십자가에 달리셨을 때에 지나가면서 비웃던 자들의 조롱 속에서 취한 증거다(막15:30). 그러나 그가 실제로 하신 말씀이 무엇인가를 정확하게 알게 한 이 복음서 기자가 고마울 따름이다.

그가 하신 말씀들은 후에 교회 안에서 하나의 동기를 제공하여 주었다 - 물질로 지어진 성전(스데반을 쳐서 고소한 말도 참조하라. 행6:13이하)이 새롭고 영적으로 지어진 성전으로 대치될 운명을 분명하게 보여준 것이다(고전3:16; 고후6:16; 엡2:21이하; 벧전2:4이하 참조).[17] 이와 관련하여 우리가 주목할 것이 있다. 요2:14의 성전을 나타내는 헬라어가 *히에론(hieron)*인데 그 말은 건물이나 궁정같은 것을 지시할 때 쓰는 단어다. 반면에 19-21절에서는 성전을 가리키는 말이 *나오스(naos)*다. 그 말은 성소나 거룩한 전을 가리키는 말이다(낭하(郵下)나 성소와 지성소 전

17) R. J. McKelvey, *The New Temple* (Oxford 1969) 참조.

부를 포함하는 지역). 하나님께서 거하시는 곳으로 여겨야 하는 것은 전체 성전을 가리키는 *히에론*이라기 보다는 *나오스*다.

당시 이 성전의 재건은 헤롯대왕에 의하여 주전 19년에 착공된 것이다. 그 일의 주요한 부분은 10년 안에 완성되어 헌당되었다. 그러나 나머지 다른 부분은 아직도 지어지고 있었던 것이다. 사실 예루살렘이 함락되기 불과 7년 전인 주후 63년까지도 모든 공정이 다 완성된 것은 아니었다. 20절의 '46년' 은 그 성전 재건을 착수한 때부터 계산한 햇수다(제 2세기 이레네우스 때까지 거슬러 올라가 보면 이상한 성경 해석이 있다. 요8:57에 비추어 당시 예수님의 나이가 46세인 것으로 해석한다. 예수님의 공생애 3년을 더하면 다니엘의 '70주간' 중 처음 7주간과 예수님의 지상생애가 같아지게 된다!).[18)]

복음서 기자는 예수님의 말씀이 당신 자신의 몸을 가리키시는 것이라고 설명하고 있다. 예수님의 몸은 하나님의 살아있는 거처시다. 사실 그 몸은 죽어 장사지낸 뒤에 죽은 자 가운데서 사흘 만에 다시 살아나셨다. 이렇게 이해가 된 것은 역사적으로 그 말씀이 성취된 후이다. 기자는 그 사실을 아주 노골적으로 말해 나가고 있다

2:22 "죽은 자 가운데서 살아나신 후에야 제자들이 이 말씀 하신 것을 기억하고 성경과 및 예수의 하신 말씀을 믿었더라"

18) Irenaeus *Against Heresies* 2.33.4. B. W. Bacon *The Fourth Gospel in Research and Debate* (London 1910), pp.395-408 참조.

이 복음서에 기록된 많은 부분이 그러하다: 모든 사건의 의미를 알게 된 것은 후에 일어난 사건들에 비추어서 가능한 일이었다(요12:16 참조). 제자들이 믿었던 '성경' 은 예수 사역과 부활하심을 통해서 성취된 예언의 총체(總體)를 가리키는 말일 수 있다. 드러나게 인용되지 않았다면 함축적으로나마 요한의 사건 설명에서 언급된 대목은 아니다. 다른 방식으로 물을 포도주로 변하게 하신 일과 같이 성전을 정화하신 것도 그 나름으로 옛 질서가 새 질서로 바꾸어질 날이 임박하였음을 보여주는 표증이었다.

성전을 정화하신 것에 대한 요한의 기술이 거룩한 고난주간 동안에 행한 것으로 공관복음서에 나타나 있는 성전 정화한 것과 연대적으로 어떤 관련이 있는지를 알아보는 것은 쉬운 일이 아니다; 그 문제에 대한 바른 대답을 하려면 별개적으로 다루어야 할 것이다.[19] 요한은 연대기적인 순서에 관계없이 그 사건을 다루어 표제(標題)적인 의미에서 예루살렘 사역을 기록하기 시작하는 전면(前面)에 부각시켜 기록하였을 가능성이 높다. 만일 이 복음서의 독자가 이 사건의 의미를 이해하고 있다면, 예수님의 그 사역이 다 무엇인지에 대하여도 알 것이다.

(b) 표면적인 믿음(2:23-25)

2:23 "유월절에 예수께서 예루살렘에 계시니 많은 사람이

19) 요한의 연대적 배열이 역사적으로 옳다는 것이 다른 이들 중에서 W. Temple *Readings in St John's Gospel* (London 1939), pp.175-177; D. L. Sayers *The man Born to be King* (London 1943), p.35, n.1. 등에 의하여 지원을 받는다.

그 행하시는 표적을 보고 그 이름을 믿었으나"

23-25절은 아마 3장에 소개되는 니고데모의 일을 위한 도입부분의 역할을 하고 있는 것 같다. 흔히들 공관복음서에서 예수님은 표적을 보아야 믿는 믿음을 멸시하신다고 한다(막8:11-13 참조). 반면에 제 4복음서에서는 믿음을 갖게끔 표적들을 분명하게 행하신다고 한다. 지금 우리가 보는 것과 같은 대목은 그러한 대칭이 흔히 사람들이 지적하는 바와 같이 아주 뚜렷한 것은 아니라는 것을 보여준다(요4:48 참조). 예수님께서는 표적들을 보았으므로 피상적으로 인상을 받은 자들과, 표면적인데서 더 깊은 데까지 표적들이 의미하는 진리를 포착한 자들 사이를 구분하였다(요6:26 참조). 니고데모는 예수님께서 행하신 표적들을 보고서 예수님에 대한 여러 적극적인 결론을 내리게 되었다. 그러나 그 표적들이 가지고 있는 영적인 내면적 진실성에 대하여는 아직 인정하려들지는 않았다. 예수님의 이름을 믿는데도 두 가지 수준이 있다 - 요 1:12에서 말하는 수준이 있다. 그 믿음은 하나님의 자녀의 권세를 갖게 하는 믿음이다. 또 다른 한 수준은 바로 여기서 언급되고 있는 믿음이다. 전자의 경우는 주저하지 않고 인격을 온전히 위탁하면서 예수님을 주님으로 실제로 인정한다. 그러나 '표적들은 보고, 표적들을 행하시는 그를 보지 않는 한' 에서는 그러한 믿음의 경지에 이르지 못한다.

2:24, 25 "예수는 그 몸을 저희에게 의탁지 아니하셨느니
이는 친히 모든 사람을 아심이요 또 친히 사람의
속에 있는 것을 아시므로 사람에 대하여 아무의 증

거도 받으실 필요가 없음이라"

다른 지도자들과 교사들은 추종자들이 가진 충성심과 이해심을 실제보다 더 믿어버리는 잘못을 범하는 일이 흔하다. 그러나 예수님은 그렇게 하지 않으셨다. 그는 사람들의 내면에 있는 것을 펼쳐진 책을 읽는 것같이 훤하게 읽을 수 있으셨다. 예수님께서 속마음으로 진실로 인정한 이들은 믿음과 충성에 있어서 의심의 여지가 없는 자들 뿐이었다. 공관복음서에도 역시 그러하다. 예수님께서 "인자가 많은 고난을 받고 장로들과 대제사장들과 서기관들에게 버린바 되어 죽임을 당하고 사흘 만에 살아나야 할 것을 비로서 가르치기"(막8:31) 시작하신 것은 그들 사도들이 예수님의 외모에도 불구하고 베드로의 입술을 통하여 진정으로 예수님을 메시아로 고백한 다음이었다.

성육신하신 '말씀' 이신 분은 사람의 본성의 비밀들과 복잡한 구조를 대번에 알고 계신다. 그분은 내면적인 생각들이나 안목을 지시하는 말들을 들어 보아야 비로서 아시는 그러한 분이 아니시다; 모든 사람의 마음에 감추어 있는 생각의 깊이를 훤히 들여다보시는 분이시다. 그 점은 다음에 이어지는 장들에서 연달아 나타나는 대화를 통하여 드러나게 된다-니고데모와의 대화 속에서 나타나고, 사마리아의 수가성 여인과의 대화 속에서 나타나고, 베데스다의 불구자에게서도 나타난다. 각 경우마다 예수님께서는 직접 문제의 근본을 지적하신다. 그래서 3장의 처음 몇 문장에서 니고데모의 찬사가 담긴 듯 한 인사에 별 관심을 기울이지 않으신다. 다만 니고데모가 반드시 우선적으로 알아야 하는 진리를 강조하신다-다시 말하면 사람이 거듭나게 될 것의 필요성을 말씀하신다.

제 3 장

(c) 니고데모와 거듭남(3:1-21)

3:1 "바리새인 중에 니고데모라 하는 사람이 있으니 유대인의 관원이라"

어떤 이는 니고데모를 나크디몬 벤 고리온(Naqdimon ben Gorion)이라는 예루살렘의 한 부자와 동일 인물로 보았다. 탈무드에 의하면 그 사람 고리온은 큰 명절들에 순례자들에게 물을 제공하는 일로 인하여 신용을 얻은 사람이었다.[1] 그러나 그러한 추측을 위한 논증은 결정적인 것은 아니다. 바리새인들(이미 1:24에서 언급된 바대로)은 그들의 수가 적은 데도 불구하고 공중에 보편적인 영향력을 행사하던 사람들이었다. 그들은 산헤드린 공회에서 아주 소수를 이루고 있었다.[2] 니고데모를 '유대인의 관원' 이라고 묘사한 것을 보니 그가 산헤드린 공회에서 바리새인 그룹에 들어 있던 한 사람이었다는 것을 알 수 있다(요7:50도 참조).

복음서 기자가 니고데모를 요2:23의 '많은 사람들' 중에 한 사람으로 여기고 있는지도 모른다.[3] 그러나 헬라어 접속사 *데(de)*가 요3:1의 시작점에 있는데 그 접속사가 반의적(反意的) 접속사로 쓰여지고 있을 가능성이 있다: "*그러나* 바리새인 중에 니고데모라 하는 사람이 있으니…" 다른 이들과 같이 니고데모도 그가 본 표적에 깊은 인상을 받은 것은 사

1) Babylonian Talmud, tractate *Ta'anith* 20a.
2) Josephus *Antiquities* 18.15,17.
3) M. de Jonge, '니고데모와 예수: 제 4복음서의 오해와 이해에 대한 관찰' *BJRL* 53(1970-71), pp.337-359.

실이다. 물론 그 표적들이 의미하는 더 깊은 의미를 깨닫지 못하고 있었지만 말이다. *그러나* 그 속에는 더 많은 것을 알고 싶어하는 진지한 의향(意向)이 있었다. 그래서 예수님께서도 '자신을 신뢰하심으로' 다른 많은 이들에게 하신 것보다 더 많은 반응을 보이신 것이다.

3:2 "그가 밤에 예수께 와서 가로되 랍비여 우리가 당신은 하나님께로서 오신 선생인 줄 아나이다 하나님이 함께 하시지 아니하시면 당신의 행하시는 이 표적을 아무라도 할 수 없음이니이다"

니고데모의 방문이 밤에 이루어졌다는 진술을 풍유적으로 해석하지 아니하고 단순한 사실적인 것을 생각나게 하는 것으로 취하는 것이 가장 좋다. 마치 밖의 어둠이 니고데모의 이해의 어둠을 반영하는 것같이 해석하지 말라는 것이다. 물론 그 니고데모의 어두운 이해는 조영(照影)을 받아야 한다. 또한 어찌하여 그가 밤을 선택하였지에 대하여도 물을 필요가 없다-그가 자기의 하는 일을 알 만한 동료들이나 다른 이들을 대동하고 싶지 않았거나 아니면 예수님과의 만남을 방해받지 않을 시간을 택한 것이거나 둘 중 하나일 것이다. 그래서 긴 대화를 누릴 수 있었던 것이다.

니고데모는 이해가 모자랄 수도 있었다. 그러나 적어도 그는 다른 종교 지도자들 같이 선입견으로 눈 멀어 있지는 않았었다. 그들 종교 지도자들은 예수님의 말과 행사를 보고 귀신에 의하여 하는 행동으로 보았다(요8:48,52, 막3:22이하). 그가 표적의 의미를 포착한 것은 아니라 할지라도 그 표적의 성격으로 보아 하나님의 권능이 아니고는 나올 수 없는 것이라는 것은 인식하고 있었다.

그러므로 예수님께서 어떤 인정받는 거룩한 배움의 학파에 소속하신 것은 아니었음에도 이 이스라엘의 지도적인 선생은 예수님께 '랍비' 라는 칭호를 붙여드렸다 - 요1:38의 두 젊은 제자들의 입술에서 나온 그 칭호보다 이 니고데모의 입술에서 나온 그 칭호가 더 많은 의미를 가지고 있었다. 니고데모의 결론들은 그 한계 내에서는 확고한 것이었다. 그러나 그 결론들이 충분하게 더 가지지 못한 것이 문제였다. 예수님께서는 니고데모의 인사의 말 너머로 그 영혼의 상태가 어떠한가를 아시고는, 니고데모가 보기에는 아무리 이해하기 곤란하고 거칠어 보여도 그의 조건을 정확하게 나타내기 위하여 세심하게 계산된 언어로 답변하셨다.

3:3 "예수께서 대답하여 가라사대 진실로 진실로 네게 이르노니 사람이 거듭나지 아니하면 하나님 나라를 볼 수 없느니라"

복음서들이나 사도행전에 기록된 대화나 말들 거의 대부분이 간단하게 약축된 것이다. 이 점을 이해하면, 때때로 대화가 이 주제에서 저 주제로, 아니면 이 생각에서 저 생각으로 갑자기 비논리적으로 비약하는 것 같은 경우를 이해하는 데 도움을 줄 것이다. 그러나 여기서는 그러한 급전(急轉)이 사실적인 것 같다. 니고데모가 이 갈릴리 랍비와 대화해 나가면서 어떤 것을 기대하였든 간에 예수님께로서 이와 같은 말을 들을 준비가 채 되지 않았었다. '진실로' (Amen)라는 말을 두 번 쓰시기 시작하시면서 말씀하시는 것에 대비하지 못하였었다(요1:51 참조).

구약에서 하나님의 나라는 때로는 하나님의 영원하고 전 우주적인 통치로 표현되곤 한다: "여호와의 다스리심이 영원무궁하시도다 하였더라"(출15:18); "여호와께서 그 보좌를 하늘에 세우시고 그 정권으로 만유를 통치하시도다"(시103:19). 그러나 하나님의 나라와 그 왕권에 복종할 때에 지상에서 특이하게 나타난다-다시 말하면, 당신의 백성 이스라엘 중에 나타나고, 아니면 적어도 이스라엘 중 의인 중에 나타난다. 다른 열방에 속한 이들은 이스라엘 나라 사람으로 개종하여 편입함으로 그의 통치에 복종할 수 있었다; 이러한 일을 행한 이들을 가리켜 때로 '하늘나라의 멍에를 스스로 멘 자들' 이라 하였다. 개종자는 사실상 하늘나라의 멍에를 멤으로써 새로운 생을 시작한 것이다. 일컬어 말하기를, '개종자는 새로 난 자식이다' 라고 한다.[4] 그러한 사람을 가리켜서 '위에서 난 자' 또는 '새로 난 자' 라고 묘사하면 적합할 것이다.

공관복음서의 기록에서는 "누구든지 하나님의 나라를 어린아이와 같이 받들지 않는 자는 결단코 들어가지 못하리라"(막10:15, 눅18:17, 마18:3 참조).[5] 그러므로 예수님께서 "하나님의 나라에 들어가는 것이 얼마나 어려운지"(막10:24)를 강조하신 것은 전혀 이상한 일이 아니다. 어른의 체험을 한 사람이 다시 어린아이의 단순성으로 돌아가는 것은 참 어렵다. 이교도에서 유대교로 개종한 이가 다시 전혀 새로운 삶을 시작한 것으로 이해될 수는 있다고 할지라도, 어떻게 그러한 말이 참 이스라

---

4) Babylonian Talmud, tractate *Y^{e}bāmôth* 48b에 의하면, Rabbi Jose가 그렇게 말하였다.

5) 니고데모와의 대화는 공관복음서에 나오는 말의 확장인데, 요한이 독립적인 전환노선을 따라서 취한 것이라는 논중이 있다(B. Lindars, 'John and the Synoptic Gospels: A Test Case' *NTS* 27〈1980-81〉, pp.287-294).

엘 출신의 사람에게 적용될 수 있는가?

'하나님의 나라를 본다' 는 것은 하나님의 나라가 보편적으로 받아들여지고 복종될 때에 하나님께서 가지고 계신 왕적 통치의 완성을 목격하는 것(함께 누리는 것)을 의미하는 것이다.[6] 하나님의 나라가 가진 이 미래적인 국면은 역시 구약에서도 제시되어있다. 특히 다니엘서에서 그러하다(단2:44, 7:14, 27 참조). 니고데모와 같은 출신의 유대인에게는 하나님의 나라를 보는 것이 장차 오는 세대에서 생명의 부활에 참여하는 것으로 이해가 되었을 것이다. 다른 복음서에서와 같이 이 복음서에서도 이러한 의미에서 '하나님의 나라' 가 '영생' 과 상호교대적으로 사용되었다(막9:43, 45의 '영생에 들어간다' 는 것과 47절의 '하나님의 나라에 들어간다' 는 것을 비교하여 보라). 마19:28에서의 '세상이 새롭게 되어' (RSV에서는 '새 세상이 되어')는 또 다른 동의어이다. 그러나 예수님께서 말씀하시는 거듭남은 이 세상에서 체험되는 것이다. '위로부터 난다' , '새로이 난다' 는 것(헬라어 *아노덴(anōthen)*)은 여기서 쓰여지는 의미에서 본다면, 요1:13의 의미와 같이 '하나님께로서 나는 것' 이다. 또한 즉시 장차 오는 세대의 삶으로 들어가는 것을 의미하는 것이다. 이 요한복음의 서두를 읽은 우리는 안다. 그렇게 거듭나서 하나님의 권속이 되어 하나님의 자녀가 된 이들은 바로 성육신하신 '말씀' 을 받은 자들이고 그 이름을 믿는 자들임을 안다. 그러나 니고데모는 이에 대하여 전혀 아는 것이 없었다; 그래서 당치 않은 답변이 나온 것이다.

6) 누가 내세에 참예하느냐의 문제는 랍비의 유대교에서 논란이 되었다. 그 질문에 대한 우세한 답변인즉, '모든 이스라엘이 장차 올 세대에 한 몫을 차지할 것이라' 는 것이었다(Mishnah, tractate *Sanhedrin* 10.1)-사실 고의적인 배도(背道)와 예외적인 악행을 통해서 자신들을 언약 밖에 두는 이들을 제외하고는 모든 이들이 다 그 영광에 참예하게 되는 것이다.

3:4 "니고데모가 가로되 사람이 늙으면 어떻게 날 수 있삽나이까 두 번째 모태에 들어갔다가 날 수 있삽나이까"

예수님께서는 이 복음서에 기록된 대화를 통하여 거듭하여 니고데모의 오해를 사는 진술을 하신다; 니고데모의 분명하게 드러난 오해의 실상은 예수님으로 하여금 당신이 의미하시는 것이 무엇인지를 더 상세하게 풀어 말씀하실 기회를 갖게 한다. 이때에 니고데모가 만일 이교도에서 개종한 사람 중에 속하여 있었다면 예수님께서 하시는 말씀을 아주 잘 이해하였을 것이다. 그러나 어떤 의미에서 이해하였을까? 니고데모가 말하듯이, 자연적인 출생, 또는 다시 육신적으로 태어나는 것은 정말 문제의 요지를 벗어난 것이다. 순교자 저스틴(Justin)이 다음과 같이 말한 것이 바로 이 대목을 두고 한 것이리라. '한 번 태어난 사람들이 다시 자기 어머니의 태에 들어갈 수 없다는 것을 모든 이들이 다 안다.'[7] 아니면 상징적으로 도전의 질문으로 이해한 것에 대하여 상징적인 답을 하고 있는가? 아마 그 경우라면, 니고데모는 사람이 자라서 그 나름의 방식의 삶을 살 때에 자기 본성을 바꾸어 전혀 새로운 삶을 산다는 것이 어렵다는 뜻으로 한 일이 된다. 어찌하였든 간에 그는 예수님께서 사람이 거듭날 필요성을 강조하실 때 에 알아듣지 못하였다. 그러므로 예수님께서는 거듭하여 전혀 다른 차원에서 당신의 진술을 거듭하셨다.

3:5 "예수께서 대답하시되 진실로 진실로 네게 이르노니 사람이 물과 성령으로 나지 아니하면 하나님 나라에 들

7) Justin *First Apology* 61.4

어갈 수 없느니라"

3절의 진술에서와 같이 이 진술도 '진실로' 라는 말을 두 번 써서 그 엄숙성을 더하여 주고 있다. 하나님의 나라를 보는 것과 그 나라에 들어가는 것 사이에는 전혀 차이가 없다. 또한 영생을 보는 것(요3:36)과 영생에 들어가는 것(마19:17, 막9:43, 45), 거듭나는 것(또는 위로부터 나는 것) 그리고 '물과 성령으로 나는 것' 사이에는 전혀 차이가 없다; 다만 후자의 방식으로 표현한 것은 구약의 어구와 걸맞게 한 것이다. 그리고 니고데모의 마음속에 경종을 울리기 위하여 미리 계산된 표현이다. 만일 그가 사람이 후기의 삶 속에서 새로운 본성을 얻는 것이 불가능하다고 생각하였다면, 하나님께서 당신의 백성 이스라엘을 위하여 바로 그 일을 하시겠다고 약속하신 것을 회상해야 했을 것이다: "맑은 물로 너희에게 뿌려서 너희로 정결케 하되…, 새 *마음*을 너희에게 주되"(겔36:25이하). 이 '새 마음' 은 하나님의 마음(Spirit)이였다: "내 신을 너희 속에 두고 새 마음을 너희에게 주되 너희 육신에서 굳은 마음을 제하고 부드러운 마음을 줄 것이며"(겔36:27). 에스겔을 통하여 이스라엘에게 하신 약속은 마른 뼈들의 환상을 통하여 확대된다. 선지자는 하나님의 명에 복종하여 그 환상이 의미하는 바를 행한다: "인자야 너는 생기를 향하여 대언하라 생기에게 대언하여 이르기를 주 여호와의 말씀에 생기야 사방에서부터 와서 이 사망을 당한 자에게 불어서 살게 하라 하셨다 하라"(겔37:9). 그 에스겔 대목에서는 이 제 4복음서의 이 대목에서와 같이, 히브리어의 *루아흐(rûaḥ)*라는 단어와 헬라어의 *프뉴마(pneuma)*라는 단어가 같이 문맥에 따라서 '숨', '바람', '영' 등으로 번역될 수 있다는 것을 기억해야 한다.

에스겔서의 약속은 일차적으로 나라가 회복될 것을 가리키는 것이었다. 그러나 그 약속이 개인에게 적용되는 두 번째의 국면이 알려지지 않은 것이 아니었다. 겔36:25에서 물론 씻는 것은 개종자들의 세례를 위하여 성경이 지정한 것으로 제시될 수 있는 것 이었다. 세례 요한은 자기의 말을 듣는 이들이 참 이스라엘 사람들이라 할지라도 회개하고 믿는 이스라엘의 남은 자들, 곧 '주를 위하여 예비된 백성들'이 되라고 촉구하였다. 그러기 위하여 자기 손에서 세례를 받아야 한다고 말하였던 것이다. 그러면서도 그는 자기는 물로 세례를 주지만 다른 이가 와서 성령으로 그들에게 세례를 주실 것임을 지적하였다. 그 자신의 사역과 오실 자의 사역은 바로 그 예언적인 약속을 성취하기 위하여 다 필요하였다
정말 오실 자가 직접 니고데모에게 그 약속을 온전하게 받으라고, 촉구하신다 - '물과 성령으로' 새롭게 나게 하시는 일을 믿으라고 하시는 것이다. 하나님의 나라는 영적인 거듭남을 통해서만 들어 갈 수 있는 영적인 질서다.

요한복음서 기자는 예수 제자들 때문에 요한의 세례가 오래 전에 기독교 세례로 흡수되어 버린 때에 이 복음서를 기록하고 있었던 것이다. 만일 요한의 세례가 새로운 시작의 필요성을 가르쳤다면, 기독교의 세례는 믿음으로 말미암아 그리스도로 더불어 함께 영적인 의미에서 함께 죽고 함께 장사지낸바 되고 함께 '다시 살아 새 생명으로 나아가게 된 사실을 더욱 강조적으로 상징한다. *opus operatum* (외형의 작용-로마 카톨릭에서 주장하는 바 세례를 받을 때에 중생한다고 하는 교리체계 - 역주)으로 말미암아 세례 중의 개념을 거부한 나머지 지나치게 나가서 예수님께서 이 말씀을 하실 때에 암시하신 세례의 의미를 완전하게 간

과해 버리는 것은 참 안된 일이다.

3:6,7 "육으로 난 것은 육이요 성령으로 난 것은 영이니 내가 네게 거듭나야 하겠다 하는 말을 기이히 여기지 말라"

자연적으로 출생한 사람들은 지상의 가족의 일원이 된다. 그리고 하나님의 가족이 되기 위하여 영적인 본성을 받아야 한다. 그것이 있어야만 하나님의 나라에 들어감을 얻게 된다. 그것을 받기 위하여는 '위로부터' 나야 한다. 육체의 영역과 성령의 영역 사이를 대조하고 있다. 그러나 육체의 영역에서 나는 자들은 다시 하나님의 '말씀' 으로 말미암아 후에 새로 난 자들이다. 그 '말씀' 되신 분은 영원히 영적인 질서 속에 속한 분이지만 인류의 거듭남을 위하여 육신이 되신 분이시다. 일단 그 대조가 이해가 되면, 이 질서에서 저 질서로 들어가기 위하여는 두 구별되는 '남' (births)이 있어야 한다는 것이 전혀 이상하게 여겨지지 않을 것이다. 예수님께서는 니고데모에게 개인적으로 직접 말씀하시고 계셨다; 그러나 그의 말씀은 니고데모에게만 아니라 다른 이들에게도 여전히 적용된다. 그래서 그 진술에서 제 2인칭이 복수로 바뀌는 것이다: "너희가 거듭나야 하겠다."

3:8 "바람이 임의로 불매 네가 그 소리를 들어도 어디서 오며 어디로 가는지 알지 못하나니 성령으로 난 사람은 다 이러하니라"

여기서 헬라어 *프누마(pneuma)*의 의미가 광범위하다는 것을 기억하는 것이 특히 필요하다; 이 구절에서 그 단어가 두 번이나 사용된다. 그리고 처음에는 그 말이 '바람' 이라고 번역되고, 두 번째 경우에는 '성령' 으로 번역된다. 그러나 바람 소리를 들으나 어디서 와서 어디로 가는지 알지 못한다는 말씀은 바람에 더 적절하게 적용된다. 그러나 에스겔의 환상에서 바람의 작용이 성령의 역사를 비유하고 있다. 바람이 왔다가 가는 것을 인간의 힘이나 지혜로 좌우할 수 없다. 그러하듯이 성령의 새롭게 나게 하시는 일도 인간의 자발성과는 무관한 것이다-"이는 혈통으로나 육정으로나 사람의 뜻으로 나지 아니하고 오직 하나님께로서 난 자들이니라"(요1:13). 인간의 마음에 있는 성령의 숨은 역사를 볼 수도 없고 사람이 주장할 수도 없다. 그러나 그 효과는 정말 확실하게 드러난다.

3:9,10 "니고데모가 대답하여 가로되 어찌 이러한 일이 있을 수 있나이까 예수께서 가라사대 너는 이스라엘의 선생으로서 이러한 일을 알지 못하느냐"

니고데모는 여전히 예수님께서 하신 말씀의 의미를 알 수 없다. 그 자신이 하나님 나라에 들어가거나 내세의 생명으로 들어가기 위하여 어떤 조건들이 요구되는 지를 가르쳤을 것이다. 그러나 그는 예수님께서 지금 사용하시는 용어로 그 조건들이 표현되는 것을 들은 적이 없었다. 하나님의 계명들을 지키고 매일같이 자기의 의지를 행하는 일은 자신이 이해한 차원의 일이었다. 그러나 이 '성령으로 나는 것' 에 대하여 이상하게 말하는 것이 무엇을 의미하는지? 그는 이해할 수가 없었다.

니고데모 '이스라엘의 선생' 이라고 묘사한 것은 그가 당시 랍비들 중에 어떤 지위를 차지하고 있었다는 것을 함축하는 것이다. 그러므로 예수님께서는 그가 응당 예수님의 가르치심을 이해 할 것이라고 기대할 만하다. 예수님의 가르침은 전혀 생소한 것이 아니라 이미 히브리 성경에서 은근하게 나타난 것이다-예언서에서만 나오는 것도 아니다. 노아와 그 식구들이 홍수에도 불구하고 안전하였던 것, 그들이 새로운 세계에서 새로운 삶을 시작한 것(창6:13-9:19), 구속받은 이스라엘 사람들이 홍해를 건너서 하나님을 위하여 구별된 백성들이 된 것(출14:15-15:21), 시리아 사람 나아만이 요단 물에서 '세례'[8]를 받아 "그 육체가 어린아이의 살같이 회어져 깨끗하게 된 것"(왕하5:14)-이러한 사례들과 다른 구약의 사건들은 예수님께서 니고데모에게 전달하려고 애를 쓰시던 바로 그 진리에 대한 비유였다. 나아만의 일은 특히 이방인의 개종을 미리 보여준 전조로 취급되었다. 그러나 이러한 성경 중에서 그 어느 것을 통해서도 니고데모는 다음의 교훈을 얻지 못하였다. 곧 혈통적으로 유대인이든 이방인 개종자이든 간에 장래의 생명과 하나님의 나라에 참예(參詣)하는 것은 거늡남이라는 문을 통해서만 가능하다는 교훈을 얻지 못하였다.

8) 헬라어 구약에서 나아만이 요단강에 몸을 담근 것이 동사 *밥티조-(baptizō)*의 중간태로 표현되었다. 랍비적인 한 사상 노선에 의하면, 나아만은 아주 뛰어나고 가치 있는 개종자였다는 것이다. 이드로(Jethro)보다 더 가치 있는 인물이었다는 것이다. 왜냐하면 이드로는 다른 신들이 존재할 수 있다는 것을 함축하면서 "여호와께서는 모든 신보다 크시도다"(출18:11)라고 고백하였지만, 나아만은 "이제 이스라엘 외에는 온 천하에 신이 없는 줄 아나이다"(왕하5:15)라고 고백하였다는 것이다; *Mekhilta*(출애굽기에 대한 랍비적인 주석), tractate *Amalek* 3도 그렇게 말하고 있다.

3:11 "진실로 진실로 네게 이르노니 우리 아는 것을 말하고 본 것을 증거하노라 그러나 너희가 우리 증거를 받지 아니 하는도다"

여기서부터 예수님과 니고데모의 대화는 예수님의 입술에서 나온 독백으로만 진행되어 간다. 그리고 그 주님 혼자 말씀하시는 것은 거의 눈치 채지 못하게 거듭남에 대한 복음서 기자의 묵상으로 이어져 나가게 된다. 여기서 인용구적인 따옴표를 사용하는 역본들은 옛 역본들에서보다 주님의 독백에서 복음서 기자의 묵상으로 전환하는 것에 대하여 더욱 분명하게 명시한다. RSV는 15절 마지막에 있는 말씀으로 주님의 독백을 끝맺는다. 아마 그렇게 하는 것이 바를 것이다(NEB는 21절 끝에 가서야 따옴표를 두고 있다. 그래서 예수님의 독백과 복음서 기자의 독백을 하나로 놓고 있다).

예수님께서는 당신의 제자들이 자주 그대로 따라 해야 하는 말씀을 하셨다. 예수님께서는 복음은 인격적인 체험과 증거에 기초 한 것이지 풍문에 근거한 메시지가 아니라는 것을 강조하시기 때 문이다. 제자들의 언어는 여기서 '우리', '너희' 라는 복수로 인지(認知)될 수 있다. 요한일서에서 요한은 자기 편지를 읽는 독자들에게 유사한 확신을 준다. "우리가 보고 들은 바를 너희에게도 전함은 너희로 하여금…" (요일1:3). 예수님의 증거는 당신이 직접 전하셨든지(32절), 아니면 성경의 말씀을 통하여 전해졌든지(요 5:39), 아니면 제자들의 증언(요15:27)을 통해서 전해졌든지 다 하나다. 그러나 어떤 문제를 취급하든지 예수님의 증거는 자주 거절을 당하였다. 당신이 직접 지상사역을 하실 때만이 아니라 후에 제자들의 사역을 통해서 증거될 때에도 그러하다.

3:12,13 **"내가 땅의 일을 말하여도 너희가 믿지 아니하거든 하물며 하늘 일을 말하면 어떻게 믿겠느냐 하늘에서 내려온 자 곧 인자 외에는 하늘에 올라간 자가 없느니라"**

'하늘 일' 과 대조되는 '땅의 일' 은 무엇인가? 여기서 쓰여지는 어법은 지혜서들의 여러 대목들을 연상하게 하는 방식이다. 야게 (Jakeh)의 아들 아굴은 자기가 지혜가 없음을 인정하고 "하늘에 올라갔다가 내려온 자가 누구인가?" (잠30:4)라고 묻는다. 그 말씀이 함축하는 바는 하늘에서만이 지혜를 만날 수 있다는 것이다. 유사하게 헬라어로 된 지혜서도 이렇게 말한다. '우리는 땅에 있는 것도 거의 다 짐작하지 못하니이다… 그러나 누가 하늘에 있는 것을 추적하여 낼 수 있으리이까? 주께서 지혜를 주시고 높은 곳에서 성령을 보내지 않으시면 누가 주의 뜻을 배우리이까? (지혜서9:16,17).[9] 그와 같이 여기서 하나님의 지혜는 인자에게 속한다. 그는 그것을 배우기 위하여 하늘에 올라가셔야만 하는 그런 분이 아니라, 지혜를 나누어 주기 위하여 하늘에서 내려오신 분이시다.

'땅의 일' 을 가장 자연스럽게 이해하는 길은 예수님께서 말씀해 오신 것을 거기에 포함시켜서 생각하는 것이다.[10] 새로 나는 것을 '땅에 속

9) 랍비 가말리엘 2세는 로마 황제와의 논박에서 로마 황제에게 이렇게 말하였다고 한다. '당신은 땅 위에 있는 것이 무엇인지 모른다. 그런데 어떻게 하늘에 있는 것을 알겠는가?' (Babylonian Talmud, tractate, *Sanhedrin* 39a).

10) '땅의 일' 이 율법과 관련되고 '하늘 일' 은 복음과 관련된다거나, '땅의 일' 은 예수께서 팔레스틴에서 사역하실 때에 가르치신 것이고, '하늘 일' 은 예수님께서 떠나신 후 성령께서 계시하신 진리(요16:13)에 속한 것이라고 주장하는 것은 별 만족을 주지 못하는 주장들이다.

한' 이란 주제로 분류하는 것은 이상하게 보일 수 있다. 그것은 본질상 위에서 나는 것이기 때문이다. 그러나 그 일이 땅에서 일어나고 땅에서 있는 일로써 유추할 수 있는 것이라는 의미에서 그러하다. 예수님의 가르치심 속에서 거듭나는 것은 초보 단계에 속한 것이다. 거듭남에 대한 처음 교훈을 잘 이해하였으면 그 다음에 더 배워야 할 것이다. 그러나 이 처음 단계에 속한 것을 이해하지 못하는 이가 어찌 그리스도 안에 있는 하나님의 계시의 온전한 것을 이해하기 위하여 더 나아갈 수 있겠는가? 땅의 유추(類推)로는 전혀 설명될 수 없는 '하늘의 일' 가운데 성자와 성부의 영원한 관계, 땅에 있는 사람으로서 성자께서 성육신 하신 것 등이 들어갈 수 있다. 그러한 것들은 정말 인간의 일반적인 체험의 한계를 벗어나는 것이다. 우리가 그러한 것들을 알기 위하여는 하나님께로서 와서 그러한 것들을 밝히 보여주시기 위하여 오신 분, 곧 인자되신 주님을 의지해야 한다.

13절 마지막에 "하늘에서 내려온 자 곧 인자"라는 말이 있다. 그 말은 가장 오래된 요한복음의 사본들에서는 나타나지 않는 구절이다.(Papyri 66, 75) 알렉산더 본문 중 대표적인 것들에서도 빠져 있다. 그러나 다른 증거들을 인상적으로 배열한 결과 그것이 있는 것이 나아 보이기에 된 것이다. 그러나 만일 원본에 그 말이 들어 있다 해도 기관이나 편집하는 자가 주께서 이 말씀을 할 당시에 땅에 계셨지, 하늘에 계시지 않으셨다는 것을 근거로 해서 생략할 수도 있다. 반면에 원문에 그 소절이 없었다면 어째서 그것을 첨가하여 놓았는지 그 이유를 아는 일은 어렵다. 그 소절은 예수님께서 니고데모에게 하신 말씀의 일부분으로서는 반드시 있어야 하는 것은 아니다. 그 소절은 복음서 기자가 요1:18에서 "아버지

품속에 계신" 이라는 소절에 버금가는 소위 보충 진술일 수 있다. 그 구절에 "하나님을 본 사람이 없으되" 라는 소절이 나오고 여기에 "하늘에 올라간 자가 없다" 고 하였다. 아버지를 계시하시는 자는 독생자뿐이시다; 여기서 그분은 하늘의 진리를 펼쳐 밝혀 주시는 분으로 묘사되어 있다. 여기서 그 전의 대목에서 나오는 소절과 병행하고 상관되는 소절을 만난다는 것은 이상한 일이 아니다. 복음서 기자가 이 복음서를 기록할 당시는 하늘로 서 내려온 분이 그 전에 계시던 하늘로 다시 올라가신 이후다.[11)]

3:14,15 "모세가 광야에서 뱀을 든 것 같이 인자도 들려야 하리니 이는 저를 믿는 자마다 영생을 얻게 하려 하심이니라"

니고데모는 에스겔 선지자의 예언을 통하여 전통적으로 내려온 차원에서 그에게 제시된 바 있는 거듭남에 대한 가르침을 전혀 이해하지 못하였다. 그런데 그 진리가 이제는 객관적인 교훈을 따라서 그에게 제시되고 있다. 어린 시절 이후에 늘 친숙하였을 이야기를 통하여 그 교훈을 대하게 된 것이다. 이스라엘 사람들이 광야에서 헤매고 다니는 동안 그들을 쉬지 못하게 하는 돌발 사태들이 있었다. 그 일이 일어나는 기간 중에 그들은 '불뱀' 에 물려서 감염이 되었고, 그 뱀들이 문 독소로 인하

11) 하늘에 올라가서 하나님의 신비에 접근하는 것이 실제 그러한 것을 체험한 경우보다 더 많은 이들이 주장하여 고취된 것이다. 신약에서 그 일을 체험한 자들에 관하여 전하여 말할 수 없는 것들을 들었다(고후12:3이하). 반면에 밧모섬에서 하늘을 본 자는 보고 들은 것을 기록하고 판에 박으라는 명을 받았다(계1:19,4:1). 그러나 최고의 계시자는 땅에서 하늘로 예외적으로 올라가는 일에 대하여 별 관심을 두지 아니하신다. 그가 늘 거하던 거처는 하늘에 있다. 그는 그 하늘에서 잠시 땅에 오신 것이다. C. Rowland. *The Open Heaven*(London 1982), pp.52-57 참조.

여 많은 이들이 죽었다. 살아남은 자들은 회개하는 심정으로 모세가 중보자가 되어 주십사는 청을 한다. 모세가 중보자가 되어주기를 바라는 것이다. 모세는 그들을 위하여 중보의 간구를 한다. 그는 하나님의 지시를 받았다. "불뱀을 만들어 장대 위에 달아 물린 자마다 그것을 보면 살리라"(민21:5-9). 만일 뱀에 물린 자들 중에 죽음의 문턱에서 쳐다보고 살게 된 자들에게 그때 느낌이 어떠했냐고 묻는다면, 아마 그 사람은 마치 자기가 다시 살게 되고, 새 생명을 얻어서 살게 된 것 같이 느꼈노라고 대답했을 것이다. 그 일은 육신의 갱신이었다. 그러나 그것이 여기서는 영적 생명을 받는 것을 비유로 보여주는 것이 되었다. 놋으로 불뱀을 만들어서 이스라엘 진의 중앙에 세운 장대 위에 매달아 놓은 일은, 인자가 십자가 위에 높이 들린 것을 보여주는 그림이었다. 그러나 주께서 '들리심' (lifted up)을 묘사하기 위하여 쓰여진 동사(*휘프수(hypsoō)*)는 아주 세심하게 선별된 단어다. 그 말은 공중에 높이 들리는 문자적인 의미도 가지고 있지만 영광중에 높아지시는 것도 지시한다. 이 복음서에서 예수님께서는 십자가에 못 박히심으로 영화롭게 되신다(요8:28, 12:23, 32, 34 참조). 내려오신 이가 이제 다시 더 높이 올라가셨다. 그러나 십자가를 통해서 올라가신 것이다; 그가 들리신 십자가는 아버지의 존전(尊前)으로 올라가시는 사닥다리가 되었다(요1:51 참조).

광야의 놋뱀 자체 속에는 어떤 치료의 힘도 없었다. 그 자체는 그저 단순한 놋조각이었다; 훗날에 백성들은 마치 그것이 고유한 어떤 신성함이나 능력이 있는 줄 알고 거기에 충성을 보였을 때 선한 히스기야 왕이 그것을 분쇄하였다(왕하18:4). 물린 이스라엘 사람들이 하나님의 말씀을 믿고 그 명에 복종하였을 때 그들 물린 자들을 치료한 것은 바로 하나님의 구원하시는 은혜였다. 그러나 십자가에 높이 달리신 인자(人子)께서는 무한하신 치료의 효력을 가지고 계신다. 광야에서 이스라엘이 체험한 그 어떤 것보다 무한히 훨씬 더 홍한 힘을 가지고 계신다. 그들 이스라엘은 육신의 질병에서 치료받아서 육신적 생명의 날들을 더 가지게 되었다. 그러나 인자가 당신을 바라보는 자들에게 확실하게 주시는 것은 바로 영생이다. 그렇게 해서 요한복음 서두의 교훈(요1:12, 13)은 예수님의 말씀에 의하여 확증된다. 니고데모가 '어찌 이런 일이 있을 수 있나이까?' 라고 질문한 것에 대한 답변이 여기에 있다. 거듭남은 믿음으로 받아들여진 그리스도의 구원하시는 역사(役事)를 통하여 거듭남을 체험하게 되고 하나님의 나라에 들어가게 된다.

이 요한복음에서는 이 '영생' (영원한 생명)(*조에 아이오니오스(zōē aiōnios)*)이라는 어구가 자주 나타나는데 여기서 가장 처음 나타난다. 우선적으로 그 말은 장차 올 세대(*아이온(aiōn)*)의 생명을 의미한다. 곧 부활할 생명이다. 신자들은 죽은 자 가운데서 이미 다시 살아나신 그리스도와의 연합으로 인하여 그리스도 안에서 장차 누리게 될 생명이다. 요한복음에서는 그 의미가 분명하게 현재적이다. 그러나 여기서의 영생은 영원하신 '말씀' 안에 거하시는 하나님의 생명 자체를 가리킨다('그 안에 생명이 있었으니'). 그리고 그 생명은 그리스도로 말미암아 모든 신자들에게 나누어주는 것이다.

마가복음서에 '인자가 고난을 받아야 한다' 는 주장이 되풀이 되듯이 여기서 '인자는 들려야 하리니' 에서 '해야 한다' 는 강조가 들어 있다. 그 말은 하나님의 뜻의 필연성을 강조하는 말이다. 그 일은 선지서에서 이미 예고되어 있었다.

15절의 '저 안에' 라는 어구(한글개역성경에서는 '저를 믿는 자마다' 라고 하고 있다-역주)를 '믿는 자들' 보다도 '영생을 얻게 하려 하심이라' 와 연관 지어 생각해야 할 것이다. 헬라어 *엔 아우토(en autō)*이다. 반면에 '저를 믿는' 이라는 뜻을 위하여 그 말이 사용될 때에는 *에이스 아우톤(eis auton)*이다(16절에서와 같이).

예수님과 니고데모의 대화는 아마 15절에서 끝나게 될 것이다(RSV 참조); 16-21절에서는 그 대화의 의미를 복음서 기자가 독자에게 적용시키고 있다.

3:16 "하나님이 세상을 이처럼 사랑하사 독생자를 주셨으니 이는 저를 믿는 자마다 멸망치 않고 영생을 얻게 하려 하심이니라"

니고데모가 예수님의 말씀에 어떻게 반응하였는가 하는 것을 알고 싶어 하는 호기심을 키우려는 복음서 기자의 의도가 아니다. 독자들은 니고데모가 이 복음서에서 두 번 더 나타나는 것을 보고 자기 나름대로의 결론을 내릴 수 있다(요7:50이하, 19:39이하). 복음서 기자의 의도는 니고데모가 배우게 된 교훈을 보편적으로 적용하는 차원에서 드러내고 싶었다.

만일 이 제 4복음서의 메시지를 요약하는 다른 문장보다 더한 문장이 있다면 바로 이 구절이다. 하나님의 사랑은 한정이 없다. 그것은 모든 인류를 감싼다. 사람들로 하여금 무한한 정도의 깊이를 느낄 정도로 큰 희생은 없었다: 하나님께서는 당신이 주실 수 있는 가장 좋은 것을 주셨다-곧 당신 자신의 사랑하시는 아들을 주신 것이다. 하나님께서 그를 주신 것은 한 나라나 한 민족만을 위한 것이 아니다. 그 차별이나 예외 없이 그를 믿는(앞 절에서는 *엔 아우토(en autō)*인데 반하여 여기서는 *에이스 아우톤(eis auton)*) 사람 모두가 파멸에서 건짐을 받고 진정한 생명으로 복을 받게 하려 하심이다. 구원과 생명의 복음은 하나님의 사랑 속에 그 원천을 두고 있다. 구원의 메시지의 진수가 문화나 시대를 불문하고 모든 인류가 포착할 수는 언어로 분명하게 표현되어 있다. 그와 같이 구원의 메시지의 진수가 다른 어떤 성경본문을 통해서보다 이 말씀을 통하여 생명의 길을 더 잘 발견하는 말씀으로 세워진 것이다.

'영생' 또는 '구원' 을 받는 것이 아니면 '멸망한다' (*아폴레스타이(apolesthai)*)(요8:24 참조. 거기서는 예수님을 믿지 않는 자들은 '저희 죄 가운데서' 죽게 될 것이라고 말하고 있다).

3:17 "하나님이 그 아들을 세상에 보내신 것은 세상을 심판하려 하심이 아니요 저로 말미암아 세상이 구원을 받게 하려 하심이라"

여기서 말하는 심판은 분명하게 거스리는 심판, 곧 정죄(定罪)다. 만일 성육신하신 '말씀' 이 죄인들의 세상에 오셨다면, 그의 심판이 정죄의 심판이 아니고 무엇일 수 있을까? 그러나 복음서 기자는 말한다. 그가 오신 것은 심판하려 하심이 아니라고 말이다 (요12:47 참조: "사람이 내 말을 듣고 지키지 아니할지라도 내가 저를 심판하지 아니하노라 내가 온 것은 세상을 심판하려 함이 아니요 세상을 구원하려 함이로라"). 이 말씀과 요9:39 -"내가 심판하러 이 세상에 왔으니"-이 서로 상충되어 보인다면, 그 두 문맥과 여기 본문을 종합하여 보아야 의문이 풀릴 것이다.[12] 공관복음서의 기록에서 예수님께서는 "그러나 인자가 땅에서 죄를 사하는 권세가 있는 줄로 너희로 알게 하려 하노라"(막2:10)고 하신 것으로 되어 있다. 그때에 예수님께서는 듣는 자들을 놀라게 하신 것이다. 그들은 단7:13, 14을 생각하고는 인자가 땅에 오신 것은 심판을 선언하기 위함이라고 유추할 수 있었다-그러나 죄를 *사해* 주시다니? 예수님의 가르치심과 하신 일은 죄사함을 가능케 하였다. 예수님께서 죄 용서해 주시는 것을 믿고 받은 자들과, 믿기를 거부한 자들 사이에 구분이 되는 것은 피할 수 없다. 그러나 후자에 해당하는 이들은 스스로 판단을 받는다. 그들의 자기 자신을 스스로 판단하는 것이 '세상의 *구주*' (the *Saviour* of the world)의 문 앞에 구실로 놓아 둘 수는 없다(요4:42, 요일4:14). 만일 그가 자기를 믿는 자들로 하여금 멸망치 않게 하려고 오셨다면, 어떻게 그의 선물을 거부하는 이들이 멸망당하지 않을 다른 방도가 있을 수 있나? 성경 어디에도 믿든 아니 믿든 모든 이가 다 구원을 받는다는 암시가 없다; 고집을 부리며 계속 하나님의 구원에 등을 돌려대는 자들은 하나님의 구원을 받지 못할 것이라고 암시하고 있다.

3:18 "저를 믿는 자는 심판을 받지 아니하는 것이요 믿지 아니하는 자는 하나님의 독생자의 이름을 믿지 아니하므로 벌써 심판을 받은 것이니라"

12) 요9:39-41에 대한 본서의 주해 참조.

17절에서와 같이 여기서 말하는 심판은 하나님의 다스리시는 심판이다. 그리스도를 통하여 구체화된 진리로부터 돌아서는 행동에 반드시 주어지는 심판이다. 그를 믿는 자는 결코 정죄함을 받지 않는다. 요한은 '믿음으로 말미암아 의롭다 하심을 받는다' 라는 술어를 쓰고 있지는 않다. 그러나 바울이 자기 말로 그 교리를 분명하게 가르치는 것 같이 요한도 자신의 언어로 그 교리를 분명하게 가르치고 있다.

미술작품들이 걸려 전시되고 있는 화랑에서 시험을 당하는 이는 그 작품이 아니라, 그 화랑을 찾는 자들이다. 그들이 관람하는 작품들이 거기에 있는 것은 그들의 질문을 받기 위한 것이 아니다. 오히려 그들이 보는 것에 대하여 어떤 반응을 보이느냐에 따라서 그들의 취향을 드러내고 있는 것이다(아니면 그러한 취향이 부족하다는 것을 드러낸다). 몇 년 전에 어떤 대중가요 스타가 거기를 방문하여 모나리자를 보고는 '형편없는 잡동사니' 라고 했다는 것이다(그 사람이 '잡동사니' 〈rubbish〉 라는 말을 사용한 것은 제외하고). 그 가수는 모나리자에 대하여 아무것도 말해주지 못하고 있다; 다만 자기 자신에 관하여 많은 것을 알려준다. 심미적인 영역에서 진실한 것은 영적인 영역에서 동등한 진리이다. 그리스도를 싫어하거나 충성을 드리기에 합당하지 못한 이로 생각하는 이는 그리스도가 아니고, 자신에게 판단을 내린 사람이다. 그 사람은 심판 날이 오기까지 기다릴 필요가 없다. 그에게 이미 선고가 내려진 것이다. 마지막 심판 날에 그러한 일이 있을 것이다(요5:26-29). 그러나 그 날에는 이미 내려진 판단을 확증하는 일만 할 것이다. 우리가 이미 배운 바와 같이 하나님의 아들의 이름을 믿는 자들(요1:12)은 하나님의 자녀가 되는 것이다; 믿지 아니할 자들은 자기 자신을 저주하는 일 외에 다른 대안을 가지지 못할 것이다.

> **3:19-21 "그 정죄는 이것이니 곧 빛이 세상에 왔으되 사람들이 자기 행위가 악하므로 빛보다 어두움을 더 사랑한 것이니라 악을 행하는 자마다 빛을 미워하여 빛으로 오지 아니하나니 이는 그 행위가 드러날까 함이요 진리를 좇는 자는 빛으로 오나니 이는 그 행위가 하나님 안에서 행한 것임을 나타내려 함이라 하시니라"**

이 정죄의 신수를 빛과 어두움의 차원에서 진술하고 있다. 그리스도께서는 어둠 속에 비춰는 참 빛이시다. 세상에 와서 각 사람을 비추는 빛이시다. 그러나 어떤 사람은 이 빛에 나아오지 않으니 어떻게 된 것인가? 만일 어떤 이들이 실제로 어두움을 더 좋아하면 어떻게 되는가? 그러한 자세는 본질상 치료될 수 없는 성령을 거스리는 죄다. 다메섹 도상(途上)의 바울 같이 자기들 의식을 회복하기 위하여 빛으로 눈이 멀 정도가 될 필요가 있는 이들이 있다-그러나 바울이 그러했던 것 같이, 무엇이 그 빛의 영광에 등을 돌려대고 하늘 비전에 복종하기를 거부하게 하는가? 그러한 사람을 위하여 어떤 소망이 있을 수 있었던가?

요한복음 서두에서 살아계신 '말씀'이 세상에 오셨을 때, 그를 영접하는 이들이 아주 적었고, '그의 백성' 된 자들 거의 대부분 이 그를 환영하지 않았음을 함축한다. 그러하듯이 여기서는 인류 전체가 빛보다 어두움을 더 좋아하고 다만 소수만이 '진리를 사랑하사' 빛으로 나온다고 말하고 있다. 예수님께서 사역을 하시는 동안에 그러하였다. 아마 복음서 기자가 의미하는 바는 예수님의 복음이 완성되고 있을 때에 여전히 그러한 일이 있었다는 것이다.

악을 행하는 이들은 그 악이 드러나지 않게 아주 주밀(周密)하게 행동한다; 그들은 그러한 악이 발각되어 적발되고 싶지가 않다. 율법을 지키는 시민은 그렇게 숨길 필요가 없다. 복음서 기자의 생각 속에는 빛이 온 일이 필연적으로 빛을 환영하는 자들과, 자기들의 악한 행실이 그대로 드러날까 하여 빛을 피하는 자들을 구별시킬 수밖에 없다.

이 복음서 기자는 대조적인 용어들을 쓰는 것을 즐거워한다; 선과 악, 사랑과 미워하는 것, 생명과 죽음, 구원과 정죄, 빛과 어두움, 진리와 거짓 등. 이러한 반대개념을 가진 말들을 서로 쌍으로 놓을 때에 긍정적인 용어들이 상호 교대적으로 사용될 수 있다 - 선, 사랑, 생명, 구원, 빛, 진리 등이 바로 그러한 용어들이다. 그래서 여기서 우리가 기대하는 것과는 다른 표현이 나온다. 우리 생각으로는 20절에서 '악을 행하는 자마다' 라고 하였으니 21절에서는 '선한 것을 행하는 이는' 이라고 하는 것이 바를 듯한데, 사실 '진리를 좇는 자는' 이라고 되어 있다. 그것에서 '진리를 행하다' 나 '진실로 굴다' 라는 말은 사실상 '존귀하게 행하다' 라는 의미다(창32:10,47:29,느9:33). 이러한 류에 속한 삶과 행동을 하는 이들이 빛을 피할 까닭이 전혀 없다. 오히려 참 빛이 그들의 상급일 것이다. "마음이 청결한 자는 복이 있나니 저희가 하나님을 볼 것임이라"(마5:8). 요한은 '그들의 행위가 하나님 안에서 행한' 것 이라고 말한다-"그러므로 그들의 행위가 하나님과 연합하여 행한 것이고, 그러므로 하나님의 능력으로 말미암아 행한 것이다"

(Westcott).[13]

여기서 그리스도를 믿을 기회를 전혀 갖지 못한 자들에 관하여 는 노골적인 언급이 없다. 빛이 충만하게 비춘 적이 없는 자들에 대하여 분명한 언급이 없다는 말이다. 그러나 요한의 말은 아마 그들의 정죄의 원리를 밝히 드러내고 있다. 영원하신 '말씀' 이 그리스도 안에서 성육신하기 전에 사람들에게 임하였듯이 하나님의 빛도 역시 마찬가지다. 만일 사람들이 그 빛에 대하여 그러한 반응을 나타내어서 정죄를 당하였다면 그들이 활용하게 주어진 빛에 대한 그들의 자세로 인하여 판단을 받게 된다. 모든 참 빛은 어느 정도는 세상의 빛이신 분에게서 나오는 광채다. 자기들에게 주어진 부분적인 빛을 받아들인 자들은 온전한 빛이 자기들에게 비칠 때에는 그 온전한 빛을 기쁘게 받을 것이다. 어떤 모양으로 비추이든지 간에 자기들에게 오는 빛을 거부하는 이들은 자신들을 정죄하는 선고를 내리고 있다.

2. 예수님을 더 증거하는 세례요한(3:22-36)

3:22,23 "이후에 예수께서 제자들과 유대 땅으로 가서 거기 함께 유하시며 세례를 주시더라 요한도 살렘 가까운 애논에서 세례를 주니 거기 물들이 많음이라 사람들이 와서 세례를 받더라"

13) 어둠과 빛을 도덕적인 반대개념으로 사용한 것은 쿰란 공동체 문헌의 특징이기도 하다. 거기 보면, 사람들을 빛의 왕자의 몫과 어두움의 천사의 몫으로 나누고 있다. 그래서 '빛의 아들들' 은 진리와 의를 행하고 '어두움의 아들들' 은 거짓과 불의를 행한다는 것이다(1QS 3.18-25).

이 새 대목의 첫 소절이 참 이상하게 보인다. 예수님께서 예루살렘에서 니고데모와 대화를 나누셨다. 예루살렘은 유대 내에 있다; 그런데 어떻게 그가 예루살렘에서 '유대 땅으로' 가실 수 있으셨던가? 그 질문에 대하여 제시되는 한 답변은 본문의 본래 순서를 도치(倒置)한 것 같이 가정한다. 그러나 그러한 추측은 사본 상의 증거가 없어서 믿을 만한 것이 되지 못한다. 그리고 그 주장은 다른 문제들을 야기하게 된다. 우리가 요4:38에 이르게 되면, 알게 되겠지만, 이 짧은 해설(22-30절)은 4장의 사건들을 위하여 우리를 준비시키고 있다. 예루살렘 성의 시골지역을 '유대 땅' 으로 불렀다고 이해하면 아주 간단하다.

예수님께서 지상사역을 하시는 동안에 예수님께서 세례를 주셨다고 기록하는 것은 네 복음서 중에서 이 복음서 뿐이다-그럴지라도 요4:2에서 따르면, 예수님께서 직접 세례를 주신 것은 아니고 제자들의 손으로 주셨다. 이 세례를 베푸는 행위는 세례 요한 사역의 연장이었던 것 같다; 그것이 성령으로 세례를 주신다는 약속의 시작을 알리는 것이 아님은 분명하다(요1:33). 요한 자신도 세례 사역을 계속하고 있었다. 그는 요단 너머 베다니로부터 옮겨왔다. '살렘 가까운 애논' 이라는 말을 처음으로 만난다. 이 장소들이 정확히 어디인지에 대하여는 논란이 있다. 그러나 알브라이트(W. F. Albright)가 사마리아 지역의 여러 곳이라고 지적한 논리가 가장 강한 신빙성을 가진다(사마리아는 이때에 로마령 유대 지경의 한 부분이었다). 그는 말한다. '살렘은 그 이름으로 잘 알려진 고대 마을과 분리하여 생각할 수 없다. 그곳은 나블러스의 남동에 있었다. 바로 그 근처에 애논이 있었다는 것은 전혀 우연이 아니다. 와디 화라(Wadi Far'ah)의 근처 자원들은 물을 아주 넉넉하게 공급받았었다'(알브라이트가 칭하듯이 '잘 알려진 고대 마을'을 최초로 가리키는 말은 창33:18에 있다. AV가 번역한 것이 옳다면 말이다. '야곱이 세겜 성 살렘에 이르렀다'). 애논이란 명칭은 '샘'(springs)이라는 뜻을 가진다. 아마 그 샘이 '많은 물'을 제공하였을 것이다(문자 그대로 하면 '많은(many) 물'이다).

그래서 요한이 세례를 주기에 넉넉하였을 것이다.[14]

3:24 "요한이 아직 옥에 갇히지 아니하였더라"

24절의 주석적인 부연설명, "요한이 아직 옥에 갇히지 아니하였더라"고 한 말이 피상적으로 들릴 수도 있다; 만일 그가 자유한 몸으로 계속 세례를 줄 수가 있었다면 자연히 옥에 갇히지 않는 상태에 있었다는 것이 되지 않는가 말이다. 여기서 주석적인 부연설명의 요지(이 구절이 복음서 기자의 말인지 아니면 어떤 편집자의 말이었든지 간에)는 여기에 기록된 사건들은 예수님의 사역과 관련하여 공관복음서에서 기록하고 있는 일보다 더 이른 시기에 있었던 일들이라고 말하는 것 같다.[15] 공관복음서의 기록에서는 예수님께서 갈릴리에서 하나님의 나라를 전파하기 시작하신 것은 "요한이 잡힌 후"(막1:14)의 일이다. 그러나 요한복음 4장 마지막까지는 남쪽 지방에서 행한 예수님의 초기 행적의 기록을 대

14) 아마 그곳은 와디 바이다(Wadi Baida)와 와디 화라아(Wadi Fara 'a)가 만나는 지점이었을 것이다. 거기에는 샘물이 늘 풍족하게 넘쳐났다. W. F Albright *The Archaeology of Palestine*(Pelican Books 1960), p.247 참조할 것.

15) 요한복음과 공관복음서들을 서로 비교하면서 연대기적인 자료를 연구하는 것이 중요하다는 것이 Eusebius에 의하여 입증된다(*Hist. Eccl.* 3.24 11,12).

하게 된다. 세례 요한의 사역의 마지막 국면과 서로 겹쳐서 소개가 되고 있다. 요5:33-35에 이르게 되면, 요한을 가리켜 말하는 것이 과거시제로 표현되어, 그가 아직 살아 있었다 해도 이미 활동은 정지된 상태에 있었다는 것을 함축한다.

> 3:25,26 **"이에 요한의 제자 중에서 한 유대인으로 더불어 결례에 대하여 변론이 되었더니 저희가 요한에게 와서 가로되 랍비여 선생님과 함께 요단 강 저편에 있던 자 곧 선생님이 증거하시던 자가 세례를 주매 사람이 다 그에게로 가더이다"**

요한의 세례 사역과 예수님의 세례 사역이 어떤 관계에 있는가에 대한 논쟁은 '유대인의 결례(潔禮)' 에 대하여 일어날 것이다. 요2:6에서 이미 암시된 바이다. 그러나 그것을 요한의 제자들이 생각하기에는 자기 선생과 경쟁적인 사역을 예수님이 하는 것 같이 보여 그 마음에 불인한 생각이 들었다. 쿰란 사본에 대한 과거 30여 년간의 연구 결과, 당시 유대의 여러 사회 공동체에서 정결하게 하는 의식(儀式)의 실제에 대하여 많은 이해를 하게 되었다. 요세푸스(Josephus)가 요한의 세례에 대하여 말한 것은 아마 외적인 정결례의 의식과 더 관련을 가진 것이 아닌가 한다: '그는 가르치기를, 일단 영혼이 의(義)로 인하여 정결하게 된 후 어떤 죄를 사함 받는 것을 목적으로 하지 않고 몸을 정결하게 하는 관점을 가지고 세례를 받는다면 하나님의 보시기에 합당하게 여겨질 것이라고 하였다.'[16] 요세푸스의 설명은 요한의 세례가 가진 회개적인 본질적인 요소에 대하여는 공정치 못하다.

'한 유대인' 이라 하여 단수로 하는 것이 AV, NEB 등이 '유대인들' 이라고 한 것 같이 복수로 표기하는 것보다 더 낫게 평가를 받는다.[17] 그러나 문맥에서 보면 좀 이상하게 보인다. '예수와 더불어' 라고 하거나 '예수의 제자들과 더불어' 라고 문장을 교정하여 연결시키는 것이 그에 대한 어떤 독립된 증거가 있다면 더 진지한 관심을 끌만하다.[18] 아마 요한의 제자들은 예수님께서 하시는 일이 무엇인지 알지 못하였던 것 같다. 변론하는 유대인(유대인들)이 정결하게 하는 일에 대한 논쟁 중 알려주기 전에는 알지 못하였던 것 같다. 그들은 '우리 선생님이 이에 대하여 알아야 한다' 고 말하고는 요한에게 가서 말하려고 거기를 떠났던 것이다. 그들이 보기에는 그렇게 많은 이들이 예수님께 몰려드는 것이 아주 못마땅하게 보였을 것이다. 그 전에는 자기 선생인 요한에게 몰려나오더니 말이다.

---

16) Josephus *Antiquities* 18.117. Josephus에 의하면,에세네파 사람들은 점심을 먹기 전에 늘 찬물로 목욕하여 몸을 깨끗하게 하려고 애를 썼다는 것이다(*Jewish War* 2.129) 랍비의 전통에 '아침에 목욕하는 이들' 이라고 알려진 자들이 있었다. 그들은 자기들의 입술로 하나님의 이름을 말하기 전에 새벽에 씻는 의식이 있었다, 그래서 서기관과 바리새인의 의를 능가하고 있다고 생각하였던 것이다. 그들은 바로 그 서기관들과 바리새인들과 논쟁하고 있었다(Tosefta, tractate *Yadayim* 2.20). 그들은 Epiphamius(*Recapitulation* 17)가 말하는 '매일 목욕하는 이들' (*헤메로 밥티스타이* (hēmerobaptistai))과 유사한 이들이었을 지도 모른다. 그러한(가능한 경쟁적인) 공동체들에 대하여 은자(隱者) Bannus를 생각할 수 있다. 그 사람은 '깨끗해지려고 밤과 낮으로 찬물로 목욕을 하였다' 고 한다. 그리고 Josephus가 어렸을 때 에 잠시 그 사람과 가까이 하였다(Josephus *Life* 11).

17) 그러나 Papyrus 66은 복수로 '유대인들' 이라 쓰고 있다.

18) '예수' 라고 교정하는 것이 낫다고 R. Bentley라는 사람이 주장하였다; 그러나 O. Holtzmann이 *톤 레수(tōn Iēsou)*(예수께 속한 자들')라고 교정한 것이 더 나을 것 같다(곧 예수님의 제자들을 가리킴이다. 그들의 세례활동은 요4:2에서 언급이 되고 있다. 그러나 고대에 그러한 것을 인정하는 어떤 근거가 있는 것은 아니다).

3:27,28 "요한이 대답하여 가로되 만일 하늘에서 주신 바 아니면 사람이 아무것도 받을 수 없느니라 나의 말한바 나는 그리스도가 아니요 그의 앞에 보내심을 받은 자라고 한 것을 증거할 자는 너희니라"

요한은 각자 하나님께로서 몫으로 부여받은 은사나 사역이 있다고 말하고 있는 것이다. 그 하나님께 받은 사명을 이루는 것이 각 사람의 책임이다. 요한은 메시야가 누구인지를 가리키고 증거하고 전하라는 사명을 받았다. 하나님께서 모든 은사를 주신다. 이러저러한 능력으로 하나님을 섬길 은사를 포함하여 모든 것을 하나님께서 주시는 것이다. 요한이 대답을 하면서 언급하기 시작한 관용구('만일 하늘에서 주신 바가 아니면 사람이 아무 것도 받을 수 없다')는 *바 - 레나쉬(bar' ēnāsh)* ('하나의 인자'(人子))의 아람어적인 용법을 반영한 것이다. 그 말은 보편적으로 인간에게 해당되는 것을 표현한다. 그리고 특히 대변인에게 적용될 수 있는 관용어다.[19]

요한은 제자들의 말을 듣고는 제자들과 같이 마음의 혼란을 겪지 않았다. 그는 그들에게, 자기는 이미 메시아가 아님을 분명하게 말하였음을 상기시켜 주었다(요1:20). 선구자의 은사나 임무는 '오실 자'의 그것들과 다른 것이다. 그러나 둘 다 '하늘에서' 받은 것이다.

3:29,30 "신부를 취하는 자는 신랑이나 서서 신랑의 음성을 듣는 친구가 크게 기뻐하나니 나는 이러한 기쁨

19) 1장의 주(註) 62,64을 참조하라(요1:51에 대한 주).

이 충만하였노라 그는 흥하여야 하겠고 나는 쇠하여야 하리라 하니라"

혼인 잔치에서 신랑의 친구[20]는 자기가 신랑이 아니라고 불만을 가지지 않는다. 그가 거기 있는 것은 신랑을 돕기 위한 것이고, 신부를 안전하게 그 신랑에게 인도하는 일이 모두 잘 되어가는지 보기 위하여 거기 있는 것이다. 신랑의 친구는 혼인식이 성공리에 마치게 되고 그 신랑 신부가 서로 기뻐한 것을 보고는 만족해한다. 그러하듯이 요한도 이제 자기가 예수님을 이스라엘의 신실한 자들에게 소개하였으니 만족한다. 구약시대에(그리고 어떤 다른 문화권에서) 왕은-특히 이스라엘의 왕이신 하나님께서는 - 그 백성이 그 나라와 혼인한 것으로 여겨졌다. 사62:4이하의 시온의 약속의 요지이다: "다시는 너를 버리운 자라 아니하며 다시는 네 땅을 황무지라 칭하지 아니하고 오직 너는 *헵지바(Hephzibah)*('내 기쁨이 그녀에게 있도다')라 하며 네 땅을 *불라(Beulah)*('혼인한')라 하리니 이는 여호와께서 너를 기뻐하실 것이며 네 땅이 결혼한 바가 될 것임이라… 신랑이 신부를 기뻐함같이 네 하나님이 너를 기뻐하시리라." 그러므로 요한의 말은 예수님께서는 이스라엘의 진정한 왕이시고 메시아라는 의미를 더 함축하고 있는 것이다(막2:19에서는 예수님께서 친히 하신 말씀 속에 그와 유사한 적용이 있다고 말할 수 있다. "혼인집 손님들[21]이 신랑과 함께 있을 동안에는 금식할 수 없나니"; 계21:9에서 '신부다, 어린 양의 아내' 라고 하여 그 자체의 이야기를 말해주고 있다). 메시

20) 신랑의 친구는 *쇼쉬빈(shôshbîn)*이었다. 그는 유대식의 혼인잔치를 주관하고 관장하였다(요2:1,11에서와 같은 혼인과 같이 갈릴리식의 혼인의식은 약간 달랐다).

21) 문자 그대로 하면, '신부방의 아들들'(곧, 초청된 모든 손님들).

아가 무대 위에 들어오는 길을 예비하는 선구자로서 일한 요한은 메시아가 와서 당신의 백성들에게 영접받기 시작하시는 것을 보고는 이제 만족하게 물러날 수 있었다.

요한은 경쟁 심리나 시기심을 전혀 나타내지 않았다. 다른 사람의 영향이 점점 더 커져서 자기의 영역을 침범하는 것을 보는 일은 편한 일이 아니다. 그러한 광경을 보는 것을 즐거워하기는 더 어렵다.[22] 그러나 요한은 자기 제자들이 전하여 준 소식을 접하고 완전한 기쁨을 가졌다.

단역을 맡아 잘 해내기 위하여
내가 말할 수 있는 것보다 더 많은 은혜가 필요하네

그러나 요한은 이 희귀한 은혜를 관대하게 누리고 있음을 보여주고 있다. 그는 증거하기 위하여 왔다. 그러나 이제 그는 그렇게 많은 이들이 자기의 증거로 인하여 예수님께 매력을 가지고 있는 것을 보고는 정말 만족하였던 것이다. "그는 흥하여야 하겠고 나는 쇠하여야 하리라" 이 말은 이 복음서에 기록된 세례 요한의 마지막 말이다.

3:31,32 "위로부터 오시는 이는 만물 위에 계시고 땅에서 난 이는 땅에 속하여 땅에 속한 것을 말하느니라 하늘로서 오시는 이는 만물 위에 계시나니 그가 그

22) George Müller는 병들어 작고한 자기 동료 Henry Craik에 대하여 쓰기를, '티그서쓰에 있는 동안 나는 크레익씨와 잘 알게 되었다. 주를 향한 그의 따스한 마음에 끌렸다…. 1832년에 내 사랑하는 친구의 사역이 나보다 조금 더 나은 것을 보고는 하나님의 힘을 의지하여 그를 시기하기보다 즐거워하기로 결심하였다' (Introduction to *Passages from the Diary and Letters of Henry Craik of Bristol*, ed W. E. Tayler 〈London 1866〉, pp. xii. xiii).

보고 들은 것을 증거하되 그의 증거를 받는 이가 없도다"

16-21절에서 복음서 기자는 15절에서 끝난 예수님의 말씀에 대한 자기의 묵상을 덧붙인다. 그와 같이 31-36절에서도 30절에서 끝난 요한의 말에 대한 자기의 묵상을 부연하고 있다(RSV는 30절 후에 마치는 따옴표를 찍어 잘 하였다).

성육신하신 '말씀' 이 '위로부터' 오셨고, '만물 위에 계시니' 요한이나 다른 모든 이는 '쇠하여야 하겠으나' 그는 '흥하여야 한다. '땅에 속하여' 라는 말에 어떤 악이 암시되어 있지 않다. 다만 한계를 지시하고 있을 뿐이다. 요한의 증거가 아무리 탁월하여도 한계를 가진 것이다. 왜냐하면 그가 '하나님께 보내심을 받은 자' 이기는 하면서도 '인자' (人子)와 같이 하늘에서 오신 이가 아니기 때문이다(요1:6). 예수님께서 하시는 증거는 견고하다. 하늘 일에 대하여 말씀하실 때에 그는 자기가 하늘에서 보고 들은 것을 증거하시기 때문이다. 괄호 안에 있는 말('만유 위에 계시고')(한글 개역성경에서는 그리하지 않는다)은 RV나 NEV의 난하주에서 한 것과 같이 생략될 수도 있다;[23] 그렇게 하면, '하늘에서 오시는 이는 그가 그 보고 들은 것을 증거하되 그의 증거를 받는 이가 없도다' 로 될 것이다. 웨스트콧트(B. F. Westcott)는 그렇게 하는 것이 더 '인상적' 이라고 하였다. 여기에 11절의 여운이 감돈다; '너희가 우리 증거를 받지 아니 하는도다' 라고 하였는데 여기서는 '그의 증거를 받는 이

23) 생략한 것에 대한 본문적인 증거나 생략하는 것을 반대하는 본문적인 증거가 서로 팽팽히 맞서 있다. 우리 두 최초의 증거에 대하여 Papyrus 66은 '만유 위에 계신' 이라고 하고 있고 Papyrus 75는 생략하고 있다.

가 없도다' 라고 한다.

3:33-35 "그가 그 보고 들은 것을 증거하되 그의 증거를 받는 이가 없도다 그의 증거를 받는 이는 하나님을 참되시다 하여 인쳤느니라 하나님의 보내신 이는 하나님의 말씀을 하나니 이는 하나님이 성령을 한량없이 주심이니라 아버지께서 아들을 사랑하사 만물을 다 그 손에 주셨으니"

예수님의 증거는 하나님의 완전한 진리다. 그는 하나님의 완전한 사신이자 하나님의 메시지를 완전히 전하신다. 그러므로 예수님의 증거를 받아들이는 자들은 하나님의 신실하심을 신뢰한다. 마치 그들은 하나님의 메시지에 대해 인(印)치는 것과 같다. 32절 끝에서 '그의 증거를 받는 이가 없도다' 라는 진술은 절대적인 것은 아니다. 요1:11의 '자기 백성이 영접지 아니하였다' 라는 진술이 절대적인 것이 아닌 것과 같다. 두 경우에서 복음서 기자는 즉시 그 진술의 제한을 둔다.

하나님께서는 당신의 진리를 세상에 전하기 위해 많은 사신들을 보내셨다. 그 사신들의 줄기가 세례 요한에서 끝이 난다. 그들 사신들 각자는 참된 증거를 하기 위하여 필요한 성령의 분량을 받았다.[24] 그러나 성령께서는 하나님의 아들에게 '머물러 계신다' (요1:32,33 참조). 이는 사11:2, 42:1, 61:1에서 예고된 것이다. 성령이 그에게 주어진 것은 세심하

24) Rabbi Acha(주후4세기 경 랍비적인 주석인 *Leviticus Rabba* 15.2(레13:2에 대한 주석)에서 인용한 대로 하면)에 의하면 성령께서는 선지자에게는 그 사명의 '분량에 따라' 임하신다는 것이다.

게 정해진 분량 안에서 주어진 것이 아니다. 34절 마지막 소절의 의미가 그러하다는 것은 아버지께서 아들의 손에 모든 것을 맡기셨다는 진술에서 함축되는 바다. '한량없이 성령을 주신다' 는 소절 자체로 하면, 그리스도께서 마치 주어가 되는 식으로 된다. 그러한 구문은 복음서 기자가 여기서 의도하려는 것이 아니라 할지라도 실제와는 맞아 들어간다. 한량없이 성령을 받으시고 그 충만함에 거하시는 분은 '성령으로 세례를 주시는' (요1:33) 분이시다. 그리고 그가 하늘에 속한 은사를 나누어 주실 때에 '다소 간에 섬세하게 계산되는 것' 에 관하여는 그렇게 세심한 관심을 두지 않으신다. 그 백성들은 결국 신실한 증인들이 되어서 자기들도 '보고 들은' 것을 확신 있게 말하게 되 는 것이다(요일1:3 참조).

우리 이 복음서에서 두 번이나 '아버지께서 아들을 사랑하신다' 라는 말씀을 읽는다(여기35절과 요5:20에서). 여기서의 동사는 *아가파오)(agapaō)*이고; 요5:20의 경우는 *필레오(phileō)*다. 동일한 의미를 전달하는 진술들에서 동사가 그렇게 교대적으로 쓰이는 일은 복음서 기자가 동의어를 여러 가지로 다양하게 구사하는 성향이 있음을 보여주는 것이다. 35절은 공관복음서에 기록된 예수님의 말씀: "내 아버지께서 모든 것을 내게 주셨으니"(마11:27, 눅 10:22). 아들은 아버지의 전권대사시오, 아버지의 완전한 대변인이시고 계시자이시다.[25]

3:36 "아들을 믿는 자는 영생이 있고 아들을 순종치 아니하는 자는 영생을 보지 못하고 도리어 하나님의 진노가 그 위에 머물러 있느니라"

25) 1:18의 주해를 참조하라.

"아들을 믿는 자는 영생이 있고"라는 단순하면서 확고한 진술은 이미 그리스도를 믿는 자들이 거듭나서 하나님의 자녀가 되는 것에 관하여 말한 것을 요약하고 있다(요1:12이하, 3:3이하). 아들은 믿음으로 영접하고 그 증거를 받는 이들에게 영생, 내세의 생명을 부여할 권한을 부여받으셨다(요5:20이하, 25이하, 17:2 참조).

하나님의 아들을 믿는 믿음이 영생에 이르는 오직 유일한 길이니, 그를 믿기를 거부하는 이는 스스로 그리스도의 주시는 선물인 그 생명을 누리기를 부인하는 자들이다. 이 구원에 이르는 믿음은 믿음과 순종을 함축하고 있다. 신약에서 자주 *아페이데오(apeitheō)*('불순종하다')라는 말이 자주 사용이 되는데, 여기서는 그 말이 *피스튜오(pisteuō)*('믿다') 라는 말에 대칭적으로 사용되고 있다. 3절에서 하나님의 나라를 '보는 것' 과 같이 생명을 '보는 것' 은 그 생명에 참예하여 체험하고 누리는 것을 의미한다. '생명을 본다' 라는 것은 '죽음을 본다' 라는 말에 대하여 대칭적이다(요8:51에서와 같이). 아들에게 순종하지 않는 이들은 자신들 죄를 옮기시는 그의 일의 은덕에서 끊어버리는 자들이다. 그러니 그들의 현재의 회개하지 않는 것이 하나님의 진노에 자신들을 노출시키고 있다-하나님의 도덕적인 통치의 진수가 되는 의분(義憤)에 자신들을 노출시키는 일이다. 신자들이 받는 영생은 하나님께서 그리스도 안에서 그들을 의로 받으신다는 것을 함축하는 것이다. 사람들은 하나님께서 제공하시는 이 의의 길을 떠나서는 하늘의 심판을 당할 수밖에 없는 자리에 머물러 있는 것이다 - 18절의 말대로 그들은 '이미 정죄를 받았다.'

제 4 장

II. 예수님과 사마리아 사람들(4:1-42)

4:1-3 "예수의 제자를 삼고 세례를 주는 것이 요한보다 많다 하는 말을 바리새인들이 들은 줄을 주께서 아신지라(예수께서 친히 세례를 주신 것이 아니요 제자들이 준 것이라) 유대를 떠나사 다시 갈릴리로 가실새"

당시 요한과 예수님의 최근의 세례사역을 둘러싼 정결케하는 것에 관한 논란(요3:25)이 표면적으로 드러난 것보다 더 광범위하게 퍼져있었다. 바리새인들은 비평적인 시각으로 두 설교자를 바라보았다(요1:24 참조). 만일 예수님의 세례를 받으러 가는 자들의 수가 늘어나게 되어 요한의 제자들의 마음에 무언가 다시 생각하여야겠다는 느낌이 들게 되고, 요한의 제자들과 예수님의 제자들 사이에 어느 정도의 불화가 일게 되면, 바리새인들은 요한이나 예수님 모두에게 불리한 쪽으로 상황을 몰고 갈 수도 있었다. 누구나 그 상황이 어찌 되었는지를 더 알고 싶어 한다. 그러나 복음서 기자는 그 일에 대하여 간단하게 언급할 뿐이다. 위에서 말한 것같이 요한과 예수님은 이때쯤 해서는 유대에서 '세례 운동' 의 지도자들에 불과(不過)하게 보였다. 그러나 요한이 먼저 세례를 베풀었고 그 다음이 예수님이셨다는 사실(물론 그 제자들을 통하여)은 다른 운동들을 통하여 몸을 거듭 정화시키는 것과는 전혀 다른 의미를 가지게 하였다.

'예수께서 친히 세례를 주신 것이 아니요 제자들이 준 것이라' 는 괄호 안에 들어 있는 진술로 인하여 문장의 진로를 막아버려서 (요4:8의 괄호의 경우와 같이) 편집자가 그 일을 하지 않았나 하는 생각을 하게 만들었다. 그러나 앞 구절이나 요3:26의 보도의 내용을 무산시키는 것은 아니다. 신중하게 지명(指名)한 대리인을 통하여 행동하는 자는 행해진 행동의 장본인이다. 후에 새로 믿는 사람들의 공동체가 오순절 날에 구성되고 '예수님의 이름으로' 세례가 시행되었을 때(행2:38; 10:48참조) 사도들은 그들의 높아지신 주님의 대리인으로 행동하고 있었지 그들 자신의 권위로 행동하고 있지 않았다. 지금 본문이 가리키는 것이 오순절 후의 세례라고 주장을 하는 이들이 있다. 다시 말하면, 예수님의 지상생애가 끝나고 나서 베풀어진 세례에 관하여 언급하고 있다는 것이다. 그리고 이는 2절의 괄호를 설명해 준다고 한다(이 가정대로라면). 이 2절의 괄호는 어떤 사람이 역사적인 의식을 가지고 삽입하여 놓았다는 것이다. 그러나 우리가 다루고 있는 것은 갈릴리 사역의 주요한 과정보다 우선하는 초기 유대 사역의 실제적인 상황이다.[1]

예수님의 사역과 요한의 사역 사이를 예리하게 구분하고자 하는 어떤 시도가 있었다면 예수님께서는 그 일을 미리 말씀하셨을 것이다. 예수님께서 요한을 어찌나 존중하셨던지 바로 그러한 가능성이나 어떤 분열의 조짐도 용납하지 않으셨다. 그래서 유대를 떠나서 갈릴리로 가셨다. 그는 예루살렘의 유월절이 이르기 전 수개월 동안을 거기서 머물러 계셨다(요2:13).

---

1) 요3:24 수해 참조.

4:4-6 "사마리아로 통행하여야 하겠는지라 사마리아에 있는 수가라 하는 동네에 이르시니 야곱이 그 아들 요셉에게 준 땅이 가깝고 거기 또 야곱의 우물이 있더라 예수께서 행로에 곤하여 우물 곁에 그대로 앉으시니 때가 제 육 시 좀 되었더라"

사마리아는 남쪽의 유대와 북쪽의 갈릴리 사이에 위치하여 있었다. 그러므로 유대에서 갈릴리로 가고자 하면서도 많은 이방인들이 살고 있는 요단으로 돌아갈 준비가 되어 있지 않은 이는 누구든지 다 이 사마리아를 통과해야 했다. 이 경우에 예수님께서는 남쪽에서 북쪽으로 곧바로 통하는 직행로를 택하시어 가던 중에 여기 수가라 하는 곳에 당도하게 되신 것이다. 그 수가라는 이름은 이전에는 확인되지 않는 지역이다. '그곳이 에발산 기슭에 위치한 지금의 하스카 마을로 보는 견해가 지배적이다. 나블러스 북동쪽으로 1, 2마일 가량 떨어져 있고, 야곱의 우물에서는 북쪽으로 반마일쯤 떨어져 있는 곳이다.'[2] 두 명칭이 서로 연관 되지는 않지만 그렇게 보는 것이 옳을 듯하다 - 하스카('*aksa*)는 군대의 진영을 나타내는 아랍어적인 명칭으로 주후 7세기 이전에는 팔레스틴에서는 알려지지 않던 곳이다.[3] 수가라는 지명은 4세기 전반기에 알려졌다. 순례자 보데옥스(Bordeaux, 주후 333년에)는 수가성은 로마 마일(mile)로 계산하여 세겜(지금은 발라타)에서 1마일 가량 떨어진 곳에 위치해 있다고 한다. 그 이름이 탈무드[4]에 언급된

2) G. A. Smith, *Historical Geography of the Holy Land*(London,[25] 1931), pp.367-376 참조.
3) W. F. Albright, *The Archaeology of Palestine*(Pelican Books, 1960), p.247 참조.
4) Babylonian Talmud, tractate *Sota* 49b, tractate *Mᵉnāhóth* 64b; Jerusalem Talmud, tractate *Shᵉqālim* 5.48d.

'헨 소커' (En Saker) 샘의 지명 속에 보전되어 있을 수도 있다(지금도 '하스카' 에 존재하고 있는 물을 넉넉하게 솟구쳐내는 샘을 가진 지역과 같다고 할 수도 있다).

야곱이 요셉에게 준 땅이 창48:22에 언급되어 있다. 그 구절에 보면 야곱이 그 침상에서 요셉에게 이렇게 말한다. "내가 네게 네 형제보다 일부분('산 한 기슭' 히브리어 *쉐켐(Shechem)*은 '어깨' 라는 뜻)을 더 주었나니 이는 내가 내 칼과 활로 아모리 족속의 손에서 빼앗은 것이라" (야곱이 말한 이 군사적 정복이 언제였는지는 구약에서 그 연대를 알기는 어렵다. 창34:25이하의 사건을 그렇게 표현한 것인가 하는 생각이 들기는 하나 개연성이 적다).[5] 이스라엘 사람들이 중앙 가나안을 정복하고 나서 많은 세월이 지나간 후에 요셉의 뼈를 애굽에서 가져다 세겜에 장사지냈다. 그 지역은 야곱이 세겜의 아버지 하몰의 아들들에게서 많은 돈을 주고 산 것이다(NEB에서는 그 액수가 양 일백 마리가 될 것으로 계산하고 있다); 그 땅은 요셉의 후손들의 기업이 되었다(수24:32; 창33:19을 참조). 그러므로 그곳은 오래되고 거룩한 관계를 가진 곳이었다. 그 가까이 요셉의 무덤이 여전히 보인다. 그 무렵이 돔(dome)으로 덮여 있다. 이슬람 지역 내의 다른 많은 *웰리(weli,* 거룩한 사람의 기념물)와 같이 돔으로 덮여 있다.

수가가 어디 있는지에 대하여 확실한 결론을 내리지 못하더라도, 야곱의 우물이 있는 곳 근처인 것만은 확실하다(요셉의 무덤에서 북동쪽으로 325야드 지역에 그 우물이 위치하여 있다). 제롬 (Jerome)의 때(주후

---

5) 정복에 대한 후기 장식물들이 Jubilees 34:2-9과 *Testament of Judah* 3:1-7:11에 나타난다. '사키르' (Sakir)라는 지명이 Jubilees 34:4,7에 나타난다. 수가와 같은 지역일 수도 있다. 그러나 이를 증명할 길은 없다.

400년 경)에 거기에 교회당을 세웠다. 7세기 후에 십자군들이 거기에 다른 교회당을 세웠다. 이 둘은 다 모슬렘에 의하여 파괴되었다. 이 지역은 아직 완성되지 않은 희랍정교회에 표식이 된다. 그 교회당은 20세기 초에 공사가 시작된 교회당이다. 그 우물의 수원(水源)은 둘러 쌓아놓은 경계의 그늘에 가리워져 있다. 그래서 더 이상 햇빛이나 직접적인 공기 흐름에 노출되지 않는다. 예수님의 때에도 그러하였다.

여기서 '우물' 이라고 번역된 *페게(pēgē)*라는 헬라어는 '샘' 이나 '우물' 을 의미한다; 11, 12절에서 사용된 말은 *프레아(phrear)*다. 그 말은 깊게 판 우물이나 수조통을 지시하는 말이다. 두 말 모두 야곱의 우물을 나타내기에 적낭한 말이다. 그러나 사실 그것은 지하로 흐르는 물을 통하여 나오는 물이다. 정말로 그러한 지하로 흐르는 물이 드물게 분출되어 나온다.[6)]

해가 뜬 때로부터 계산하여 제 육시는 정오가 될 것이다. 피곤하여 지친 여행자가 쉬어 갈 곳을 찾기에 아주 자연스러운 때다. 복음서 기자가 예수님 안에서 육신이 되신 것은 하나님의 '말씀' 이시라고 주장하면서도, 동시에 그 하나님의 '말씀' 되신 이가 *육체*였다는 것을 주장하고 있다. 그는 우리 주님의 참 인성(人性) 을 증거하는 그러한 특정들을 강조하고 있다. 그 인성은 외계에서 와서 우리의 일반적인 연약에 전혀 접촉되지 않은 그러한 둔감한 내방자가 아니라는 말이다. 예수님께서 행로에 곤하여 쉬기 위하여 앉으셨다는 묘사는 *최후의 심판날(Dies Irae)*이라는 작품의 불후의 구절(句節)을 생각하게 하였다: '주께서 거기 곤하게 앉으사 나를 찾으시네' *(quaerens me sedisti lassus)*.

---

6) C. Kopp, *The Holy Places of the Gospels* (Edinburgh/London, 1962),p. l56.

4:7,8 "사마리아 여자 하나가 물을 길러 왔으매 예수께서 물을 좀 달라 하시니(이는 제자들이 먹을 것을 사러 동네에 들어갔음이러라)"

여자들이 물을 길러 올 때에는 여럿이 무리지어 오는 것이 관례다. 그리고 시원한 시간을 찾아서 말이다. 이 여인은 분명하게 혼자서 왔다. 아마 그 여자는 자기 이웃들과 어울리는 것을 원치 않았던 것 같다(아니면 다른 이웃 여자들이 그 여자를 자기들 무리에 섞이게 하고 싶지 않았던지). 그래서 그녀는 일부러 다른 여자들이 거기 우물에 있을 것 같지 않은 시간을 택하였던 것이다.-그러한 생각을 연결하여 나가기는 쉬운 일이다. 예수님께서 피곤하고 목이 마른 여행자로서 거기서 물을 걷고 있는 여자에게 요구하신 일은 아주 자연스러운 일이다. 그러나 그것이 그녀에게 감동을 주었다.

8절의 괄호가 함축하는 바는 이러하다. 만일 거기 제자들이 함께 있었다면 그들이 예수님을 위하여 물을 길렀을 것이다. 그러나 먹을 것을 사러갔기 때문에 거기에 제자들이 없었다. 그 '성' 은 그 여자가 속하여 있는 동네였을 것이다. 엄격하게 규례를 지키는 유대인들은 사마리아 사람들이 만든 음식을 먹으면 부정해진다는 생각을 하고 있었을 것이다; 그러나 어떤 음식들은 다른 모든 음식보다 덜 더럽혀진 것이라고 여겨졌다.

4:9 "사마리아 여자가 가로되 당신은 유대인으로서 어찌하여 사마리아 여자 나에게 물을 달라 하나이까 하니 이

는 유대인이 사마리아인과 상종치 아니함이러라"

유대인들과 사마리아 사람들 사이의 종교적인 차이들은 심각하게 뿌리 깊은 것이었다.[7] 히브리 왕조 시대에 사마리아와 유다 사이의 골이 바벨론 포로기 이후에 치유될 수 있었다. 그러나 포로에서 돌아온 유대인들이 사마리아인들이 제안한 협력관계를 거절하였다. 그들의 인종적 종교적 정결성을 그들 유다 사람들이 의심하였기 때문이다. 그러한 과정을 통해서 생겨난 적대감은 사마리아 사람들이 주전 400년경에 그리심 산에 사마리아 성전을 세움으로 인하여 더 첨예화(尖銳化)되었다. 주선 108년경에 하스 보니안 통치자 존 힐카누스(John Hyrcanus)가 그 사마리아 성전을 허물었다. 그러나 그러한 일이 유다인과 사마리아인 사이의 관계를 개선하는 데는 아무 일도 해주지 못하였다. 전래되어온 적의(敵意) 말고도 많은 유대인들은 사마리아인에게 안부를 묻는 것마저 아예 싫어하였다. 의식(儀式)적으로 부정하게 될까 두려워하면서 말이다. 그런 식으로 망설이는 것이 사마리아 여자일 경우에는 더욱 그러하였다. 한 두 세대 후에 종교적 율법의 지위를 획득한 상당수의 유대인들 중에는 모든 사마리아 여자들을 의식적(儀式的)으로 영구하게 부정한 상태에 있음에 틀림없다는 관점을 가지고 있었다. 이 사마리아 여자가 놀란 것은 아주 당연한 일이다.

그녀의 놀람에 대하여 복음서 기자의 설명은-그 특유의 괄호 속에 넣어서 - 단순하게(옛 역본들이 한 것같이) '유대인들은 사마리아인들을 전

7) R. J. Coggins, *Samaritans and Jews: The Origins of Samaritanism Re-considered* (Oxford,1975)를 보라.

혀 대접하지 않았다' 는 것이 아니었다. 보다 더 특별하게 '유대인들과 사마리아인들은 같은 그릇을 사용하지 않았다'[8]는 사실을 말하고자 함이다. 만일 여자가 예수님의 청에 응한다면 예수님은 그녀가 가진 물그릇에서 물을 마시게 된다. 이러한 일은 유대인에게는 의식적으로 오염되는 것을 의미하는 것이었다. 그 물그릇의 주인이 사마리아 여자이고 보면 그러하다. 그러한 것을 엄격하게 지키는 유대인의 관점에서 보면 말이다. 그러니 예수님의 요청이 그 여자를 놀라게 한 것을 전혀 이상하게 생각하지 말아야 할 것이다; 그녀에게 그러한 식으로 은혜를 베푼 것은 정말 예기치 않은 선의(善意)였던 것이다.

4:10 "예수께서 대답하여 가라사대 네가 만일 하나님의 선물과 또 네게 물 좀 달라 하는 이가 누구인줄 알았더면 네가 그에게 구하였을 것이요 그가 생수를 네게 주었으리라"

예수님께서는 그녀가 거론하는 유대인과 사마리아인 사이의 깊은 간격의 문제에 대하여는 더 관심을 두지 아니하신다. 다만 대화의 주제를 다른 문제로 돌리신다. 만일 우물 곁에 앉아 계신 이가 누구신지, 또한 그분이 무엇을 주실 수 있는 분이신지 알았다면, 그녀가 먼저 구하였을

8) GNB: '유대인들은 사마리아인들이 사용한 잔과 주발을 사용하지 말 것이라.' 이 해석이 현대에 널리 받아들여지고 있는 것은 D. Daube, *The New Testament and Rabbinic Judaism* (London, 1956), p.382의 영향에 기인한 것이다. 그러나 보다 최근에는 어거스틴이 이 문장을 다음과 같이 이해하였다는 지적이 있다: '그들(사마리아인들)이 원수 관계인 것을 안다. 실로 유대인들은 그들 사마리아인들의 그릇을 쓰지 않았을 것이다. 그 여자가 물 길을 그릇을 가졌으니 한 유대인이 그녀에게 물 좀 달라고 하니 저으기 놀랐을 것이다-유대인들의 관습상 하지 않던 일을 하고 있으니 말이다' (*Tractate 15 on St. John*, 4.11). T. E. Pollard 'Jesus and the Samaritan Woman', *ExpT* 92 (1980-81), pp.147이하.

것이다. 가뭄이 들기 쉬운 땅에서 물은 정말 하나님께로서 온 선물로 귀하게 여긴다. 팔레스틴을 여행하는 이는 누구나가 물이 얼마나 필요한 것인지를 금방 알게 된다. 그러나 예수님께서는 지금 가장 순전(純全)한 땅의 샘이 제공할 수 있는 것보다 더 큰 하나님의 선물을 말씀하시고 계신다. 가나에서의 표적에서(2:6이하)와 니고데모와의 대화(요3:5)에서 물은 이미 영적인 의미로 상징화되어 있었다. 여기서는 야곱의 우물에서 길은 물이 사마리아인들과 유대인들이 다 같이 물려받은 옛 질서를 상징하면서 새 질서와 성령의 선물과 영생과 대조되고 있다. '생수' 라는 표현은 당시 샘물을 지시하거나 수조에 담아놓은 물과는 구별되는 흐르는 물을 나타내기 위하여 사용된 말이다. 우리는 렘2:13에서 이스라엘의 하나님께서 자신을 '생수의 근원' 이라고 말씀하시는 것을 상기하게 된다. 그 백성들이 스스로 만든 수조통을 더 좋아해서 그 생수의 근원을 버린 것이다. 수조에 있는 물은 아무리해도 괴어 있는 물이다. 말하자면, 그들이 만든 물통은 '물을 담아 둘 수 없는 터진 웅덩이' 임이 드러났다. 흘러가는 물은 새롭게 늘 공급되는 하나님의 은혜를 예증하는데 아주 좋은 재료이다.

4:11, 12 "여자가 가로되 주여 물 길을 그릇도 없고 이 우물은 깊은데 어디서 이 생수를 얻겠삽나이까 우리 조상 야곱이 이 우물을 우리에게 주었고 또 여기서 자기와 자기 아들들과 짐승이 다 먹었으니 당신이 야곱보다 더 크니이까"

예수님께서 '생수' 에 관하여 말씀하실 때에 여자는 예수님께서 말씀하시는 생수가 야곱의 우물을 늘 채우고 있는 생물과 같은 류의 어떤 물이라고 이해하였다. 이 낯선 이는 물 길을 그릇도 없다(헬라어 *안트레마(antlēma)*15절의 동사 *안트레오(antleō)*를 참조하라). 또는 그 깊은 우물(여기서 사용된 말은 *프레아르⟨phrear⟩*다)로부터 물을 길을 만한 어떤 것도 가지고 있지 않다. 오늘날에도 그 우물은 100피트가 넘는 깊이다. 그 당시에는 그보다 더 깊었을 것이 틀림없다. 19세기 팔레스틴의 탐험가 트리스트람(Canon H. B. Tristram) (성경의 자연사 ⟨The natural History of the Bible⟩라는 표준저작의 저자다)이 한 번은 그 우물곁에 앉아 요한복음 4장을 읽었다고 한다. 그때에 우물가의 경계를 세워놓지 않았었는데 읽어가다 뜨거운 햇볕이 내려쬐이는 속에서 졸다가 그만 성경을 놓쳐 그 성경이 우물에 떨어지고 말았다. 그 후 수년간 그 성경을 다시 찾아 올리지 못하다가 이상하게 겨울 가뭄이 들었을 때에야 찾았다고 한다.

생수에 대하여 말씀하시는 예수님의 말씀을 이해하지 못한 여자는 거듭남에 대하여 말씀하시는 것을 이해하지 못하던 니고데모에 비교될 수 있다(요3:4).[9] 그러한 약속을 정말 이룰 수 있는 이라면 분명 야곱보다 더 큰 이다. 그런데 여자는 그렇게 생각한 것 같지는 않다(부정관사 *메⟨mē⟩*로 시작되는 질문은 '아니라' 는 답을 함축하고 있는 것이다). 야곱은 자기 가족과 후손들을 위하여 많이 수고하여 그 *우물(phrear)*을 팠다.

9) J. Rendel Harris, '요한복음의 상실된 구절' (A Lost Verse of St. John' s Gospel) *ExpT* 38(1926-27),pp.342이하. Harris는 *Diatessaron*에 대한 Eph-rem의 주석 미국 판에서는 다음과 같이 추론한다. "어디서 당신이 이 '생수' 를 얻을 수 있삽나이까?' 라는 질문이 있고 나서 주께서 "내 물은 하늘로부터 내려온다" 고 하셨다는 것이다.

구약의 진술 중에서 이 야곱의 우물을 판 일에 대하여는 전혀 언급이 없다. 아마 창33:18-20의 문맥 속에 그 일이 속하여 있는 것 같다. 의문은 사실상 그러한 생물로 가득한 우물이 있는데 이웃에 또 우물을 팔 필요가 있었는가 하는 것이었다. 아마 이웃에 사는 사람들과의 긴장어린 관계 때문에 물을 얻을 수 있는 별개의 우물을 확보하는 것이 더 나을 것 같다는 생각을 하였을 것 같다; 그 아버지 이삭이 이 문제로 네게브의 족속과 다툰 일이 있음을 생각하고 비교할 수 있다(창26:15-33). 복음서 기자는 여자의 말을 통하여 더 깊은 의미를 의심 없이 분변하고 있다. 사마리아인이든 유대인이든 다 야곱의 후손이 아직도 예수님께서 주시는 것보다 못한 영적 힘으로 만족하고 있다는 것이다.

4:13,14 "예수께서 대답하여 가라사대 이 물을 먹는 자마다 다시 목마르려니와 내가 주는 물을 먹는 자는 영원히 목마르지 아니하리니 나의 주는 물은 그 속에서 영생하도록 솟아나는 샘물이 되리라"

여자가 마지막으로 던진 질문에는 의심이 서려 있다. 어떻게 지나가는 유대인이 족장 야곱보다 더 클 수 있는가? 그러나 예수님께서는 그녀의 질문을 아주 진지하게 받아들이신다. 야곱의 우물에 있는 물은 분명하게 좋은 물이었다(지금도 그러하다). 그러나 사람의 갈증을 무한하게 채워주지는 못한다. 거기서 물을 길어 마셔서 시원함을 얻은 이는 다시 목마르게 된다. 그리고 다시 그 물을 걷기 위하여 그리로 가야 한다. 랍비적인 전통에서는 율법을 시원하게 신선한 물에 자주 비유가 되곤 하였는데, 그것은 예수님께서 여기 야곱의 우물보다 더 나올 뿐 아니라 유대인과 사마리아인이든 모두의 율법적인 종교보다 더 우월한 것을 제공하고 계시다는 것을 암시하고 있다. 예수님께서 하신 말씀이 사마리아인의 귀에는 아주 특이한 종같이 울렸을 것이다. (누구나 인정하듯이 훨씬 뒤에) 속죄일을 위한 사마리아인의 예배에서는 타헵〈Taheb〉(유대인 메시아에 상응하는 사마리아의 메시야)에 대하여 말하기를, '물은 그의 물길을 그릇에서 흘러 나올 것이다' (민 24:7의 발람이 받은 말씀에서 벌어온 어법)라고 한다.[10] 이 낯선 사람이 타헵이 줄 것으로 기대되는 것을 준다고 약속하고 있는가?

복음서 기자가 물에 관한 예수님의 말씀을 뒤에 가서 유사한 말씀에 대하여 하는 것같이 주석을 붙이고 있는 것은 잘한 일이다. 뒤에 가서 예수님께서는 다시 이렇게 말씀하셨다: "이는 그를 믿는 자의 받는 성령을 가리켜 말씀하신 것이라" (요7:39). 예수님께서 당신의 사람들에게 나누어 주실 하나님의 성령이 그들 안에 항상 새롭게 하는 샘물과 생명으로 거하시기 때문이다. 영혼의 가장 큰 갈증은 하나님 자신에 대한 갈증이다. 하나님께서는 우리를 만드시되 당신 자신이 아니고서는 진정한 만족을 하지 못하게 만드셨다. '그리스도께서 사람의 갈증을 추방하지 않는 방식으로 사람을 만족시키지 않으신다. 그러한 식으로 하면 사람의 영혼의 성장을 둔하게 할 것이다. 오히려 그리스도께서는 당신의 성령의 선물을 통하여 그에게 내적으로 만족할 재료를 주시어 사람을 만족하게 하신다. 그 내적인 만족의 재료는 항상 새로움을 필요로 할 때마다

10) A. E. Cowley, '메시아에 대한 사마리아인의 교리' (The Samaritan Doctrine of the Messiah), *Expositor* series 5,1(1895), p.163. Taheb에 대하여는 19절에 대한 주석을 참조하라(p.108).

신선함을 공급해 줄 것이다' (G. H. C. Macgregor) 그리하여 생수의 근원이 사람들의 개인적인 삶에서 항상 거하게 될 수 있다. 그들은 기쁨으로 구원의 샘에서 물을 길어 마실 수 있다(사12:3). 그리고 그들은 그 구원하는 은혜에 참예(參預)함에 따라서 하늘의 은사와 장차 올 내세의 생명을 맛보게 되는 것이다. 예수님께서 여기서 말씀하시는 것은 만든 수조가 아니라 *샘(Pegē)*이다(헬라어 본문에서 '솟아난다' 는 말은 '물' 과 걸리지, '샘' 과 걸리는 것이 아니다).

4:15 "여자가 가로되 주여 이런 물을 내게 주사 목마르지도 않고 또 여기 물 길러 오지도 않게 하옵소서"

만일 정말 이 낯선 이가 말하는 대로 정말 할 수만 있다면 그는 분명히 야곱보다 큰 사람이다. 그러나 여자의 생각은 계속하여 모세 속의 수준을 넘어가지 못하고 거기서 맴돈다; 그녀는 여전히 예수님이 물질적인 물과 몸의 목마름에 대하여 말씀하시는 것으로 알고 있다. 만일 그녀가 이 신기한 물을 제공 받는다면 매일같이 여기 야곱의 우물에 와서 물을 길을 필요도 없게 되니 그 얼마나 놀라운 일인가! (만일 그녀가 살고 있는 곳이 지금의 하스카 지역을 끼고 있는 곳이라고 한다면, 헨 소커 샘을 지나야 했을 것이고, 또한 그 야곱의 우물이 있는 곳까지 오는 도중에 시냇물도 건너야 했을 것이다; 아마 그녀는 그들 이웃 여자들이 자주 가는 원천(源果)으로 물을 길러 함께 가는 일을 하였을 것이다). 그녀의 반응은 예수님께서 후에 하늘로서 오는 생명의 떡에 대한 말씀을 들은 갈릴리 사람들의 반응과 흡사하다: "주여 이 떡을 항상 우리에게 주소서”(요6:34).

4:16 “가서 네 남편을 불러오라”

그녀의 오해는 대화가 목마름과 물의 수원(水原)에서 진행이 되어가는 동안에는 교정될 수가 없었다. 그래서 갑자기 주제가 다른 것으로 바뀌는 것 같은 인상을 주는 식의 유도를 예수님께서는 하신 것이다-이미 암시된 하늘에 속한 진리를 더 잘 이해시키시려는 의도에서 하신 것은 아니다. 이제는 물의 비유를 사용하지 않으시고 직접 본 주제로 들어가신 것이다.

4:17,18 “여자가 대답하여 가로되 나는 남편이 없나이다 예수께서 가라사대 네가 남편이 없다 하는 말이 옳도다 네가 남편 다섯이 있었으나 지금 있는 자는 네 남편이 아니니 네 말이 참되도다”

여자는 주제가 갑자기 바뀌므로 인하여 어리둥절하게 되었다.

이 낯선 사람이 그 여자가 자연히 민감하게 여기는 그녀의 사생활의 국면을 건드리기 때문에 더 그러하였을 것이다. 여전히 예수님은 그녀에게 있어서는 외인일 뿐이고, 그녀의 삶의 내력을 알지 못한 것이다. 그래서 그녀는 자기의 현재의 입장을 단순하게 진술하는 것만으로 그를 떼어 버릴 수 있었다. “나는 남편이 없나이다” 그러나 이 외인은 그녀가 생각했던 것보다 그녀 자신에 대하여 훨씬 더 많은 것을 알고 있었다. 그는 그녀의 진술이 실상(實狀)을 잘 나타낸 것임을 알고 계셨다. 그러나 그 진술이 전부를 말한 것은 아니다. 그래서 예수님께서는 그녀로 하여금 그녀 자신에 대하여 얼마나 많은 것을 알고 계신지를 바르게 이해하게 하셨다.

18절의 예수님의 말씀은 문자 그대로 그녀의 변화무쌍하였던 결혼 생활에 대한 요약으로 취급될 수 있다. 우리는 어째서 그녀에게 그렇게 많은 남편들이 있었는가를 알지 못한다. 아마 그녀는 신24:1의 의미에서 '부정해 보이는 것' 때문에 남자마다 그녀와 이혼하였을 것이다. 아니면 그녀의 남편이 죽어서 그리되었을 수도 있다. 그런데 이제 그녀는 정상적으로 결혼하지 아니한 한 남자와 동거하고 있는 중이다. 아마도 어떤 법적 하자(瑕疵) 때문에 정규적인 결혼을 하지 못한 것 같다. 그래서 그녀의 대답, "나는 남편이 없나이다"라는 말이 형식적으로 참말이나 잠재적으로는 오도할 수 있는 요소를 가진 말이었다. 그러나 이 예수님의 말씀이 표면으로 나타난 것보다 더 깊은 의미를 가지고 있었는가? 이 복음서에서 자주 그러하듯이, 그럴 수도 있다는 인상을 받는다. 그러나 우리는 더 깊은 의미가 무엇인지에 대하여 확신 할 수 있는 것이 전혀 없다.

시대를 중하게 여기는 해석법은 이 말 속에서 종교적 혼합주의를 본다. 당시 앗수르 왕들이 사마리아 지역에 비 이스라엘 정착촌을 만들어 놓은 후에 그러한 혼합주의는 사마리아의 특징이 되어 왔다. 예수님께서는 그녀를 보면서 사마리아 공동체의 대파(大破)적인 인물이라고 보고 계셨던 것이다. 그들 사마리아 공동체는 인종과 종교 모두에 있어서 혼합되었다하여 유대인의 멸시를 샀다. 그녀의 다섯 남편은 이교도적 신(神)들이다. 왕하17:24에서 언급되는 메소포타미아와 수리아의 다섯 지역에서 온 정착민들이 사마리아에 그 이교적인 신상을 들여왔던 것이다; 아직 정규적인 결혼을 하지 않은 채 동거하고 있는 다섯 번 째 남자는 이스라엘의 참 하나님이라는 식이다. 예언적이고 상상어린 생각이 그렇게 보전될 수 있다는 것이 주목할 만하다. 우상을 율법적 결혼을 통하여 표현하고, 하나님을 예배하는 것은 부정한 연합을 통하여 표현된다는 식이다. 이러한 의도로 밀어붙이는 해석자들은, 정착민들에 의하여 본래 섬기던 이교도 신앙을 수에 있어서 다섯이 아니라 일곱이었다는 사실로 부당하게 혼란을 겪지는 않을 것이다(왕하17:30이하). 또한 그러한 것들이 차서(次序)를 따라서 예배되지 않고 이것저것 예배하는 형식을 취하였다는 것이다. 그러한 것으로 인하여 그 해석자들이 무신경하게 혼란을 겪지는 않을 것이다. 상세한 국면은 서로 맞지 않음을 인식하고 더 희미한 풍유로 만족한다. 복음서 기자가 사마리아의 다양한 세부적인 것보다는 보편적으로 종교적 혼합주의를 정죄하는데 관심을 가지고 있다고 암시하고 있다.[11] 그러한 해석에 대하여 주어질 수 있는 가장 친절한 진술이다. 그리고 더 많은 증거가 나타나지 않는 한에서는, 여자가 개인적인 관계들에서 많은 절망을 가졌음을 상기하게 되었다고 결론짓는 것이 가장 좋다. 그리하여 그녀가 예수님께서 말씀하시는 깊이와 지속되는 만족을 더 잘 맛볼 수가 있다.

11) Philo의 방식을 따라서 W. L. Knox는 자기의 *Some Hellenistic Elements in Primitive Christianity* (London,1944), p.64, n.2 에서 또 다른 류의 비유가 바로 이 요한복음의 기자에 의하여 시도된다고 지적하고 있다. "다섯 남편은 사랑의 오감〈五感〉을 의미하는 것이고, 여섯 번 째의 남편은 사람 속에 있는 가장 고차원적인 요소라는 참된 '남편' 이 될 수 없는 거듭나지 않은 영혼을 가리키는 것이다. 성령께서만이 사람 속에 있는 최고의 높은 수준의 남편이 될 수 있다" (여기서 생수는 성령을 모형화하고 있다고 보는 것이다). 이는 Heracleon의 해석과 아주 같다. 그러나 영지주의적인 전제를 가지고 해석하는 그 사람에게 자연스러운 것은 20세기 연구의 학자들에게는 부자연스러운 것으로 보일 것이다.

4:19,20 "여자가 가로되 주여 내가 보니 선지자로소이다
우리 조상들은 이 산에서 예배하였는데 당신들의
말은 예배 할 곳이 예루살렘에 있다 하더이다"

이 여자의 삶의 내력을 펼쳐진 책을 보는 것같이 읽을 수 있는 이 외인은 결코 보통 사람이 아니다; 그러한 통찰력은 예언의 은사를 증거하는 것이다. 지금 그 사마리아인들은 모세 이후 예언의 정경성 (正經性)을 인지하지 못하였다. 모세 후의 예언은 유대 성경의 두 번째 대목을 형성한다. 그들의 믿음에 있어서 신34:10의 말씀, "그 후에는 이스라엘의 모세와 같은 선지자가 일어나지 못 하였나니"가 두 번째 모세, 타헵 또는 새 시대의 위대한 선지자가 일어나기 전에는 정말 절대적이고 견고한 위치를 유지하고 있었다. 그들은 바로 그 두 번째 모세가 일어나기를 바랬던 것이다.[12] 처음 모세와 두 번째 모세 사이에 그 어떤 선지자도 기대될 수 없었다. 만일 그 여자가 '선지자' 라는 말을 아주 진지하게 쓰고 있었다면, 그녀는 이미 이 낯선 사람에 대하여 대단한 발견을 하기 직전에 와있었다는 말이 되는 것이다. 이제 그녀는 금방 예수님의 정체에 대하여 알게 될 입장에 놓여진 것이다: 그녀에게 그녀가 행한 모든 것을 고한 사람은 다름 아닌 오실 자가 아닐 수가 없다.

그러나 먼저 그녀가 예수님을 '선지자' 로 생각하고 나서 대화의 주제는 종교적인 문제로 넘어간다. 어떤 이들은 다른 확신을 가지고 있는 사람과 종교적인 대화를 나누다 보면 반드시 서로 의견을 달리하는 요점

12) 신34:10의 말은 신18:15,18 이하의 약속을 반영한다. 곧, 사마리아인의 믿음이 타헵(Taheb)의 오심으로 성취될 것이라는 약속이다. 요1:21을 주석과 같이 참조하라.

에 반드시 이르게 된다. 만일 유대인과 사마리아인이 종교에 대하여 대화를 나누게 되면, 두 공동체 사이에 가장 문제가 되는 주제가 떠오르지 않을 수 없게 된다. 이스라엘의 하나님께서 당신의 모든 백성들의 지파들로 어떤 장소에 하나님의 이름을 두게 하셨는가? 하나님을 예배하기 위하여 어디를 의지해야 하나? 권위 있는 본문은 신12:5의 말씀이다. 그 말씀은 백성들이 하나님께서 정하신 장소를 찾아서 거기서 하나님께 제사를 드리라고 하신다. 그러나 그 본문은 하나님께서 정하신 장소가 어디인지를 분명하게 말하지 않는다. 그저 그 장소가 어디인지 추상(抽象)에 맡길 뿐이다. 유대인들과 사마리아인들은 그 장소에 대하여 다른 의견을 보이고 있었다. 유대인들은 그 장소가 '예루살렘' 에 있다고 하였다. 사마리아인들은 '이 산' 에 있다고 하였다-곧 세겜을 내려다보고 있는 그리심 산이 바로 그 산이라는 것이다-그들이 우물가에서 대화를 나누고 있을 때 그 산을 올려다 볼 수 있었다. 히브리 성경 유대인 판은 '주 너의 하나님께서 정하실 곳' 이라고 하고 있다. 그러나 사마리아 판에서는 '주 너의 하나님께서 정하여 주신 곳' 이라고 표기하고 있다(요드〈*yod*〉가 있고 없고에 따라서 그런 차이가 나타나는 것이다. '요드' 는 히브리서에서 가장 작은 알파벳이다). 사마리아 판의 원기는 하나님께서 그 장소를 정하여 주신 것이 이미 알려져 있다고 암시하고 있다. 세겜은 아브라함이 약속의 땅에 들어갈 때에 하나님께 처음 단을 쌓은 곳이다(창12:6이하). 사마리아 성경에서 십계명(출20:17과 신5:21 모두에서)이 우리가 흔히 제 10계명으로 알고 있는 부연된 지시 뒤에 나온다(부연된 지시는 신27:2-7과 11:30을 얘기하는 것이다). "너희가 요단을 건너 네 하나님 여호와께서 네게 주시는 땅에 들이기는 날에 큰 돌들을 세우고 석회를 바르라; 이미 건넌 후에 이 율법의 모든 말씀을 그 위에 기록하라 그리하면 네 하나님 여호와께서 네게 주시는 땅 곧 젖과 꿀이 흐르는 땅에 네가 들어가기를 네 열조의 하나님 여호와께서 네게 말씀하신 대로 하리니 너희가 요단을 건너거든 내가 오늘날 너희에게 명하는 이 돌들을 그리심 산에 세우고(히브리판 성경에서는 '에발 산에 세우고' 라고 하였음 - 역주) 그 위에 석회를 바를 것이며 또 거기서 네 하나님 여호와를 위하여 단 곧 돌단을 쌓되 그것에 철기를 대지 말지니라 너는 다듬지 않은 돌로 네 하나님 여호와의 단을 쌓고 그 위에 네 하나님 여호와께 번제를 드릴 것이며 또 화목제를 드리고 거기서 먹으며 네 하나님 앞에서 즐거워하라 너는 이 율법의 모든 말씀을 그 돌들 위에 명백히 기록할지니라 그 산은 요단 강 저편 곧 해지는 편으로 가는 길 뒤 길갈 맞은편 모레 상수리나무 곁의 아라바에 거하는 가나안 족속의 땅에 있지 아니하냐" 여호수아의 날에 정착한 뒤에 그리심 산에서 축복을 선포하였다(수8:33; 신27:12 참조). 그리고 훗날에 거기서 사마리아인의 성전이 섰던 것이다. 이때까지 사마리아의 소수의 남은 족속들의 눈에는 그곳이 가장 거룩한 곳이었다 - 결국 정확한 척도로서가 아니고 교의(敎義)로 그곳이 그들 눈에는 가장 거룩한 산이 된 것이다.[13] 유대인들이 하나님을 예배하고 제사를 드리는 '예루살렘에 있는' 장소는 솔로몬이 처음 세운 성전이다. 그 전은 나중에 스룹바벨에 의하여 재건되었고 다시 나중에 헤롯에 의하여 재건되었다. 그러나 그 전은 나중에 이스라엘의 하나님께 드려진 성소로 여겨지게 되었다. 모세 오경 속에 유대인들이

13) 에발산의 인접하여 있는 봉우리(해발 3074피트, 미터로는 938미터)는 그리심 산보다 더 높이 보인다(그리심 산은 2849피트요 868미터다). 그러나 교의(敎義)에 대하여는 전혀 차이를 가져오지 못한다.

주장하는 대로 하나님께서 정하신 곳이 세겜이 아니고 예루살렘임을 지원하는 구절이 하나라도 있는가? (여자가 스스로에게 말하였을지도 모른다) 이 유대인 선지자는 그것에 대하여 무어라고 말할까?

> **4:21-24 "예수께서 가라사대 여자여 내 말을 믿으라 이 산에서도 말고 예루살렘에서도 말고 너희가 아버지께 예배할 때가 이르리라 너희는 알지 못하는 것을 예배하고 우리는 아는 것을 예배하노니 이는 구원이 유대인에게서 남이니라 아버지께 참으로 예배하는 자들은 신령과 진정으로 예배할 때가 오나니 곧 이때라 아버지께서는 이렇게 자기에게 예배하는 자들을 찾으시느니라 하나님은 영이시니 예배하는 자가 신령과 진정으로 예배할지니라"**

여자가 들은 대답은 그녀가 기대했던 것과는 전혀 다른 것이었다. 그리심 산이냐 시온 산이냐를 가지고 따지는 시대는 이제 끝이 난 것이다. 새로운 질서가 이제 막 당도하고 있었던 것이다. 그러니 그러한 문제들은 이제 묵은 것이 되었고 의미 없는 것이 되었다. 중요한 문제는 사람들이 하나님을 *어디서* 예배하느냐가 아니고, *어떻게* 하나님을 예배하느냐이다. *어떻게* 하나님을 예배하느냐의 요지의 일부분이 *아버지*이신 하나님께 예배하는 것에 대한 예수님의 말씀 속에 드러났다. 예수님께서는 늘 관례적으로 하나님을 자기 아버지로 말씀하셨다-우리는 그가 성전을 가리켜 거침없이 '내 아버지의 집' 이라고 하신 방식에 대하여 알아본 바 있다(요2:16) - 그리고 하나님을 아버지라 부르고 계신다(요 11:41; 12:27이하; 17:1 등 참조); 그리고 당신을 따르는 제자들도 당신같이 하라고 가르치셨다. 그들 제자들도 서슴없이 그렇게 행한 것이 분명하다. 초대교회가 예수님의 본(막14:36)을 따라서 '아바, 아버지'라는 탄원의 호칭(롬8:15; 갈4:6 참조)을 광범위하게 사용하였기 때문이다.

예수님께서 밝혀 주시듯이 참된 예배의 진수에 대한 계시의 말씀이 아주 단순하고 분명해 보인다. 일단 그것이 우리에게 분명하게 이해가 되면 그러하다-그러나 사마리아 여자같이(덜 정당하게) *자기들처럼* 예배하지 않으면 하나님을 바르게 예배한 것이 아니라는 식으로 실수를 하는 그리스도인들이 상당수 있다는 것을 생각하면 그것이 그렇지 않다. 예수님의 가르침의 의미를 윌리암 쿠퍼(W. Cowper)는 아주 잘 나타내고 있다:

예수님, 주의 백성들이 만나는 곳
거기 예수님 안에서 당신의 백성들이 시은좌(施恩座)를 보고;
거기서 그들은 주를 찾고 주께서 당신의 백성들을 만나고
거기서 모든 곳이 거룩함을 얻은 땅이 된다.

이제 지난 과거에 대하여도 예수님께서는 성소가 어디인지 경쟁적인 의식으로 주장하는 것들로 말씀하지 않으신다. 그러나 사마리아 사람들과 유대인들 사이에 있는 보편적인 다툼에 대하여는 사마리아식의 예배방식보다 유대식의 예배방식이 낫다고 선언하신다-아마 모든 이스라엘(유대인이나 사마리아인 모두를 포함하여)을 구원할 자로 약속된 자가

유다 지파에서 날 것이기 때문에 그렇게 말씀하셨을 것이다. 사마리아 성경도 그렇게 예고하고 있다(창49:10); 이스라엘과 온 세상을 위한 구원이 바로 유대인들-유다 지파의 자손들-에게서 나오는 것이다.

'구원이 유대인으로부터 나온다' 는 확언은 오늘날에 요한복음서 기자가 반 유대적인 성향이 있다고 비난하는 것에 대하여 효과적인 답변 자료가 된다.

선지자들은 중심적인 성소에만 아니고 온 땅이 하나님의 이름과 영광이 거하는 거처가 될 날에 대하여 말하였다. 이 소망의 분명한 완성은 하나님을 아는 지식을 온 세계가 가지게 되는 것과 연관이 있는 것인데, 그것은 우리 시각으로 볼 때에는 장래에 되어 질 일이다. 그러나 믿음의 눈으로 볼 때에는 그 오는 세대의 조건들이 이미 와 있다. 그래서 21절에 '때가 이르리라' 하고 나서 23절에 '곧 이때라' 한 것이다 - 실로 이미 '그때는 지금이다' (요5:25, 28에서 그 순서가 서로 도치되어 있는 것을 비교하여 보라). 여기에서 요한복음서 기자가 '종말' 을 인식하였다는 것을 보여주는 증거가 있는 것이다. 3장에서 장차 올 때의 생명이 여기 이 세상에 있을 때에도 소유하고 누릴 수 있다고 한 것같이, 여기 4장에서도 장차 올 시대의 예배가 지금 여기 이 땅에서도 드려질 수 있다고 했다. 참된 예배자들을 통해서 말이다. 아버지께서 '신령과 진정으로' 자기를 예배하는 자들을 찾으신다. 영적인 예배, 순전한 예배는 어떤 장소나 어떤 시기에 매여 있을 수 없다. 예배를 받으시는 하나님의 본질을 생각하여 보면 그러한 예배의 진정한 가치를 더욱 느끼게 될 것이다.

'하나님은 영이시니' ; 하나님께서는 단지 다른 여러 영들 중에 한 영에 불과한 그런 분이 아니시다; 하나님께서는 친히 순전하신 영이시다. 그리고 그가 기뻐하시는 예배는 따라서 영적인 예배다-겸손과 회개와 은혜에 감사하고 경외어린 심령의 제물을 원하시는 것이다. 우리 주님께서 확언하신 그 말씀은 전혀 새로운 것이 아니다; 이미 이른 시기에 시편 기자들과 선지자들의 증거의 면류관이 바로 그 진리였다. 그들은 물질적인 것들은 고작해야 참된 예배를 위한 수단이지 진수는 아니라는 것을 알고 있었다. 만일 하나님께서 받으실 만한 예배를 하나님께 드리려 한다면 언제 어디서나 마음을 드리는 것은 불가피한 일이다.

4:25, 26 "여자가 가로되 메시아 곧 그리스도라 하는 이가 오실 줄을 내가 아노니 그가 오시면 모든 것을 우리에게 고하시리이다 예수께서 이르시되[14] 네게 말하는 내가 그로라 하시니라"

여자는 아마 그녀의 마음의 깊은 곳에서 사실상 이렇게 말하고 있다. '이러한 모든 종교적인 난제들이 우리를 위하여 깨끗하게 풀려질 날이 오고 있다.' '내가 아노니' 라고 하는 대신 '우리가 아노니' 라고 하는 것이 낫다는 식으로 증거한다. 다윗의 혈통에서 메시아가 온다는 유대인의 기대감이 넘쳐 있었던 것과 같이, 사마리아 사람들은 장차 큰 선지자가 오리라는 기대감으로 가득 차 있었다. 신18:15에서 모세가 이미 예고한 그 선지자가 올 것이라는 기대감으로 가득 차 있었다. '모세와 같은 선지자' 는 자연히 모든 신비를 푸는 입장에 있을 것이다; 이러한 방면에서 그는 유대인의 기대감 속에서 다시 오기를 바라는 엘리야에게 주어

14) 요1:41의 유사한 말에 대한 주해를 참조하라.

진 것과 같은 사역을 다 해낼 것이다. 사마리아 전통에서 선지자가 타헵 또는 '회복자'라 불리워졌다는 것은 주목할 만한 가치가 있다. 왜냐하면 이는 역시 엘리야에 대한 유대인의 믿음을 떠올리기 때문이다(말4:4-6; 막9:11-13 참조). (타헵이 말씀하실 또 다른 강화는 모세의 성막의 거룩한 그릇들이 은밀하게 놓여졌던 것과 연관을 가졌다).[15)]

그 여자는 이 주목할 만한 낯선 이가 한 '선지자'일 것이라고 생각하고 있는데, 그가 하나님께 참으로 예배하는 것에 관하여 한 원칙을 주었다; 그러나 절대적으로 권위 있는 원칙은 새 시대의 그 큰 선지자가 오시면 줄 부분이다. 그녀는 예수님께서 무어라 말씀하실는지 시험하고 있는가?

만일 그 여자가 예수님의 정체에 대하여 어렴풋이 짐작하기 시작하였으면, 이제 그 실마리에 대하여 확증 받게 되었다. 다윗의 가문에서 약속된 임금으로 오실 이로 기다리고 있는 분이 동시에 사마리아 사람들이 모세와 같은 선지자로 기대하고 분이시다. 그녀는 처음에는 자기더러 물을 달라 하는 이가 누구인지 알지 못하였다. 그러나 이제 그녀는 어떻게 자기 조상 야곱보다 그가 더 큰 자로 자신을 내세울 수 있는지를 알게 되었다; 그렇게 우물가에 앉으셔서 그녀에게 그렇게 놀라운 말씀을 하시는 이는 바로 오실 자 그분이셨다.[16)]

---

15) Taheb에 대하여 참조할 것은 J. Macdonald, The *Theology of the Samaritans*(London, 1964), pp.362-371. Taheb을 그들이 기다렸음을 증거하는 문헌적인 증거는 신약성경보다 연대적으로 훨씬 후에 속한다. 성막이나 그 기구들이 어디쯤에 있었는지를 Taheb이 밝혀줄 것이라고 하는 신념은 한 열심주의자에 대한 Josephus의 기록과 우연하게 맞아 떨어진다. 그 열심주의자는 주후 36년에 거대한 사마리아인들의 집단을 이끌고 그리심 산에 간 적이 있었다. 그는 거기서 모세와 모세가 성막에서 쓰던 거룩한 그릇들을 묻어둔 곳을 보여 주겠다고 약속하면서 말이다(Antiquities 18.85).

16) 예수님께서 그 사마리아 여인에게 자신의 정체를 분명하게 밝혀 주실 수 있었다는 것이 주목할 만한 일이다. 예루살렘에 있는 유대 당국자들에게는 자신의 정체를 그렇게 분명하게 나타내지 않으시려 하면서 말이다; 10:24의 주해를 참조하라.

4:27 "이 때에 제자들이 돌아와서 예수께서 여자와 말씀하
시는 것을 이상히 여겼으나 무엇을 구하시나이까 어
찌하여 저와 말씀하시나이까 묻는 이가 없더라"

먹을 것을 사러 동네에 들어갔던 제자들이 이제 돌아왔다. 그들은 자기들 선생님이 한 여자와 대화를 나누고 계시는데 저으기 놀랐을 것이다. 왜냐하면 그 여자가 사마리아인이었기 때문이다. 랍비가 참 유대인 출신의 여자하고 대화를 하느라고 시간을 보내는 것도 시간 낭비로 여기는 자들이 많았다. 차라리 다른데 더 유익하게 쓸 수 있는 시간을 그렇게 아깝게 쓴다고 생각하였기 때문이다. 이 구절에 대한 고전적인 주석은 2세기의 한 랍비였던 요세 벤 요하난(Yose ben Yohanan)이 한 말을 통해서 얻을 수 있다. '한 여자와 대화를 오래하지 말라', 아울러 자기의 말을 보전할 책임을 지는 자는 누구든지 꼭 읽으라고 편집자 주를 달아 놓은 것도 이 구절의 주석에 참고가 된다: "다시 말하면 자기 아내하고도 오래 대화를 나누지 말라; 하물며 이웃의 아내하고는 말해서 무엇하랴. 현명한 남자들은 이렇게 말할 것이다. '여자와 대화를 오래하는 남자는 자기를 해롭게 하는 자요, 율법의 말씀을 읽는 것을 그만 두는 자로 결국에는 게헨나(Gehanna)를 물려받게 될 것이다'."[17]

어찌되었든지 제자들은 경험상 자기 선생님은 언제나 당신이 행하는 일에 대하여 선한 이유를 가지고 계시다는 것을 알았다. 심지어 그가 하시는 일이 이상하고 관례에 어긋나 보이는 경우에도 그렇게 알았다. 그래서 그들 중 그 여자에게 자기 선생님에게서 무얼 구하느냐고 묻지 않

17) *Pirqê 'Abêth* 1.5.

왔고, 예수님께 그녀에게 어찌 말씀하시고 계시느냐고 묻지도 않았다.

4:28-30 "여자가 물동이를 버려두고 동네에 들어가서 사람들에게 이르되 나의 행한 모든 일을 내게 말한 사람을 와 보라 이는 그리스도가 아니냐 하니 저희가 동네에서 나와 예수께로 오더라"

제자들이 동네에서 돌아온 일로 인하여 대화는 마쳐졌다. 여자는 사람들에게 자기가 만난 이 낯선 이상한 사람에 대하여 일러 주려고 성으로 달려갔다. 그녀는 예수님께서 말씀하신 생수를 받은 것에 흥분이 되어서 야곱의 우물물도 잊었다. 그녀의 심령 속에는 이제 항상 새로운 유쾌함을 솟구쳐내는 샘이 있다. 그녀가 물동이를 버려둔 것은, 유대인들과 사마리아인들이 다 같이 실행하던 옛 의식(儀式)을 그리스도를 믿음으로 말미암아 하나님의 영생의 선물을 받은 자들이 버린 것을 보여주는 비유와 같다. 만일 그녀가 전에 자기 동네 사람들의 무리를 피하였었다면 이제 그녀는 변하여 버렸다: 그녀는 이제 자기 동네 사람들을 찾아서 자기가 알고 있는 소식을 함께 나누어 주어야 한다.

우물가에 있던 그 낯선 이가 자기의 사생활의 상세한 국변을 너무나 잘 알고 계신 것에 놀란 나머지(요1:48의 나다나엘에게 하신 말씀과 비교하라) 그녀는 결론을 내렸다. 이분이 선지자임에 틀림없다; 이제 그녀는 깨달아졌다. 그가 한 선지자에 불과한 분이 아니고 모세가 예고한 바로 그 선지자이심을 말이다. 바로 그분이야 말로 그녀와 같은 사마리아인들이 기다리던 분이시다. 마지막으로 오시는 그 선지자가 오시면, 모든 비밀을 다 풀어 주실 것임을 알고 있었다; 분명하게 그 여자는 자기 동네 사람들에게 말하였다. 이 사람이 분명 그분임에 틀림없지 않은가? 그가 나의 개인적인 삶의 내력을 그렇게 소상하게 익히 알고 계시니 말이다. 그녀의 말, "내가 행한 모든 것"이라는 말이 그들에게는 흥분하여 과장되게 하는 말이겠거니 생각될 수도 있었다. 어떤 경우라도 그녀의 삶의 국면 중 지적하여 말하는 여러 요점들에 대하여 아는 이면, 그녀에 관하여 다른 것도 알 것임에 틀림없다.

그들은 그녀의 이야기를 듣고 인상이 깊었다. 그래서 그들 자신들이 직접 가서 보기로 하였다. 우리는 제자들이 예수님께 돌아온 후 그 제자들과 대화를 나누시는 동안 그 우물을 향하여 접근해 나아오는 그 동네 사람들의 모습을 그려보아야 한다.

4:31-34 **"그 사이에 제자들이 청하여 가로되 랍비여 잡수소서 가라사대 내게는 너희가 알지 못하는 먹을 양식이 있느니라 제자들이 서로 말하되 누가 잡수질 것을 갖다 드렸는가 한대 예수께서 이르시되 나의 양식은 나를 보내신 이의 뜻을 행하며 그의 일을 온전히 이루는 이것이니라"**

제자들은 이웃 동네에서 음식을 가져왔다. 이제 그 여자가 자기 이야기를 수가성 사람들에게 하러 떠난 사이에 그들은 그 선생님에게 잡수실 것을 계속 권하여 드렸다. 예수님께서 앞에서 물에 대하여 여자와 대화를 하신 것과 지금 여기 제자들과 먹을 것에 대하여 대화를 하시는 것

사이에 병행이 있다. 그가 피곤하고 목이 마르시지만(아마 시장도 하였을 것이다), 한 사람의 주린 영혼에게 영적인 도움을 나누어 줄 기회를 통해서 유쾌함을 얻으시고 힘을 얻으신 것 같다. "사람이 떡으로만 살 것이 아니요."

여자가 생수에 대해 말씀하시는 예수님의 말씀을 처음에 물질적인 의미로 받아들인 것과 똑같이, 이들 제자들도 지금 육신적인 양식에 대하여 말씀하시고 계신 줄로 상상하고 있다. 그래서 예수님께서는 그들을 더 깨우쳐 주셔야 했다. 이 복음서에 기록된 예수님의 강화의 말씀 전체 속에서 항상 그러한 본이 되풀이 된다. (제자들의 질문, "누가 잡수실 것을 갖다 드렸는가?" 는 "아니다" 라는 답을 예기하는 형식으로 던져졌다).

모세는 말한 바 있다. "사람이 떡으로만 사는 것이 아니요 여호와의 입에서 나오는 모든 말씀으로 산다" (신8:3); 예수님처럼 이 원리의 진실을 그렇게 철저하게 입증하신 이가 없다. 아버지의 말씀을 청종하는 것과 아버지의 뜻을 행하는 것이 예수님의 기쁨이요 생명의 능력이었다.[18] 예수님의 사역이 다 끝나갈 무렵에 아버지께 이렇게 말씀하실 수 있으셨다. "아버지께서 내게 하라고 주신 일을 내가 이루어 아버지를 이 세상에서 영화롭게 하였사오니" (요17:4). 아버지께서 예수님께 하라고 맡기신 일의 한 부분은 당신의 복을 그 사마리아 여자에게 전해 주시고, 그녀를 통하여 그곳 거민들에게 함께 전하는 것이었다. 이 방면에서 아버지의 뜻을 행하심으로 말미암아 체험하신 만족은 떡이 줄 수 있는 만족보다 더 컸다.

---

18) 이 복음서에서 '나를 보내신 자' 라는 말씀을 예수님이 자주 반복하시는 것으로 되어 있다(막 9:47 참조). '나의 아버지' 라는 말의 다른 방식이다. 때로 두 표현이 함께 쓰여지는 경우도 있다: "나를 보내신 아버지" (요6:44; 8:18;12:49;14:24).

4:35-38 "너희가 넉 달이 지나야 추수할 때가 이르겠다하
지 아니하느냐 내가 너희에게 이르노니 눈을 들어
밭을 보라 희어져 추수하게 되었도다 거두는 자가
이미 삯도 받고 영생에 이르는 열매를 모으나니 이
는 뿌리는 자와 거두는 자가 함께 즐거워하게 하려
함이니라 그런즉 한 사람이 심고 다른 사람이 거둔
다 하는 말이 옳도다 내가 너희로 노력지 아니한
것을 거두러 보내었느니 다른 사람들은 노력 하였
고 너희는 그들의 노력한 것에 참예하였느니라"

이 문맥에서 넉 달이 무엇을 의미하는 지에 대하여 분명하지가 않다. 어떤 이들은 12월이나 1월에 그 일이 있었다고 생각하고는 정상적인 추수기 이전 넉 달을 의미하는 것으로 본다. 그러한 논리대로라면 예수님께서 하신 말씀의 의미는 이러할 것이다: '너희는 추수하려면 넉 달이 걸려야 한다고 한다; 그러나 익어 추수를 기다리고 있는 것을 보라!' - 그래서 거기 예수님을 보기 위하여 우물로 나오고 있는 수가성 사람들을 가리켜서 하신 말씀이라는 것이다. 이러한 관점을 지원하여 유월절 전 넉 달 동안의 기간 중에 회당에서 성경을 읽을 때에 출2:15이하도 포함시켰다고 주장한 이들이 있다. 거기 출2:15이하에 한 우물이 모세의 이야기에서 나온다. 그리고 그 다음에 나오는 장에서 그 말들이 나온다: "이 산에서 하나님을 섬기리니 이것이 내가 너를 보낸 증거니라"(출3:12; 요4:20을 참조).[19] 그러나 이 논리는 문제를 너무 광범위하게 끌고

19) A. Guilding, *The Fourth Gospel and Jewish Worship* (Oxford, 1960), pp.206-211.

가고 있다: 출애굽기의 우물은 미디안에 있었지 사마리아에 있었던 것이 아니다. 그리고 '이 산' 은 호렙 산이었지 그리심 산이 아니었다. 헬라어로는 '그러나 넉 달이 지나야 추수하겠다' 라는 말이 아주 리듬이 있는 형식이다. 그래서 우리가 어떤 대중적인 또는 잠언적인 말을 대하고 있다는 암시를 준다. '심고 추수하는 데 넉 달이 걸린다' 는 식의 속담이 아닐까 하는 느낌을 준다. (심고 거두기까지의 정상적인 기간은 넉 달보다 더 긴 거의 6개월에 가까운 기간이었다. 그러나 '테트라메노스' (tetramēnos)는 단순하게 인내해야 하는 기간을 지시하는 말이다. 그러나 그 기간은 신중하지 못하게 연장해서는 안 되는 것이다). 그러할 경우 예수님의 말씀은 이러한 의미를 가지게 될 것이다: "너희는 항상 '심고 거두려면 넉 달이 걸린다' 고 말한다-그러나 보라: 씨가 새로이 심겨졌고, 여기 이제 추수하게 되었도다!" (수가성 사람들이 나아오는 것을 가리키면서 말이다). 이것이 더 사실적인 설명이다.

'벌써' 라는 부사는 35절의 끝이나 36절 시작점에 붙여질 수 있는 것이다; 구두점을 찍어도 문맥에 맞게 된다. 그러나 후자가 더 많은 요점을 가진다.

예수님께서는 친히 심으셨다; 이제 그 제자들이 추수를 도움으로 말미암아 기쁨을 나눌 기회를 가지게 된 것이다. 그 추수는 예수님께서 여자와 나누신 대화와 그 여자가 다른 사마리아인들에게 증거한 일로 말미암아 발생한 추수다. 일반적인 추수가 그러하듯이, 이 추수도 때가 되기까지 계속된다; 영생을 위하여 그러한 일이 계속 진행되어야 한다.

37절에서 인용한 말은 이러한 뜻인 것 같다. 한 사람은 심고, 거두는 것은 다른 사람이 하지만, 알곡을 거두려면 둘 다 수고하는 것이 필요하다고 말이다. 그렇기 때문에 심는 자와 거두는 자가 같이 추수하는 집의 기쁨에 참예하는 것이다. 그러나 예수님께서는 마음속에 당신 자신보다 다른 이를 염두에 두고 하신 말씀일 수도 있다. 만일 요3:23의 말씀이 바로 그 지역에서 세례를 베푸는 요한의 사역을 지적하는 것으로 이해가 된다면 그러하다.[20] 요한은 신실하게 하나님의 말씀의 씨를 심었으나 추수하는 것은 보지 못한 선지자들과 의인들의 선한 계통의 마지막 사람이었다. 그런데 이제 예수님께서 오셔서 그들이 예고하였던 하나님의 나라가 당도하였다고 선언하신다. 그는 인격으로 온 하나님의 나라였다. *'아우토바실레이아'* (autobasileia)로서 오신 것이다. 오리겐(Origen)이 아주 잘 세련되게 잘 묘사한 대로[21] 그는 당신이 가져온 좋은 소식을 화육(化肉)시킨 장본인이시다. 그는 '정말 뛰어난' 파종자시다; 그보다 더 주께서는 친히 땅에 떨어져 죽어 풍성한 열매를 맺게 되는 밀 알갱이셨다(요12:24).

이 선한 씨에서 계속 나올 추수를 거두는 것은 모든 세대 중에 서 이 제자들의 특권이다.

4:39 "여자의 말이 그가 나의 행한 모든 것을 내게 말하였다 증거하므로 그 동네 중에 많은 사마리아인이 예수를 믿는지라"

여자가 예수께로서 받은 생수는 분명하게 말해서 그녀의 생애 속에서

20) J. A. T. Robinson, '요4:38의 "다른 이들"' *Twelve New Testament Studies* (London, 1962), pp.61-66.
21) Origen, *Commentary on Matthew* 14.6(마18:23).

향상 흘러넘치는 샘이 되었을 것이다. 그리고 다른 이들도 그녀가 처음 누리기 시작한 그 시원함을 함께 누리러 오고 있었던 것이다. 우리는 선한 일을 행하는데 피곤해 하지 말자. 정말 가망이 가장 없어 보이는 영혼이 가장 효과적인 증인으로 나타날 수도 있다.

4:40-42 "사마리아인들이 예수께 와서 자기들과 함께하기를 청하니 거기서 이틀을 유하시매 예수의 말씀을 인하여 믿는 자가 더욱 많아 그 여자에게 말하되 이제 우리가 믿는 것은 네 말을 인함이 아니니 이는 우리가 친히 듣고 그가 참으로 세상의 구주신 줄 앎이니라 하였더라"

그 사마리아인들은 그 유대인 선생이 자기들과 함께 있어 주기를 청한다. 어떤 두려움이나 꺼림이 없이 그렇게 예수님을 초청한 것은 예수님이 그들에게 얼마나 철저한 신뢰를 받고 있는지를 보여주는 것이다. '추수'는 예수님을 보기 위하여 우물로 나온 자들에게만 국한된 것이 아니다; 그 성내에 있는 다른 이들도 잠간 그들과 함께 유하시는 동안에 그를 믿었다. 이곳이 수년 후 빌립이 전도한 '그 사마리아 성' 인지 의문이 간다; 만일 그 성이라면, 이때에 일어난 일들은 빌립이 그 성에 내려가 "그리스도를 백성에게 전파할" 때(행8:5) 그렇게 많은 군중들이 빌립을 신임한 사실을 해명해준다. 이는 38절의 원리를 더 성취한 것일 수도 있다. 다른 이들은 수고하고 빌립은 그들의 수고에 참예하기 위하여 들어갔나는 식으로 말이다(Oscar Cullman 같은 이들은 복음서 기자가 이 시

점에서 빌립의 사명을 염두에 둔 것이라고 추측한다).[22]

그러나 그 여자의 증거 때문에 그 동네 사람들이 예수님을 알려고 온 것은 아닐 것이다; 오히려 그들은 그녀의 증거만을 의지할 수는 없었다: 그들은 스스로 그에 대하여 알아야 한다. 그리스도에 대하여 남을 통하여 들어 아는 것이나, 그저 풍문만 듣고 그리스도를 믿는 것이 직접 자기 자신이 그리스도를 알고 구원 얻는 믿음을 가지는 것을 대신할 수는 없다. 이제 그들은 그 여자가 그리스도에 대하여 한 모든 말이 참인 것을 스스로 확인할 수 있었다. 그는 모세와 같은 선지자만이 아니라 세상의 구주심을 알게 되었다. 세상의 '구주' 라는 칭호가 요한의 글에서는 두 번 나타난다(다른 한 경우는 요일4:14); 하나님께서 그 아들을 세상에 보내신 것은 "세상이 그로 말미암아 구원을 얻게 하려 하심이라" 고 한 것은 요3:17의 진술과 한 줄기를 이룬다. 이 문맥에서 그 칭호를 사용한 것은 사마리아인의 선교가 예수님께서 당신의 은혜를 유대교의 한계 넘어까지 주신 첫 번째 경우임을 시사하는 것이다.[23] 사도의 역사(歷史) 속에서 되풀이되고, 예수님 자신의 지시 속에서도 다시 반복된다: "너희가 권능을 받고 예루살렘과 온 유대와 사마리아와 땅 끝까지 이르러 내 증인이 되리라 하시니라" (행1:8).

22) O. Cullmann의 *The Early Church* (Londn, 1956, pp.185-192에서 '사마리아와 기독교 선교의 기원' (Samaria and the Origins of the Christian Mission) 참조.

23) 만일 복음서의 조화에 대한 관심에서 이 진술이 제자들에게 사마리아 성에는 들어가지 말라(마10:5)고 하신 예수님의 말씀과 어떻게 조화를 이룰 수 있는가 의문을 제기한다면, 그렇게 금하신 이유는 사마리아 사람들을 경멸하거나 그들의 역사를 미워하신 때문이 아닐 것이다. 오히려 12제자의 선교를 위하여 지정하신 기간이 너무 짧아서 유대인의 고을도 다 방문하기에 시간이 충분하지 못했던 사실에 있는 것이다.

Ⅲ. 왕의 신하의 아들의 병을 고치심 (4:43-54)

4:43,44 "이틀이 지나매 예수께서 거기를 떠나 갈릴리로 가시며 친히 증거하시기를 선지자가 고향에서는 높임을 받지 못한다 하시고"

이리하여 예수님께서는 3절에서 언급한 유대에서 갈릴리로 가시는 여행을 마치신 것이다. 40절에 따르면 이틀 동안에는 수가성 사마리아 인들과 함께 보내셨다. 44절의 속담, "선지자가 고향에서는 높임을 받지 못한다"는 말씀은 유대를 떠나신 것에 대하여 이유를 더 설명해주고 있다(1-3절).[24] 공관복음서 기자들은 모두 그 속담을 인용하신 것으로 기록하고 있다(마13:57; 막6:4; 눅4:24). 그러나 공관복음서 기자들은 당신의 고향 나사렛을 두고 하신 말씀으로 기록하고 있다. 거기서 '저희의 믿지 않음을 이상히 여기셨다' (막6:6). 그러나 여기서 말씀하시는 당신의 '고향' (헬라어로 *파트리스(patris)*인데 다른 세 복음서에서도 그렇게 기록하고 있다)은 나사렛도 아니고 갈릴리도 아니고 유대다-그가 베들레헴에서 태어나셨기 때문에 그런 것이 아니고(요7:42 참조) '당신의 자리' (헬라어 *ta idia*)를 이루고 있는 곳이 유대, 특히 예루살렘이었기 때문이다. 그곳은 '당신의 사람들' (*hoi idioi*)의 본영이다(요1:11). 요5:43에서 "나는 내 아버지의 이름으로 왔으매 너희가 영접지 아니하나 만일 다른 사람이 자기 이름으로 오면 영접하리라" 하신 것은 예루살렘의 종교 지도자들을 향한 것이다; 요한복음 기자가 후에 가서 말하는

24) R. H. Lightfoot, *Lacality and Doctrine in the Gospels*(London,1938), pp.146이하 참조.

바, 예수님께서 "이렇게 많은 표적을 저희 앞에서 행하셨으나 저를 믿지 아니하니"(요12:37)라 한 것은 예루살렘 성에 있는 사람들을 두고 한 말이다.

4:45 "갈릴리에 이르시매 갈릴리인들이 그를 영접하니 이는 자기들도 명절에 갔다가 예수께서 명절 중 예루살렘에서 하신 모든 일을 보았음이더라"

예루살렘이 그를 배척하였다면 갈릴리 사람들은 그를 환영하였다. 그가 거기 당도하기 전에 북쪽 지역에까지 그 명성이 자자하게 되었다. 요2:13이하의 유월절에 예루살렘에 가서 거기서 '행하신 표적들' (요2:23)을 보았던 갈릴리 사람들 때문이다. 예수님을 환영하던 그들 갈릴리 사람들이 점점 줄어들게 된 것은 일 년후의 일이다(요6:66).

4:46, 47 "예수께서 다시 갈릴리 가나에 이르시니 전에 물로 포도주를 만드신 곳이라 왕의 신하가 있어 그 아들이 가버나움에서 병들었더니 그가 예수께서 유대로부터 갈릴리에 오심을 듣고 가서 청하되 내려오셔서 내 아들의 병을 고쳐 주소서하니 저가 거의 죽게 되었음이라"

복음서 기자가 강조하고 있는 것은 이것이다. 어떤 경우에 기뻐할 수 있는 때에 당신 영광을 처음 나타내셨던 곳(요2:1-11)에서 예수님께서는 아주 곤고한 때에 그 영광을 더 나타내시려 하시려 하신다는 점이다. 그 전에는 옛 생명이 새 생명으로 변하게 되는 것을 보여주셨다; 이제는 죽음의 골짜기에 있는 생명을 다시 도로 찾아내시려 하신다.

'왕의 신하' 로 번역된 헬라어는 *바실리코스*('왕가' 의)인데, *바질레우스*('왕')에서 파생하여 나온 형용어다. 그가 갈릴리의 분봉왕 헤롯 안티파스(주전 4년-주후 39년)의 측근에 속한 사람으로 보아야 할 것이다. 그 사람을 흔히 '왕' 으로 불렀다(막6:14참조). 로마의 황제가 그에게서 왕의 칭호를 완전하게 빼앗아 갔더라도 그렇게 불렀다. 어떤 이들은 그 사람이 헤롯의 청지기 구사(求仕)일 것이라고 추측한다(눅8:3). 그 사람이 황제를 섬기는 일에 종사하는 사람이었을 가능성이 높다. 헬라어를 말하는 신하들은 황제를 '왕' (*바실레우스*)라고 불렀다(요19:15 참조). 갈릴리는 이 당시 황제에 속한 지역이 아니었다. 코덱스 베자(Codex Bezae) 사본과 어떤 콥틱(Coptic) 사본이나 라틴 사본들은 *바질리스코스*('왕의 신하')라고 달리 읽는다. (Vulgate *regulus* 참조. 거기 Douai-Rheims 역본에서는 '관원' 이라고 읽고 있다). 이 사람이 갈릴리 사람이었다는 암시는 하나도 없다. 마8:5-13과 눅7:2-10의 백부장의 경우와 같이 말이다. 그 백부장의 '종' (*파이스(pais)*-마태복음)이나 '노예' (*듀로스〈doulos〉*-누가복음)는 예수님께서 가버나움에 계실 때에 고쳐주셨다.[25]

예루살렘에서 행하신 놀라운 예수님의 '표적' 에 대한 소문이 최근의 유월절에서 돌아온 순례객들에 의하여 갈릴리에 퍼져 있었다. 예수님께서 갈릴리에 도착하신 것-보이는 바와 같이 때에 맞게-이 병들어 거의 가망이 없어 보이는 아들 때문에 걱정하는 아버지에게는 정말 절호의

25) 가버나움에 대하여 알아보려면 요2:12을 주해와 같이 참조하라.

기회였다.

4:48 "예수께서 가라사대 너희는 표적과 기사를 보지 못하면 도무지 믿지 아니하리라"

예수님께서는 최근에 예루살렘에서 겪은 일을 그 마음에 새롭게 떠올리셨다. 많은 이들은 표적을 보고 그보다 더 깊은 의미를 이해하지 못한 채 그저 피상적인 믿음을 가지고 예수님을 따라 다녔던 것이다(요2:23). 갈릴리에서도 그와 같은 양상이 벌어질까? 그러나 예수님께서 그 말씀을 하신 것은 왕의 신하의 믿음을 시험하기 위한 것입니다. ('기사'나 '이적'을 나타내는 *테라스(teras)* 라는 말이 이 복음서에서 여기에만 보인다-신약성경에서 그 단어가 *세메이온〈'표적'〉*과 연관 짓지 않고 쓰여진 적이 없었다).[26]

4:49,50 "신하가 가로되 주여 내 아이가 죽기 전에 내려오소서 예수께서 가라사대 가라 내 아들이 살았다 하신대 그 사람이 예수의 하신 말씀을 믿고 가더니"

왕의 신하는 자기 믿음의 본질에 대하여 논의할 정황이 아니었다; 그는 예수님께서 원하시는 것이 무엇인지 알았다. 그는 예수님께서만이 그 일을 하실 수 있는 오직 유일한 분이시라는 것을 확신하고 있었다. 그래서 그는 내 아들(*파이디온*)이 죽기 전에 예수님께서 지금 즉시 가버나움

26) 요1: 11 (p.72).

에 자기와 같이 가주시기를 간청한 것이다. 공관복음서에 기록된 백부장과는 달리 그는 먼 곳에서라도 말씀 한 마디만 하시어 치료하여 주십사고 예수님께 구하지 않는다. 그러나 그가 간청한 것에 대하여 그가 받은 응답은 바로 백부장의 경우와 같았다; "가라 네 아들이 살았다." 죽음과 싸우다가 이제는 거의 지쳐버린 생명이 예수님의 살리시는 말씀으로 말미암아 새 힘을 갑자기 얻어 승리한 것이다.

아버지는 만족하였다: 그는 표적과 기사에 대해서는 관심이 없고 다만 자기 아들의 생명에 관하여만 관심이 있었다. 그가 예수님의 확언을 받아들인 것은 그 믿음의 품격을 증거한 것이다. 그래서 그는 자기 집으로 향하는 길로 갔던 것이다(*에로누에토* (*eporeueto*)-불완전시제).

4:51 "내려가는 길에서 그 종들이 오다가 만나서 아이가 살았다 하거늘"

누구나 가버나움으로 가거나 호수가의 다른 곳으로 가게 되면 항상 내려가게 된다(*카타바이노* 〈*katabainō*〉-47절과 2:12). 그 호수 표면 높이가 (지중해)해면보다 695피트 아래다. '네 아들이 살았다' 는 예수님의 확증어린 말씀을 왕의 신하는 이미 믿었던 것이다.

4:52,53 "그 낫기 시작한 때를 물은즉 어제 제 칠 시에 열기가 떨어졌나이다 하는지라 아비가 예수께서 네 아들이 살았다 말씀하신 그 때인 줄 알고 자기와 그 온 집이 다 믿으니라"

치료가 제 칠 시에 갑자기 이루어졌다 - 지금의 오후1시경이다. 아마도 아버지는 같은 날 집에 당도 할 수 있었을 것이다. 그러나 예수님의 말씀을 확신한 것이 너무 강하여서 모든 걱정을 털어 버릴 수 있었다. 그래서 그는 집으로 황급하게 가지 않고 다른 일을 마쳤던 것이다. 그는 자기 아들의 치료가 예수님께서 '네 아들이 살았다' 말씀하시던 그 순간에 일어났음을 확신하였다. 그러기 때문에 그는 종들에게 언제 그 아이가 나아지기 시작하였는지(*콤포소테론 에쉬켄(kompsoteron eschen)*) 물어 보았던 것이다. 그리고 그 종들의 대답은 그가 확신한 것을 확인해 주었다.

전날에 왕의 신하가 예수님의 확신을 믿었었다. 그런데 지금 그의 가족(그 아내, 그 자녀들, 노예들, 다른 하인들)과 함께 예수님을 개인적으로 믿고 하나님의 보내신 자로 인정하였던 것이다.

4:54 "이것은 예수께서 유대에서 갈릴리로 오신 후 행하신 두 번째 표적이니라"

유대에서 갈릴리로 다시 돌아오신 후에 빠른 시간에 '처음 표적' 을 행하신 것과 같이(요2:11), 이 '두 번째' 표적도 유대에서 다시 돌아오신 후 즉시 행하셨다. 예루살렘에서 행하신 표적들(요 2:23)이 여기서는 계산이 되지 않는다. 복음서 기자는 이 시점에 서 갈릴리에서 행한 표적들만을 생각하고 있다.

제 5 장

IV. 예루살렘에서 사역(5:1-47)

1. 베데스다 연못에서 병자를 고치심(5:1-9a)

5:1 "그 후에 유대인의 명절이 있어 예수께서 예루살렘에 올라가시니라"

요한복음의 중심적인 장(章)들은 연대기적으로 유대인의 여러 명절과 연관을 가진 장들이다.[1] 요6:4은 유월절(Passover), 7:2은 장막절(Tabernacles), 10:22은 수전절(Oedication), 11:55은 다시 유월절이다. 여기서 말하는 명절이 어떤 명절인지는 확실하지가 않다. '명절' 이라는 말 앞에 붙는 정관사에 대하여 여러 가지로 읽기 때문이다; '유대인의 그 명절' 이라고 하면 아마 장막절일 가능성이 있다. 그러나 그 증거가 신빙성이 있으려면 그 정관사가 없는 편이 낫다.

어떤 매력적인 논증들은 이 명절을 신년을 맞은 명절이라고 보기도 하였다(나팔절이라는 말이다. 레23:23-25에서 칭하는 바와 같이). 웨스트콧트(B. F. Westcott)라는 사람이 그 논증을 지지한다. 1908년에 해리스(J. Rendel Harris)는 3절 이후의 보충설명에서 언급된바 대중적인 믿음은 여러 민족의 민속적인 관습에서 새해와 연관이 있는 계층에 속한 것이라고 지적하였다.[2] 길딩 (A. Guilding) 박사는 그보다 더 무게 있는 논

1) '유대인의 명절' 이라는 표현을 위하여 요2:13 수해를 참조하라.
2) J. R. Harris, *Side-lights on New Testament Research*(London,1908). pp.37-78.

증을 펼쳤다. 그녀는 이 중심적인 장들에 소개되는 예수님의 강화의 말씀들이 모세 5경의 대목과 아주 친밀하게 연관되어 있다는 것이다. 모세 5경은 흠모할 만한 강화의 시작을 알리는 명절에 회당에서 읽을 성경으로 지정되어 있었다는 것이다. 특히 5장에 있는 강화의 주제는 나팔절의 절기를 위한 교훈들의 특정을 보여준다.[3]

5:2-4 **"예루살렘에 있는 양문 곁에 히브리 말로 베데스다 라 하는 못이 있는데 거기 행각 다섯이 있고 그 안에 많은 병자, 소경, 절뚝발이, 혈기 마른 자들이 누워 (물의 동함을 기다리더니 이는 천사가 가끔 못에 내려와 물을 동하게 하는 데 동한 후에 먼저 들어가는 자는 어떤 병에 걸렸든지 낫게 됨이러라)"**

'양문' (羊門)으로 번역된 헬라어는 형용사 *프로바티케(probatikē)*('양에게 속한')이다. 이 형용사로 수식된 명사는 표현되어 있지 않다. 아마 복음서 기자는 모든 이들이 다 아는 것이라고 간주하였었던 것 같다(예루살렘은 이 복음서가 쓰여지던 여러 해의 기간 이전에 벌써 폐허가 되어 있을 수도 있다. 그래서 기자는 아는대로 마음에 그리고 있었을 것이다. 그래서 그 성의 본래의 특징들을 현재시제로 묘사하고 있는 것이리라). 흠정역(AV)은 '양 시장' (sheep market)이라고 번역한다; 그러나 '양문' (sheep gate)이라고 하는 것만 못할 것이다. 물론 양문을 통과해야만 양 시장으로 갈 수 있었을 것이다. NEB는 '양 못에서' 라고 하고 있는데,

3) A. Guilding, *The Fourth Gospel and Jewish Worship*, pp.70-91.

그 용례는 기독교의 후기 전통을 따른 것이다. 기독교의 후기 전통에서는 *프로바티케(probatikē)*(라틴어로는 Probatica다)가 베데스다를 대신하여 사용하였다. 그러나 복음서 기자가 여기서 의도한 것을 바르게 지적한 것은 아닌 것 같다. 그것은 여격으로서 *코림베트라(kolymbēthra)*('연못')로 취급하는 것을 함축한다. 그것은 동사 '이다' (is)가 없게 만드는 것이 되는 것이다. 그리하여 이상한 헬라어가 되게 하는 것이다. 느헤미야서에서 양의 문이 세 번 언급된다(3:1, 32, 12:39). 그 사실을 가지고 우리가 내릴 수 있는 결론은 그곳은 바로 성의 북쪽 성벽에 열려져 있었다는 것이다. '모퉁이 누(樓)' 로 통하는 서쪽 길과 맞통하는 길이었다(여기서 '모퉁이' 는 성벽의 북서 모퉁이였다).

연못의 이름은 우리가 가장 신빙할 만한 증거 속에서 다양하게 주어진다: 어떤 경우에는 베데스다, 어떤 경우에는 베드자다(Bethzatha), 베드사이다(Bethsaida)라고 하기도 한다.[4](이 형태들 중에서 가장 마지막 경우는 아마 요1:44에 언급된 갈릴리 호숫가에 위치한 어촌 마을과 혼돈한 때문에 되어진 지명일 것이다). 베데스다(히브리어로는 *베드 에쉬다〈bēth 'eshdāh〉*이다. '뿜어나옴의 곳')가 진정한 형태라고 하는 것은 1960년에 내린 공정한 결론이다. 쿰란에서 나온 코퍼 두루마리(Copper Scroll)의 본문이 반포 될 때가 바로 1960년이다. 그 두루마리에 *베드 에쉬다타이인(Beth 'eshdāthain)*이라고 그 지명 이름이 표기되어 있었다-*에쉬다타이인('eshdāthain)*이라는 말은 *에쉬다('eshdāh)*의 이중어다: 곧 '쌍둥이 뿜어나옴의 장소' 라는 뜻이다[5] 그

4) Papyrus 66의 초본에서 베트사이다(Bethsaida)가 발견된다; Papyrus 75는 베트자다(Bethzatha)가 발견된다(Papyrus 66에서도 한 교정자에 의하여 그 단어가 써 넣어져 있다).

5) 3Q15, column 11, line 12. J. M. Allegro, *The Treasure of the Copper Scroll*(Garden City, N. Y., 1960), pp.53,165 이하; J.T. Milik, in *Discoveries in the Judean Desert*, III(Oxford, 1962), pp.214,271,297.

러나 어째서 둘을 뜻하는가? 주후 333년경에 예루살렘을 방문하고 보데오에서 돌아온 순례객들이 기록한 바에 따르면, '그 성 안에 한 쌍의 연못이 있는데 거기 행각이 다섯 있고, 그 연못을 가리켜 베트사이다(Betsaida)라고 하더라' 고 하였다. 이 증언은 최근 그 지역에서 발굴된 유적에서 나온 증거로 확증된 바다. 그 지역은 성 안에 교회의 아주 가까운 지역, 곧 옛 성의 북쪽 지역에 있다. 발굴된 내용들은 나폴레옹 III세가 1856년에 그 지역을 프랑스령으로 확보한 후에 시시때때로 거기서 가져왔다. 이제는 거기에 두 인접한 연못이 있었다는 것이 확실해졌다. 하나는 북쪽에 있었고, 하나는 남쪽에 있었다. 그리고 그 연못이 장악하고 있는 지역에는 각 편에 네 개의 지붕이 덮여 있는 주랑(柱廊)들이 들어서 있었다. 그리고 두 연못을 구분 짓는 자연 반석에 다섯 번째 주랑이 있다.[6] 여러 고통을 받는 군중들이 이 주랑의 지붕 아래서 치유함을 받기를 바라고 기다리고 있었다.

본문을 초기에 확장시켜 교정한 것이 서로마 교정본에서 처음 나타났는데, 거기서는 3절을 분사구로 맺는다. '물의 동함을 기다리더니' 라고 말이다. 그런 다음에 계속하여 나간다: "이는 천사가 가끔 못에 내려와 물을 동하게 하는데 동한 후에 먼저 들어가는 자는 어떤 병에 걸렸든지 낫게 됨이러라" (AV 4절 참조).[7] 우리가 천사에 관한 이 정보가 요한복음

6) 참조할 서적; J. Jeremias, *The Rediscovery of Bethesda*(Louisville, Kentucky, 1966); M. Avi-Yonah, '예루살렘에서의 발굴유적-그 연구와 평가', in *Jerusalem Revealed*, ed. Y. Yadin(New Haven/London,1976),pp.21,24; J. Wilkinson, *Jerusalem as Jesus knew it*(London,1978), pp.95~104. Origen(c.주후 231)은 그 연못 주위에 네 개의 행각이 있고 중앙에 다른 한 개가 있었다고 말한다(*Commentary on John*; Catena fragment 61, 요 5:2). 그로부터 약 1세기 후에 예루살렘의 감독 Cyril (c. 주후 348)은 그 건축물의 붕괴를 분명하게 알고 있던 사람인데, 사실상 같은 주장을 하였다. 그러면서 그 중간 행각에 병든 자들이 누워 있었다고 하였다 (*Homily on the Cripple at the Pool* 2).

7) G. D. Fee, 'On the inauthenticity of John 5:3b-4', *EQ* 54(1982), pp.207~218.

기자 자신에 의하여 된 것이라고 믿지는 않는다. 만일 우리가 그러한 식으로 믿는다면 치료하는 속성의 원인이 물에 있다고 하는 민속 신앙을 재 인정하는 셈이 될 것이다. 물이 정말 동할 때가 있었다거나, 그러한 때에 연못에 들어가는 것이 좋다고 여겨졌던 것을 우리는 7절에서 종합하여 낼 수 있다.

이 쌍둥이 연못은 큰 저수지의 일부였다. 솔로몬의 연못들이라고 불리우는 큰 저수지에서부터 가득 채워지는 연못이다(베들레헴의 남서쪽에 위치하여 있는 연못이다). 물이 흘러오면서 쓸어내려온 돌더미들이 베데스다 근처 지역에서 발견된다. 그러나 물이 간헐적(間歇的)으로 동하였다는 지적에 대하여 그 연못 속에 있는 샘에서 물이 솟구쳐 나올 때의 현상을 말한 것이라고 생각하는 이들도 있다(아마 물이 붉다는 옛말서 기억하고 유추하여 보면 광천수였을 것이다).[8]

5:5 "거기 삼십 팔 년 된 병자가 있더라"

그 사람이 베데스다 다섯 행각(주랑) 중 한 행각에 줄곧 있었다는 말은 없다. 오히려 물의 '동함' 이 기대되는 때에 정규적으로 그리로 떠메며 왔다는 것으로 이해해야 할 것이다. 어느 날 자기도 물이 동한 후에 먼

8) Eusebius(*Onomastikon, s.v.* Bezatha/Bethsaida)는 그 연못들은 빗물을 모아 놓았다고 한다. 그는 '주목할 만하게 붉은' 물의 색깔에 대하여 말하고 있다. Bordeaux pilgrim도 그와 유사하게 말한다. '이 연못의 물은 탁하였고 주홍색을 띠고 있었다' (*in modum coccini*)고 말한다. M. Avi-Yonah('예루살렘에서의 발굴유적' 〈Excavations in Jerusalem〉, p.24)는 이 두 연못의 동쪽에 있는 동굴에서 이 치료사건이 일어났다고 한다: '가까운 시내의 물들이 이 동굴에 모아졌고, 그 연못의 '붉은 색조 때문에 치료의 성질을 가지고 있다고들 생각하고 있었다' 는 것이다. 그는 주장하기를, 그 쌍둥이 연못은 Hasmonaean시대(주전 63이전)에도 있었는데 우리가 대하고 있는 때에는 사용되지 않았고, Horodian 때에는 Birket Israil을 대신 사용하였다. 그러나 쿰란 공동체에서 나온 Copper Scroll은 그 두 쌍둥이 연못이 예수님께서 사역하던 때나 이 복음서가 쓰여지던 때에는 사용이 되고 있었음을 함축하고 있다.

저 들어갈 수 있다는 소망감에서 말이다. 정확하게 그의 연약이 어떤 것이었는지에 대하여는 언급되지 않았다; 분명 중풍병 아니면 불구였을 것이다. 도움 없이 물로 내려 갈 수가 없었으니 말이다(7절). 그리고 자기 자신의 어떤 죄의 결과로 그리 되었다는 암시가 있다(14절). 사마리아 여인의 다섯 남편을 풍유적으로 해석한 해석자들은 이 사람이 38년 동안 불구로 있었다는 것과 이스라엘이 광야에서 38년 동안 헤맨 사실을 연관 지어 풍유적 해석을 시도한다(신2:14 참조). 마치 그 사람이 약속 된 땅에 들어가려고 무진 애를 썼지만 실패한 이스라엘 민족을 상징적으로 나타낸 것 같은 식으로 한다. 어떤 이들에게는 그 해석이 깨달음을 줄 수도 있을 것이다. 그러나 그 연못에서 불확실하게 치료 받을 기회를 노리는 것과 그리스도의 효력 있는 말씀 사이의 대조를 보아야 한다. 그 논리대로라면 베데스다의 물이나, 가나의 돌 항아리 물이나(요2:6), 아니면 야곱의 우물(요4:13)은 유대인의 종교의식들을 예증하는 것일 수도, 아니면 복음 안에서 가까워진 구원과 대조되는 하나님께서 주신 율법을 예증하는 것일 수도 있으리라.

5:6,7 "예수께서 그 누운 것을 보시고 병이 벌써 오랜 줄 아시고 이르시되 네가 낫고자 하느냐 병자가 대답하되 주여 물이 동할 때에 나를 못에 넣어 줄 사람이 없어 내가 가는 동안에 다른 사람이 먼저 내려가나이다"

예수님의 질문은 고통의 핵심을 찔렀다. 사람이 진정으로 치료 받기 원하는가? 이상한 질문같이 보일 수도 있다. 그러나 그러한 조건에 여러 해 있다가 보면, 그 사람은 정상적인 건강한 삶의 도전을 직면하는 것을 좋아하지 않을 수도 있다. 만일 복음서 기자가 그 마음에 (확실하지 않지만) 물로 율법을 표현하고자 하였다. 예수님께서 말씀하신 요점은 이러할 것이다. '율법은 생명의 길을 보여는 주지만 생명을 선택할 의지는 나누어 주지 못하고, 하물며 생명 자체는 전혀 나누어 주지 못한다.'

그 불구자는 '동한' 물이 치료의 효력이 있다는 당시의 세속적인 믿음을 가지고 있었다는 것은 명백하다. 예수님의 질문에 대한 그의 대답은 그러한 기회가 부족하였다는 것을 지시한다. 그 물을 통하여 치료를 받으려 하는 의지가 적은 것은 아니었다는 말이다. 다드(C. H. Dodd)가 하는 바와[9] 같이 그의 대답을 '가련한 구실' 로 보는 이는 증거가 보증하는 이상으로 나아가서 이 구절을 보려고 하는 것이다. 어찌하였든 간에 우리의 영향이 미치는 한도 내에서 어떤 사람이 '날 도울 자가 없어요' 라고 한다면 그 일을 하기에는 부족하다는 핑계는 대지 말자.

5:8, 9 a "예수께서 가라사대 일어나 네 자리를 들고 걸어가라 하시니 그 사람이 곧 나아서 자리를 들고 걸어가니라 "

이 사람을 고쳐 주신 일을 기록한 것이 요한의 진술에 있어서는 공관복음서 기자가 가버나움의 중풍병자를 고쳐주신 것을 기록한 것과 비교될 만한 역할을 한 것이다(막2:1-12과 그 행구들). 두 경우에 예수님께서 고치시기 위하여 하신 말씀은 역시 같았다. 그러나 베데스다의 사람에게

9) C. H. Dodd, *The Interpretation of the Fourth Gospel*, p.320.

는 네 죄가 사함 받았다는 확증은 주시지 않으셨다(14절을 보라); 베데스다 사건이 야기된 잘못된 소문이 또 다른 기초를 가지고 있었기 때문이다(9절 하반절).

옛 영어번역에서 칭하여 지듯이 침상은 매트나 짚으로 만든 깔개였다. 쉽게 말해서 어깨에 메고 운반하기 좋은 것이었다(헬라어로는 막 2:9,11,12에서와 같이 *카라바토스*〈*krabattos*〉). 8, 9절 에서 동사 '걷다'는 *페리파테오*(*peripateō*)인데, 문자 그대로 '걸어 돌아다니는 것' 을 의미한다(막2:9, 행3:6에서도 참조하라). 그 동사들의 관계는 아주 의미심장하다. 물론 그 사람이 자기의 깔개를 들고 걸어갈 수 있기 전보다 '더 착하게 된' 사람임에는 틀림없다. 그런데 그로 하여금 착하게 한 것은 무엇인가? 그리스도의 능하게 하신 명령만이 그러한 일을 하게 한 것이다. 그 명에 그 의지가 즉각 순종하였다. 그래서 그는 순간적으로 자기 능력을 초월하는 일을 행할 힘을 받았던 것이다.

2. 아버지와 아들(5:9b-29)

5:9b, 10 **"이 날은 안식일이니 유대인들이 병 나은 사람에게 이르되 안식일인데 네가 자리를 들고 가는 것이 옳지 아니하니라"**

공관복음에서 예수님의 갈릴리 사역에 대한 기록에서와 같이 요한이 예수님의 예루살렘에서의 사역을 기록한 부분에서, 예수님께서 종교 지도자들과 심각한 갈등을 처음으로 겪게 되신 것은 법에 대한 그들, 유대인들의 전통적인 해석을 위반하신 일이었다(막2:23-3:6참조. 거기서는 안식일에 대한 당신의 주권적인 자세를 견지하는 모습을 발견한다. 막2:1-22의 그 미워하는 자들이 죽일 마음을 가지게 한 막2:1-22의 논쟁은 아니다). '장로의 유전' (tradition of the elders)을 따라서 안식일에 할 수 없는 일에 대하여 39개 조항의 특별한 규례들을 구별하여 놓은 것 중 제39조는 물건을 옮기는 것에 대한 것이다. 이 표준에 의하면, 사람이 집에서 쓰는 깔개를 옮겨도 안식일을 가르치는 율법을 어긴 것이다.[10)]

요한복음이 늘 정규적으로 그러하듯이 여기서도 문제의 '유대인들' 이 정확히 누구냐를 따져 보는 것은 중요하다: 이 문맥에서의 유대인들은 예루살렘에서 종교적 권위를 주장하고 있는 사람들이었다.

5:11-13 "대답하여 나를 낫게 한 그가 자리를 들고 걸어가라 하더라 한대 저희가 묻되 너더러 자리를 들고 걸어가라 한 사람이 누구냐 하되 고침을 받은 사람이 그가 누구신지 알지 못하니 이는 거기 사람이 많으므로 예수께서 이미 피하셨음이라"

고침을 받은 사람은 자기가 행동한 것은 다른 이의 명에 따라서 하였을 뿐이라고 구실을 대어 자기가 안식일을 범한 것이 아니라고 자신을 변한다. 사실 자기 침상을 들고 가는 일은 그가 치료를 받는 조건 중의 하나였다. 그러나 그 대답 속에 그러한 치유를 하실 수 있는 이는 특이한

10) Mishnah, tractate *Shabbōth* 7.2.

권위를 소유하고 있었음에 틀림없다는 은근한 말이 들어 있을 수도 있다. 그러니 그러한 사람의 명에 복종하는 것이 분명히 옳은 일이라는 식의 은근한 시사가 담겨져 있을 수 있다. 그와 유사하게 가버나움의 중풍병자를 고치는 일을 기록하는 공관복음서에서도 그 중풍병자가 일어나 자기 침상을 메고 자기 집으로 가도록 주어진 능력은 곁에서 보는 자들에게 지상에 계신 인자(人子)의 권위를 보여준 외적인 눈에 보이는 표적이었다(막2:10-12). 예수님의 눈에는 안식일은 인간들에게 하나의 복으로 주어진 것이지 저주받게 주어진 것이 아니다. 하나님께서 그 계명을 주신 의도를 능동적으로 도모할 때에 그 계명을 지키는 것은 정말 가치있는 것이다. 그러므로 그리스도께서는 병을 치료하고 곤고한 사람을 그 자리에서 건져 주시는 일은 안식일에 금지된 일에 허락된 예외로 보지는 않으셨다. 다만 그 날에 적극적으로 행할 일로 여기셨던 것이다. 왜냐하면 그 일들은 안식일 제도를 세우신 하나님의 의도를 너무나 분명하게 이루는 것이기 때문이다.

그 사람의 변호는 율법을 수호한다고 생각하는 자들이 보기에는 무죄를 입증하는 것이 되지 못하였다. 그러나 최소한 그 변명은 자기 행동의 제 일차적인 책임은 그에게 그렇게 하라고 말한 사람에게 있음을 암시하고 있다. 그는 자기의 은인을 이름으로는 알지 못하였던 것이 분명하다(요9:11의 소경의 경우와는 다르다). 예수님께서는 당신의 관습대로 이러한 유의 행동이 많은 이들에게 알려지는 것을 원하지 않으셨다. 그래서 그 연못가에 있던 많은 군중들 때문에 그 병자가 치료되자마자 예수님께서 가만히 거기서 피하시기가 쉬웠다.

5:14-16 "그 후에 예수께서 성전에서 그 사람을 만나 이르
시되 보라 네가 나았으니 더 심한 것이 생기지 않
게 다시는 죄를 범치 말라 하시니 그 사람이 유대
인들에게 가서 자기를 고친 이는 예수라 하니라 그
러므로 안식일에 이러한 일을 행하신다 하여 유대
인들이 예수를 핍박하게 된지라"

잠시 후에 예수님께서는 성전 구내에서 그 사람을 알아보셨다. 그 성전 구내는 그 사람이 치유된 곳의 정남(正南)에 위치해 있었다. 예수님께서는 그 사람에게 한 충고의 말씀을 하셨다. 이 경우 그 사람의 불구되게 했던 병은 그 자신의 죄 때문이었음을 생각나게 할 수 있는 어조로 말씀하셨다. 그 사람은 경고를 받아야 했다. 죄를 다시 반복하지 말아야 했다. 더 나쁜 것이 생기지 않도록 말이다. 예수님께서는 질병과 고난이 반드시 그 사람의 죄의 결과라고 말씀하시는 것은 전혀 아니다. 요9:2이하에서 나오는 소경에 관한 제자들의 사변에 대한 그의 반응은 그러한 경우에 대한 충분한 증거를 제공한다. 그러나 이 사람의 경우에는, 그 사람의 연약의 원인이 무엇인지를 예수님께서는 아셨다. 그래서 그 사람으로 하여금 그 사실을 알게 하신 것이다.

이제 그 사람이 자기에게 은전을 베푼 사람이 누구인지 알았으니 당국자들에게 처음 질문 받았을 때에 답변하지 못한 것을 말할 수 있었다-자기를 치료한 이는 예수라고 말이다. 어떤 주석가들은 그의 행동이 은혜를 모르는 배은망덕한 행위라고 비난하였다; 어떤 이들은 그의 의도는 마땅히 신빙할 만한 권위가 어디인지를 알게 하려는데 있었나고 말하기

도 한다(요9:11에서 소경이 한 것 같이 말이다). 이 복음서 기자는 이 문제에 대하여 어떤 빛도 던져주지 않는다; 그 사람의 마음의 상태에 대하여는 관심이 없고 다만 그가 그 사실을 당국자들에게 알리므로 인해서 발생한 논쟁에 관심이 있었다.

그 사람은 율법의 전문적인 사항들에 대해서는 무지하여 행동하였을 수도 있다. 그러나 예수님께서는 당국자들이 아주 잘 알듯이 그가 안식일에 침상을 들고 걸어가라 명하면 야기될 문제를 온전히 예기하셨었다. 다른 이들을 부추겨서 율법을 어기게 하는 것(그들이 이해하기로는)은 자신이 율법을 어기는 것보다 더 나쁜 일이었나. 그래서 그들은 예수님께 대한 반대운동을 시작하였다. 결국 그 운동은 약 18개월 뒤 예수님께서 죽으시기까지 느슨해지지 않은채 같은 강도(強度)를 유지하였다.[11]

5:17-18 "예수께서 저희에게 이르시되 내 아버지께서 이제까지 일하시니 나도 일한다 하시매 유대인들이 이를 인하여 더욱 예수를 죽이고자 하니 이는 안식일만 범할 뿐 아니라 하나님을 자기의 친아버지라 하여 자기를 하나님과 동등으로 삼으심이러라"

안식일에 대한 예수님의 태도는 갈릴리에서도 도전을 받았다. 그때에 예수님께서는 안식일을 주신 의도에 호소하셨었다: "또 가라사대 안식일은 사람을 위하여 있는 것이요 사람이 안식일을 위하여 있는 것이 아

11) 16절의 헬라어 동사 *에디오콘(ediōkon)*('핍박하였다')은 불완전시제로서 계속되는 행동을 지시한다.

니니"(막2:27이하).[12] 여기 예루살렘에서 예수님께서는 다른 원리에 호소하신다. 그 원리는 많은 랍비들의 지성을 동원하게 만든 원리였다. 하나님께서 당신의 율법을 지키셨는가? 특히 그가 안식일을 지키셨는가? 그러나 그가 당신의 피조물에 대한 섭리적인 돌봄을 계속 그치지 않으시면서 어떻게 안식하실 수 있었는가? 하는 문제를 야기한 원리였다. 어떤 이야기에 의하면, 이 복음서가 기록되었을 때, 뛰어난 네 랍비들이 로마를 방문하여 바로 이 점에 대하여 질문을 받았다고 한다. 그들은 하나의 재치있는 논증으로 하나님께서 당신의 거처의 한계 밖으로 물건을 나르시지는 않는다는 식으로 주장하였다는 것이다(그 하나님의 거처는 하늘과 땅이다). 하나님께서 당신 자신이 서 계신 위치보다 높이 그러한 것을 들지 않으셨다는 것이다. 그래서 하나님께서 하신 모든 일은 다 안식일에 할 수 있는 것이라고 그들이 해석하고 있는 범위 안에 들어간다는 것이다.[13] 다른 권위자들은 그 난제를 그러한 이원론적인 교묘함을 드러내지 않고서 대처해 나갔다. 그러나 한 요점에 대하여는 모두가 다 일치를 하고 있는 것이다: 하나님께서는 항상 일하고 계신다는 사실이다. 다른 날과 같이 안식일에도 일을 하고 계시는 것이다.

그러나 예수님께서 하신 대답은 히4:3-10에도 표현된 문제의 관점을 전제하는 것이다(Alexandria의 Philo는 여기 본문에서나 히브리서의 본문에서도 그렇게 한다).[14] 곧 하나님의 제 칠 일 안식(또는 *사바티스모스* 〈*sabbatismos*〉)은 창조 사역이 끝났을 때부터 시작이 된 것인데, 그 안식

12) 제 2세기의 메나샤의 아들 랍비 시므온에 대하여 관찰하여 보려면, 출31:14에 대한 랍비적인 주석인 *Mekhilla* 참조할 것: '안식일이 너희에게 주어진 것이지 너희가 안식일에 주어진 것이 아니다.'

13) *Exodus Rabba*(rabbinical commentary) 30.9(출 21:1에 대한).

14) 참조할 책; Philo, *On the Cherubim* 26; *On the Sacrifices of Cain and Abel* 8. Philo는 *사바티스모스*(*sabbatismos*)라는 말을 쓰지 않는다. 헬라 문헌에서 그 말이 최초로 나타나는 것은 히4:9에서

은 결코 끝이 없다는 것이다; 여전히 그 안식은 존재하고 있다. 히브리서 기자가 강조하는 요점은, 하나님의 안식은 여전히 당신의 백성들이 들어가 누리게 되어 있다는 것이다. 우리 주님께서는 이렇게 함축하고 계신다: '너희가 나더러 안식일에 일한다고 송사하고 있다. 그러나 내 아버지의 안식일에 쉬시는 일은 창조하시는 일을 다 마치실 때에 시작되어 여전히 지속되고 있다. 그러함에도 내 아버지께서 계속 일하신다-그래서 나도 계속 일한다.' 그는 당신의 아버지의 본을 따라서 행하고 있을 따름이라는 사실에 입각하여 자기 행동의 정당성을 주장하고 계시는 것이다

만일 우리 주님께서 '하나님께서 안식일에 일하시니 나도 그렇게 할 자유가 있다' 고 하셨다 해도, 듣는 이들에게 충분한 거부감을 불러왔을 것이다. 그러나 당신이 하나님을 '내 아버지' 로 부르신 것이 그들의 거부감을 더 크게 불러 일으켰다. 그렇게 하신 일은 당신 자신을 하나님과 같은 수준에 놓고 계심을 강하게 암시하였다. 유대인들도 회당에서 기도와 감사를 할 때 흔히 하나님을 '우리 아버지' 라고 불렀다; 그러나 예수님께서는 독점적으로 자기 아버지라고 하시지는 않을 지라도 하나님을 아주 예외적인 의미로 '내 아버지' 로 주장하고 있는 것 같이 보였다.

헬라인들에게는 그렇게 하나님을 칭하는 것이 예외적으로 들리지 않았을 것이다. 그들은 습관적으로 어떤 뛰어난 사람들을 비상하게 신의 성품을 나누어 가짐을 부여 받았다는 의미로 신과 같은(*데이오이 안드로포이*〈*theioi anthrōpoi*〉 또는 *데이오이 안드레스* 〈*theioi andres*〉)자로 생각하였기 때문이다.[15] 그러나 유대인들에게는 하나님과 인간 사이의

---

15) Philo(*Life of Moses* 2.188)와 Josephus(*Against Apion* 1.279)는 정말이지 모세를 *데이오스*(*theios*)라 하였다. 그들이 그 말을 쓴 것은 '하나님께 감동받은' 이라는 뜻 이외에 다른 뜻으로 사용하는 것은 아니다.

구분선이 엄격하였다. 어떤 사람을 하나님과 비교시킬 수 있는 일은 생각할 수조차 없었다(사40:25).[16] 아담으로 하여금 낙원에서 추방당하게 하고 아침의 아들 계명성을 하늘에서 떨어지게 한 것은 바로 하나님과 같아지려는 치명적인 소원 때문이었다.[17] 그런데도 말과 행동이 하나님과 인간을 엄격하게 구분지어 놓은 범접할 수 없는 선을 대수롭지 않게 범하는 것 같은 이들이 있다. 그러한 사람이 살아있다고 할지라도 그를 용납하는 공동체에 대하여 위험인물이 되는 것이다. 그러나 율법을 모독하는 것은 아주 엄격하게 규정되어 있어서 법정에서 예수님의 말씀이 그 규정에 의하여 모독임을 입증 한다는 것은 어려운 일이었을 것이다.[18] 다만 그 문제에 대한 더 논쟁이 되어 기술적으로 하나님을 모독하는 언어를 사용하였다면 그는 마땅히 사형에 해당하는 정죄를 받았을 것이다.

5:19 "그러므로 예수께서 저희에게 이르시되 내가 진실로 진실로 너희에게 이르노니 아들이 아버지의 하시는 일을 보지 않고는 아무것도 스스로 할 수 없나니 아버지께서 행하시는 그것을 아들도 그와 같이 행하느니라"

16) '자기가 하나님과 동등하다고 여길 때 그 마음은 자기중심적이고 경건하지 않다' (Philo, *Allegorical Interpretation* 1.49). Philo는 *Corpus Hermeticum*(11.20)의 저자와 유대인을 대조시키고 있다: '자신을 하나님과 동등되게 하지 못하게 하는 한 하나님을 이해할 수 없다; 같은 본질을 가져야 그 본질에 속한 것을 이해할 수 있다.

17) 창 3:5, 사 14:13 이하

18) Mishnah, tractate *Sanhedrîn* 7.5: '신성모독자가 하나님의 이름 자체를 거명하지 않는 한 책잡을 수 없다' (다시 말하면, 입으로 되뇌여서는 안되는 그 네 개의 문자로 되어 있는 이름 '야훼' 〈YHWH〉 이다). Mishnah가 법전화 될 때에는(약 주후 200년 경), 율법이 주후 70년 경 이전의 기간보다도 더 엄격한 틀에 짜여져 있었다.

안식일에 불구자를 치료한 일로 인하여 야기된 논란은 예수님께서 17절의 당신의 말씀이 의미하는 것이 어떤 것인지를 독단적으로 설명하는 것을 가능하게 만들었다. 그래서 그는 어떤 의미에서 당신 하나님과 동등하다고 스스로 주장하고 계신지를 보여주시게 된 것이다. 그 편에서 어떤 일을 독단적으로 행하는 것은 생각할 수조차 없다: 예수님께서는 당신이 유대인들이 싫어하는바 하나님과 나란히 있는 '제 2의 원리'인 체한다고 주장하지 않으신다. 필로(Philo)는 로고스를 '제 2의 하나님' (*듀테로스 데오스*〈*deuteros theos*〉)[19]으로 생각할 수 있다고 하였다; 그러나 그러한 말은 표면적인 의미로 따질 지라도 참 유일하신 하나님의 주권을 침해하게 된다. 이 복음서에서 그러한 언어가 사용된 적이 없다. 예수님은 독특한 의미에서 아들이시다. 그러나 그는 아들로서 아버지께 온전히 복종하시는 태도를 견지하신다. 우선권은 아버지께 있다; 아들은 아버지의 본을 따라가는 것이다. 다드(C. H. Dodd)는 19, 20절에서 '은밀한 비유'를 생각해낸다: 예수님께서는 목수의 공방에서 자기 소년 시절에서 한 유추를 이끌어 내고 계시다는 것이다. 그는 요셉이 하는 일들을 본받아 하는 법을 배웠고, 나사렛의 목수로 일할 차례가 자기에게 돌아올 때를 겨냥하고 미리 도제(徒弟)생활을 하였다는 것이다.[20] 아버지께 기원한 행동이 아들 속에서 나타난다. 다음의 구절들에서 이 행동의 두 형태가 특별하게 다루어지게 된다-다시 말하면, 생명을 나누어 주시는 일과 심판을 행하시는 일이다.

---

19) Philo, *Questions and Answers* (창 9:6에 대한), Eusebius가 그의 *Preparation*, 7.30에서 인용하였음.
20) C. H. Dodd *Historical Tradition in the Fourth Gospel*(Cambridge 1963), p.386, n.2.

5:20 "아버지께서 아들을 사랑하사 자기의 행하시는 것을 다 아들에게 보이시고 또 그보다 더 큰일을 보이사 너희로 기이히 여기게 하시리라"

'아버지께서 아들을 사랑하신다'는 것은 이미 이 복음서에서 확증된 바다(요3:35); 여기서 동사는 *필레오(Phileō)*이고, 요3:35에서는 *아가파오(agapaō)*인 것은 중요하지 않다. 아버지와 아들의 연합은 완전한 사랑의 연합이다. 그 연합 속에서 아버지께서는 아들의 '내가'에 대하여 '당신이'라고 말할 수 있다.[21] 만일 여기서 아버지가 아들을 사랑하시는 사랑이 강조되었다면, 요14:31에서는 아버지께 보답하는 사랑이 나타나있다. 거기서 보면, 아들로 하여금 다락방에서 동산으로 나아가 십자가를 향하게 하신 것은 바로 그 순종적인 사랑이다. 아들은 아버지께서 자기에게 보여주신 바를 본다. 그리고 그에 따라서 하시는 말씀과 행동으로 말미암아 아버지의 마음을 계시하신다. 그는 아버지의 마음을 아는 완전한 통찰력을 가지고 계신다.

예수님을 대적하는 이들은 예수님께서 행하신 사소한 일을 가지고 그를 책잡았던 것이다 - 한 불구자를 치료하신 일을 가지고 말이다. 그는 당신의 행동의 정당성을 입증하셨다-아무리 그 날이 안식일이라 할지라도 말이다. 하나님께서 행하신 일의 본에 호소하시어 그 일의 정당성을

21) 유대인 철학자 Martin Buber의 말이 이 문맥에서 인용되었다: "예수님께서 '나'라는 말을 하신 것이 얼마나 권세있고, 얼마나 합당하며 그 얼마나 자증적인가! 예수님께서 *'나'* 라 하신 것은 무조건적인 관계 속에서 하신 것이다. 곧 정말 아들이 아니고서는 부를 수 없는 방식으로 '아버지'라고 하셨다, 그래서 다른 이들이 예수님의 아버지를 보고 *'너의'* 아버지라고 부를 수 있었던 것이다. 아들이 아니고서는 어찌 그러한 칭호가 가능한가! 그가 *'나'* 라고 언제 말씀하시더라도 자기를 조건을 받지 않는 존재로 높여서 부르는 거룩한 우선적인 말의 의미로 사용하실 수 있다" (*I and Thou* 〈Edinburgh, 1937), pp.66 이하).

증거하신 것이다. 아버지께서 안식일에도 일하신다면 아들도 일한다는 것이다. 이제 그 예수님의 변명이 그가 행하신 본래의 행동보다 그들을 더 분하게 만들었다. 그런 마당에서 예수님께서 그들에게 당신 자신이 아들이시니 그보다 훨씬 더 큰 일도 행하실 권위를 가지고 계심을 확언하셨다. 아들 되신 그분은 아버지의 뜻을 알아서 그 뜻을 온전히 행하실 수 있기 때문이다. 만일 그가 이미 행하신 일을 보고 그들이 놀랐다면, 그들이 이제 보게 될 일은 그들을 정말 놀라게 할 것이다.

5:21 "아버지께서 죽은 자들을 일으켜 살리심같이 아들도 자기의 원하는 자들을 살리느니라"

유대인의 신앙 속에서는 하나님께서 만이 죽은 자를 살리실 수 있다. 그 일이야 말로 하나님이 가지신 대권들 가운데 하나요, 하나님의 권능의 가장 큰 증거들 중에 하나다. 큰 회당 기도에서 *아미다('Amidah)* 또는 '18개의 감사기도' (Eighteen Benedictions) 라고 불리우는 기도가 있다. 그 기도는 기독교 이전 시대까지 거슬러 올라가야 그 귀원(歸元)을 찾게 된다. 그런데 그 기도 속에 하나님께 드려지는 두 번째 감사 기도가 있다:

'오, 주께서는 언제나 능하시니이다: 주께서는 죽은 자를 살리시며; 구원하시기에 능하시니이다. 주께서는 인애로 산 자들에게 필요한 것을 주시며, 큰 자비로 죽은 자를 살리시며, 넘어진 자들을 다시 붙잡아 주시고, 병든 자를 고치시며, 매인 자들을 풀어주시며, 먼지 속에 잠들어 있는 자들을 일으켜 세우사 믿음을 갖게 하시나이다. 오, 주여 당신 같이 능하신 행사를

하실 이 누구니이까? 오, 우리 임금이시여, 죽이셨다가 다시 살리사
구원으로 나오게 하시는 주와 같으신 이 누구시니이까? 그러하니이다.
주께서는 죽은 자들을 살리시기에 신실하시니이다.
오, 주여, 죽은 자를 살리시는 주님을 찬미하나이다![22]

예수님의 주장도 바로 이 배경에서 평가되어야 한다. 그는 단순하게 당신이 죽은 자를 살리시는 하나님의 손 안에 들린 도구에 지나지 않다고 말씀하시는 게 아니다. 엘리야나 엘리사는 그러하였다; 예수님께서는 당신에게 죽은 자를 살리시는 권위가 주어진 것은 단순하게 이 죽을 생명의 회복을 위한 권위가 아니라 내세의 생명을 위한 것이라고 주장하시고 계신다. 영생이 그를 믿는 자들에게 허락되었다는 것만이 아니다(요 3:15,16,36); 당신이 이 생명을 나누어 주시는 신적 대권을 행사하신다는 것이다. 그러한 것이 때때로 나타나게 될 것이다. 그러나 먼저 그는 당신이 원하시는 자에게 생명을 주시는 권위와 병행적인 권위를 주장하신다.

5:22, 23 **"아버지께서 아무도 심판하지 아니하시고 심판을 다 아들에게 맡기셨으니 이는 모든 사람으로 아버지를 공경하는 것 같이 아들을 공경하게 하려 하심이라 아들을 공경치 아니하는 자는 그를 보내신 아버지를 공경치 아니하느니라"**

옛적부터 하나님께서는 '모든 땅을 심판하시는 이' 로 알려져 왔다(창

22) S. Singer *The Authorised Daily Prayer Book*(London, 1939), pp.44이하.

18:25). 하나님의 심판은 사람들의 삶과 민족들 속에서 부단히 시행되었다; 그러나 말세에는 마지막 재판을 통해서 그 일을 마치실 것이다. 그때에 그는 죽은 자를 살리시고 모든 자를 심판하실 그의 두 가지의 특권을 동시적으로 함께 행사하실 것이다. 그러나 아들이 죽은 자를 살리실 권위를 가지고 계시다고 역설하신 바와 같이 최종적인 심판의 권위도 행사할 권위가 있다고 주장하시는 것이다; 실로 아버지께서 아들이 독단적으로 법정적 행위를 하도록 이 권세를 부여하신 것이라고 진술하고 계시는 것이다. 이 주장과 요3:17의, "하나님이 그 아들을 세상에 보내신 것은 세상을 심판하려 하심이 아니요"라는 말씀과 어떻게 조화를 이루는지(요12:47 참조)에 대해서는 강론이 진행되어 나가는 과정 중에서 더 선명하게 밝혀질 것이다.[23] 그러나 아들에게 심판하는 권세를 맡기시는 아버지 하나님의 목적은 주목할 만한 가치가 있다. 그것은 아들도 아버지가 받을 영예를 같이 받게 하려 하심일 것이다.

그리스도께서 아버지께 죽기까지 복종하신 일로 그 높아지심의 상급을 받은 것으로 바울이 말하였다. "이러므로 하나님이 그를 지극히 높여 모든 이름 위에 뛰어난 이름을 주사 하늘에 있는 자들과 땅에 있는 자들과 땅 아래 있는 자들로 모든 무릎을 예수의 이름에 꿇게 하시고"(빌2:9-11). 그리스도께서 어떤 권위를 어떻게 받으셨는가? 바울은 그리스도께서 신적 경륜에 의하여 이스라엘에게만 속한 영예를 받게 되셨음을 함축하는 언어를 사용하였다. 왜냐하면, "땅 끝의 모든 백성아 나를 앙망하라 그리하면 구원을 얻으리라 나는 하나님이라 다른 이가 없음이니라"(사45:22이하)라고 말씀하신 분이 바로 이스라엘의 하나님이시기 때

23) 요5:24,27을 주해와 함께 참조하라; 요8:15도 역시 같은 방식으로 참조하라.

문이다. 그러나 그리스도께서 이러한 영예를 받으셨을 때에 하나님의 영광이 '다른 이' 에게 주어졌거나 그 영광이 손상된 것은 아니다. 오히려 그 하나님의 영광이 강화되었다; 그리스도께서는 '아버지 하나님의 영광' 을 위하여 이러한 존귀함을 받으시기 때문이다(빌2:11). 아들이 높아지실 때에 아버지께서 영화롭게 되시는 것이다. 여기서도 아들이 존귀하게 되시는 것은 아버지의 기쁨이다.

한 사신이 자기에게 그 권한을 준 주권자의 존귀 때문에 존귀함을 받는 것이다; 사신이 불명예를 받는 것은 그 사신의 주권자에게 불명예다. 아들은 아버지의 전권대사이시다. 아버지께서 그 권위를 부여하시고 아들이 그 권위를 행사하신다; 아버지께서 보내시고 아들은 보내심을 받는다. 그러함에도 불구하고, 아버지와 아들은 완전하게 하나이시다. 그러니 아들이 아버지를 완전하게 나타내시는 것이다. 그래서 어느 누구도 아들의 주장을 거절하시면서 동시에 아버지를 존귀하게 해드릴 수 있는 일이란 없다. 예수님의 대적들은 바로 그 일을 할 수 있다고 생각하였다. 그러나 그들의 잘못이었다.

5:24 "내가 진실로 진실로 너희에게 이르노니 내 말을 듣고 또 나 보내신 이를 믿는 자는 영생을 얻었고 심판에 이르지 아니하나니 사망에서 생명으로 옮겼느니라"

아들이 어떻게 생명을 나누어 주신단 말인가? 그의 '말씀' 으로 말미암아 생명을 나누어 주시는 것이다. 그가 하시는 말씀은 자신의 권위에서 나오는 것이 아니고 아버지의 권위로 말미암은 것이다. 아들이 하시는 말씀에 주목하는 것은 그를 명하사 그 이름으로 말씀하게 하신 아버지를 신뢰하는 것이다. 이 '말씀' 은 세상에 전하는 아들의 전체 메시지를 의미한다.

베데스다 못가에 있던 병자의 치료는 이 진리의 '표적' 이었다.

그가 그리스도의 능하게 하시는 말씀으로 인하여 몸의 치유를 받았듯이, 사람들이 영적인 차원의 생명을 받는 것도 그의 말씀으로 말미암는다. 우리가 이미 들었듯이, 아들은 '자기가 원하는 자에게 생명을 주신다' (21절). 이제 아들이 생명을 주시기로 작정한 이들이 누구인지에 대한 말을 듣는다; 그들은 바로 생명을 주시는 그의 말씀을 믿음으로 받는 자들이다. 더 나아가서 그들은 자기들이 '심판을 받지 않을' 것을 확신하는 자들이다. 요3:18에서와 같이 여기서 말하는 심판은 아들을 거부하는 이들이 나중에 받을 하나님의 무서운 판단이다. 그러나 "그를 믿는 이는 심판을 받지 아니한다." 신자는 그의 우호어린 은혜의 선고를 듣기 위해 마지막 날까지 기다릴 필요가 없다; 신자들에 대한 그 은혜로운 선고는 이미 내려졌다. 그리고 부활의 진수를 맛보려고 마지막 날까지 기다릴 필요가 없다; 지금 이 세상에 있을 때에 '죽음에서 생명으로' 옮기운 바 되었다. 이 은혜로운 선고와 부활의 생명을 미리 맛보게 됨은 보다 최근에 우리가 '실현된 종말' 이라고 부르게 된 것을 요약한 것이다.

5:25 **"진실로 진실로 너희에게 이르노니 죽은 자들이 하나님의 아들의 음성을 들을 때가 오나니 곧 이때라 듣는 자는 살아나리라"**

그리스도께서 말씀하시는 것을 믿는 자들에게는 부활의 확실한 날이 밝아온다. 사람들의 빛인 그 생명이 거하는 분을 떠나서는 우리는 죽는; 그가 오셔서 생명을 주시는 말씀을 하실 때, 그 말씀을 듣는 자들이 영적인 죽음에서 살아난다. 히브리 선지자를 통하여 주어진 초청이 그 안에서 새로이 충만한 의미를 가지게 된다: "너희는 귀를 기울이고 내게 나아와 들으라 그리하면 너희 영혼이 살리라" (사55:3). 죽은 자들이 들을 것을 어떻게 기대하겠느냐고 묻는다면, 또 다른 히브리 선지자가 그 질문에 답하게 우리를 도와준다. 에스겔 설교자가 만난 회중 중에서 가장 가망이 없어 보이는 회중들에게 '오 마른 뼈들아 주의 말씀을 들으라' (겔 37:4)는 말씀을 예언하라는 명을 받았을 때, 그들로 반응하게 한 것은 바로 그들 속에 들어간 하나님의 호흡이었다. 영적으로 죽은 자로 하여금 하나님의 아들의 음성을 듣고 생명에 들어가게 하시는 이는 같은 성령이시다.

5:26, 27 "아버지께서 자기 속에 생명이 있음같이 아들에게도 생명을 주어 그 속에 있게 하셨고 또 인자됨을 인하여 심판하는 권세를 주셨느니라"

창조 받지 않고 낳지도 않은 하나님 아버지 외에는 그 어느 누구도 본질로 자신 안에 생명을 소유하고 있지 않다. 하나님 아버지는 그 존재 안에서 '살아계신 하나님' 이시다. 인간들은 다른 모든 생물체와 같이 스스로 가지는 생명을 가지고 있지 못하다. 그들의 생명은 하나님께로서 파생된 것이다. 하나님은 실로 모든 생명의 원천이시고 보증이시다.

아버지께서는 창조함 받지 않고 아버지께서 낳은 아들에게만 스스로 가지는 생명을 당신 자신의 특권을 나누어 주셨다. 실로 아들이 이 권한을 부여받게 되는 것은 죽은 자들을 일으켜 세우고 이미 자기의 것이라고 주장한 심판을 행사하기 위하여 필요한 조건이다. 아버지께서 아들에게 자기 스스로 가지는 생명을 허락하심은 아들이 지상에서 행하신 사역으로부터 시작된 것도 아니고 성육신으로 말미암아 시작된 일도 아니다; 그 일은 영원한 행위이다. 이미 '태초' 에 존재하였던 아버지와 아들의 고유한 관계의 영원한 한 행사요 한 부분이다. 아버지께서는 영원한 질서 속에서 아버지로서, 아들로서 아들에게 자신 안에 있는 그 생명을 주셨다. 그 생명은 바로 아버지의 것이었는데 나누어 주신 것이다. 아들은 잠정적인 차원에서 사람들에게 그 생명을 나타내신다. 그와 같이 요한의 글의 다른 곳에서 아들을 "아버지와 함께 있다가 우리에게 나타난바 된 영원한 생명" (요일1:2)이라고 아주 구체적인 표현으로 서술하고 있다. 아버지께서는 그렇게 아들을 사랑하신 것이다; 그와 같이 아들도 아버지를 진정으로 사랑하신다.

이 강론에서 '아들' 이라는 칭호는 '하나님의 아들' 을 의미한다; 이는 25절에서 노골적으로 드러나 있다. 그러나 27절에서 심판을 하는 권위가 아들에게 주어진 것은 *인자*되심 때문이라고 말하고 있다. 어찌해서 그런가? 다니엘이 최종 심판에 대한 환상을 보았 는데 그 광경은 이러하였다. "인자 같은 이가 하늘 구름을 타고 와서 옛적부터 항상 계신 자에게 나아와 그 앞에 인도되매" (단 7:13이하). 예수님께서 자신을 '인자' 라고 하신 것의 배경에는 다른 어느 것보다도 구약의 이 대목이 있다 - 비록 다른 곳에서와 같이 여기서도 예수님께서는 구약의 해석과 성취로 말미암아 구약의 예표를 능가하고 초월하신다.[24] 주께서 심판을 선포하신 것은 이 생명을 주시는 행위와는 반대의 국면이다. 그가 세상에 계신 것은 헬라어의 *크리스(krisis)*의 이중적인 의미에서 연적으로 심판을 수반하기 마련이다-다시 말하면, 분변과 정죄가 그것이다. 주께서 오실 때에 빛을 환영하는 자들과 미워하는 자들 사이를 구분하고 구별하게 되는 것이다. 전자에 속한 자들은 생명을 받고 후자에 속한 자들은 자기 자신을 정죄에 빠지게 하는 사람이다. 그가 세상을 정죄하러 오신 것은 아니다. 그의 소원은 세상으로 구원을 받게 하는 것이다. 그러나 그가 오신 진정한 '*의도*' 는 아닐지라도 그 '*효력* 상 그를 영접치 않는 이들은 정죄하게 된다. 더구나 지금 결정된 판단은 예수님께서 말씀하시는 바와 같이 장차 올 날에도 여전히 선포될 것이다.

5:28,29 **"이를 기이히 여기지 말라 무덤 속에 있는 자가 다 그의 음성을 들을 때가 오나니 선한 일을 행한 자는 생명의 부활로, 악한 일을 행한 자는 심판의 부활로 나오리라"**

예수님께서 바로 앞에서 말씀하신 것 속에서 '실현된 종말' 을 강조하시는 것이 장차 올 종말의 모든 사상을 다 주관하는 것은 아니다. 이 시대 가운데서 그리스도 안에서 영적인 죽음에서 사람들이 살아나는 일은 마지막 때에 몸이 다시 사는 것을 예기(豫期)하는 것이다. 두 부활 사이에는 아주 밀접한 관계가 있다. 지금 여기서 죽은 자가 하나님의 아들의

24) 요1:51,12:34에 대한 본 주석의 주해와 설명을 참조하라.

음성을 듣고 살아나게 된다는 사실은 마지막 날에 그의 음성이 죽은 자를 일으켜 세우리라는 보증이다. 이 부활의 이중적인 국면은 요6:40,54에서 다시 언급된다. 예수님께서는 생명의 떡에 관한 가버나움의 강화(講話) 속에서 강조하신다. 자기를 믿음으로 말미암아 영생을 얻은 자들은 마지막 날에 그로 말미암아 다시 살 것이라고 말이다. 만일 나사로의 다시 살아난 일에 대한 묘사에서 그에 대한 분명한 표현이 있다(예를 들어서, 요11:24-26).

현재 영적으로 다시 살아난 일이 장차 있을 부활을 배제하지 않는 것같이 장차의 판단이 현재의 판단 때문에 배제되지는 않는 다. "땅의 티끌 가운데서 자는 자 중에 많이 깨어 영생을 얻는 자도 있겠고 수욕을 받아서 무궁히 부끄러움을 입을 자도 있을" (단12:2) 날을 미리 보았다(S. P. Tregelles와 그 외 다른 이들이 지적하였듯이 다니엘은 심중에 후에 언급한 무리들의 '부활' 은 생각지 않았을 지도 모른다. 그의 환상은 의인의 부활에 대한 것에 집중되어 있다).[25] 다니엘이 더 일찍 본 환상 속에서 본 '인자 같은 이' (단7:13이하)는 중보적인 주권을 행사하는 일에서만이 아니라 부활의 일에서도 하나님의 대리자가 될 이였다. 그러나 최종적인 구별이 있는 날에 생명과 정죄가 사람들에게 부여될 것인데, 그날에는 법정적인 결정에 대하여 독단적인 일은 전혀 하지 않을 것이다. 그 결정은 단지 이 세상의 삶 속에서 내려진 결정을 추인(追認)하는

25) Tregelles는 그 말을 다음과 같은 방식으로 생각한다. '이들(살아난 자들)은 영생을 위하여 살아난 자들이다.(그때에 살아나지 못한 자들은)수욕과 영원한 경멸을 위하여 예비된 자들이다' (*Remarks on the Prophetic Visions in the Book of Daniel* 〈London, 1883〉, pp.165-170); 그와 유사한 판정을 가지고 있는 B. J. Alfrink의 견해도 참조하라. 'L' idée de Résurrection d' aprés Dan. XII, 1.2' , *Studia Biblica et Ori entalia*, I = *Analecta Biblica* 10(Rome 1959), pp.221-237.

것에 지나지 않을 것이다. "선(문자 그대로 하면 '선한 일' 을 한 자들)을 행한 자들" 은 빛에 나아왔던 자들이고; "악(문자 그대로 하면 '악한 일') 을 행한 자들" 은 "자기들의 행위가 악하므로 빛보다 어두움을 더 사랑한 자들" (요3:19-21) 이다. 전자는 이미 영생을 얻은 자들의 부류이고; 후자는 '이미 정죄를 당한 자들' 이다(요3:18).

3. 인자의 신빙성을 입증하는 것들(5:30-47)

5:30 "내가 아무것도 스스로 할 수 없노라 듣는 대로 심판하노니 나는 나의 원대로 하려 하지 않고 나를 보내신 이의 원대로 하려는 고로 내 심판은 의로우니라"

우리는 20절에 확언을 회상한다. 아들이 자기 마음대로 아무 것도 하지 않는다고 하셨다. 다만 아버지의 본을 따른다고 하셨다. 여기서 그 확언이 심판하시는 일과 특별하게 관련지어 다시 되풀이 된다. 아들이 시행하시는 심판은 먼저 아버지가 내리시는 선고를 들어 하시는 것이다. 그러한 판단이 의롭지 않을 수 없다. 빛이 어둠에 비춰면 모든 것의 진상을 낱낱이 밝혀낸다. 바로 그것은 다름 아닌 빛에 의하여 행해지는 탐사적이고 오류 없는 판단이다.

아버지의 뜻을 이루시는 것이 아들의 생명의 음식이다(요4:34, 6:38). 왜냐하면 이것이 아들의 변함없는 행동의 원리이기 때문에, 그는 안전하게 자기의 정당성의 변증을 아버지의 손에 맡길 수 있으시다. 아버지께서 실로 아들을 변호하시면, 그것을 위하여 신임하시는 표증을 제공하시는 것이다. 그 아버지께서 아들을 신임하시는 표증들은 선입견이 없는 마음에 직접적인 메시지를 전한다.

5:31,32 "내가 만일 나를 위하여 증거하면 내 증거가 참되지 아니하되 나를 위하여 증거하시는 이가 따로 있으니 나를 위하여 증거하시는 그 증거가 참인 줄 아노라"

자신을 증거하는 것은 진정한 증거가 아니다. 아무도 자기 자신의 신빙성을 증거할 수 없다. 만일 예수님께서 증거하신 것이 아버지의 권위가 없이 한 것이라면 그의 말을 듣는 이들이 인정할 하등의 당위성을 가지지 않는다. 이 논증은 사실상 예루살렘을 방문한 이후 기간에 그 예수님의 대적들이 예수님의 말씀을 거스려 제기한 논증이다: "네가 너를 위하여 증거하니 네 증거는 참되지 아니하도다"(요8:13). 그러나 이 도전에 대하여 예수님께서는 이렇게 대답하실 수 있으셨다. "만일 내가 나를 위하여 증거하여도 내 증거가 참되니" 내 증거는 아버지의 증거로 확인이 되기 때문이다(요8:14,18). 요1:7에서 처음 소개된 이 증거의 문제는 이 복음서에서 아주 지배적인 요점이다. 그리고 그 문제가 5장의 나머지 주제를 형성하기도 한다.[26)]

32절에서 그의 증거의 참됨을 증거하는 '다른 증거'는 아마 아버지의

---

26) J M. Boice, *Witness and Revelation in the Gospel of john*(Grand Rapids, 1970); A. A. Trites, *The New Testament Concept of Witness*(Cambridge, 1977), 특히 pp.78-127 참조.

증거일 것이다: 다음 구절들에서 언급되는 다른 형태의 증거들은 아버지의 증거에 복속(服屬)된 것이다. 예수님께서는 아버지의 증거가 참인 것을 '아신다.' 아버지의 명령이 영생이신 것을 '아시는' 바와 같다(요 12:5) - 그가 그렇게 아버지의 것을 아시는 것은 아들과 아버지를 함께 묶는 마음의 연합에 속한 즉각적이고 내면적인 앎 때문이다.

5:33-35 **"너희가 요한에게 사람을 보내매 요한이 진리에 대하여 증거하였느니라 그러나 나는 사람에게서 증거를 취하지 아니하노라 다만 이 말을 하는 것은 너희로 구원을 얻게 하려 함이니라 요한은 켜서 비취는 등불이라 너희가 일시 그 빛에 즐거이 있기를 원하였거니와"**

세례 요한이 이 요한복음에서 처음 소개기 될 때에 참 빛에 대하여 증거하러 온 자로 묘사되었다(요1:7). 이 증거의 경우가 예루살렘의 종교적 기득권을 누리고 있는 자들이 보내온 대표들에게 한 대답 속에서 드러났다. 요1:19-28이 그것을 기록하고 있다. 예수님께서는 지금 그 경우를 가리켜 말씀하고 계신다. 요한은 그 대표들에게 대답하기를, 자기는 오실 자를 예비하고 있노라고 하였던 것이다. 후에 그는 예수님을 가리켜 오실 자가 바로 이분이라고 지적하였다. 그리고 그가 하나님의 아들이시라고 증거하였던 것이다(요1:29-34).

예수님께서는 자기의 주장을 확증하기 위하여 인간의 증거를 의뢰하지 않으셨다. 그러나(요한이 32절의 '또 다른 이' 는 아니지만) 요한의 증거는 그를 하나님의 사신으로 인정하는 자들에게 크게 가치 있는 것으로 간주될 만한 것이었다. 그리고 그 증거를 받는 것은 그들로 하여금 구원과 생명에 이르는 길에 서게 해 줄 것이다.

복음서 기자가 먼저 세례 요한에 대하여 말한 때, 요한은 "그는 이 빛이 아니요 이 빛에 대하여 증거하러 온 자라"(요1:8)고 분명하게 지적하였다. 그러나 만일 요한이 그 빛(*포스(phōs)*)이 아니라면 - 빛을 비추는 등불(*뤼크노스(lychnos)*-온 둘레를 환하게 밝혀 주는 등불이다. 이 등불의 목적은 빛을 비추는 데 있다. 요한은 바로 이 의무를 아주 잘 감당하였다. 그가 오실 자가 가까이 오셨고 새 세대가 열리고 있다고 선언할 때, 그의 말을 듣고 많은 이들이 그 설교에 매력을 느꼈다. 그리고 자기들이 오랫동안 바라던 날이 가까이 오고 있다는 것을 생각하고 기뻐하였다. 물론 그들은 회개치 않는 이들에게 진노를 선언한 일 때문에 두려워하기도 하였다. 그러나 요한의 등불이 여전히 밝게 타고 있을 때에는 그들은 긴급하게 행동하는 대신에 늦장을 부렸다. 이제 그 등불이 꺼지고 말았다. 그러나 여기에 스스로 세상의 빛 되신 이가 계셨다. 요한이 제시할 수 있는 신빙성에 대한 증거보다 더 큰 증거를 제시하시는 분이시다.

> 5:36 **"내게는 요한의 증거보다 더 큰 증거가 있으니 아버지께서 내게 주사 이루게 하시는 역사 곧 나의 하는 그 역사가 아버지께서 나를 보내신 것을 나를 위하여 증거하는 것이요"**

아버지께서 아들을 증거하시는 방식 중 하나는 아들로 행하도록 주신 일들이다(19, 20절 참조). 예수님께서는 이러한 행사들로 말미암아 자신이 하나님의 아들이심을 보여주신 것이다. 이러한 일들은 세상의 구원을 성취하시는 일 속에서 그 총체적인 의미를 가진다. 세상의 구원을 성취하시는 것이 그가 이 세상에 오신 가장 중요한 목적이다(요3:17 참조). 그 포괄적인 '행사'에 복속되어 있는 여러 개개의 일들은 예수님께서 실로 하나님의 보내신 자임을 알아보는 눈을 가진 자들에게는 '표적'이다. 아버지께서 이러한 일들을 하라고 주셨고, 아들은 그 주신 일들을 행하심으로써 이중적으로 확증해 주셨다.

5:37, 38 "또한 나를 보내신 아버지께서 친히 나를 위하여 증거하셨느니라 너희는 아무 때에도 그 음성을 듣지 못하였고 그 형용을 보지 못하였으며 그 말씀이 너희 속에 거하지 아니하니 이는 그의 보내신 자를 믿지 아니함이니라"

하나님께서는 아들이 메시아에 합당한 섬김을 이행하시게 명하심으로써 그를 메시아로 드러나게 하신 것이다. 그러나 하나님께서 아들을 증거하시는 더 큰 방식이 있다-예수님께서 세례 받으실 때에 예수님이 하나님의 아들이심을 외쳐 선언한 하늘에서 들리는 음성과, 성령께서 비둘기 모양으로 그에게 임하신 일로 말미암아 증거하신 것이다. 그 일에 대하여는 세례 요한이 확증하는 바라. 세례 요한이 요1:32-34에서 그 체험을 가리켜 말할 때, 비둘기 모양으로 성령께서 내려오신 것만을 지적한다. 하늘에서 들리던 음성이나 세례 자체에 대하여는 언급하지 않았다. 이 복음서 독자들은 이미 요한에게 세례 받으신 일에 대한 국면들을 소상히 알고 있다고 전제한 것이다.

그러나 이 대목에서 예수님의 말씀을 듣는 이들은 아들을 증거하시는 그런 들리는 아버지의 음성이나 눈에 보이는 어떤 교통을 전혀 받지 않았다.[27] 그러나 그 증거는 다른 형태로 그들에게 전달되었다. 하나님께서는 "여러 부분과 여러 모양으로"(히1:1) 당신의 말씀을 보내셨다; 그러나 그들이 그 하나님의 보내신 말씀을 받았는가? 어쨌든 이 대목에 나오는바 예수님의 말씀을 듣던 자들은 성육신하신 '말씀'을 신임하지 않음으로써 그 전에 주셨던 하나님의 말씀을 받지 않았음을 드러내었다. 예수님께서는 전에 선지자와 여러 지혜자들로 말미암아 하나님께서 주신 모든 계시의 성취자시다. 그 이전의 계시의 요지를 인식한 이들은 예수님을 그 이전에 주신 계시가 미리 지시하던 그분임을 인식했을 것이다. 이는 "이 모든 날 마지막에 아들로 우리에게 말씀하셨기"(히1:2) 때문이다. 전의 계시를 간직하고 최종적인 계시를 미리 예표하던 글들의 문자를 소상히 알면서도 그 글들이 기록하고 있는 하나님의 말씀은 그 마음에 두지 않을 수 있다.

5:39,40 "그러나 성경에서 영생을 얻는 줄 생각하고 성경을 상고하거니와 이 성경이 곧 내게 대하여 증거하는 것이로다 그러나 너희가 영생을 얻기 위하여 내

27) 구약의 많은 사건들 중에서 하나님의 음성이 들리고 하나님께서 가시적으로 나타나신 것이 얼마나 되는가?(예를 들어서, 창32:30의 경우에서 같이 말이다) 요한은 구약의 사건 속에서 보여지고 들려진 것은 바로 '*로고스*' 임을 함축하여 말하고 있다. 아니면 그의 '*영광*' 에 속하는 것으로 함축하고 있다; 요12:41을 사6:1과 연관 지어 참조할 것.

게 오기를 원하지 아니하는도다"

'성경을 상고(詳考)하라' (AV는 39절 첫 소절을 'Search the scriptures' 라고 번역한다)는 것은 놀라운 충고다. 그러나 예수님의 말씀을 듣던 이들은 이미 성경을 부지런히 상고하는 이들이었다. 동사의 형태가 직설법도 되고 명령형도 될 수 있다. 그러나 직설법으로 보는 것이 이 문맥에 더 타당하다.

그 동사 자체(*에라우나오(eraunaō)*)는 아주 예리하게 탐사하는 것을 함축한다. 성경의 메시지를 추적하여 가면서 말이다. 이 사람들이 모든 수고를 아끼지 아니하고 성경을 연구하였어도 성경이 의도하는 대로 유도하는 실마리를 전혀 발견하지 못하였다는 것은 정말 비극이다. 성경이 목적하는 바는 영생이다. 그러나 그 생명은 성경이 증거하는 자로 말미암아서만 받을 수 있는 것이다. 성경은 능히 그 독자들로 하여금 "그리스도 예수를 믿음으로 말미암아서만" 구원이 온다는 것을 분명하게 알게 하는 지혜를 가지게 한다(딤후3:15). 랍비의 문헌에서 거룩한 율법을 연구하는 것이 내세의 생명에 이르는 길임을 거듭 확증하였다;[28] 신약성경은 이 생명이 "모든 믿는 자에게 의를 이루기 위하여 율법의 마침이 되시는"(롬10:4) 이 안에 있다고 확언한다. 예수님의 말씀을 듣는 이들은 그에게 오기를 거절함으로써 자기들이 찾는 생명을 놓쳤다.

39절의 구두법에 대하여 이견이 있으나 그 증거는 미약하다: '너희가 성경을 상고한다; 너희가 영생을 얻는 줄 생각하고 읽는 이 글들이 나를

28) Hillel의 경우를 참조하라: '율법에 대한 연구를 더하면 할수록 생명이 더하게 된다; ...만일 사람이 자신을 위하여 율법의 말씀을 얻게 되면 내세에서도 자신을 위하여 생명을 얻게 되었다' (*Pirqê 'Abôth* 2.7).

증거하는 글들이다.'[29] 의미가 도구적으로 영향을 받지는 않는다. 그런 식의 구두법을 택하여도 구약성경을 가리켜 말하고 있다. 신약이 그리스도를 증거한다는 것은 너무나 명백하여 부연하여 확인할 필요가 없다; 그러나 구약도 그리스도를 증거한다는 것 역시 동등한 진리다. 그리고 그리스도인들이 그 점을 들어 구약이 통일된 성경의 한 부분이라고 말하는 것도 진리다. 만일 구약이 그리스도를 증거하지 않았다면, 그리스도인들을 위해 구약이 갖는 종교적 의의가 적어진다; 구약이 살아계신 '말씀' 을 증거한다는 사실(다시 말하여, 그가 또 구약을 적용하신다)은 구약 안에서의 하나님께서는 2, 3천 년 전의 선조들에게와 같이 오늘날 당신의 백성들에게도 진실로 말씀하신다는 것을 뜻하는 것이다.

5:41, 42 **"나는 사람에게 영광을 취하지 아니하노라 다만 하나님을 사랑하는 것이 너희 속에 없음을 알았노라"**

이제 증거(*마르튀리아(martyria)*)의 주제는 영광(*독사(doxa)*) 의 주제로 나아간다. 예수님께서 행하신 '표적' 들은 당신의 영광을 나타내셨다(2:11); 특히 베데스다 연못에서 행하신 '표적' 은 생명을 주시고 심판하시는 자로서의 영광을 나타낸 것이다. 그러한 증거를 인정하려 들지 않는 자들은 스스로 생명을 박탈당한 자들이고 심판을 자초한 자들이다. 만일 예수님께서 메시아가 어떤 분이시고 어떤 일을 행하실 것인지에 대한 개념들을 따르셨다면, 마땅히 그를 존귀하게 여겨야 했을 것이다.

---

29) 이 읽기는 몇 안 되는 구 라틴역이나 구 수리아역의 증거들을 통하여 인증된다. Payurs Egerton 2의 지원을 받기도 한다.

그러나 아버지의 뜻을 행하심으로써 하나님께서 부여하신 영광-독생자가 아버지께 받은 영광(요1:14)-을 가지실 수 있었는데, 어째서 주께서는 그들이 주께 드릴 수 있는 영광을 구하셔야 했는가?

'내가 너희를 안다' 라는 말씀은 단순히 하나님을 사랑하는 것이 너희 마음에 없음을 알았노라는 뜻만이 아니다; "사람 속에 있는 것이 무엇인지 친히 아시는" (요2:25), 감찰하시는 통찰력을 가지고 '그들' 을 아셨다는 말이다. 그래서 주께서는 그들 속에 하나님을 향한 사랑을 전혀 가지고 있지 않음을 분간해내실 수 있었다. 여기서 '하나님을 사랑하는 것' 이라는 말은 그들이 하나님을 사랑하는 것보다 더 많은 것을 의미하는 것이다(영역에서는 '하나님의 사랑' 이라고 하였다); 여기서 '하나님의' (of God)라고 한 소유격은 목적격으로도 생각할 수 있다. 그들 마음속에 하나님을 위한 사랑이 조금이라도 있었다면 하나님의 이름으로 그들에게 온 이를 영접함으로써 모습을 드러내게 되어 있다. "하나님을 사랑하는 것은 이것이니 우리가 그의 계명들을 지키는 것이라" (요일5:3). 그의 계명 중에서 제일이 되는 것은 이것이다: 곧, "그 아들 예수 그리스도의 이름을 믿는" 것이다(요일3:23).

5:43 "나는 내 아버지의 이름으로 왔으매 너희가 영접지 아니 하나 만일 다른 사람이 자기 이름으로 오면 영접하리라"

여러 가지의 신빙할 만한 표증들을 가지고 오신 메시아를 거절한 자들이 자초한 심판은 이것이다: 그들은 자기 이름으로 와서 메시아의 신임을 전혀 주지 못하는 거짓 메시아는 쉽게 따를 것이다. 이 예언의 뛰어난 성취는 주후 132년경에 오게 된다. 그때에 코세바(Kosebah)의 아들 시므온이라는 자가 다윗의 혈통에서 나온 메시아로 자처하면서 사람들 앞에 나타나서 로마에 대항하는 반동을 주도하였다. 그의 주장은 당시 가장 탁월한 랍비였던 아키바(Akiba)의 지원을 받았다. 아키바는 시므온을 가리켜 민24:17에서 발람이 예고한 '야곱에게서 나온 별' 이라고 추켜 세웠다. 그러나 시므온이 메시아로 자처한 것이 자신을 포함하여 자신을 지원하는 자들과 유대 사람들을 가장 무서운 파멸로 몰아넣게 하였다. 예수님께서 여기서 특히 무엇을 생각하고 그런 말씀을 하시는 지를 상상할 필요는 없다 - 주후30년에서 70년에 이르기까지의 기간 중에 그와 유사하게 메시아라고 하는 자들이 여럿 있었다(막13:6 참조) -[30] 그러나 그는 가장 잘 알려진 실례를 제시하신다.

5:44 "너희가 서로 영광을 취하고 유일하신 하나님께로부터 오는 영광은 구하지 아니하나 어찌 나를 믿을 수 있느냐"

'믿다' 의 시제는 부정과거형이다(*피스튜스아이(pisteusai)*) ; 그러므로 여기서는 믿음의 우선적인 행동을 함축할 수 있다: '너희가 어떻게 (나를) 믿을 수 있겠는가?' 예수님의 주장들을 인정하면 '하나님께로부터

30) 주후 44년에 그러한 류의 비류들이 나타났고, 그 이후 몇 년 뒤에도 역시 그러한 일이 종종 있었다. 그러한 것을 알아보려면, Josephus, *Antiquities* 20.97-99, 177-172; *Jewish War* 2.258-265를 참조하라. 그리고 P. W. Barnett, 'The Jewish Sign Prophets-주후 40-70: Their Intentions and Origin' , *NTS* 27(1980-81), pp.679-697도 참조하라.

만 오는 영광' 에 이르게 될 것이다;[31] 그러나 그 일은 그들 동료들로부터 백안시(白眼視) 당하게 될 것이다. 그 일은 거의 모든 사람들에게와 같이 대단한 것을 의미하는 것이다. 12:43에서 이 복음서 기자는 그 상황을 이렇게 요약한다; "저희는 사람의 영광을 하나님의 영광보다 더 사랑하였더라." 그래서 그들은 참된 영광과 거짓된 영광 사이의 차이를 분명하게 알고 있어서 다른 무엇보다도 아버지의 인정을 더 바라는 자에게는 별 마음이 가지 않았다.

5:45 "내가 너희를 아버지께 고소할까 생각지 말라 너희를 고소하는 이가 있으니 곧 너희의 바라는 자 모세니라"

하나님의 법정에서 그들의 불신앙이 분명한 심판을 자초하였다. 그러나 인자되신 이가 그들의 고소자는 아니다. 그들을 쳐서 송사하는 자가 아닌 것이다. 만일 그가 그러한 일을 하기로 작정한다면 그 일은 공정한 일이 되지 못한 것이다: 그러나 그는 심판하기 위함이 아니고 구원하기 위하여 오신 것이다. 아니, 그들을 송사하는 제 일인자는 다름 아닌 그들이 그렇게 높이 평가하고 있는 자다. 모세는 그들이 의지하는 율법을 하나님께로서 받은 자다(롬2:17참조). 그러나 그 모세가 그들을 쳐서 증거할 것이다. 바울이 표현한 바와 같다: "율법이 있고 범죄한 자는 율법으로 말미암아 심판을 받으리라"(롬2:12).

31) AV가 '하나님께로서만 오는 존귀함' (the honour that cometh from God only)이라고 번역한 것은 잘못한 것이다. 그 번역이 다른 헬라어 본문에 기초한 것은 아니다. 그러나 그 구절의 본문읽기가 나앙하다. 어떤 고대의 증거는 '하나님' 이란 단어가 생략되어 있다; 그래서 그 의미는, '유일하신 분에게로서 오는 영광' 으로 된다.

5:46 "모세를 믿었더면 또 나를 믿었으리니 이는 그가 내게 대하여 기록하였음이라"

영생을 얻을 것이라는 믿음을 가지고 상고하는 모든 성경 중에서 그들이 가장 존귀하게 여기는 책은 모세의 책이다. 그러나 다른 성경과 같이 모세의 책들도 그리스도를 증거한다. 만일 그들이 모세와 그의 글을 입으로만 높이는 것 이상으로 높인다면, 그들은 이 글들이 증거하는 이, 곧 그들 중에 계신 이를 영접하였을 것이다. 그러나 그들이 예수님을 거부함으로 인하여 마음으로는 모세와 선지자들을 거부하였다는 것을 보여 주었다. 여기에 그들의 정죄가 있다. 사람들은 자기들이 활용하도록 주어진 빛에 의하여 판단을 받는 것이 정상이기 때문이다.

만일 모세가 내게 대하여 기록하였다고 말씀하실 때에 예수님의 마음에 특별하게 어떤 성경이 있었느냐고 묻는다면, 신18:15을 특별하게 생각할 수 있을 것이다: "네 하나님 여호와께서 너의 중 네 형제 중에서 나와 같은 선지자 하나를 너를 위하여 일으키시리니 너희는 그를 들을지니라" 이 말씀은 이 복음서에서 여러 번 암시되는 본문이다.[32]

5:47 "그러나 그의 글도 믿지 아니하거든 어찌 내 말을 믿겠느냐 하시니라"

모세와 예수님의 증거가 서로 긴밀하게 연관되어 있기 때문에 둘 중 누구를 믿든지 간에 다른 이도 믿게 되어 있다; 그 둘 중 한쪽을 거부하면

32) 요1:21,4:19,6:14,7:40,52의 본 주석의 주해들을 참조하라.

역시 다른 쪽도 거부하게 되어 있다. 예수님께서는 자신의 증거로 말미암아 율법과 선지자들을 폐하려 하심이 아니라, 그들을 성취하시기 위하여 오셨다(마5:17). 하나님께서 모세와 선지자들을 통하여 주신 약속이 예수님 안에서 이루어졌다. 선지자들의 주님의 말씀은 선지자들의 말과 서로 일관성을 가지고 있다. 예수님의 대적들은 예수님의 말씀을 거부함으로써 모세의 증거를 배척한 것이다. 그리고 그들은 그 큰 날에 모세가 자기들을 위하여 중보의 역할을 해 줄 것이라고 기대하였다. 광야에서 그들의 조상들을 위하여 모세가 변호자의 역할을 되풀이 감당한 것 같이 말이다. 그런데 그 모세가 그들을 대언하기는커녕 그들을 고소하는 자로 돌아선 것이다. 눅16:31에서 부자에게 아브라함이 마지막으로 한 대답과 비교될 수 있는 경우다: "가로되 모세와 선지자들에게 듣지 아니하면 비록 죽은 자 가운데서 살아나는 자가 있을지라도 권함을 받지 아니하리라 하였다 하시니라."

5장에서 기록된 바와 같이 예수님과 예루살렘의 종교 지도자들 사이의 갈등이 자신이 하나님의 아들이시라고 주장하신 예수님의 주장과 관련하여 시작되었다. 그러나 그 갈등은 복음서 전편을 통해서 갈수록 그 깊이를 더해 가며 첨예화되어 간다. 결국 그 갈등은 예수님의 수난 진술에서 그 절정에 이른다: "그 법대로 하면 저가 당연히 죽을 것은 저가 자기를 하나님 아들이라 함이니이다"(요19:7).

제 6 장

V. 갈릴리 사역 (6:1-71)

1. 허다한 무리들을 먹이심(6:1-21)

6:1, 2 "그 후에 예수께서 갈릴리 바다 곧 디베랴 바다 건너 편으로 가시매 큰 무리가 따르니 이는 병인들에게 행하시는 표적을 봄이러라"

'그 후에' - 5장과 7장의 시작에서도 이와 같은 전이가 표시된다 - 란 표현은 아주 자연스럽게 베데스다 연못에서 병자를 치료 하신 일과 그로 인하여 생긴 추이(推移)와 연관지어서 하는 말이다. 어떤 이는 주장하기를, 5장은 본래 6, 7장의 사이에 있었다고 한다. 그러하다면, '그 후에' 라는 말은 왕의 신하의 아들의 치료 (4:46-54)와 관련된 표현일 것이다: 예수님께서 그때에 호수의 서편에 계셨고, 그래서 쉽게 동으로 건너가실 수가 있었을 것이라는 주장이다. 여기 1절의 표현에서 보도되는 일을 하신 것과 같이 말이다.[1] 구약에서 기네렛(민34:11 등)이라 일컬어지는 '갈릴리 바다' 는 그 모양(수금〈手琴〉모양)을 하고 있어서 헤롯이 주후 20년경에 그 호수 서쪽 해안에 건설한 도시에서는 티베리우스 새 황제를 높이기 위하여 디베랴 호수로 알려지게 되었다. 그 호수는 아마 예수님께서 사역하시던 때에는 그 새 이름을 얻지 못하였던 것으로 여겨진다. 그러나 이 복음서가 쓰여질 당시에는 그 이름이 보편화되어 있었다

1) 요 7:1의 주해를 참조할 것.

(요 21:1 참조).

예수님을 따르던 군중들은, 진술이 진전하여 나가는 바에 따라 그들의 태도를 판단하여 보건대, 분명하게 요2:23에서 묘사되는 바, 예루살렘에 있던 자들에 속한 것이 틀림없다: 그들은 자기들 이 본 표적에 의하여 깊은 인상을 받게 되었다. 그러나 그들은 예수님께 충성을 보였다. 충성은 피상적인 것이었다. 그들은 아직 그 표적의 내적인 요지를 인식하지 못하였기 때문이다.

6:3, 4 "예수께서 산에 오르사 제자들과 함께 거기 앉으시니 마침 유대인의 명절인 유월절이 가까운지라"

호수의 동쪽 지형은 '높은 땅' 이 예리하게 솟아있다. 오늘날에는 '골란 고원' 으로 잘 알려져 있는 곳이다. 여기서 보면은 강과 호수의 동쪽 평원을 내려나 볼 수 있다. 예수님께서는 그러한 지점에서 자주 쉬셨고 제자들과 함께, 또는 혼자서 휴식을 찾기도 하셨다(막3:13; 6:46; 9:2).

괄호로 묶여 있는 부분(한글개역성경에서는 괄호가 없음) - '마침 유대인의 명절인 유월절이 가까운지라' - 은 이때가 유월절 직전임을 시사한다. 이 복음서에서는 유월절이 세 번 언급된다; 첫 번째 는 요2:13, 세 번째는 요11:55이하, 그리고 여기가 두 번째다. 예수님께서는 예루살렘으로 올라가셨다. 그러나 이때에 잠시 갈릴리에 머물러 계셨다. 요한이 유월절을 언급한 의도는 다음에 소개 되는 사건의 일어난 시기가 연력(年歷)에서 어느 시점인지를 가르쳐 주려함이었다고 할 수 있다. 그러나 그 외에도 이 유월절이 그에 수반(隋伴)되어 이 상화(講話)의 말씀을 위한 아주 적절한 계절이라는 것을 지적하기 위함이었을 것이다.

6:5,6 "예수께서 눈을 들어 큰 무리가 자기에게로 오는 것을 보시고 빌립에게 이르시되 우리가 어디서 떡을 사서 이 사람들로 먹게 하겠느냐 하시니 이렇게 말씀하심은 친히 어떻게 하실 것을 아시고 빌립을 시험코자 하심이라"

이는 이 복음서와 공관복음서 모두에 공통되는 '표적' 이다 유월절 직전 기간에 일어난 것이다. (공관복음서에서 예수님의 갈릴리 사역에 대하여 바로 이 요한복음에 기록된 부분만을 다룬다는 것은 놀라운 일이 아니다). 이 진술에는 요한의 기술을 설명하기 위하여 공관복음서의 증거를 끌어댈 수 있는 요점들이 있다. 물론 역으로 공관복음서의 기술을 설명하기 위하여 이 요한의 기록을 증거로 끌어댈 수도 있다. 예를 들어서, 요한은 마가와는 달리(막6:34이하) 군중들이 예수님의 가르침을 하루 종일 들었다고 말하지 않는다. 그러나 이 점은 그들을 먹이신 일에 대한 요한의 관심을 설명해준다.

요한복음에는 제자들의 이름이 개별적으로 거명이 되는 경우가 여러 번 있다. 공관복음서에서 같은 사건을 기록하면서 그냥 '그의 제자들' 이라고 한꺼번에 몰아서 표현하는 것과는 대조가 된다. 군중을 먹이신 방식과 방편에 관한 논의에서 빌립과 안드레의 역할을 특이하게 기술하고 있는 이는 여기 이 요한복음 기자 밖에는 없다. 빌립이 뱃새다에 이웃한 마을 출신이기 때문에(요1:44), 음식을 살 수 있는지 여부에 대하여

문의 받게 된 것은 아주 자연스런 일이다. 그러나 어느 독자도 예수님께서 떡을 살 수 있는 곳이나 그 먹을 공급할 방식을 알지 못하셨다는 생각을 하지 못하게 하려고 괄호 내에 들어 있는 주석을 달아놓은 것이다(여기서도 한글개역성경에서는 괄호를 쓰지 않고 있다-역주). 그래서 예수님께서 빌립에게 물으신 것은 이미 당신의 뜻을 전하여 놓고 그가 무어라 하는지 알아보려 하심이었다고 기자는 부연하고 있다.

6:7-9 **"빌립이 대답하되 각 사람으로 조금씩 받게 할지라도 이백 데나리온의 떡이 부족하리이다. 제자 중 하나 곧 시몬 베드로의 형제 안드레가 예수께 여짜오되 여기 한 아이가 있어 보리떡 다섯 개와 물고기 두 마리를 가졌나이다. 그러나 그것이 이 많은 사람에게 얼마나 되겠삽나이까"**

빌립은 계산에 빠른 사람이었다. 한 데나리온은 일용 근로자의 하루 품값에 해당하는 가치였다(마20:2). 그러니 그 돈으로는 보통 한 가정의 식구 하루 식량분을 살 수 있는 액수였을 것이다. 그러나 빌립은 계산하기를, 만일 200*데나리온*의 돈이 있다고 할지라도 그 액수로는 현재 필요한 식물(食物)을 충분히 공급하기에는 모자랄 것이다. (200*데나리온*의 액수에 대하여서는 막6:37에서도 언급된다. 그러나 거기서는 그걸 언급한 이가 빌립이 아니고 '제자들' 이다). 그 *데나리온*의 액수를 지금의 가치로 환산하여 번역하는 것은 어려운 일이다. 1611년(AV가 번역된 시기)에는 '페니' (penny)로 번역하면 충분하였다. 그러나 인플레 때문에 번역할 당시의 가치로 환산하여 놓으면 그 다음 해에는 맞지 아니하게 된다. NIV에서는 200*데나리온*의 가치를 '8개월분의 임금' (Eight months' wages)이라고 번역하여 놓았다.

이 논의에서 사건의 상세한 국면과 함께 역할을 감당한 제자들을 특별하게 언급한 것은 한 증인의 회상에 근거한 것이라는 증거다. 안드레는 한 개인이 먹을 분량에 해당하는 것이 있음을 주목하게 된다. 복음서 기자들 중에 요한만이 그 무리 중 한 소년이 보리떡 다섯 개와 두 마리의 물고기를 가지고 있음을 언급한다. 그 소년은 자기의 점심을 위하여 그 식물을 샀을 것이다. 보리떡은 뜨거운 돌 위에나 석쇠에 올려서 구워 반든다. 다른 복음서 기자들은 물고기를 나타내는 일반어(*이크뒤스* ⟨*ichthys*⟩)를 사용한다. 그런데 요한은 *옵사리아(opsaria)*라는 말을 사용한다.[2] 그 단어를 사용한 것은 그 물고기가 보리떡(보리과자)과 함께 반찬식으로 먹는 (간을 한) 작은 물고기였음을 지적한다. 군중의 크기에 비추어 볼 때 이 작은 식물은 언급할 가치가 전혀 없었다: 안드레는 그것이 그 수많은 배고픈 사람들을 먹이기에는 정말 가소롭기 짝이 없는 것임에 주목한다. 그러나 주님의 목적을 위하여는 그것으로도 충분하다.

6:10, 11 "예수께서 가라사대 이 사람들로 앉게 하라 하신대 그 곳에 잔디가 많은 지라 사람들이 앉으니 수요가 오천쯤 되더라"

2) 부활하신 주님께서 당신의 제자들을 위하여 예비하신 생선을 나타낼 때도 바로 이 단어가 쓰여졌다(요 21:9~13).

'잔디'는 또 다른 목격자의 회상을 반영한 표현이다. 막6:39은 그들이 푸른 잔디에 앉았다고 지적한다. 이곳의 평원(부타이하〈Butaiha〉은 매우 비옥한 지역이다. 그리고 3월이나 4월에는 한 여름의 열기로 인하여 잔디가 아직은 붉게 타지는 않을 때이다.

여기서 '사람'이라는 말이 두 단어로 달리 표현되고 있다: 예수께서 '사람들(*안드로포이〈anthrōpoi〉*)로 앉게 하라'고 말씀하셨다. 그러나 요한은 부연하여 "사람들(*안드레스〈andres〉*)이 앉으니"라고 말한다. 앞의 단어는 여자들과 어린이들을 포함한다; 후자는 남자들만을 지시한다. 후자의 단어는 네 복음서 모두에서 다 나타나는 것이다-마태는 실로 '여자와 아이 외에'라고 부연하여서 그 요점을 강조한다(마14:21). 이 5천명의 남자들은 이미 갖추어진 게릴라를 형성하여 어느 누구든지 자기들의 지도자로 삼으려고 벼르고 있었을 것이다. 15절은 그들이 자기들의 지도자 한 사람을 찾고 있었다는 것을 암시한다.

마가는 부연하기를, 제자들이 예수님께서 하신 지시에 따라서 군중들을 150여 명씩 떼를 지어서 앉게 하였다고 한다. '자기가 하실 일을 아시는' 분은 이 거대한 먹을 것의 문제에 직면했을 때에 당황하실 필요가 없었다: 그는 완전한 차서를 따라서 당신의 일을 행해 나가셨다.

11절의 '축사하셨다'라는 동사는 *유카리스테오〈eucharisteō〉*다. 이 동사에서 유카리스트('감사')라는 단어가 파생되었다. 보통 성찬식에서 이 말이 사용된다. 그러나 이 말 자체는 먹을 것을 주신데 대하여 감사하는 의미를 나타내지 않는 것이다; 그 동사는 헬라어에서는 완전히 일반적이고 비전문적인 단어다. 만일 예수님께서 그 경우에 일상적인 감사의 양식을 사용하셨다면, 아마 이렇게 말씀하셨을 것이다. "오 주 우리 하나님이시여 당신을 찬양하나이다. 당신은 땅에서 떡을 내시는 우주의 임금이시니이다!" 공관복음서에 따르면 그는 제자들에게 떡을 주셨다. 제자들이 그 군중들에게 그 떡을 나누어 주었다. 빌립은 각 사람이 '조금씩만' 받아먹어도 얼마의 분량이 필요한가를 계산하려고 애를 썼다; 그러나 사건 속에서 그들은 자기가 원하는 대로 먹을 수가 있었다. 주께서 주실 때 인색한 손으로 주시지 않으셨다. 다른 복음서에서와 같이 떡과 고기를 많게 하신 일이 주장된 것보다 더 큼을 지시한다.

6:12,13 **"저희가 배부른 후에 예수께서 제자들에게 이르시되 남은 조각을 거두고 버리는 것이 없게 하라 하시므로 이에 거두니 보리떡 다섯 개로 먹고 남은 조각이 열두 바구니에 찼더라"**

주께서 자기 백성들의 필요를 공급하실 때에 풍성하게 주시지, 허기지게 주시지는 않는다. 제자들에게 지시하신 것이 실제적으로 중요한 교훈을 준다. 그렇게 많은 이들이 굶주려 있는 판에 우리가 필요로 하지 않는 음식을 허비한다는 것은 주신 하나님을 모독하는 처사다. 이 실제적인 교훈을 바르게 소화하여 받아들인다면 더 많은 영적인 교훈을 얻게 될 것이다. 주께서 우리에게 당신의 은혜를 아무리 풍성하게 주신다하여도 항상 주님께서는 충분한 것을 가지고 계시고 다른 이들에게 주실 것이 또 있으시다. 그는 너그럽게 주셔도 궁핍하지 않으신다. 그의 백성들도 마찬가지다. 그들이 주님의 자애로우심을 본받을 때 잠언의 진리를 입증하게 될 것이다. "흩어 구제하여도 더욱 부하게 되는 일이 있나니 과도히 아껴도 가난하게 될 뿐 이니라"(잠11:24).

결국 모든 무리들이 다 배불리 먹고 나서도 식사가 시작되기 전에 있었던 식물보다 더 많이 모으게 되었다. 어떤 이들은 열 두 바구니가 차게 거둔 사실에서 사도들의 수와 의미심장하게 맞아 들어감을 주목하였다; 아마 주님께서 '이스라엘 집의 잃어버린 양들' 의 궁핍을 해결해 주셨을 뿐 아니라 모든 열두 지파의 궁핍까지 해결하여도 충분한 것이 남아 있음을 보여주는 암시라고 그들은 보았던 것이다.[3]

6:14 "그 사람들이 예수의 행하신 이 표적을 보고 말하되 이는 참으로 세상에 오실 그 선지자라 하더라"

떡과 고기로 배불리 먹은 이들은 모세와 같은 선지자(신18:15 -19)가 바로 그들 중에 있다는 확실한 증거를 가지고 있다고 생각하게 되었다.[4] 그들 조상들이 모세의 날에 광야에서 이적으로 먹을 것을 얻었던 것과 같이, 지금 다른 광야에서 자기들을 이적으로 먹인 자가 바로 두 번째 모세임에 틀림없다고 생각한 것이다. 이스라엘 중 그렇게 많은 이들이 강림하시기를 고대하고 있는 바로 말세의 위대한 선지자가 이분임에 틀림

3) 주후 4세기에 힐러리(Hilary of Poitiers)는 마15:7,32-38에 대한 주석에서 5천명을 먹이신 일이 바로 예수님께서 자신을 유대인에게 열어주신 것을 상징하는 것으로 여겼다. 4천명을 먹이신 일이 이방인들에게 당신을 열어 보여주신 것을 상징하는 바와 같이 말이다(다른 주석가들도 여전히 그렇게 하였다.). 후기의 주석가들은 이 문맥 속에서 '바구니' (*코피노스 〈kophinos〉*)로 번역된 말은 이 5천명을 먹인 사건을 기록하는 모든 복음서에서 다 쓰고 있는 말임을 지적하면, 이 말이 유대적인 관련을 가지고 있다고 지적하였다. 4천명을 먹이신 일이 기록되어 있는 두 곳에서는 다른 말(*스퓌리 〈spyris, '크릴' 〉*)을 썼다(마15:37; 막8:8). 열 두 *바구니(kophinoi)*가 열 두 사도들에 상응하는 것이라고 주장하는 이들의 말을 들어보려면, A. E. J. Rawlinson, *The Gospel according to St. Mark* (London, 1925), pp.87 를 참조하라. 일곱 *'광주리'(spyrides)*가 행6:3-6의 일곱 '집사' 와 서로 상응하는 것인지에 대한 의문이 있거든 같은 책 104면을 참조하라. 또한 Richardson, *The Miracle Stories of the Gospels* (London, 1941), pp.94-99 도 참조할 것.
4) 요 1:21의 주해를 보라.

없다고 결론 내린 것이다. 후대에 한 랍비는 '첫 번째 구속자는 만나를 내리게 하셨고... 마지막 구속자도 만나를 내리게 하셨다' 라고 관찰한 것으로 믿어진다.[5] 1세기의 일반적인 흐름이 그런 식으로 되어 있었던 것 같다. 복음서 기자는 사람들이 예수님을 오실 그 선지자로 본 것이 잘못이라고 말하는 것이 아니다; 그들이 물질적이고 외면적인 수준에서 그 선지자의 의미를 해석한데 잘못이 있었다고 암시하고 있는 것이다. 그 선지자의 의미에 대한 진정한 해석이 그들에게 분명하게 되었을 때 그들 거의 모두를 실족케 했다.

6:15 "그러므로 예수께서 저희가 와서 자기를 억지로 잡아 임금 삼으려는 줄을 아시고 다시 혼자 산으로 떠나가 시니라"

만일 이 사람이 두 번째 모세라면 분명하게 첫 번째 모세가 그들의 조상들을 위하여 했던 일을 그들을 위하여 할 것이다. 그리고 압제에서 그들을 건져낼 것이다. 지금은 그들을 약속된 땅으로 이끌어들이기 위하여 긴 행로가 필요하지 않다: 이제 약속된 땅은 그들이 유대의 형제들과 같이 로마의 압제 아래서 살지 않는다면, 그들의 통치자 헤롯 안티파스는 로마의 괴뢰(傀儡)다. 그리고 그들은 헤롯의 왕조를 생각할 때에는 그들의 애국적인 자긍심을 가질 수 없다. 헤롯은 로마와 같은 정서를 가지고 로마를 대변하는 자로 서있다: 그러므로 그 둘 중 누구를 반대하든

5) *Ecclesiastes Rabba*(랍비적인 주석) 1.9.1에서 전1:9의 주석에서 인용된 Rabbi Isaac의 말(주후 300년경).

지 다 반대하는 것이 된다. 이때에 예수님께 군중들이 못 내려온 것은 바로 이 예수님이 해방의 동기를 이끌어 들일 것이라는 희망 때문일 가능성이 아주 강하다(5절): 그가 거기 광야에서 수많은 허다한 무리에게 먹을 것을 준 것은 그가 바로 그 시대의 인물이라는 확신을 더 확증시켜 주었다.

그를 임금 삼으려는 시도는 반드시 그들이 그를 다윗의 혈통에 속한 자로 인지하였다는 뜻이라고 해석할 필요는 없다. 요한복음의 다른 곳에서 보면 메시아와 그 선지자에 대한 사람들의 기대가 서로 차이가 나는 것이 나타난다(요1:19-25; 7:40-42). 쿰란 공동체 내에서도 그 선지자와 메시아에 대한 기대가 서로 일치되는 것이 아니었음이 분명하게 드러났다.[6] 실로 사람들의 계층과 부류에 따라서 종말에 대한 소망이 여러 가지 국면으로 확실하게 나뉘었다고 단정하지 말아야 한다. 현대 그들의 후예들이 가지고 있는 것보다 더 분명하였다고 생각할 필요도 없다. 예수님께서는 이미 병을 불식시킴으로써 자기의 권능을 보여주셨다; 지금은 주린 자들을 추방하는 힘을 보여주셨다. 만일 그가 자기 사람들을 해방시킬 능력을 보여주기만 한다면, 거칠 것이 없다. 그렇게 되면 그가 그들이 기다리던 지도자임에 틀림없다; 그러면 자기들 대장과 임금으로서 승리와 자유는 아주 확보된 셈이다! 만일 그가 먼저 자청하여 자기들의 지도자로 나서려 하지 않는다면, 그들은 억지로 그를 떠밀어 지도자로 삼으려고 할 판이다. 그러나 예수님께서는 그들의 행동 속에서 광야의 시험 중 하나가 되살아나고 있음을 인지하셨다. 그것이 아버지의 뜻을 이루는 길이 아니고, 자기 백성들의 구원을 확보하는 길이 아님을 알

6) 1장 주해 속에 나타난 미주의 34항 참조.

았다. 그래서 그는 골란 고원으로 물러가심으로써 군중들의 달갑지 않은 관심을 피하셨던 것이다-이때에는 제자들을 데리고 가지 않으시고 혼자셨다(제자들에게 호수 저편으로 가라고 명하셨었다.).

요한은 이 사건에 더 광범위한 정치적 분위기를 채색하지 않는다. 그가 이 복음서를 기록할 당시에는 상황이 달라져 인식이 바뀌어져 있었다. 그는 그들을 먹이신 일과 그 추이와 관련지어서 그 앞의 의도를 가지고 기술해 나간다. 그러나 마가가 제공하는 갈릴리의 분위기에 비추어서 요한이 기술한 것은 무언가 이해의 빛을 준다. 마가에 의하면 12제자는 갈릴리에서 아주 극적인 결과를 낳은 사명을 마치고 막 돌아온 참이었다. 그러나 그 일은 헤롯 안티파스의 적의에 찬 관심을 불러 일으켰다. 헤롯은 최근에 세례 요한을 제거하였다. 이제 그 앞에 요한보다 더 골칫거리를 만나게 된 것같이 보였을 것이다. 예수님께서는 그러므로 12제자들을 호수의 동편으로 가게 하신 것이다. 헤롯의 영토에서 벗어나게 하신 것이다. 그래서 최근에 있었던 흥분어린 사건에서 떨어져 고요한 시간을 가지게 하셨던 것이다. 그러나 그러한 흥분은 그들의 사명으로 인하여 갈릴리 사람들을 흥분하게 한 나머지 그들 12제자들을 따르게 하였다. 심지어 그들 12제자들보다 더 앞질러 갔다. 그래서 예수님과 12제자들이 갈릴리의 피할 곳에 가니 벌써 갈릴리의 큰 무리들이 거기 앞서 와 있었다. 예수님께서는 그들의 마음을 생명의 말씀으로 먹이셨고, 그들의 몸은 떡과 물고기로 먹이셨다. 예수님 보시기에 그들은 "목자 없는 양 같이" 보였기 때문이다(막6:34). - 맨슨(T. W. Manson)이 늘 강조한 바와 같이 "목자 없는 양 같음을 보셨다"라는 말씀은 목자가 없는 회중들을 의미하는 것이 아니라, 지휘관이 없는 군대 같음을 의미하는 것이다(왕상22:17에서와 같이).[7] 그는 그들이 아주 악한 지휘관을 아주 쉽게 만날 수 있음을 아셨다(그 지휘관이 누구든지 자기들 마음을 따라서). 그러한 연유로 그 악한 지휘관의 인도를 받아서 재난으로 빠져 들어갈 수 있음을 아신 것이다. 마가가 제공하는 배경에 비추어 보면, 군중들이 억지로 예수님을 자기들의 임금 삼으려고 하였다는 요한의 진술이 잘 이해가 된다.

6:16-18 "저물매 제자들이 바다에 내려가서 배를 타고 바다를 건너 가버나움으로 가는데 이미 어두웠고 예수는 아직 저희에게 오시지 아니하셨더니 큰 바람이 불어 파도가 일어나더라"

막6:45에 따르면 예수님께서는 배를 타고 건너편으로 가라고 그 제자들을 '재촉하셨다' (*아난카조〈anankazō〉*); 아마 예수님께서는 제자들이 군중의 흥분에 영향을 받고 있다고 보신 것이다. 마가는(6:46에서) 예수님께서 친히 기도하러 고원 지대로 올라가셨다고 부연한다; 요한이 우리에게 지금 말한 것으로 보아 그 기도가 얼마나 긴박하였는지를 알 수 있다.

그들끼리 호수 건너편으로 건너가는 제자들은 강할 뿐 아니라 자기들 방향과 반대 방향으로 부는 바람을 맞서 나가야 했다(막 6:48 참조). '날씨는 거의 조용하고 무겁다. 그러나 그들이 서편에서 지나갈 때 차가운 기류가 갑자기 소용돌이 쳤거나, 호수에 강하게 흘러 들어오는 좁은 목

7) T. W. Manson, *The Servant-Messiah* (Cambridge, 1953), p.70.

의 흐름 때문에 그러한 소용돌이가 몰아쳤다. 그 지역은 갑작스런 폭풍이 일어나기로 악명높다.'[8)]

6:19-21 "제자들이 노를 저어 십여 리쯤 가다가 예수께서 바다 위로 걸어 배에 가까이 오심을 보고 두려워하거늘 가라사대 내니 두려워 말라 하신대 이에 기뻐서 배로 영접하니 배는 곧 저희의 가려던 땅에 이르렀더라"

'십여 리' (헬라어 *스타디온⟨stadion⟩*)는 아마 현대적인 척도로 3마일 정도의 거리일 것이다(약 4.8킬로미터 - 역주); 벳새다의 이웃에서 가버나움으로 건너가려면 5마일 가량 된다. 어떤 주석가들은 제자들이 내내 해안을 따라서 행진해 나갔음을 요한이 뜻하는 것이라고 암시한다. 그리고 그들의 눈이 예수님께서 바닷가를 걷고 계신 모습에 사로잡히게 되었다는 것이다. 확실하게 말하여 *에피 테스 타라세스(epi tēs thalassēs)*의 국면은 문맥이 요구하는 곳에서 이러한 뜻을 가진다(요21:1에서와 같이). 그러나 같은 어구가 이 사건을 기록한 공관복음서에서도 사용되었다(마 14:26; 막 6:48 이하). 거기서는 그 어구의 뜻이 분명하게 바다 위이다. 마 14:25은 같은 의미에서 *에피 텐 타라산(epi tēn thalassan*, '바다 위')를 사용한다. 마태(14:24)와 마가(6:47)는 다 배가 '바다 한 가운데' 있었다고 말한다. 참으로 공관복음서의 말은 요한의 기록에 대한 해석을 결정할 수는 없다. 그러나 이 복음서의 진술 속에서 요한은 이적적인

8) G. A. Smith, *Historical Geography of the Holy Land* (London, [25]1931), pp.141이하.

요소를 약화시키는 실제(實際)를 쓰지 않는다. 더구나, 만일 제자들이 예수님께서 바닷가를 걷고 계신 것을 보았다면 그들이 두려워할 이유가 없었을 것이다. 그들로 울부짖게 하고 유령이라고 생각하게 만든 것(막 6:49에서 듣는 바와 같이)은 바로 예수님께서 바다 위를 걷고 계신 것을 본 것이다.

예수님께서 그들을 안심시키시고 그들의 두려움을 잠재웠다. 현재명령형(*메 포베스데*〈*mē phobeisthe*〉)은 '계속 두려워하는 일을 하지 말라', 곧 '두려워하는 것을 멈춰라'는 뜻이다. 그가 거기 계셨으니 걱정할 것이 없었다. 이 복음서에서 *에고 에이미*(*egō eimi*)라는 말에 신적 칭호의 성질을 가지고 있는 곳이 여러 군데다(8:24, 28에 대하여 알아볼 것이지만). 그러나 여기에 그 말씀은 '그것이 나다'라는 뜻이다. (다른 이가 어떻게 *에고 에이미*의 말보다 헬레니즘적인 헬라어로 '그것이 나다'라고 말할 것인가? 소경을 치유받은 사람은 요9:9에서 자신에 대하여 같은 말을 쓰고 있다).

그들 제자들은 자기들이 유령을 본 것이 아니고 자기들의 선생이신 줄 알고는 기쁘게 그를 배 위로 모셔 들였다. 그러기에 더 이상 고통의 문제가 없었다. 마가(6:48, 51)는 그때에 '밤 사경 쯤' - 곧 얼마 있으면 새벽의 여명이 밝아 올 즈음에-이라고 말함으로써 상세하게 말해 주고 있다. 그때에 그들 제자들에게 오셨고, 그가 배에 올라서자마자 바람이 잦았다. 아마 그들이 안전하게 가버나움에 당도할 때에는 새벽이 밝아 오고 있었을 것이다.

2. 생명의 떡(6:22-71)

6:22-24 **"이튿날 바다 건너편에 섰는 무리가 배 한 척밖에 다른 배가 거기 없는 것과 또 어제 예수께서 제자들과 함께 그 배에 오르지 아니하시고 제자들만 가는 것을 보았더니 (그러나 디베랴에서 배들이 주의 축사하신 후 여럿이 떡 먹던 그 곳에 가까이 왔더라) 무리가 거기 예수도 없으시고 제자들도 없음을 보고 곧 배들을 타고 예수를 찾으러 가버나움으로 가서"**

이 세 구절의 의미는 이치적으로 분명하다. 문장 구조는 복잡하지만 말이다. 복잡해 보이는 것은 '다른' 배들에 대한 문장(文章)이 삽입되어 있기 때문이다(23절). 우리가 들었듯이 무리들은 제자들이 예수님 없이 그들의 배로 떠나는 것을 보았고, 예수님을 건너게 할 다른 배도 없는 것을 보았다. 그러나 아침에 보니 예수님이 거기 와 계셨다. 만일 24절이 22절 뒤에 바로 연결이 되면 독자는 자연스럽게 '제자들이 타고 온 배 밖에는 없는데 무리들이 배로 건널 수 있었는가?' 라는 질문을 던졌을 것이다. 대답은 23절이 해주고 있다. 다른 배들이 디베랴 호수의 동편으로 건너 왔었다고 한다. - 아마 밤새 서편에서 불어오는 큰 바람(18절)이 밤새 불어 닥쳤을 것이다. 22절 초의 '이튿날' (헬라어로 *테 에파우리온* 〈*tē epaurion*〉)이란 말은 24절의 행동과 연관이 있다. 23절의 괄호는 요 4:2의 문체와 아주 흡사하다.

무리는 예수님께서 가까운 곳에는 아무데도 계시지 않는다고 확신하였다. 그리고 제자들이 그를 다시 모셔올 조짐도 전혀 없음을 확신하고 예수님을 보기 위하여 서편으로 건너갔다.

6:25,26 **"바다 건너편에서 만나 랍비여 어느 때에 여기 오셨나이까 하니 예수께서 대답하여 가라사대 내가 진질로 진실로 너희에게 이르노니 너희가 나를 찾는 것은 표적을 본 까닭이 아니요 떡을 먹고 배부른 까닭이로다"**

사람들이 가버나움에 당도하여 보니 예수님께서 거기 계신 것을 알게 되었다. 그래서 그들은 자연히 어떻게 언제 그가 건너왔는가 하고 의아해 하였다. 그들은 예수님이 제자들이 탄 배에 오르지 않으신 것을 알고 있었기 때문이다.

예수님께서는 그들의 호기심을 만족하게 하는 대답을 직접하지 않으시고, 그들이 당신 자신을 찾는 동기가 무가치함을 일러 주셨다. 그들이 그에게 애착을 느끼는 것은 그가 그들을 먹이셨기 때문이다. 그들은 자기들이 찾는 지도자를 그 안에서 찾았다고 생각하였던 것이다. 그러나 그들은 자기들을 먹이신 진정한 의도에 대하여는 포착하지 못하고 있었다. 14절에서 그들이 '예수의 행하신 표적을 보고' 라고 하였으니, 그들이 외면적인 행동을 보았다는 것으로 이해해야 한다. 그러나 여기서는 그 외면적으로 드러난 행동 뒤에 숨어있는 것이 무엇인지 알지 못하였다고 함축하고 있는 것이다. '표적' 은 이제 그로 인하여 의미하는 것들을 지시하는 말로 쓰여지고 있다. 공관복음서의 진술에 의하면 열 두 제자들조차 "그 떡 떼시던 일을 깨닫지 못하고 도리어 그 마음이 둔하여졌다"(막6:52 참조. 막8:14-21도 참조)라고 한다. 그래서 무리들이 그 메시지를 포착하지 못한 것은 놀라운 일이 아니다. 그러나 공관복음서의 진술은 그 이적으로 먹이신 일의 이면에 육신의 눈으로 보는 것보다 더 많은 것이 있었다는 느낌을 가지게 하는 것으로 만족한다. 그러나 여기 요한은 가버나움 회당에서 행하신 생명의 떡에 대한 예수님의 강화(講話)를 기록하여 그 숨겨진 의미를 밝히 드러내고 있다(59절 참조).

그 강화는 하나의 부연의 말과 함께 세 부분으로 나누어질 수 있다.

(a) 참된 만나(6:27-34)

6:27 "썩는 양식을 위하여 일하지 말고 영생하도록 있는 양식을 위하여 하라 이 양식은 인자가 너희에게 주리니 인자는 아버지 하나님의 인치신 자니라"

예수님의 강화의 말씀은 예수님과 그 청중들 사이에 주고받는 말로 시작이 되고, 또 끝날 때도 역시 그러한 양식을 띤다. 이 일이 일반적인 관례를 깬 것은 아니다: '회당의 자유로움' 이라 불리우는 일의 한 부분일 뿐이다.[9]

썩는 양식과 영적인 신령한 양식 사이의 대조는 우물가에서 여인과 대

9) I. Abrahams, *Studies in Pharisaism and the Gospels*, I(Cambridge, 1917), pp.1-17.

화하실 때의 물질적인 물과 영적인 물 사이의 대조와 유사하다(요4:10이하). 야곱의 우물에서 나온 물은 '생명의 물' 이 하는 것같이 영혼을 시원하게 하지 못한다. '쓰는 대로 부패하는' 양식(골2:22 참조)은 육신의 생명을 보전할 수는 있지만 영원한 생명은 나누어주지 못한다. 4장에서 예수님께서 받는 자에게 영생하도록 솟아나는 생물을 주시는 분이신 것같이, 여기서도 예수님은 먹는 자에게 결코 다시 주리지 않게 하는 성질을 가진 양식을 주시는 분이다.[10] 그는 '메시아' 라는 칭호를 사용하시는 것을 피하신다. 또는 그들에게 군사적인 분위기를 느끼게 하는 어떤 다른 칭호를 전혀 사용하지 않으신다. '인자' 라는 칭호는 당신의 의도와 아주 잘 맞아 들어간다; 그 말은 당시 그들의 종교적 어휘나 정치적 어휘들 속에서 항상 쓰여 지는 것이 아니었다. 그러므로 그 칭호는 당신이 나타내시려는 의도를 잘 표현할 수 있었다.[11] 예수님께서는, 인자는 하나님의 '인치신 자' 라고 말한다-다시 말하면, 하나님께서는 예수님을 이 생명을 주는 양식을 나누어 주시는 당신의 정하시고 권리를 입혀주신 자로 세우셨다는 말이다. 만일 '인쳤다' (헬라어 *에스프라기센* ⟨*esphragisen*⟩)는 말이 한 특별한 사건으로 인침을 확인할 것을 암시한다면, 우리 주님의 세례를 생각해야 할 것이다(요1:32-34 참조).

6:28, 29 "저희가 묻되 우리가 어떻게 하여야 하나님의 일을 하오리이까 예수께서 대답하여 가라사대 하나님의 보내신 자를 믿는 것이 하나님의 일이니라 하시니"

10) P. Borgen, *Bread from Heaven* (Leiden, 1965).
11) 요 1:51 주해 참조.

예수님께서 썩지 않을 양식을 위하여 일하라고 말씀하셨다. 그들은 묻기를, 그러면 그러한 일이란 어떤 류인가? 자기들의 일용할 양식을 위하여 매일 일상적으로 일해야 하듯이,(그들 생각에는) 영생을 얻게 하는 양식을 받기 위하여 하나님께서 특별하게 지정하신 어떤 일들을 행해야 할 것이 아닌가? 그러한 일들이란 무엇인가? 예수님께서는 영생을 주는 양식을 받는 자들에게 요구하시는 하나의 기본적인 요구는 믿음임을 분명하게 말씀하셨다-다시 말하면, 하나님께서 당신의 옛 약속에 따라서 보내주신 '언약의 사자'를 믿는 것이다(말 3:1 참조). 사람들은 (바르게) 말씀하시는 사자가 바로 예수님 자신임을 뜻하고 있음을 알았다. 그래서 그들은 예수님께 당신이 하나님의 보내신 자임을 확증하는 또 다른 증거를 보여 달라고 요청한 것이다.

6:30,31 "저희가 묻되 그러면 우리로 보고 당신을 믿게 행하시는 표적이 무엇이니까 하시는 일이 무엇이니까 기록된바 하늘에서 저희에게 떡을 주어 먹게 하였다 함과 같이 우리 조상들은 광야에서 만나를 먹었나이다"

그들이 본 표적이 예수님의 주장을 증거하는 충분한 자료라고 생각될 수 있다. 그러나 그들은 다른 증거를 더 요구하고 있다. 많은 이들에게 있어서 허다한 수천의 무리들을 먹이신 것이 그를 제 2의 모세로 보이게 하였다(14절). 이제 그가 두 번째 모세임을 더 증거하게 하자는 것이다. 만일 모세가 자기 조상들에게 광야에서 만나를 먹였다면, 두 번째 모세도 역시 같은 방식으로 자기 권위를 입증해야 할 것이 아닌가-먹이는 것을 한 번에 끝내지 말고 더 지속적으로 할 수 있게 하자. 만나를 준 것에 대한 성경의 진술(출16:11-36)이 그 안식일에 그 회당에서 주어지는 성경 교훈의 한 부분을 형성하였을 수도 있다.[12] '항상 떨어지지 않는 양식' 에 관한 예수님의 말씀은 어떤 경우에도 그들로 하여금 그들 조상들이 먹었던 하늘에서 내린 떡을 상기시켰을 것이다. 물론 만나마저 '썩는 양식' 의 범주에 들어 있지만 말이다(출16:20). 후대에 랍비들은 새 시대는 만나의 은사가 다시 주어지는 것으로 알려질 것이라고 가르쳤다. 그러한 관념이 기독교 1세기에도 사람들 속에 자리하고 있었다는 여러 조짐들이 있다(레2:17에서 '감추어진 만나' 라는 말을 참조). 그래서 사람들은 이런 뜻으로 말하였을지도 모른다: '메시아 시대에는 만나의 선물이 다시 주어질 것입니다. 우리에게 만나를 주십시오; 그러면 우리는 메시아의 시대가 정말 열렸다고 알 것입니다.' 그들이 만나에 대하여 인용한 성경은 시78:24이다. 그 시편은 현재의 강화의 말씀을 위한 본문으로 여겨질 수 있다(시105:40; 느9:15도 참조). 떡과 물고기가 아주 적당한 때에 제공되었다. 그러나 그러한 것들은 땅에 속한 양식이지 하늘에서 온 떡은 아니다. 하늘에서 내리는 떡을 주실 수 있는 이는 의심할 여지없이 모세와 같은 선지자임에 틀림없을 것이다.

6:32,33 "예수께서 이르시되 내가 진실로 진실로 너희에게 이르노니 하늘에서 내린 떡은 모세가 준 것이 아니라 오직 내 아버지가 하늘에서 내린 참 떡을 너희

12) A. Guilding, *The Fourth Gospel and Jewish Worship*, pp.61-65.

에게 주시나니 하나님의 떡은 하늘에서 내려 세상 에게 생명을 주는 것이니라"

예수님께서는 그들에게 광야에서 만나를 내려 주신 것은 모세가 아니라 하나님이셨음을 상기시켜 주신다. 그리고 그때에 물질적인 양식으로 그 백성들을 먹이신 하나님-사실 지금도 그러한 일을 하나님은 하신다.[13]- 께서는 영적인 양식, 하늘의 만나, 생명을 주는 떡을 주고 계신다. 허다한 무리가 최근에 먹은 보리떡과 물고기와 같이 모세의 날에 이스라엘이 먹었던 만나도 물질적인 양식이다. 그 만나가 '하늘에서 내린 떡' 이었다 할지라도 말이다. 그러나 이제 하늘에서 내리는 다른 류의 떡이 있다. 사람들의 가장 내면적이고 영구히 지속하는 생명을 지탱하여 주는 참 떡이 있다. 그 떡은 썩을 양식도 아니고 물질적인 성질을 가지고 있는 것도 아니다.

'하나님의 떡' 이라는 표현은 구약에서는 때로 '제물로 올린 떡' 을 의미하는 것이었다(레21:6,8,17,21,22; 22:25). 만나는 시78:25에서는 '권세 있는 자의 떡' , 또는 '천사들의 떡' (히브리어 *lehem 'abbirim*)이라고 불리워진다. 그러나 여기서는 '하나님의 떡' 은 하나님께서 공급하시는 떡이다: 만나와 같이 그 떡은 하늘에서 내려오는 떡으로서 만나와는 달리 모든 인간들에게 생명 - 영원한 생명-을 주는 떡이다.

---

13) 이는 주님의 기도의 간구에서 함축되어 있다: '우리에게 일용할 양식을 주옵시고' (마6:11; 눅11:3에는 '각 날' 이라고 되어있다). 거기서 *아르토스 에피우시오스(artos epiousios)*라는 말은 '각 날' 이 라는 뜻일 수도 있다. 그래서 '우리에게 날마다 내일의 떡을 사기에 충분한 것을 벌게 하옵소서' 라는 뜻일 수도 있다(마20:2,9이하에서 나오는 포도원 품꾼의 비유 속의 일꾼과 같이). 그 간구는 '우리에게 장차 올 세대를 위한 떡을 달라' 는 간구가 되기는 어렵다. 물론 Jerome이 *에피우시오스(epiousios)*를 *만찬에 쓸 떡(supersubstantialis)*이라고 번역한 것은 사실이다. (Douai-Rheims 역본이 '우리의 만찬의 떡' 이라고 할 때에는 성찬의 떡이나 생명의 떡이신 그리스도를 가리키는 것으로 이해되는 것이 상례였다).

6:34 "저희가 가로되 주여 이 떡을 항상 우리에게 주소서"

사마리아 여인은 예수님께서 주실 수 있는 생수에 대하여 말씀 하시는 것을 듣고는 "주여, 이 물을 내게 주소서"(요4:15)라고 요청하였다. 그와 같이 이 무리들도 참 떡에 대한 예수님의 말씀을 듣고는 이 떡을 항상 받도록 해달라는 간절한 청으로 반응한다. 그러나 그들은 여전히 예수님의 말씀을 물질적인 의미에서 이해하고 있다; 그러므로 그는 당신이 말씀하시는 의도를 더 분명하게 밝힐 양으로 새로운 형식의 단어들을 쓰신다.

(h) 예수님 자신이 영생의 떡 (6:35-51)

6:35 "예수께서 가라사대 내가 곧 생명의 떡이니 내게 오는 자는 결코 주리지 아니할 터이요 나를 믿는 자는 영원히 목마르지 아니하리라"

예수님께서 "하늘에서 내려와 세상에 생명을 주시는 하나님의 떡"이라고 하신 것이 무엇을 의미하심인지 그들은 아직도 이해를 하지 못하고 있다. 이제 예수님께서는 당신의 의도가 어떤 것인지 분명하게 말씀하신다. 이 강화의 말씀 전반부에서는 자신이 이 떡을 주시는 자로 말씀하셨다; 이 대목에서는 자신이 바로 그 떡이라고 말씀하신다. '예수님께서는 친히 당신 자신을 선물로 주시기 때문이다.'[14] 그는 사람들이 당신 자신으로 말미암아 생명을 얻게 하시려고 자신을 주러 오셨다. 그들이 생명의 떡에 참예하기 위해서는 그에게 나와야 하고, 그를 믿어야 한다. 그리스도께 자신을 온전히 맡기는 것, 믿음으로 말미암아 예수님을 자기의 생명의 구주로 받아들이는 것이 바로 영생을 얻고 영혼을 영구(永久)히 유쾌하게 되는 비밀이다.

이는 이 복음서에서 '나는… 이다' 라는 유별난 어투의 첫째 경우이다(예수님께서는 그러한 말씀들에서 단정적으로 *에고 에이미* 〈*egō eimi*〉라는 어구를 사용하신다).[15]

6:36-38 "그러나 내가 너희더러 이르기를 너희는 나를 보고도 믿지 아니하는도다 하였느니라 아버지께서 내게 주시는 자는 다 내게로 올 것이요 내게 오는 자는 내가 결코 내어 쫓지 아니하리라 내가 하늘로서 내려온 것은 내 뜻을 행하려 함이 아니요"

"너희는 나를 보고도 믿지 아니하는도다"라는 말씀은 요5:36 - 38절의

14) B. Lindars, *Behind the Fourth Gospel*, p.37.

15) B. Lindars(*Behind the Fourth Gospel*, p.72)는 다음과 같이 생각한다. '나는… 이다' 라는 대목 거의가 이 요한복음 서두에서와 같이 복음서 기자가 도달한 지혜기독론을 반영하는 것이다. 여기서 잠9:5과 같은 지혜의 말씀 배경을 두고 예수님께서는 당신이 들어가 거하시는 영혼에게 영구한 만족을 주실 것을 말씀하고 계신다고 말이다. Sir. 24:21에서 지혜자는 말한다. '나를 먹는 자는 더 많은 것을 찾아 주릴 것이다. 나를 마시는 자는 더 많은 것을 찾아 갈증을 느낄 것이다' ; 그러나 예수님께서는 '내게 오는 자는 주리지 않을 것이요 나를 믿는 자는 결코 목마르지 않을 것이다.' (Lindars의 같은 책, p.48 참조.)

말씀과 서로 짝을 이룬다. 거기서는 예루살렘에 있는 자들에게 하신 것이고 여기서는 갈릴리 사람들에게 하신 말씀이다. 지금 이 말씀이 나오는 문맥에서 이 말씀은 26절에서 하신 말씀의 의미를 요약하여 말씀하고 있다: 그들은 예수님께서 허다한 무리들을 먹이시는 것을 보았다. 그러나 그들은 그가 행하신 것의 참된 의미를 믿음으로 통찰하는 일을 하지 못하였다. 그들은 그에게 나오지 않았다. 그리고 진정 문제가 되는 오직 유일한 의미에서 그를 믿지 아니한 것이다. 그들은 이 복음서 기자와 그와 함께 있던 다른 제자들과는 달리 "그의 영광을 보지" 못했다 (요1:14 참조); 그래서 그들은 아직 생명의 떡에 참예할 수가 없었던 것이다.

그러나 예수님께서는 많은 이들이 당신을 믿음으로 말미암아 생명을 주는 떡을 받게 될 것이라고 확증하셨다. 그렇게 되는 것이 아버지의 뜻이기 때문이다. 사람들이 눈멀어 있는 것이 하나님이 원하시는 일을 좌절시킬 수 없다. 하나님께서는 세상에서 그 은혜로 말미암아 일을 하고 계신다. 그리스도께 나오는 자들은 은혜의 '달콤한 강제력' 으로 인하여 그에게 나온다. 그들이 그리스도께 나올 때에 그들은 그리스도께서 자기들의 온전하고 궁극적인 구원에 대한 모든 책임을 져주시는 이심을 알게 되는 것이다. 그들이 당신에게 나아오면 그는 결코 그들을 내어 쫓지 아니하신다. 따라서 그들을 알아주지 않는 일이란 결코 있을 수 없다. 요한복음의 한 큰 무대 위에서 예수님께서는 아버지께 당신에게 주신 자들을 하나도 잃어버리지 않겠다고 선언하신다. 고의적으로 자신을 그리스도에게서 떼어내는 경우를 제외하고는 말이다(요 17:6-12).

구원의 일에 있어서 아버지와 아들은 전적으로 하나이시다. 아버지께서는 믿는 공동체를 아들에게 주신다. 아들은 당신에게 나아오는 자들을 받으시고 보호하신다. 왜냐하면 그는 전적으로 아버지의 뜻에 따르시기 때문이다. 아버지의 뜻을 행하기 위해 세상에 오셨다. 지상에서 당신의 삶을 영위하신 본질이 바로 거기에 있다(요4:34 참조).

37절 전반부에서 '다' 라는 대명사는 중성단수(*판*<*pan*>)이다. 신자들 총 수를 총체적으로 묶어서 지시하는 말이다. 후반부에서 '오는 자마다' (한글개역성경에서는 '오는 자는' 이라고 하였다- 역 주)는 그 수에 들어가는 각 개개인을 지시한다. 공동체를 총체적으로 보았다가 다시 그 총체의 구성원 개개인을 다시 말하는 방식은 39절과 40절에서도 다시 나타난다.

6:39, 40 **"나를 보내신 이의 뜻을 행하려 함이니라 나를 보내신 이의 뜻은 내게 주신 자 중에 내가 하나도 잃어버리지 아니하고 마지막 날에 다시 살리는 이것이니라 내 아버지의 뜻은 아들을 보고 믿는 자마다 영생을 얻는 이것이니 마지막 날에 내가 이를 다시 살리리라 하시니라"**

39절에서 '내게 주신 자' 에서 '자' 는 37절 상반절에서와 같이 중성단수(*판*<*pan*>)이다. 예수님께서 "마지막 날에 그것을(헬라어로 *아우토*<*auto*>) 내가 다시 살리리라" 고 하실 때, 당신의 백성의 총체를 말씀하신다. 40절에서 '자마다' 는 남성단수(*파스*<*pas*>)다. 예수님께서 "마지막 날에 내가 이를(그를, 헬라어로는 *아우톤*<*auton*>)다시 살리리라" 하실 때에, 37절 하반절에서와 같이 신자 개개인을 말씀하신다.

아버지와 아들이 그 뜻과 의도에 있어서 완전한 연합을 이루신 가운데 모든 신자의 구원을 성취하신다. 둘을 총체적으로 하나로 보거나(39절) 이 총체의 개개인을 하나하나 보거나(40절) 간에 그 일에 있어서는 전혀 차이가 없다. 그 어떤 신자도 자기가 그 허다한 믿는 무리 중에 들어 있어 간과 당하지나 않을까 하는 걱정을 할 필요가 없다. 아버지께서는 공동체 전체와 그 전체의 각 개개인을 아들에게 맡기신 것이다. 아들은 그렇게 맡은 전체나 그 전체의 각 개개인이나 다 '마지막 날'에 부활의 생명의 완성에 이르기까지 안전하게 지키신다. 요한의 종말론을 절대적으로 '실현된' 종말론으로 보는 것은 예수님께서 당신의 백성을 '마지막 날에' 다시 살리실 것을 묘사하신 대목들을 간과한 처사다(6:44,54; 11:24; 12:48). 그러한 구절들이 나중에 편집 하여 삽입된 것으로 보고 본문에서 제거해야할 당위성을 제공하는 증거는 하나도 없다. '마지막 날'은 요5:28 이하에서 지시된 때이다. 그때는 '무덤 속에 있는 자가 다 그의 음성을 들을 때'다. 그리스도께 나오는 자들은 여기 지금 지상에서 어느 정도의 부활의 생명을 받은 자들이다. 그러나 영화로운 몸을 입게 될 때에 그 완전한 부활의 생명을 받게 될 것이다.

40절에서 '아들을 본다'라는 표현은 아들을 피상적으로 보는 것보다 훨씬 더한 것을 말하고 있다. 그저 믿음이 없이 피상적으로 보는 것이 아니다. 36절에서 피상적으로 보는 것에 대하여 예수님께서 말씀하셨다; 육신이 되신 '말씀'을 분별하는 능력은 하나님께서 나누어 주신 것이다. 다드(C. H. Dodd)에 따르면, 동사 *데에오레오(theōreō)*가 62절에서와 같은 용법으로 사용되었다. '예수 그리스도의 삶과 죽음의 현상(現象)적인 사실의 안이나 뒤에 숨어 있는 영원한 실상을 인지(認知)하는 영적 시각'[16]을 나타내는 말로 쓰여졌다는 것이다. 동사 데에오레오 그 자체가 그러한 의미를 가진 것은 아니다(요2:23에서 그 말은 의미를 적당하게 파악하지 못하고 예수님의 표적들을 보는 것을 나타내는 말로 사용되었다); 그 말이 어떤 의미로 쓰여졌는지를 온전하게 파악하기 위하여는 그 동사가 쓰여진 문맥을 보아야 한다.[17] 지금 있을 때에 영생을 소유하는 것과, '마지막 날에' 부활의 소망을 가지고 있는 것은 하나님께서 믿음으로 그리스도께 나오는 자들을 위하여 함께 묶어 주신 두 가지의 사항이다.

6:41, 42 "자기가 하늘로서 내려온 떡이라 하시므로 유대인들이 예수께 대하여 수군거려 가로되 이는 요셉의 아들 예수가 아니냐 그 부모를 우리가 아는데 제가 지금 어찌하여 하늘로서 내려왔다 하느냐"

이 경우에 '유대인들'은 틀림없이 가버나움 회당에 모인 자들이다. 아니면 그 회중의 지도자들을 가리키는 말일 것이다. 그 말이 요5:18에서 보다 여기서 더 보편적으로 사용되었다. 요5:18에서는 예수님께서 하나님을 당신의 아버지라 하시므로 예루살렘에서 이미 가르쳐지고 있던 교훈이 크게 도전을 받는 것이 기록되어 있다. 예수님이 예루살렘에서는 거기를 찾은 방문객이었다. 그러나 갈릴리는 예수님의 거처가 있는 곳이다. 바로 그 점이 그 듣는 자들의 마음을 상하게 하였다. 자기들은 그

16) C. H. Dodd, *The Interpretation of the Fourth Gospel*, p.342.
17) '보다'(호라오 〈*horaō*〉)라는 뜻을 가진 보통 헬라어 동사가 신약 헬라어에서는 *데오레오(theōreō)* 와 같은 동의어로 대치되어 있는 경향이 있다.

부모를 잘 알고 있는데 어찌 그가 그렇게 주장할 수 있는가? 더구나 그러한 사람이 영생하는 양식을 줄 수 있겠는가? 어떻게 하늘과 땅 사이를 연결 하는 자가 될 수 있겠는가?

요1:45에서와 같이 여기서도 예수님은 '요셉의 아들'로 알려져 있는 것으로 되어 있다. 반면에 막6:3을 보면 나사렛에서 '마리아의 아들'로 알려져 있기도 하였다. '그 아버지와 어머니를'이라고 한 본문(한글개역성경에서는 그저 '부모'라고 표현하였음 - 역주)은 '와 어머니'라는 말이 시내산 사본의 초본을 포함하여 어떤 권위 있는 사본들에서는 빠져 있다. 그러나 압도적으로 많은 대다수의 증거들 안에는 그 부분이 들어있다. 가장 오래된 파피리(Papyri) 66, 75와 같은 사본들을 포함하여 가장 오래된 사본들이 이 부분을 내포하고 있다. 청중의 언어가 당시 요셉이 살아있었음을 암시한다고 생각할 필요가 없다. 그 말은 '우리는 이 사람의 부모들이 누구였는지를 안다. 그런데 어떻게 그런 자가 하늘에서 내려왔을 수 있겠는가?'라는 의미이다(예수님의 가족들이 가버나움에서 알려져 있었다는 것이 요2:12에 암시되어 있다). 요한과 그 독자들은 가버나움의 사람들이 성육신(成肉身)의 신비에 대하여 전혀 감을 잡지 못하였다는 것을 이해한다-예수님께서 정말 실제적인 탄생으로 인하여 인간의 삶 속으로 들어와 계셨으면서도 동시에 영원하신 '말씀'이셨다는 사실에 대하여 그들이 전혀 가늠하지 못하였다는 것을 이해한다.

6:43, 44 "예수께서 대답하여 가라사대 너희는 서로 수군거리지 말라 나를 보내신 아버지께서 이끌지 아니하면 아무라도 내게 올 수 없으니 오는 그를 내가 마

마지막 날에 다시 살리리라"

그들은 예수님께 직접 불만을 토로하지는 않았다. 그러나 예수님은 대답을 하셨다. 그는 그들이 모독적인 비평을 서로 주고받지 말라고 종용하신 것이다: 그들은 그런 식으로는 진리에 이르지 못할 것이다.

44절의 첫 소절은 37절의 첫 소절에서 표현된 사상을 다른 언어로 되풀이하고 있다. 그리스도께로 오는 자들은 여기서 아버지께서 이끌어 온 자들로 묘사되었다. 요12:32에서는 그리스도께서는 "땅에서 들림받음으로" 말미암아 차별 없이 당신 자신에게 모든 이를 이끄신다. 신자를 구원함에 있어서 이런저런 방식으로 신적 초청이 강조되어 있다. 그리스도께 오는 문제에 있어서 사람들의 책임을 간과하지는 않는다(요5:40 참조); 그러나 하나님께서 확신케하여 그리스도께 올 수 있게 하시지 않으면 그 어느 사람도 그리스도께 올 자가 없다. 그에게 오는 자는 누구나 다 다음과 같은 사실을 기꺼이 인정할 것이다.

내가 그를 알기 전에 그가 먼저 날 사랑했네;
사랑의 줄로 나를 이끄시고,
사랑의 줄로 나를 묶으셨네

그러한 다음에, 신자의 부활이 그리스도께서 당신께 오는 모든 자 속에서 이루어지게 하실 구원 사역의 가장 최종적이고 가장 영화로운 단계임을 이 강화의 말씀 속에서 세 번이나 강조하였다.

6:45,46 "선지자의 글에 저희가 다 하나님의 가르치심을 받으리라 기록되었즉 아버지께 듣고 배운 사람마다 내게로 오느니라 이는 아버지를 본 자가 있다는 것이 아니라 오직 하나님에게서 온 자만 아버지를 보았느니라"

'선지자들' 이란 말은 히브리 구약성경의 두 번째 부분을 가리키는 것으로 이해해야 한다. 사54:13에서 인용한 것이다. 그 말씀에 서는 예루살렘의 회복된 도성이 보증을 받는다: "네 모든 자녀는 여호와의 교훈을 받을 것이니" 새로운 시대-하나님의 나라-를 가리키는 말씀이다. 그 새로운 시대는 예수님, 하나님의 참 지혜 되신 분의 오심으로 여명이 열릴 것이다. 신약에서는, 이사야 40-66장에서 찬란하게 묘사된 바벨론 포로기 이후 시온의 회복이 그리스도로 말미암아 실현된 회복의 비유로 취급된다 여기서 인용된 말씀을 렘31:31-34의 새 언약의 약속과 비교할 수 있다. 역시 신약의 기자는 그 새 언약을 그리스도 시대에 속한 것이라고 해석하고 있다(고후3:4-4:6; 히8:6-10:18): "…곧 내가 나의 법을 그들의 속에 두며 그 마음에 기록하여… 작은 자로부터 큰 자까지 다 나를 앎이니라… 여호와의 말이니라"

만일 어떤 사람이 믿듯이 이사야 54장이 해마다 이 시기에 회당에서 가르쳐지는 교훈들 속에 포함돼 있었다면,[18] 예수님께서 인용하신 말씀은 그 말을 듣는 이들의 마음속에 신선함을 가져다주었을 것이다. 예수님께서는 그들이 이 말씀이 이루어질 때가 지금 왔다고 이해하기를 바라

18) A. Guilding, *The Fourth Gospel and Jewish Worship*, p.63.

고 계셨던 것이다. 그리고 그들이 하나님의 가르치심을 받았음을 보여 주기를 바라셨다. 다시 말하면, 그들의 마음속에 하나님의 말씀이 거하기를 바라셨다는 말이다(요5:38-40) -만일 그들이 자기들 사이에 있는 하나님의 아들이신 이에게 온다면 말이다. 아버지께서는 사람들을 이끌어 그리스도께 오게 하시되(44절), 예수님이 누구신지 알아보게 하심으로써 오게 하신다-베드로에게 하신 것같이 말이다(6:68이하; 마16:17 참조). 이 신적 조명(照明)을 받아 반응을 나타내는 자들은 그리스도께 옴으로써 자기들이 선지자가 예고한 대로 새 예루살렘의 신민이요 하나님의 자녀들임을 보여준다.

46절은 이 요한복음 기자의 특이한 주석으로 보인다. 만일 그러하다면, 46절은 괄호 속에 들어 있을 수 있다. 아버지의 말씀을 듣고 아버지에게서 배운다는 것은 하나님을 본다는 것을 뜻하지는 않는다: "본래 하나님을 본 사람이 없으되"(요1:18). 하나님께로서 온 아들만이 아버지를 보았다. 아들이 진정 어떠한 분이신지 아는 자만이 그 안에 계신 아버지를 본다(요12:45; 14:9참조). 그러나 아들의 됨됨이를 통해서 아들을 아는 것은 믿음의 눈이 있어 야 가능한 일이다; 그래서 예수님의 다음의 말씀은 믿음의 필요성을 새롭게 강조한다.

6:47 "진실로 진실로 너희에게 이르노니 믿는 자는 영생을 가졌나니"

예수님께서는 아버지의 뜻은 아들을 믿는 자마다 다 영생을 얻고 마지막 날에 다시 살리심을 받는 것이라고 이미 말씀하셨다(40절); 여기서 예수님께서는 아들을 믿는 자마다 마지막 날이 되기 전에도 여기 이 지상에서 영생을 가졌음을 명백히 하신다. 그런 이는 이미 이 시대의 마지막 날에 나타날 장래의 부활의 세대의 여러 조건들에 참예하고 있다는 것이다(요3:36 상반절 참조). 아들되신 예수님께서는 당신이 친히 이미 방해받지 않고 누리고 있는 하나님을 보는 시각을 믿는 자에게 중재하여 주신다. 하나님을 보는 시각과 함께 영생이 그 믿는 자에게 주어지는 것이다.

6:48-50 "내가 곧 생명의 떡이로라 너희 조상들은 광야에서 만나를 먹었어도 죽었거니와 이는 하늘로서 내려오는 떡이니 사람으로 하여금 먹고 죽지 아니하게 하는 것이니라"

예수님께서 썩을 양식과 대조하여서만 생명의 떡이신 것이 아니다(27절과 35절을 비교하여); 그 자신이 생명을 주시는 떡이시다. 당신을 믿는 자들을 사망의 세력에서 건지시는 생명의 떡이시다. 만나는 그 먹는 자들에게 그러한 일을 해주지 못하였다. 광야 시대에 이스라엘 사람들은 만나를 먹었어도 죽었다. '하늘 양식 ... 권세있는 자의 떡' (시78:24이하)의 놀라운 정실(情實)을 가지고 있어도 만나는 영생을 주지는 못한다. 만나를 받은 자들은 그로 인하여 몸의 생명을 지탱하였다. 그러나 결국 그들은 죽었다. 그와는 대조적으로 하늘에서 내린 참 떡 - 곧 하나님의 아들 자신 - 은 그를 '먹는' 이들에게 영적인 생명을 부여한다(곧, 믿음으로 말미암아 그를 받아들여 활용하는 이들에게); 그리고 아들되신 그가 그 영적 생명을 보전하시고 사망의 위협을 막아 지켜 주신다.

6:51 "나는 하늘로서 내려온 산 떡이니 사람이 이 떡을 먹으면 영생하리라 나의 줄 떡은 곧 세상의 생명을 위한 내 살이로다 하시니라"

이 말씀 속에는 앞 절의 교훈이 약축되어 있다. 그러나 그리스도께서 '영생하도록 하는 양식(27절)을 주시는 이실 뿐아니라 그 자신이 살게 하는 떡이라면, 필연적으로 그가 바로 당신 자신을 주신다는 말이 되는 것이다: 그가 어떻게 그러한 일을 하는가? 그는 스스로 답하신다: 세상의 생명을 위하여 자신의 살을 주실 것이라고 말씀하신다.

요한의 기록을 읽는 독자는 이 어투가 희생적인 어투라는 것을 인지할 수 있다. 예를 들어서 세례 요한이 예수님을 가리켜 "세상 죄를 지고 가는 하나님의 어린 양"(요1:29)이라 한 것을 기억하면서 말이다. 자기의 살을 주는 일은 죽는 것 말고는 다른 것일 수 없다. 여기서의 말이 자원하여 당하는 ('내가 줄') 대속적('세상의 생명을 위하여')인 죽음을 지시한다. 우리가 이 복음서를 '성취의 복음'[19]이라고 불리워지는 경향을 생각할 때, 사52:13-53:12의 여호와의 종이 자신을 자원하여 대속적으로 희생제물로 드리시는 것을 생각할 수 있다. 그 '종' 의 죽음은 이스라엘과 이방 모두로부터 온(사49:6 참소) '많은 이들' 에게 복을 가져다 줄 것이 다(사 53:11이하); 그래서 예수님께서는 당신의 죽으심으로 말미암아 은택(恩澤)을 입게 될 자들을 마음에 두고 그 말씀을 하신 것이다. 그는 '세상의 생명을 위하여' 자신의 살을 주실 것이다. 이 구원의 역사가 범세계적인 범주를 가지고 있다는 것이 이 복음서에서 강조되었다: 하나

19) R. A. Henderson, *The Gospel of Fulfilment: A Study of St. John's Gospel* (London, 1936).

님의 아들을 보내신 것은 "저로 말미암아 세상이 구원을 받게 하려 하심이라"(요3:17); 사마리아인들이 고백한 것같이, 그는 "세상의 구주"시다(요4:42). 그러나 가버나움에서 예수님의 말씀을 듣던 이들은 예수님의 진술이 함축하는 바를 포착하는 것과는 거리가 멀었다. 예수님의 강화의 세 번째 대목은 그 말씀이 함축하는 것들 속에서 나온 더 충분한 배경에 할애된다.

(C) 인자(人子)를 먹는 것의 문제(6:52-59)

6:52-55 **"이러므로 유대인들이 서로 다투어 가로되 이 사람이 어찌 능히 제 살을 우리에게 주어 먹게 하겠느냐 예수께서 이르시되 내가 진실로 진실로 너희에게 이르노니 인자의 살을 먹지 아니하고 인자의 피를 마시지 아니하면 너희 속에 생명이 없느니라 내 살을 먹고 내 피를 마시는 자는 영생을 가졌고 마지막 날에 내가 그를 다시 살리리니 내 살은 참된 양식이요 내 피는 참된 음료로다"**

무리들 사이에서 일어난 논쟁은 뜨겁고 거세어졌다: 요한은 저희가 '서로 다투었다'(싸웠다)(*에마콘토*〈*emachonto*〉)고 하였다. 그들은 예수님께서 문자 그대로 말하지 않고 있다는 것을 알고는 있었다; 그들은 예수님이 정말 사람의 살을 먹는 것을 말하고 있다고 생각지는 않았다.

그러나 예수님께서 하신 말씀의 자연스런 의미는 정말 그러하였다; 그들 생각에는 그런 식으로 말하는 것은 아주 거침돌을 만드는 어투였다. 아무리 그가 상징적으로 말하는 경우라 할지라도 말이다. 그리고 만일 그가 상징적으로 말하고 있다고 해도, 그가 하는 말의 상징적인 의미가 무엇인지 가늠할 수가 없었다. 어떤 이들은 이렇게 해석하기도 하였고 또 다른 이들은 다르게 해석하기도 하였다; 그들 중에 말로 싸우는 일이 터져나왔다. 주님께서 "이는 너희를 위하는 내 몸이니"(고전 11:24)라는 말로 제도화시켜 주신 것의 의미가 무엇인지에 대하여 그리스도인들 사이에서 계속되는 논란을 바로 이 유대인들의 다툼에서 예기하는 것은 너무나 무리한 일이다.

그들의 질문, '어떻게…?' 라는 질문을 하기 전에 예수님께서는 이론이 분분(紛紛)한 당신의 진술을 더 확대하여 주신다. 더 확대하여 주신 것이 논쟁을 일으킨 본래의 진술보다 더 거침돌을 만드는 것이었다. 모세는 어떤 피를 마시든지 다 금하고 있다(속에 피가 있는 살코기도 먹지 못하게 하였다). 인자의 피를 마신다는 것은 정말 생각할 수조차 없는 혐오스런 일이다. 그들은 예수님께서 하신 그 이상한 말로 인하여 제기된 난제가 더 풀기 어려운 것임을 알았다. 그리고 그 이전보다 더 크게 모독적인 것을 발견하였다.

54절과 다음에 나오는 구절들에서 동사 '먹다' 는 *파게인(phagein)*이 아니다. 그 말이 이제까지는 사용되었었다. 그러나 54절 이후의 몇 구절 중에는 고전 헬라어에서 짐승들이 먹는 것을 표현할 때 사용되는 '씹다', '우적우적 먹다' 라는 뜻을 가진 *트로게인(trōgein)*이다. (독일어에서는 동사 *essen*과 *fressen*을 사용하여 그 차이를 잘 전달할 수 있다.) 그러나 만일 현재의 문맥에서 이 동사나 저 동사의 사용문제에 많은 의미를 부여하여 읽을 수 있다해도: 그것은 같은 뜻을 가진 말들을 교대적으로 쓰는 것을 좋아하는 복음서 기자의 취향을 나타내는 또 다른 경우일 수 있다.

54절에서 인자(人子)의 살을 먹고 그 피를 마시는 자가 그로 말미암아 마지막 날에 다시 살리심을 받을 것이다; 40절에서는 같은 약속이 '인자를 보고 믿는 자마다' 에게 걸어져 있다. 그와 같이 '그의 살을 먹고', '그의 피를 마시는' 자들이 그를 보고 믿는 자들이다: 그들이 영생을 가진다; 마지막 날에 인자께서 살리실 자들은 바로 그들이다. 우리는 예수님의 이상한 말씀 속에서 자기에게 와서 믿고(35절), 믿음으로 그를 적용하는 것이 무엇인지를 지시하는 강력하고 생생한 비유를 발견한다.

히포의 어거스틴(Augustine)은 여기서 예수님의 언어를 설명하기를, '우리로 주님의 고난에 참예하라고 명하면서 우리를 위하여 십자가에 못 박히고 찔림 받으신 사실을 기념하므로써 은밀하고 유익하게 보화를 쌓으라고 명하는 하나의 상징이라' 고 하였다.[20] 다른 곳에서 그는 정말 불후의 경구(警句): *'Crede, et manducasti'* ('믿으라, 그러면 네가 먹은 것이다')[21]라는 말 속에서 그 진리를 함축적으로 요약하였다. 버나드(Bernard of Clairvaux)는 '내 살을 먹는 자는…' 이라는 말씀을 이렇게 해석한다. "내 죽음을 곰곰히 생각하며 내 본을 따라서 땅에 있는 자기 지체를 죽이는 자는 영생을 얻으리라-다른 말로 해서, '너희가 나와 함께 고난을 받으면 나와 함께 또한 왕노릇하리로다'."[22] 버나드의 해석을

20) Augustine, *On Christian Doctrine*, 3.16.
21) Augustine, *Homilies on John*, 26.1.
22) Bernard, *The Love of God*, 4.11.

인용한 것은, 12세기의 한 신비가와(어거스틴과 같이) 교회의 한 박사가 문자적이고 육체적인 의미에서 말씀을 취할 필요가 없는 것으로 알았음을 보여주기 위해서다; 그 말씀의 진정한 의미를 더 분명하게 통찰한 이는 어거스틴이다. 그리스도를 믿음으로 받아들이는 것은 마지막 날에 자기 백성들을 다시 살리러 오는 세 대속에서 그 백성들이 확실하게 생명을 가지게 될 것을 확증하는 것만이 아니다; 지금 여기서 그 생명을 자기들의 것으로 알고 예기(豫期)하면서 누리게 되는 것을 확실하게 하였다. 더구나 이 생명이 그리스도의 죽음으로 말미암아 그들에게 확실하게 확보되었다. 믿음으로 말미암아 당신 자신을 받아들여서 적용하는 것을 예수님께서 묘사하셨다. 그것을 묘사하는 용어들은 그렇게 백성들이 자기들의 구주로 받아들이는 그 분의 희생으로 자기 생명을 드릴 것임을 함축한다.

우리 영적 생명의 참된 본질과 생명의 힘은 우리로 살게 하시려 고 죽으신 그분 안에서만 얻을 수 있다. 당신의 백성들이 믿음으로 말미암아 그를 먹는 모든 방식들 속에서-성찬대에서 뿐 아니라, 공적인 기도회나 묵상 시간이나 사적인 기도와 묵상의 기회를 통해서 - 그들 백성들은 예수님께서 여기서 제시한 여러 조건들을 성취할 수 있고 약속된 복락(福樂)을 받을 수 있는 것이다.

6:56 "내 살을 먹고 내 피를 마시는 자는 내 안에 거하고 나도 그 안에 거하나니"

사실 예수님께서는 여기서 형식상으로는 아닐지라도 당신의 살을 먹고 피를 마시는 것이 무엇을 뜻하는지를 규정하고 있다. 이 언어는 예수님과 그 백성들이 상호간에 내주(內住)하거나 '짝이 되게' 하는 믿음의 연합을 지시한다. 요한의 글에서 이 체험이 *메노(menō*, '거하다', '있다', '안에 거하다')라는 동사를 통해서 자주 표현되고 있다(요15:4 참조). 바울은 그 동사는 쓰지 않고 상호간에 내주하는 것에 대하여 표현하는데 '그리스도 안에서'와 '내 안에 계신 그리스도께서'라는 표현방식을 쓴다. 가버나움의 회당에서 하신 이 강화의 말씀 속에서 나오는 극히 상징적인 언어방식이 아니면서도 그 점을 가리켜 말하는 아주 좋은 예가 요일2:44에서 나타난다. "너희는 처음부터 들은 것을 너희 안에 거하게 하라 처음부터 들은 것이 너희 안에 거하면 너희가 아들의 안과 아버지의 안에 거하리라." 그리스도를 믿고 그의 계명을 지킨다는 것은 서로 분리될 수 없는 두 가지다; 더구나 이 복음서의 후반 다락방 강화에서 특별하게 나타나는 바대로, 참된 사랑이 없이는 참된 순종이나 참된 믿음이란 있을 수 없는 것이다(요13:31 -16:33). 거기서 그리스도와 신자들이 서로 내주하는 것이 함축하는 바가 무엇인지 더 잘 설명되어 있다.

6:57 "살아계신 아버지께서 나를 보내시매 내가 아버지로 인하여 사는 것같이 나를 먹는 그 사람도 나로 인하여 살리라"

요5:19-30, 특히 5:26에서는, 아들이 행하시는 모든 역할 뿐 아니라 '자신 안에 있는 생명'을 위하여 아버지를 의지한다는 것이 강조되어 있다. 아들의 생명은 아버지께 기원을 둔 생명이다. 그 아들이 그 생명을 자기를 믿는 자들에게 나누어 주신다. 아들이 받는 것은 '자신 안에 있는 생명' 이다; 그들이 받는 것은 아들 안에 있는 생명이다. '아버지와 아들의 연합이 모든 점에서 그리스도와 신자들 사이의 연합에서 재현된다.'[23] 여기서 다시 다락방 강화의 말씀과 기도 속에서 충분하게 발전될 주제가 나타난다(요 15:9이하; 17:18; 20:21 참조).

6:58 "이것은 하늘로서 내려온 떡이니 조상들이 먹고도 죽은 그것과 같지 아니하여 이 떡을 먹는 자는 영원히 살리라"

하늘에서 내려온 떡이 참떡인 것은 만나와 대조해 보면 나타난다. 만나는 잠시 사람들의 몸을 먹인다. 그러나 참떡은 그들의 영혼을 영원히 먹인다. 바울이 말한 대로(고전10:3), 만나도 어떤 의미에서는 '신령한 음식' - '초자연적인 음식' (supernatural food〈RSV〉)-이다. 그러나 그것이 지시하는 영적인 실상 때문에 '신령하였던' 것이다. 그 자체의 본질이 가지고 있는 고유한 어떤 성질 때문에 신령한 것이 된 것은 아니다.

이는 지금 하시는 강화의 말씀이 주님의 만찬과 어떤 관계를 가지고 있느냐의 문제를 야기시킨다. 주의 만찬에 참여하는 자들은 그리스도의 살과 피를 믿음으로 말미암아 그 만찬에 참여하는 것이다(고전 10:16). 이 제 4복음서인 요한복음은 다락방에서 주의 만찬을 제정하신 주님의 행사와 말씀에 대하여 전혀 기록하고 있지 않다. 다른 복음서들이 그 제도를 기록하고 있는 반면에 요한은 발씻으신 일에 대하여 기록하고 있

23) C. H. Dodd, *The Interpretation of the Fourth Gospel*, p.195.

다(요13:2이하). 그러나 만일 요한이 이 제도에 대하여 기록하지 않고 있다면, 이 예수님의 강화 속에서 신자를 위하여 더 부요한 의미로 주의 만찬을 채울 것을 주고 있다고 할 수 있다. 예수님께서는 이 강화에서 주의 만찬에 대해서 직접 언급하지 않으신다. 그러나 주의 만찬이 함축하는 진리를 선포하신다. 영국 *공 기도서(Book of Common Prayer)*에서는 만찬에 참여한 자들에게 떡을 떼어주면서 함께 어떤 말을 할 것인지를 지시하고 있는데, 그 말 속에서 그 진리를 아주 잘 함축하고 있다: '그리스도께서 그대를 위하여 죽으신 것을 기념하면서 이것을 취하여 먹을 것이며, 감사하는 믿음으로 그대 마음속에서 그를 먹을지니라.'

6:59 "이 말씀은 예수께서 가버나움 회당에서 가르치실 때에 하셨느니라"

'이 말씀' 을 아마 27-58절의 강화의 말씀을 다 포함한 것으로 이해하여야 할 것이다. 이 강화의 말씀은 생명의 떡에 대하여 세 단계로 다룬다- 그 주제는 허다한 무리를 먹인 일과 그 해의 시기에 비추어 이중적으로 적절하다. 그 때는 만나를 거론하는 구약의 언급들이 많은 사람들의 마음속에 신선하게 느껴질 때였다. 특히 그날 회당의 교훈을 형성하던 것이 오경과 관계있는 대목이었다면 더욱 그러하였을 것이다.

20세기 초엽에 독일의 고고학자들은 텔 훔(Tell Hum)(가버나움과 동일 지역인 것으로 알려져 있는)이란 곳에서 흰색의 석회암으로 된 회당의 흔적을 발견하였다. 그 후 프랑스 사람들에 의하여 그 회당이 섰던 자리에 부분적으로 복원이 시도되었다. 그런데 그 회당의 구조는 주후 3세기경의 구조다. 그러나 예수님께서 이 말씀을 하시던 초기의 회당 자리에 다시 회당을 지었을 수도 있다.

(d) 부 록(6:60-71)

6:60 "제자 중 여럿이 듣고 말하되 이 말씀은 어렵도다 누가 들을 수 있느냐 한대"

6장의 나머지 구절들은 강화(講話)의 부록을 형성한다. 나머지 대목은 예수님의 말씀을 듣던 많은 이들, 심지어 이때까지는 예수님께 호감을 가지고 예수님을 추종하는 이들로 여겨지던 자들 중에도 그의 가르치심에 분개하여 돌아서게 된다. 물론 그들은 예수님께서 당신의 살을 먹고 당신의 피를 마시는 것에 대하여 말씀하실 때에 상징적으로 말씀하신 것을 알고 있다. 그러나 그러한 언어는 그들이 인내할 수 있는 한계를 넘어서는 것이었다. 단순하게 그들이 그 비요가 너무 과격하다고 생각하기 때문이 아니라, 그의 논증의 수위가 모세가 자신에 대하여 말했던 것보다 더 큰 것이었기 때문이다. 사실 예수님께서는 하나님과 아주 고유하게 연합하고 있다는 것으로 주장하셨던 것이다. 예수님의 어투는 이해하기가 어려워서라기 보다는 너무 과격해 보이기 때문에 받아들이기가 곤란하였던 것이다. NEB는 예수님의 말씀의 뉘앙스를 잡으려고 의역을 시도하고 있다(그 시도가 어쩐지 의문이 간다) : "이 말씀은 어렵도다"라는 말씀을 '이는 우리가 소화해 낼 수 없다! 어찌 그러한 말을 들을 수 있느냐? (This is more than we can stomach! Why listen to such talk?)

그러나 이러한 식으로 반동하는 자들이 *제자*들일까? 그들이 이때까지는 제자들이었다는 것이 함축된다. 물론 이제부터는 더 이상 제자들이 아니다. 요8:31에서 예수님께서는 그 말을 듣는 자들에게 어떻게 해야만 당신의 참 제자가 될 수 있는지를 말씀하신다-당신의 말씀 안에 머물러 있어야 한다. 여기서 언급된 사람들이 기울어지기 쉬운 함정이 바로 그것이었다. 그의 말씀에 거하는 대신 참을 수 없는 말로 여기고 기각시켜 버렸던 것이다. 그들은 명목상의 제자들이었다. 그들은 진리 안에 있는 제자들이 되기에는 먼 자들이었다.

6:61-64 **"예수께서 스스로 제자들이 이 말씀에 대하여 수군거리는 줄 아시고 가라사대 이 말이 너희에게 걸림이 되느냐 그러면 너희가 인자의 이전 있던 곳으로 올라가는 것을 볼 것 같으면 어찌하려느냐 살리는 것은 영이니 육은 무익하니라 내가 너희에게 이른 말이 영이요 생명이라 그러나 너희 중에 믿지 아니하는 자들이 있느니라 하시니 이는 예수께서 믿지 아니하는 자들이 누구며 자기를 팔 자가 누군지 처음부터 아심이러라"**

언제나 그러하듯이, 예수님께서는 당신의 말씀을 듣는 이들이 속으로 생각하는 것을 읽을 수 있으셨다(요2:24이하 참조). 그래서 예수님께서는 말씀하시는 의도를 더 명백히 하여 당신의 강화의 영적인 요지를 이해할 수 있게 하시려고 애를 쓰시는 것이다.

여기까지에서 그는 인자(人子)가 하늘로서 내려온 것에 대하여 말씀하셨다(38절). 만일 그들이 그러한 말이 함축하는 주장에 의하여 걸려 넘어진다면, 어느 날 그들이 인자가 다시 하늘로 돌아가는 것을 볼 것 같으면 어찌 생각하려느냐? 그 때에는 믿을 것인가? 그러한 일이 있으면 예수님께서 함축하시는 주장이 정당하다는 확증이 서게 될 것이다. 그는 이미 말씀하셨다. "모세가 광야에서 뱀을 든 것 같이 인자도 들려야 하리니 이는 저를 믿는 자마다 영생을 얻게 하려 하심이니라" (요3:14,15). 우리가 이미 보았듯이 십자가에서 그가 '높이 들리신' 것을 이 복음서에서는 '이전 계시던 곳으로 다시 올라가시는' 첫 단계로 보고 있다. 한 시각에서 보면 종으로 낮아지신 가장 낮은 단계가 다른 시각으로는 '받들어 높이 들려서 지극히 존귀하게 되는' (사52:13) 첫 단계가 된다. 높이 들리신 예수님을 보거나 나타난 것 배후에 있는 것을 살펴서 십자가에 못 박히신 자의 높아지심의 내면적 의미를 보는 것-바로 그것이 그를 참으로 믿는 것이다; 그것이 바로 영생에 이르는 길이다.

그 이면의 의미를 알아보려고 하지 않으면서 주님의 말씀을 물리적인 의미에서 취하려고 하면 그 말씀의 요지를 놓치게 된다. 인자의 살을 먹고 인자의 피를 마시는 것을 영적인 영역에 속한 것의 한 자세와 행동으로 이해해야 한다. 물질적인 양식을 섭취한다고 해서 영적인 생명을 얻어 가질 수는 없는 것이다; 만나를 먹은 이스라엘 사람들이 죽었다는 사실에서 그 점이 분명하게 드러나는 것이다. 영과 육신 사이의 구별이 니고데모와의 대화(요 3:5-12)에서와 같이 여기서도 아주 예리하게 드러나 있다.

그리스도를 먹는 한 가지 방식은 그의 말씀을 기뻐하면서 순종하는 것이다; 예수님의 말씀들은 영적이고 생명을 주시는 양식이다. 예레미야는 하나님의 말씀이 다음과 같은 성질을 가지고 있는 것을 발견하였다: "내가 주의 말씀을 얻어 먹었사오니 주의 말씀은 내게 기쁨과 내 마음의 즐거움이오나" (렘15:16). 예수님께서는 당신의 말씀이 예레미야가 하나님의 말씀에 대하여 주장한 바와 같다고 주장하시는 것이다. 예수님의 말씀을 믿는다는 것은 예수님 자신을 믿는 것의 한 부분이다. 예루살렘 지도자들에게 하신 예수님의 도전적인 말씀에서 그 점이 잘 드러나 있다: "모세를 믿었더면 또 *'나를 믿었으리니'* … 그러나 그의 글도 믿지 아니하거든 어찌 *내 말을 믿겠느냐*" (요5:46이하). 사도시대의 역사뿐 아니라 전 기독교 시대의 역사가 보여주는 바에 따르면, 다른 사람은 도저히 할 수 없는 말을 하신 주님의 말씀 속에 거듭나게 하는 능력이 있다. 그러나 만일 그의 말씀을 "믿음으로 화합하지 못하면" (히4:2) 그 말씀이 그러한 이들에게 유익을 주지 못하는 것이다; 더우기 '제자들' 의 경우에서와 같다.

이 복음서 기자는 다시 한 번(64절 하반절에서) 예수님께서 사람의 마음을 미리 아시고 꿰뚫어 보심을 강조하고 있다. 많은 이들이 그에게 등을 돌렸을 때 그는 놀라지 않으셨다. 그러나 그를 따르는 이들 중에서 유다 같은 방식으로 한 다른 이는 없었다. 유다는 예수님을 배반하여 팔 때까지 그 일을 뒤로 미룬다. 유다의 배반은 아직 미래에 속한 것이다. 그러나 예수님께서는 이미 그 사실을 예견하고 계신다. 70절의 말씀이 지시하는 바와 같다.

6:65 "또 가라사대 이러하므로 전에 너희에게 말하기를 내 아버지께서 오게 하여 주지 아니하시면 누구든지 내게 올 수 없다 하였노라 하시니라"

이 말씀은 37절과 44절에서 말한 것을 반영하고 있다. 성령께서 확신케 하셔서 그리스도를 믿게 하시지 않으면 그 어느 누구라도 그리스도를 믿을 수 없다; 그러나 이 모든 이들은 하늘 사랑의 불가항력적인 은혜로 이끌림을 받아올 것이며, 온 자들은 아무라도 거절당하지 않는다.

6:66 "이러므로 제자 중에 많이 물러가고 다시 그와 함께 다니지 아니하더라"

그들 제자들은 이미 예수님의 '어려운' 말씀으로 분(忿)을 내게 되었다. 예수님께서 부연하여 하신 말씀은 그들을 달래지 못하였다. 그들은 예수님이 그들의 청대로 왕이 되기를 거절하기까지는 그의 말씀을 기꺼이 듣고 있었다. 그러나 영생의 떡을 우선하여 취하라고 하시면서, 그 영생의 떡이 바로 자신의 살이라고 고집 하시면서 그들의 청을 거절하실 때, 예수님께 대한 관심을 더 이상 가지지 않게 된다. 그들이 원하는 것을 예수님은 주지 않으실 것이다. 예수님께서 주시겠다고 제안하신 것을 그들은 받지 않을 것이다; 일찍이 예루살렘에서 그를 추종하던 많은 이들과 같이(요2:23-25), 갈릴리에서 그를 따르던 많은 이들은 진정으로 예수님께 충성하고 있는지를 시험하는 시금석을 견뎌내지 못한 것이다. 표적으로 이끌려서 따라온 것과, 그 표적의 이면에 숨은 의미를 환영하여 받아들이는 것과는 별개의 문제다. 참 제자들로 여겨질 수 있는 이들은 바로 그 표적이 의미하는 그 이면의 의미를 환영하여 받아들이는 자들뿐이다. 이제 '돌아간' 제자들은 그러한 자세를 통하여 자기들이 잠시 그저 따라 다녔을 뿐 진정한 제자가 아니었다는 것을 드러낸 것이다. 끝까지 참아내는 것은 예수님의 제자 정신의 진정한 실상을 밝히는 기준이다. 그들이 '더 이상 함께 다니지 않았다' (문자 그대로 하면 '더 이상 그와 동행하지 않았다')고 함으로써, 요한은 그들이 더 이상 예수님의 순회사역을 따라다니지 않았다고 말하는 것만이 아니다(그들 중에 어떤 이들은 그렇게 순회사역에 전혀 따라다니지 않았다); 그가 의미 하는 바는 그들이 더 이상 심령으로 그와 함께 하지 않았다는 것이다. 만일 그들이 이전에 한 번이라도 예수님을 자기들의 구주나 선생이나 지도자로 보았다면, '이 후에는' ('이러므로' 라는 말이 바로 그 점을 함축할 수도 있다) 그러한 생각을 포기하였다는 것이다.

6:67 "예수께서 열 두 제자에게 이르시되 너희도 가려느냐"

다른 모든 자들이 다시 돌아갈 때도 열 두 제자만이 거기 남아 있었다고 유추할 수 있다. 아니면 그들 열 두 제자들 하고만 계실 때에야 이 질문을 던지셨다. 그들도 역시 그 말씀하시는 것이 너무 어려웠을까? 다른 많은 이들의 마음을 상하게 한 예수님의 말 씀 때문에 그들 열 두 제자들의 마음에도 말로는 표현되지 않은 분함과 적개심이 있었는가? 요한이 우리 주님의 질문을 헬라어로 표현한 바대로, 그 질문은 낙담하는 분위기 속에서 던져진 것이 아님을 함축한다. 헬라어에서 부정어 *메(mē)*는 대답에서 '아니다' 라는 말이 나올 것을 예기하고 있음을 시사한다. "너희도 가고 싶지 않으냐?"

6:68,69 "시몬 베드로가 대답하되 주여 영생의 말씀이 계시매 우리가 뉘게로 가오리이까 우리가 주는 하나님의 거룩하신 자신 줄 믿고 알았삽나이다"

요한은 정규적으로 이 진술에서 '시몬 베드로' 라는 이중적인 이름을 사용한다-다른 복음서들에서 가끔 나타난다(마16:16; 눅5:8).

베드로가 부단하게 열 두 제자의 대변인으로 기꺼이 나서게 될 수밖에 없는 장점은 아는 체하는 것이 전혀 없다는 것이다. 그리 고 자기 마음에서 가장 위로 떠오르는 것 말고는 그는 말할 수 없었다. 그는 자기 마음에 있는 것을 그대로 말하였다. 다른 이 같았으면 자기 구주의 감정을 상하지 않으려는 심정에서 마음의 생각을 가리운 다른 말을 할 수도 있었을 것이다. 그러므로 그의 대답은 그의 선생이 그 말씀을 듣는 이들 모두에게 명백히 알려 주고 싶어하시는 바를 진정으로 포착하였음을 보여주고 있는 것이다-다시 말하면 그를 믿음으로 말미암아 그들이 영생을 얻게 된다는 사실이다. 예수님께서 방금 "내가 너희에게 이른 말이 영이요 생명이다" (63절)라고 말씀하시지 않는가? 그런 다음에 베드로는 그 말을 분명한 진리로 받아들였을 것이다. 아마 그는 이미 주님의 말씀이 가진 생명을 주는 성질을 체험하기 시작하였을 것이다. 만일 예수님의 말씀이 다른 말과는 전혀 다른 생명이라면, 어떻게 베드로와 같은 마음을 가진 자들이 자기의 주를 떠나서 다른 이를 좇겠는가? 다른 이들은 환멸을 느꼈을 것이다. 예수님께서 자기들이 기대하는 바대로 메시아적인 프로그램을 성취하거나 민족적인 해방운동을 일으키지 않고(15절) 자기 나라의 영적인 성격만을 고집하고 계시니 말이다. 그러나 베드로나 그의 동료들은 스스로 예수님께서 자기들에게 물질적인 떡보다 훨씬 더 영구적인 영적인 양식을 제공할 수 있으심을 확신하기 시작하였던 것이다.

예수님같이 말할 수 있는 이는 메시아임에 틀림없다. 그가 대중의 기대에 부응하지 못하였다고 어떤 비난을 당한다고 할지라도 말이다. "하나님의 거룩하신 자"는 막1:24에서는 메시아적인 칭호로 나타난다(귀신들린 자의 입술에서 나온 충분하게 의미 있는 칭호다). 여기서 '공인된 본문'(AV와 같이)은 '살아계신 하나님의 아들 그리스도'라고 읽고 있다. 마16:16의 영향을 받은 것이다. 이는 공관복음서에서 가이사랴 빌립보 지방에서의 일과 맞먹는 요한의 기록이다(막8:27-30과 병행구). 그것이 바로 공관복음서와 요한복음서가 예수님의 공생애의 윤곽을 그리는 대조적인 방식에서 주목할 만한 요점이다. 그것은 둘 다 허다한 무리를 이적으로 먹이신 후에 베드로의 입술에서 나온 획기적인 고백을 전환점으로 삼는다는 것이다.

다른 이들은 예수님을 제 2의 모세로 여길 마음의 준비가 되어 있었다. 그 백성들을 먹이고 있는 것으로 보아서 말이다. 그러나 세상의 생명을 위하여 주시겠다 하시는 생명의 떡에 대하여 그들은 생각할 시간을 갖지 않았다. 베드로와 그 동료들은 그 일을 뒤로 미루지 않고 예수님께서 말씀하신대로 믿었다. 그리고 거기서 논리적인 추론을 하였던 것이다. 그는 모세와 같은 선지자 이상이시나; 그분만이 하나님의 거룩하신 자이시다. 그들이 요단강변에서 처음 예수님을 만날 때에 받았던 최초의 인상이 전혀 실수가 아니었다. 안드레는 그 형제 시몬을 만나서 "우리가 메시아를 만났다"(요1:41)고 말했을 때 그가 인식할 수 있는 범주 이상으로 옳았다. 그는 사실 "모세가 율법에 기록하였고 여러 선지자가 기록한"(요1:45) 그였다.

6:70 "예수께서 대답하시되 내가 너희 열 둘을 택하지 아니 하였느냐 그러나 너희 중에 한 사람은 마귀니라 하시니"

요한이 여기서만 제자들을 '열 둘'로 지칭하고 있다(20:24에서 도마를 '열 둘 중의 하나'라고 지나치면서 언급한 경우를 제외하고는). 요한은 자기의 복음서를 읽은 독자들이 예수님께서 그 열 둘을 특별하게 택하셨음을 잘 알고 있을 것임을 인정하였다. 그러나 그들을 지명한 일에 대하여 기록하지 않았다. 다른 복음서들은 그 일을 기록하였다. 어느 곳에서도 그들을 가리켜 '사도들'이라고 한 적이 없다.[24]

그러나 여기서 이 열 둘이 예수님께서 직접 지명하신 이 친밀한 부류를 이루고 있었다는 것이 분명하게 드러난다. 그 제자들 중에 어느 누구라도 베드로가 보여준 것과 같은 이해를 가지고 있었을 것이라고 기대할 만 하였다. 그러나 그 친밀한 부류 중에서도 예수님께서는 변절자의 영을 분간하셨다. 그들 중 하나는 *마귀(디아볼로스⟨diabolos⟩)*였다-그 헬라어는 '거짓 송사자', 또는 '중상모략자' 또는 '모략자'의 뜻을 가지

24) 요13:16에서 *아포스토로스(apostolos)*라는 말이 '보내심을 받은 자'라는 아주 보편적인 의미를 가지고 있다.

고 있다. 그러나 여기서는 히브리어의 *'사탄'*(*sāṭān*, *'원수'*)에 상응하는 말로 쓰여 졌을 것이다. 가이사랴 빌립보 지방에서 고의적인 것은 아니라 할지라도 열 둘 중에 한 사람이 자기 구주의 마음을 고난과 죽음의 길에서 다른 데로 돌이키려하였다는 의미에서 '원수'로 지목당한 적이 있었다. 아버지의 뜻은 그리스도께서 고난과 죽음을 당하시는 것이었다(막8:33). 바로 조금 전에 예수님을 메시아로 고백하였던 베드로 자신도 그런 말을 들었다. 그러나 요한이 그 사건의 추이에 비추어서 인지하듯이 여기서 거론되는 이는 또 다른 사람이다.

6:71 "이 말씀은 가룟 시몬의 아들 유다를 가리키심이라 저는 열 둘 중의 하나로 예수를 팔 자러라"

64절에서 예수님께서 자기를 팔 자가 누구인지 알고 계심이 언급되었다. 다른 복음서 기자들도 다 각자 유다의 이름을 처음으로 거명할 때에 그가 바로 예수님을 팔 자로 돌아선다는 것을 지적한다(마10:4; 막3:19; 눅6:16). 여기서 요한도 그렇게 하고 있다. 그래서 마지막 유월절이 있기 한 해 전인 이 날에 그 '어두운 배반의 밤'의 그림자가 예표적으로 나타나게 된 것이다. '히스가룟'(Iscariot)이란 말은 아마 히브리서 *이쉬 퀘리욧*(*'Îsh q'riyyōth*, 곧 '케리욧의 사람')(아마 수15:25에서 언급된 유대의 지역일 것이다)일 것이다.[25] 그런 식으로 지명을 붙여 부르는 것이 유다와(여기서와 같이) 그 아버지 시몬에게 다 해당되었다.

25) 그 단어를 *시카리우스*〈*sicarius*〉('assassin')에 연관시키려는 시도들은 시대착오적이고, 철학적으로도 불만족스러운 일이다.

제 7 장

VI. 예루살렘의 사역(7:1~10:39)

1. 초막절(7:1-8:59)

(a) 예수님과 그 형제들(7:1-9)

7:1 "이 후에 예수께서 갈릴리에서 다니시고 유대에서 다니려 아니하심은 유대인들이 죽이려 함이러라"

만일 우리가 요한복음의 여러 장(章)들의 순서대로 추이를 추적한다면, '이 후에' 라는 말은 '허다한 무리를 먹이고 생명의 떡에 관하여 강론하신 일이 있은 후에' 라는 뜻일 것이다. 그렇게 되면, '다니다' 라는 동사가 불완전시제의 온전한 요지를 드러내게 된다:
'예수님께서 갈릴리에서 계속 돌아다니셨다.' 5장과 6장을 서로 바꾸어야 한다는 여러 가지의 논증이 제기되기도 하였다. 그래서 7장의 시작은 5장의 끝에 바로 와야 할 것이었다는 것이다. 그러나 그러한 논증들은 본문의 증거가 없는 문제의 논증들로 남을 수밖에 없다. 확실하게 말하여, 여기서 예수님을 죽이려는 시도에 대하여 언급이 되는 것은 베데스다 연못에서 불구자를 고쳐준 그 일로 인하여 일어난 사건의 추이를 회상하게 한다: 요5:18이 말하는 바와 같다. "유대인들이 이를 인하여 더욱 예수를 죽이고자 하니 이는 안식일만 범할 뿐 아니라 하나님을 자기의 친아버지라 하여 자기를 하나님과 동등으로 삼으심이러라." 이 7장의 후미에서는 베데스다에서의 치료 사건과 그로 인하여 야기된 적대감이 더 언급되고 있음을 발견할 것이다(19-25절). 예수님께서는 이 적대감 때문에 유대를 떠나서 갈릴리로 가셨다. 거기서 12개월을 계속 보내셨다-"주의 은혜의 해"(눅4:19)다. 그 해는 갈릴리 사역을 증거하고 있다. 공관복음서 기자들은 바로 그 일을 아주 상세하게 기록하고 있다. 이 12 개월 동안의 기간이 여기 7장 초에서 건너뛰어진 것이다.

여기서 '유대에 사는 이들'(Judaeans)이라고 번역하는 것이 *유다 이오이(Ioudaioi)*라는 말에 대한 더 좋은 번역일 것이다; 영어로 'Jews'(유대인들)라고 하면 원문에 덜 걸맞다. 왜냐하면 유대인들은 유대에서 뿐만 아니라 갈릴리에도 있었기 때문이다(6:41 참조). 어떤 경우에서든지 여기서는 예루살렘에서 종교적 주도권을 잡고 있는 이들을 가리킨다(5:10,15등에서와 같이).

7:2 "유대인들의 명절인 초막절이 가까운지라"

초막절은 티쉬리(Tishri)월 15일에서 일주간 동안 진행되었다.[1] 유대인의 달력은 태양력이 아니라 월력(月曆)이었기 때문에(매달의 첫날은 새로운 달의 시작과 맞물렸다) 우리 태양력으로는 정확하게 환산하여 내기가 어렵다(우리의 달력은 달의 현상과 아무런 관계가 없이 진행이 된다); 보편적으로 티쉬리는 9월이나 10월의 일부에 해당되는 기간이다. 만일 문제의 해(年)수가 주후 29년이었다면, 그 티쉬리 15일은 지금으로

1) G. W. MacRae, 'The Meaning and Evolution of the Feast of Tabernacles', *CEQ* 22(1960), pp.251-276 참조.

하면 10월 12일이다. 예수님 공생애 기간 중에 마지막으로 맞이하는 유월절이 되기 만 6개월 이전의 때다.

매년 이때쯤 되면 추수한 모든 알곡이 안전하게 수확이 되었다. 보리뿐 아니라 밀알도 다 저장되었다. 그 곡식들은 4월과 6월 사이에 익은 것이다. 그러나 포도나 감람열매도 역시 다 저장이 되었다. "(농업적인 면에서) 년종에 밭에서부터 거두어 저장한 것" (출23:16; 34:22 참조)은 큰 기쁨을 제공하는 것이었다. 히브리인들은 그 절기를 '초막' (숙곳(*sukkôth*))의 명절이라고 불렀다. 그 절기가 진행되는 주간 동안 내내 사람들은 임시로 나무 가지와 잎으로 만든 초막에서 살았기 때문이다(레23:40-43 참조); 마을에 살고 있는 자들은 자기들의 안뜰이나 평평한 대지에 초막을 설치하였다. 팔레스틴의 외곽의 여러 곳에서 온 많은 유대인들이나 여기저기 흩어져 사는 데서 온 유대인들이 이 절기를 지키기 위하여 예루살렘으로 왔다. 이 절기는 매년 세 번 있는 유대인의 큰 순례행사 중 하나였다.

7:3,4 "그 형제들이 예수께 이르되 당신의 행하는 일을 제자들도 보게 여기를 떠나 유대로 가소서 스스로 나타나기를 구하면서 묻혀서 일하는 사람이 없나니 이 일을 행하려 하거든 자신을 세상에 나타내소서 하니"

여기서 말하는 예수님의 '형제들' 이란 그 가족의 일원일 것이 다. 신약의 다른 곳에서와 같이 말이다(요2:12 참조). 그들은 분명 하게 말하여 영적인 의미에서 예수님의 '형제들' 은 아니다(요20:17에서와 같은 의미는 아니다). 5절에 보니 그들도 믿지 않았다고 하는 진술이 있으니 말이다.

그들이 예수님께 충고한 것에 대하여 설명한 한 가지 방식은, 예루살렘에서와 같이 갈릴리에서도 폭동의 분위기가 있었다는 것이다. 형제들이 그것을 눈치 채고 있었고, 그래서 그러한 폭동이 명절 기간 중에 일어날 것을 기대하고 있었다는 것이다. 그래서 그들이 예수님더러 예루살렘에 가서 그 폭동의 주역을 담당하여 해방운동으로 그 폭동을 반전시키라고 하였던 것이다. 만일 예수가 진정 메시아라면 그러한 행동을 기대할 만하다고 생각들을 하였을 것이다.[2] 그러나 여기 이 문맥에서는 그러한 개념을 지원하는 충분한 것이 없다. 물론 그러한 마음이 갈릴리 호수 동편 광야에서 떡과 생선을 배불리 먹었던 이들 속에는 있었을 것이 틀림없다. 그러나 그때 거기서는 그 생각들이 온전히 드러났던 것이다(요6:15). 여기서의 더 일반적인 의도는 다음과 같이 보는 것이 옳을 것이다: '만일 당신이 진정 메시아라면, 예루살렘으로 가시오. 그래서 당신 자신이 메시아인 것을 이스라엘에게 공적으로 나타내서 그들이 당신을 알게끔 하시오.' 메시아가 오면 그가 자신을 특별한 방식으로 자신을 공적으로 알릴 것이라는 믿음이 널리 퍼져 있었다. 한 랍비적인 전통에 의하면, "메시아는 오셔서 거룩한 곳의 지붕 위에 서게 될 것이다. 그때에 그는 이스라엘에게 이렇게 공표할 것이다. '너희 가련한 자들아, 너희를 구속할 때가 이제 당도하였다.'"[3] (그러나 다른 이들은 메시아는 모든 이가 알아보는 방식으로 오기 보다는 그를 알아볼 눈을 가진 자들 밖에는 알지 못하게 오실 것이라고 주장하였다). 예수님께서 당신의 공생애를 시

2) J. Pickl, *The Messias*(St. Louis 1946), pp.64,88.
3) *Pesiqta Rabbati*(late rabbinical collection of homilies) 162a.

작하실 때에 이제 때가 찼고 자유하게 하는 해가 이제 되었다고 전파하셨다(막1:15; 눅4:18). 그러나 이 선포가 사람들의 상상을 불러일으킬 어떤 인상 깊은 독특한 행동을 보여줄 것이라는 암시는 예수님께서 거절한 것이었다. (세례를 받으신 후 여러 주간에 걸쳐서 시험을 받으실 때에 바로 그가 거절하였던 한 요소였다). 그 형제들이 '제자들' 이란 말을 쓰고 있는데 그 '제자들' 은 초기에 예루살렘을 몇 번 방문하였던 때에 그를 믿는 모습을 보였던 자들이다(요2:23 참조); 분명하게 말하여, 그 형제들의 제안에는, 그들 초기의 믿음이 강화되기 위하여 당시 예루살렘에서 행한 것보다 더 큰 기사-최근에 갈릴리에서 보여준 것과 같은 기사를 보여주어야 한다는 암시가 함축되어있다. 형제들은 그 제자들의 믿음이 정확하게 말하여 불완전하였다는 것을 알지 못하고 있었다. 그들의 믿음은 그 외적인 표적들이 나타내고자 하는 내면적인 진리를 바르게 이해하지 못하고 그저 외적인 표적만을 근거하고 있었기 때문이다; 그러한 류의 믿음은 더 크고 더 많은 기사들을 본다 할지라도 강화되지 못할 것이다.

그 형제들이 생각할 때에 자신이 메시아라고 믿으면서도 고의적으로 공중 앞에 나타나지 않는다는 것이 통 믿겨지지 않았을 것이다. 공적인 인물이 될 것을 희망하는 이가 예수님같이 한 곳에 숨어 있을 리 없다(형제들이 생각하는 방식대로 하면). 예수님의 지난 한 해 동안 해온 것이 바로 그러한 일이었다. 그는 갈릴리에서 놀라운 일들을 행하셨다. 그런데 어째서 유대인 세계의 심장부인 예루살렘에서는 되풀이하지 않는가? "자신을 세상에 나타내소서" 라고 말할 때에 그들은 '모든 이' 에게 나타내라는 의도를 담고 있었다(프랑스의 *세상 모든 이들*〈*tout le monde*)라는 의미의 어구를 사용하면서). 해외에 있거나 내국에 있거나 이스라엘 내에서 그 일에 관심을 가지는 모든 이들은 대 수장절이 열리는 기간 동안에 예루살렘에 그 모습을 드러내기가 십상이다. 그러나 요한은 그 나름의 독특한 방식대로 형제들의 언어 속에서 더 깊은 의미를 보고 있었던 것 같다. 예수님께서 예루살렘으로 가시면 가장 광범위한 의미에서 '세상' 에 자신을 드러내게 될 것이다; 예루살렘은 그가 반드시 '들려야' 할 곳이다. 그래서 구별 없이 모든 이가 그에게 이끌려 올 수 있었을 것이다(요2:14이하;12:32 참조).

7:5 "이는 그 형제들이라도 예수를 믿지 아니함이러라"

우리가 공관복음서에서 받은 인상도 그러하다. 막3:21에 의하면 사람들이 예수님더러 미쳤다고 하니 가버나움에 있는 예수님을 말리려고 왔던 자들이 바로 그 친척들이다(NEB에서는 '그의 가족' 이라고 번역하고 있다). 그 어머니와 그 동생들이 같은 시간 즈음에 그를 부르러 왔을 때(막3:31)에도 예수님께서 하시고 계신 일의 성질과 동기들을 전혀 이해하지 못하여서 그리한 것 같다. 그 동생들이 그 추종자들 중에 들어 있게 되는 것은 부활하신 이후다(행1:14). 주님께서 부활하신 후에 야고보에게 나타나신 일로 인하여 믿게 된 것이 틀림없다(고전15:7). 어쨌든 이 단계에서 그 동생들이 그를 믿지 않은 것은 메시아의 인(人)과 메시아의 하실 일에 대하여 그들이 가진 개념을 예수님께서 충족시켜 주지 않기 때문에 믿지 않은 것이다.

7:6-8 “예수께서 가라사대 내 때는 아직 이르지 아니하였거니와 너희 때는 늘 준비되어 있느니라 세상이 너희를 미워하지 못하되 나를 미워하나니 이는 내가 세상의 행사를 악하다 증거함이라 너희는 명절에 올라가라 나는 내 때가 아직 차지 못하였으니 이 명절에 아직 올라가지 아니하노라”

예수님께서 갈릴리 가나에서 그 모친에게 “아직 내 때가 이르지 아니하였나이다” (요2:4)라고 말씀하셨다. 그와 같이 지금도 그 형제들에게 같은 내납을 하신다(거기서는 *호라(hōra)*이고 여기서는 *카이로스(kairos)*로서 ‘정한 때’ 라는 뜻이다). 아버지께서 아들에게 정해주신 때가 이르게 되었을 때, 예루살렘으로 올라가서 그들 형제들이 가지고 있었던 생각보다 더 심오한 의미에서 ‘세상에 나타내신다’. 그러나 그때가 오기 전에는 그리하지 않으신다. 그러나 순간순간 하나님의 지시하시는 뜻에 섬세하게 살아가는 것이 무엇인지 알지 못하는 사람들에게는 이때나 저때나 다 좋다: “너희 때는 늘 준비되어 있느니라.”

형제들은 그더러 자신을 ‘세상에’ 나타내시라고 종용하였다. 그러나 예수님께서는 지금 다른 의미에서 세상에 대하여 말씀하신다-요한복음의 서두에서 세상이란 말에 주어진 의미에서 그 말씀을 하신 것이다. 서두에서 ‘세상’ 은 예수님께서 오셨을 때에 알아보지 못한다고 하였다(요1:10). 예수님께서 주장하시는 대로 그 권위를 인정하거나 환영하지 못하는 세상의 상태는 단순하게 냉담을 보이는 것의 문제가 아니라, 적극적인 반감의 자세였다. ‘이 반감은 예수님 자신 뿐 아니라 예수님을 믿는 이면 누구에게나 가지게 되는 정서다. 세상에 속한 자들이 예수님을 믿음으로 '세상'에 속하지 않음을 과시하는 이는 누구든지 미워하는 것이다(요 15:18-25을 보라). 예수님의 형제들과 같이 예수님을 믿지 아니하는 이들은 세상의 적대감을 맛보지 못한다. 어떻게 그들이 그러한 적대감을 맛볼 수 있겠는가? 그들은 세상에 속하였다. 예수님께서는 요 3:19 이하의 말씀을 회상하게 하는 '언어로 당신에 대한 세상의 적대감을 설명하고 계신다. 다시 말하면, 참빛이 세상에 들어 오므로써 세상의 악을 적나라하게 드러낸다. 그리고 그들의 악한 행실을 생명을 주는 빛보다 더 사랑하는 이들은 자기들의 진상을 노출시키는 빛을 미워한다.

주님께서는 그때에 형제들로 하여금 예루살렘으로 올라가게 하셨다: 때가 이미 항상 준비되어 있는 이는 어느 때에 어느 곳이든지 갈 수가 있다. 그러나 주님은 아버지의 뜻에 자신의 뜻을 순응시키는데 아버지의 뜻이 분명하게 나타나지 않으면 움직이지 아니하신다. 본문의 증거에 대하여 '나는 지금 올라가지 아니한다' (*우크(ouk)*)고 한 것이 옳다고 하는 이들과 '나는 아직 올라가지 아니한다' ('아직 아니한다' 의 표현인 *우포(oupō)*)를 써서)고 해야 한다는 이들 간의 논쟁이 있다. 대체로 원어의 '아니' 라는 말이 역순으로 하기 보다는 '아니 아직' 이라는 말로 대치되어야 하는 이유를 이해하는 것이 더 쉽다. 어떤 경우든 '나는 지금 올라가지 않는다' 라고 읽으면 그 조건을 함축된다: 아버지의 뜻이 분명하게 드러나기 전에는 올라가지 않겠다는 조건이 함축된다: 그때까지는 예수님의 때가 아직 '이르지 아니하였다' .

7:9 "이 말씀을 하시고 갈릴리에 머물러 계시니라"

열다섯 권으로 된 그리스도들에 대하여(*Against the Christians*라는 책을 쓴 3세기의 신플라톤주의자(Neoplatonist)의 한 사람인 포르피리(Porphyry)라는 사람은 예수가 갈릴리에 머물렀다가 며칠 후에 다시 예루살렘으로 올라간 것은 그의 우유부단함의 결정적인 표증이라고 주장하였다.[4] 복음서 기자의 요지는 일의 전체적인 윤곽이 아버지의 인도하심이 뒷받침되기 전에는 알리지 않겠다는 확고한 예수님의 결심을 표증한다는 것이다.

(b) 명절에 있었던 소동(7:10-13)

7:10 "그 형제들이 명절에 올라간 후 자기도 올라가시되 나타내지 않고 비밀히 하시니라"

형제들이 유대 지방으로 떠난 후에 아버지의 계시가 있었다. 예수님께서 예루살렘에 올라가시되 '비밀히 하신' 것은, 그 형제들이 공중 앞에 온전하게 드러나게 하라는 끈질긴 요청과는 현격한 대조를 이루는 것이었다. 그가 예루살렘으로 공적으로 입성하실 합한 때가 아직은 오지 않았다. 그러나 6개월 후면 그런 때가 올 것이다(요12:12이하 참조). 그러나 이제 그는 갈릴리와 작별을 고하신다. 죽기 전에 다시는 그 땅을 보지 않을 참이었다. 이 은밀한 여행에 적어도 제자들 몇을 대동하셨을 가능성이 극히 높다. 물론 여기서 그 제자들이 언급되지는 않고 있지만 말이다.

4) Jerome, *Dialogues against the Pelagians* 2.17에 의하면.

7:11 "명절 중에 유대인들이 예수를 찾으면서 그가 어디 있느냐 하고"

장면은 금방 예루살렘으로 바뀐다. 예수님을 찾는 '유대인들' 은 산헤드린 공회원들이었다. 그들은 예수님이 이 명절에 올라왔다면 이때에 그를 체포할 수 있을 것을 희망하고 있었던 것이다. 그래서 그들이 '그가 어디 있느냐?' 라고 물었던 것이다. 예수님께서 지난 한 해를 갈릴리에서 보내셨다. 그 갈릴리는 분봉왕 헤롯 안티파스(Herod Antipas)에 의해 통치되었다. 그래서 그들 산헤드린 공회의 사법적인 관할 구역이 될 수 없었던 것이다. 그러나 이제 예루살렘이라면 유대인의 일에 관한 최고의 권위를 가지고 일을 집행할 수 있었다. 그러면서도 로마 정부의 권위에 복종하고 있었다.

7:12,13 "예수께 대하여 무리 중에 수군거림이 많아 혹은 좋은 사람이라 하며 혹은 아니라 무리를 미혹하게 한다 하나 그러나 유대인들을 두려워하므로 드러나게 말하는 자가 없더라"

여기에 '무리' 와 그 무리들이 두려워하는 '유대인들' 이 분명히 구분되어 있다. 예수님에 대하여 '수군거림이 있는 것' 은 나지막하게 서로 논쟁하고 토론하는 형태를 띠고 있었다: 그가 전에 그 수도를 방문하였을 때 행한 일과 갈릴리에 있을 때에 해 온 일이 흥분어린 논쟁거리를 마련하였던 것이다. 그들이 예수님에 대하여 어떤 생각을 하고 있는가? 어떤 이들은 그가 하신 일과 말이 많은 이들에게 도움과 복을 가져왔다고 생각하였다. 그래서 그들은 공적으로 해를 끼치는 사람은 아니고 관원들이 주장하였듯이 선한 이라고 결론을 내렸던 것이다. 그러나 다른 이들은 그가 행한 자비와 권능의 행위들이 단순히 자기의 진정한 의도를 가리는 연막에 불과할 뿐이라고 생각하기도 하였다: 그가 사실은 자기를 위장하는 협잡꾼으로서 일반 대중들을 오도하고 있다는 식이었다. 이 관점은 후에 정통 유대인 계층의 사람들에게서 공식적인 여론으로 발전한다. 탈무드에서 인용된 초기의 전통은, 예수가 이스라엘로 방황하게 한 사기꾼이었기 때문에 유월절 전날 밤에 처형되었다고 말한다.[5] 그러나 그들이 그를 인정하든 하지 않던 간에 그들은 자기 견해를 너무 큰 소리로 말하지는 않았다. 당국자들은 그가 토론의 대상이 되는 것을 원치 않았기 때문이다. 그들의 원하는 바를 무시한 이들은 그들의 불쾌함을 사기 쉽다.

(c) 명절에 올라오신 예수님(7:14-8:59)

i. 모세와 그리스도(7:14-24)

7:14,15 "이미 명절의 중간이 되어 예수께서 성전에 올라가사 가르치시니 유대인들이 기이히 여겨 가로되 이 사람은 배우지 아니하였거늘 어떻게 글을 아느냐 하니"

5) Babylonian Talmud, tractate *Sanhedrin*, 43a.

만일 예수님께서 명절이 시작될 시점을 맞추어 순례객들과 함께 가셨다면 아마 6개월 후에 있게 될 때와 같은 식의 개선가적인 예루살렘 입성을 하시게 하려는 시도가 있었을 수 있다. 만일 눅 13:1에 언급된바 성전 뜨락에서 갈릴리 사람들이 학살된 사건 이후에 바로 그러한 시도가 있었다면, 때에 이르게 한 그런 류의 시도는 아마 크게 혼란을 야기시켰을 것이다. 그러나 예수님께서는 조용하게 올라가셨다. 명절의 주간의 반이 거의 지날 무렵에 거기 당도하셨다. 그에 대하여 논의하고 있던 자들은 그가 갑자기 자기들 가운데 있으면서 성전의 바깥뜰에서 가르치고 계신 것을 알게 되었다(거기 성전 바깥뜰에 여러 명의 랍비가 '교훈을 말 하고' 있었다).

백성들과 특별히 성전의 당국자들과 이스라엘의 지도자들이 예수님의 가르치심을 듣고서 놀라게 되었다. 성경에 대해 예수님께서 익히 알고 계신 것과 성경을 설득력 있게 풀고 있는 능력을 부인할 수가 없었으나, 예수님은 당시 어떤 대단한 랍비적인 학파에서도 배운 적이 전혀 없었다. 어떻게 이스라엘 어떤 선생의 발 앞에도 앉은 적이 없는 사람이 당시의 능란한 선생들과 함께 자기의 견해를 나누고 피력할 수 있는가? 유사한 난제가 그 해의 후기에 제기되었다. 산헤드린 공회는 베드로와 요한과 같이 '학문 없고(*아그람마토이(agrammatoi)*) 무식한' 자 같은 이가 자기들의 주장을 논리적으로 펼치는 것을 보고 충격을 받게 되었다(행 4:13) 베드로와 요한은 예수님의 이름으로 말하였다. 그러나 예수께서는 어떤 선생의 권위도 거론하지 않고 스스로 말씀하신다. 서기관들은 과거의 어떤 선생의 이름을 인용할 수 있을 때에 더 큰 행복을 느끼곤 했던 자들이다. 그러나 예수님께서는 전에 갈릴리에 있을 때와 같이 여기 예루살렘에서도 "권세 있는 자와 같고 저희 서기관들과 같지 않게" 가르치셨다(마7:29). 그는 어디서 자기의 권위를 끌어내오고 있는가?

'글자' 를 아는가의 지식은 읽을 수 있고 쓸 수 있는 능력을 의미하는 것이 아니다; 유대인들이 읽을 줄 알고, 쓸 줄 아는 것은 그리 드문 일이 아니었다. 여기서 '글' 이라고 번역된 말(*그람마타 (grammata)*)은 요5:47에서도 모세의 '글' 을 나타낼 때도 사용한 말이다. 어쨌든 여기서 유대인들이 의문을 가진 것은 여기에 기록된 예수님의 말씀하시는 것을 되돌아보면서 언급한 것이 아니다(때로 그러한 식으로 생각하는 이들이 있지만). 오히려 현재 성전에서 가르치시는 것의 내용을 보면서 그러한 의문을 가진 것이다.

7:16-19 **"예수께서 대답하여 가라사대 내 교훈은 내 것이 아니요 나를 보내신 이의 것이니라 사람이 하나님의 뜻을 행하려 하면 이 교훈이 하나님께로서 왔는지 내가 스스로 말함인지 알리라 스스로 말하는 자는 자기 영광만 구하되 보내신 이의 영광을 구하는 자는 참되니 그 속에 불의가 없느니라 모세가 너희에게 율법을 주지 아니하였느냐 너희 중에 율법을 지키는 자가 없도다 너희가 어찌하여 나를 죽이려 하느냐"**

하나님의 대변인으로서 말하는 모든 선지자들은 자기 자신의 것이 아닌 하나님의 메시지를 전파하였다. 모든 선지자 중에 선지자 되신 이도 아버지를 '선언하려고' 오신 것이다. 그가 행하신 일들이 아버지께서 하라고 주신 일들이다(요5:36). 그러하듯이 그가 하시는 말씀도 다 아버지께서 말하라고 주신 것들이다(요3:34 참조). 그러나 반면에 선지자들이 "여호와께서 말씀하시되"라고 하였지만, 예수님께서는 아버지로 말미암아 자기에게 주어진 권위를 행사하셔서 "내가 너희에게 이르노니"라는 형식을 쓰고 계신다-"진실로 진실로 너희에게 이르노니" 그가 '나'와 '나를 보내신 이' 사이를 구분지어 하신 말씀의 형식은 공관복음서에도 발견된다(막9:37 참조, 마10:40;눅9:48에도 그 병행구가 있다). 그러나 이 요한복음에는 그러한 형식이 더 자주 나타난다.

그때와 같이 지금도, 예수님이 아버지의 교훈을 나누어 주시고 계신다는 당신의 주장이 바른 것인지를 판별하는 것은 단순히 지성적인 탐사로만은 가능하지 않다; 마음의 자세가 역시 중요하다. 만일 하나님의 뜻을 행할 마음의 용의(用意)가 있다면, 하나님의 메시지를 분간하는 능력이 자연히 뒤따라온다. 누구든지 그러한 마음의 용의를 가지고 있으면 예수님의 가르치심 속에서 스스로 영적인 지각과 양심에 진리로 와 닿는 메시지를 인지할 것이다. 진리는 궁극적으로 스스로 진정성을 확증한다; 진리는 어떤 외적인 권위에 자신을 알아달라고 하지 않는다. '진리는 모든 만물보다 위대하고 능하다.' 진실한 메신저는 자기 스스로에게서 어떤 것을 찾지 않는다. 자기에게 그 메시지를 맡기신 이에게만 자신의 신실성을 입증하여 달라고 한다. 예수님의 소원은 오직 당신이 말씀하시는 바를 듣는 자들이 그 말을 믿음으로 말미암아서 하나님을 영화롭게 하는 것뿐이다. 그에게 사명을 주신 이는 하나님이시기 때문이다.

예수님께서는 이제 그러한 일반적인 원리들을 전제하고 당신 사역에 그 원리들을 특별하게 적용하여서, 예루살렘을 마지막 방문한 일로부터 논쟁의 실마리를 찾으신다.[6] 그러한 기회를 이용하여 당국자들은 그를 법정에 세워서 사형시키려고 안달이었다. 안식일 법을 향한 그의 태도와 그가 하나님을 자기 아버지라 말하는 어조 때문에 말이다. 그는 그때에 그들의 잘못을 지적할 때 모세를 거명함으로써 그들이 법을 어긴 것을 지적하셨다. 모세는 오실 선지자로서 예수님을 말씀하셨다. 그러나 그들은 그에 대한 모세의 증언을 전혀 신용하지 않았다(요5:45-47). 이제 그는 모세를 다시 들어서 그들의 잘못을 지적하신다. 그들이 모세의 법을 존중하는 것같이 주장하는 일 때문에 모세의 법을 어기고 있는 것이다. 모세의 법은 '살인하지 말라' 고 하였다. 그러나 그들은 그를 죽이려고 한다.

7:20 "무리가 대답하되 당신은 귀신이 들렸도다 누가 당신을 죽이려 하나이까?"

여기서 '무리' 라는 말이 예수님께 적대감을 가지고 있는 무리들 중에서 요소적인 인물들을 가리킨다고 이해해야 한다. 그들은 예수님이 백성들을 미혹케 한다고 송사하였다(12절). 아마 그들은 전에 거기를 방문하였을 때 한 일을 가지고 말하는 것은 아닌 것 같다. 그가 지금 성전의 뜨락에서 여러 사람들에게 말한 것이 다 옳다는 것을 그들은 명백히 알고 있었다. 그리고 아무도 그를 못살게 구는 이가 하나도 없는 것이 분

6) B. Lindars는 16-24절이 '7,8장을 차지하고 있는 복잡한 논쟁의 출발점으로 삼기 위하여 일부러 거론된 바 5장의 강화에 속한 항목이다' 라고 주장한다(*Behind the Fourth Gospel*, p.51).

명하다고 생각을 한 것 같다. 그래서 그들은 놀라는 표정을 짓고 있는 것이다. 그가 분명하게 귀신이 들렸다고 그들은 생각하였다. 그래서 지레 겁을 먹고 있는 것이라고 생각하였던 것이다.

7:21-24 "예수께서 대답하여 가라사대 내가 한 가지 일을 행하매 너희가 다 이를 인하여 괴이히 여기는도다 모세가 너희에게 할례를 주었으니(그러나 할례는 모세에게서 난 것이 아니요 조상들에게서 난 것이라) 그러므로 너희가 안식일에도 사람에게 할례를 주느니라 모세의 율법을 폐하지 아니하려고 사람이 안식일에도 할례를 받는 일이 있거든 내가 안식일에 사람의 전신을 건전케 한 것으로 너희가 나를 노여워하느냐 외모로 판단하지 말고 공의의 판단으로 판단하라 하시니라"

예수님께서는 베데스다 못가에서 불구자를 치료하신 일을 그것들에게 상기시킴으로써 자신의 의도를 해명하신다. 그들은 38년 동안 아무 일도 하지 못하고 불능의 상태에 있는 사람을 치료한 일에 놀랐을 것이다. 그러나 그들의 놀람에는 분개도 섞여 있었다. 그 치료가 안식일에 행해진 것이기 때문이다. 그러나 예수님께서 그러한 행동이 안식일에 특별하게 행해진 일이라고 주장하고 나선다.

디아 투토(*dia touto*, '이로 인하여')는 거의 모든 역본에 22절 초에 나온다. 물론 그 의미는 '이로 인하여 모세가 너희에게 할례를 주었으니'

라는 의미였다-그러나 이런 식의 번역은 그러면 '무엇 때문이냐?' 라는 문제가 거론된다. 그리고 문맥에서는 대답이 나오지 않는다. 그것은 21절의 끝에 그 말을 붙여 쓰는 것이 더 나을 것이다. 거기에서는 그 말이 더 나은 의미를 가지게 된다 (RSV 참조). 동사 '주었다' (*데도켄(dedōken)*) 라는 말은 완료형으로 되어 있다. 할례는 수세기 전에 이미 '주어지기는' 했지만 여전히 시행되고 있었기 때문이다.

할례 의식은 아브라함 때에 제정된 것이다(창17:10이하). 그리고 율법에서 그 일이 강화되었다(출12:44이하). 이스라엘의 각 남자 는 생후 팔일만에 할례를 받게 되어 있었다. 만일 팔 일째 되는 날이 안식일과 겹지면 할례의 법이 안식일의 법보다 우선하였다: 그러니 어린 아기의 할례는 안식일이든 평일이든 구분 없이 주어졌다.[7] 예수님의 논증은 이러하였다. 만일 안식일 법이 몸의 일부를 조금 떼어내는 일을 위해서 유보(留保)되었다면 안식일에 사람의 온몸을 치료하는 일은 나쁠 리가 없다는 것이다. 사실 이러한 유형의 논증은 안식일에 긴급한 환자를 치료하는 일을 정당화시키기 위하여 사용되었다. 그러나 예수님께서는 그 경우가 긴급하든 그렇지 않든 치료하는 행동의 정당성을 입증하기 위하여 그 논증 의 형식을 사용하고 계신다.

안식일에 그러한 선한 행위를 하였다고 예수님을 정죄하는 것은 정말 아주 피상적인 판단이었다. 의로운 판단은 그 이면에 숨겨진 것을 알고

7) '그들은 할례를 위하여 필요한 모든 일들을 안식일에 행할 수도 있다' (Mishnah, tractate *Shabbāth* 18.1; 19.2); '안식일의 엄격한 규례도 능가하는 할례는 위대한 일이다' (Mishnah, tractate *Nᵉdārîm* 3.11에서 인용한 랍비 Jose의 말). 예수님이 여기서 하신 말씀과, 주후 100년경에 출31:13에 대해서 *Mekhilta*(랍비적인 주석)에서 랍비 Eleazar ben Azariah의 다음의 말을 서로 비교하여 참조하라. '만일 몸의 일부분에만 영향을 주는 할례 의식을 행함에 있어서 안식일 법을 제쳐두어야 한다면, 온 몸이 위험에 처해 있을 때에는 오죽 더 그러해야겠는가!' 마12:5의 그와 병행하는 논증은 제사장들이 안식일에 성전에서 제사를 집행하는 것이 전혀 죄가 되지 않는다는 사실에 호소한다.

율법의 정신과 의도를 분별하는 것이어야 한다.

ii. 예수님 자신이 메시아라고 주장하심(7:25-31)

7:25-27 **"예루살렘 사람 중에서 혹이 말하되 이는 저희가 죽이고자 하는 그 사람이 아니냐 보라 드러나게 말하되 저희가 아무 말도 아니하는도다 당국자들은 이 사람을 참으로 그리스도인 줄 알았는가 그러나 우리는 이 사람이 어디서 왔는지 아노라 그리스도께서 오실 때에는 어디서 오시는지 아는 자가 없으리라 하는지라"**

논쟁은 이제 안식일 법의 문제에서 떠나서 예수님이 자신이 메시아라고 주장하시는 문제로 나아간다. 무리들 중에서 여러 가지의 견해가 분분하게 제기되었다. 서로 상충되는 말들이 많이 오가고 있었다. 어떤 이는 자기 목숨을 노리는 자들이 있다는 그의 말을 들어서 미치광이라고 말하기도 하였을 것이다. 또 어떤 이는 그 비난이 근거 없음을 알기도 하였을 것이다. 그러나 만일 정말 그의 목숨을 노리는 이가 있다면, 그의 담대함은 더욱 두드러져 보이게 하고, 그를 잡아서 공중에서 말하지 못하게 하려는 당국자들의 시도를 더디게 하였다. 어째서 그들이 거기에 끼어들기를 꺼려하는가? 아마(어떤 이가 말하였듯이) 그의 마지막 예루살렘 방문 이후 당국자들은 그가 진정 메시아임을 입증하는 증거를 받았을 것이다. (이 경우는 요한복음 내에서 예수님께서 메시아라는 사상이 예루살렘에서 발설된 것이 지적된 첫 경우다).

그러나 그가 메시아일 수밖에 없다는 암시와 특히 당국자들이 그가 메시아라고 확신하고 있다는 암시적인 실마리는 즉각적으로 사람들의 눈에 띄게 되었다. 다음에 나오는 논의에서 사람들이 메시야를 규정하기 위하여 세운 세 가지의 범주가 언급된다. 이들 첫 번째 경우는 27절에 있다. 예수님께서는 그 범주를 확증하려고 나타나지 않으셨다. 메시야는 세상에 오신 후에 하나님의 정하신 기간이 되기까지는 어떤 모르는 지역에서 숨어 계실 것이라고들 널리 믿고 있었다[8] 그러나(그들이 말하기를) 이 사람은 분명하게 말해서 지금까지 숨어 있지 않았다는 것이다. 누구나 그가 어디서 왔는지 알았다.[9] 이는 '요한적인 반어법(反語法)' 이다. 그들은 갈릴리에 있는 예수님의 가정을 생각하고 있었던 것이다. 그들에게 있어서 예수님은 '나사렛의 예수님' 이었다. 그러나 복음서 기자는 예수님께서 어디서 왔는지를 답해주는 더 심오한 답을 마음에 두고 었다-그 답은 예수님의 다음의 말씀에서 표현된다.

7:28, 29 '예수께서 성전에서 가르치시며 외쳐 가라사대 너희가 나를 알고 내가 어디서 온 것도 알거니와 내

8) Justin의 유대인 대담자 트뤼포에 의하면, 엘리야가 와서 기름을 부어 그를 모든 이들에게 나타내기 전에는 메시아는 알려지지 아니하며, 심지어 메시아 자신도 알지 못한다는 것이다(Justin, *Dialogue with Trypho* 8.7). 후에 이상한 풍설이 돌아 메시아가 고난당한 자들의 상처를 싸매기 위하여 로마의 문에 은밀하게 역사하셨다는 이야기가 있었다(Babylonian Talmud, tractate *Sanhedrîn* 98a).

9) 27절에 같은 문맥에서 동의어들을 사용하기를 좋아하는 요한의 방식이 드러나 있다. '우리는 이 사람이 어디서 왔는지 안다(*오이다멘(oidamen)*)… 그리스도가 오실 때에는 어디서 오시는지 아는(*기노스케이(ginōskei)*)자가 없다.' 어떤 곳에서는 *오이다(oida)*와 *기노스코(ginōskō)*의 뉘앙스적인 차이를 알지 못한다. 그러나 여기서는 아니다. 요8:55 참조.

가 스스로 온 것이 아니로라 나를 보내신 이는 참이시니 너희는 그를 알지 못하나 나는 아노니 이는 내가 그에게서 나고 그가 나를 보내셨음이니라 하신대"

예수님께서는 작은 그룹으로 모여서 진행되고 있는 그들의 논쟁에 대하여 공적인 답을 주셨다. 바깥뜰에서 가르치기를 계속하시면서 말이다. "너희가 나를 알고 내가 어디서 온 것도 아느냐? 너희는 알고 있다고 생각할 수 있다. 그러나 사실 너희는 알지 못하고 있다. 나는 내가 자청하여 온 것이 아니다. 나는 하나님에게서 보냄을 받았다. 온전히 진리이신 분에게서 보내심을 받아 왔다. 그분은 진리의 원천이시다; 그가 내게 하라고 하신 말씀을 할 때에 나는 진리를 말하는 것이다. 그러나 너희가 그를 알지 못하고 있다. 그러니 내가 어디서 왔는지 진실로는 알지 못하고 있는 것이다" 그와 같이 예수님께서 사람들 중에 오신 일은 사람들 앞에 하나님을 아는 참지식의 문제를 제기한다. 하나님의 말씀이신 분에게 주의를 기울이지 못하면 하나님을 알 수가 없다.

예수님의 이 주장은 공관복음서의 기록에서도 그 여운이 보전되어 있다: "아들의 소원대로 계시를 받은 자 외에는 아버지를 아는 자가 없느니라" (마11:27; 눅10:22 참조). 예수님은 아버지가 보내신 자이시다. 그는 아버지께로부터 오셨다; 그는 아버지를 아신다. 예수님께서는 당신과 아버지의 독특한 관계를 다시 새롭게 역설하고 계신다. 예수님의 말씀을 듣고 있던 자들은 그의 말씀의 요지를 알아차리지 않을 수 없었다.

> 7:30, 31 "저희가 예수를 잡고자 하나 손을 대는 자가 없으나 이는 그의 때가 아직 이르지 아니하였음이러라 무리 중에 많은 사람이 예수를 믿고 말하되 그리스도께서 오실지라도 그 행하실 표적이 이 사람의 행한 것보다 더 많으랴 하니"

예수님을 잡으려는 시도가 32, 45절 이하에서 더 온전하게 묘사 되었는지도 모른다. 그러나 그러한 일이 아무 것도 아닌 것이 되었다. 하나님의 뜻 가운데서 그가 잡히실 때가 아직 이르지 않았기 때문이다(요8:20; 12:23, 27; 13:1; 17:1).

만일 옛 선지자들이 행한 표적을 통해서 자기들이 하나님의 보내신 메신저라는 증거를 제시하였다면, 메시아도 더 큰 표적들을 통하여 자신이 메시아이신 것을 과시하시는 것은 아주 자연스런 일이다. 그러한 표적들은 그의 직무와 그의 사명의 결정적인 증거를 제공할 것이다. 그러나 메시아가 오시면 나타낼 것으로 기대되는 표적들이 예수님께서 그들의 눈앞에서 행한 표적들보다 더 큰 표적들일 수 있을까? 그러한 생각들이 예수님의 말씀을 듣는 이들 중 많은 이들을 격동시켜서 그를 믿게 하였다. 이들 중에는 전에 5천명을 먹이신 것을 목격하였던 갈릴리 순례객들도 끼어 있었을 수 있다. 물론 베데스다 연못가에서 불구자를 치료해 주신 일을 기억하는 예루살렘 본토인들도 끼어 있었을 것이다.

iii. 막간: 예수님을 체포하려는 시도(7:32-36)

7:32 "예수께 대하여 무리의 수군거리는 것이 바리새인들 에게 들린지라 대제사장들과 바리새인들이 그를 잡으 려고 하속들을 보내니"

메시아가 오시더라도 그들 중에 예수님께서 행하신 표적들보다 더 큰 표적들을 행할 수 없을 것이라면서 놀라는 무리들은 자기들의 생각을 큰 소리로 외치지 않고 그저 속삭이듯이 서로 말하고 있었다. 그러나 종교지도자들은 그들이 생각하면서 *낮은 소리로(sotto voce)* 말하고 있는 것이 무엇인지를 알았다. 만일 당국자들이 그를 하나님께서 보내신 선생으로 인정하기를 거부한다고 할지라도 그렇게 많은 일반 대중이 그가 선생일 뿐 아니라 메시아 바로 그분이라고 확신하고 있었다면, 더 과감한 단계가 취해져야만 했을 것이다. 산헤드린(우리는 그 산헤드린 공회가 '대제사장들과 바리새인들' 로 구성되었다고 이해한다) 공회는 성전의 경찰(하속들)을 보내어 그를 잡아 오라고 하였다. 대제사장들(헬라어로 *아키에레이스(archiereis)*)은 가장 부요하고 힘 있는 제사장 가족들에 속한 자들이었다. 그들의 반열에서 해마다 대제사장을 정규적으로 선출하였다. 그들은 산헤드린에서 지배적인 역할을 하였다. 산헤드린 공회에서 다수를 차지하고 있었기 때문이다. 성전의 경찰(하속들)은 성전 구역 내에서 법과 질서를 유지하는 책임을 지고 있는 자들이다. 그들은 레위인들 중에서 뽑은 자들이다. 그들의 사령관('성전의 장')은 대제사장 바로 다음으로 높은 권세를 행사하고 있는 자였다. 또한 그는 주도적인

대제사장 가족들 중에서 선정되곤 하였다.[10)]

7:33,34 "예수께서 이르시되 내가 너희와 함께 조금 더 있다가 나를 보내신 이에게로 돌아가겠노라 너희가 나를 찾아도 만나지 못할 터이요 나 있는 곳에 오지도 못하리라 하신대"

독자들은 예수님을 잡으러 하속들을 보낸 일에 대하여 듣고 난 후에 그들이 하러 온 일에 대하여 어찌 되었는지 궁금해질 것이다. 요한은 그들의 일이 어떻게 되었는가 말하기 전에, 명절에 예수님께서 하신 말씀을 더 설명하고 있다. 그 말씀들은 분명하게 예수님께서 당신이 지상에서 할 일을 다 마치시고 아버지께로 돌아갈 때가 아주 얼마 남지 않았음을 가리키고 있다. 그러나 그 예수님의 말씀들은 (자주 그러하듯이) 그 말씀을 들을 자들에게서 오해를 받는다. 물론 우리는 그 추이를 알고 있기 때문에 그 말씀을 더 잘 이해한다. 성 뜨락에 있던 자들이 자연스럽게 알 수는 없듯이 말이다. 만일 예수님께서 명절의 주간 중간에 당도하시기 전부터 예수님을 찾았던 자들은 예수님을 만나기가 어려웠고, 예수님의 '때' 가 오기 전에 그 대적들이 예수님을 체포하는데 그렇게 어려웠다면, 일단 예수님께서 아버지께로 돌아가시고 난 후에는 그를 찾을 기회가 더 적어지게 될 판이었다.

10) E. Schürer, *The History of the Jewish People in the Age of Jesus Christ*, II(Edinburgh, 1979), pp.277이하 참조.

7:35,36 "이에 유대인들이 서로 묻되 이 사람이 어디로 가기에 우리가 저를 만나지 못하리요 헬라인 중에 흩어져 사는 자들에게로 가서 헬라인을 가르칠터인가 나를 찾아도 만나지 못할 터이요 나 있는 곳에 오지도 못하리니 한 이 말이 무슨 말이냐 하니라"

예수님의 말씀을 듣던 자들은 예수님의 말씀하시는 의도를 알지 못하였다. 특히 그들의 지도자들('유대인들')은 더욱 그러하였다. 그들은 마치 예수가 유대를 떠나시 북쪽이나 서쪽으로 퍼져 있는 여러 지역으로 다니려 한다는 식으로 이해하였다. 그 북쪽이나 서쪽에서는 헬라적인 분위기 속에서 유대인의 식민지가 세워졌었다. 그가 그러한 땅에서 살고 있는 유대인들 사이에서 사역하실 것을 계획하고 있는가? 아니면 이교도적인 헬라인들 사이에서 사명을 감당하려고 하는가? 복음서 기자는 그들의 이 논평을 기록하면서 아마 6개월 뒤 유월절에 참예하는 헬라인들이 예수님을 청하는 것을 의도적으로 함축하고 있는 것 같다(요12:20이하). 말하는 자들은 예수님께서 헬라 사이에 계시지 않으시겠지만, 몇 년 안에 헬라 땅의 수만 명의 사람들이 예수님을 좇게 될 것임을 거의 알아차리지 못하였다. 우리는 여기서 다시 '요한식의 반어법적인' 표현의 또 한 경우를 발견하게 된다.

예수님의 말씀을 듣던 자들이 그 예수님께서 하신 말씀을 되뇌이면서 무슨 뜻인지를 몰라서 의아하게 여기고 있을 때, 한 함축된 의미를 보여주는 암시가 있다. 요8:21이하에서 그 점은 더 명백하게 된다. 그들로 하여금 예수님께서 가시고자 하는 곳으로 가지 못하게 하는 것은 죄라는 것이다(그리고 특히 그를 믿기를 거부하는 죄라는 것이다). 그를 믿었던 자들에 관해서 예수님께서는 나중에 "나 있는 곳에 나를 섬기는 자도 거기 있으리니" (요 12:26)이라고 말씀하셨다.

iv. 살아있는 물: 격화되는 메시아 논쟁(7:37-44)

7:37-39 **"명절 끝날 곧 큰 날에 예수께서 서서 외쳐 가라사대 누구든지 목마르거든 내게로 와서 마시라 나를 믿는 자는 성경에 이름과 같이 그 배에서 생수의 강이 흘러나리라 하시니 이는 그를 믿는 자의 받을 성령을 가리켜 말씀하신 것이라(예수께서 아직 영광을 받지 못하신 고로 성령이 아직 저희에게 계시지 아니하시더라)"**

명절은 팔 일 동안 계속되었다. 제 팔 일째 되는 날에는 '거룩한 집회와…엄숙한 총회' 가 열렸다(레23:36; 민29:35이하는 참조; 느8:18). 백성들이 한 해의 모든 열매를 거두는 것을 기념하는 장막절에 하나님께 감사하고-포도와 감람류나 보리와 밀과 같은 곡식의 추수를 기념하면서 지킨 명절이었다 - 하나님께서 비를 은혜로 주신 것을 잊지 않았다. 하나님께서 그런 비를 주시지 않으셨다면, 곡식을 거두는 일은 없었을 것이다. 이 명절과 적당하게 비를 내려주신 일을 연관시킨 것이 슥14:16이하에 함축되어 표현된다. 주후 70년 이전까지 2백 여 년 동안 진행되던 장막절과 관련하여 잘 입증된 그렇게 물을 붓는 행위는 구약에서는 언급이 없다(삼상7:6이 예외적인 경우로 보이기는 하나 확실성은 없다). 아마도 그 일은 상당히 오래된 제도였던 것으로 보인다. 비를 내려 주시고 다음의 절기를 위하여 필요한 풍성한 것을 공급하여 주신 하나님의 선하심을 인정하는 것을 의도하는 이 의식은 명절의 처음 7일 동안 새벽녘에 진행되곤 하였다. 제사장 한 사람이 이끄는 한 행렬이 실로암 못으로 내려가 거기서 황금 물주전자에 물을 하나 가득 떠서 아침 제사를 드리는 때에 성전으로 돌아온다. 그리고 나서 그 물을 제단의 서편의 굴뚝에 부으면 성전의 합창대가 큰 할렐루야 송을 부르기 시작하였다(Pss. 113-118).[11]

그 의식이 제 팔 일째 되는 날에는 없었던 것으로 보인다. 물론 비를 내려달라는 기도가 그 날에 드려지기는 하였다. 그렇다면 예수님께서 그러한 선포를 하신 것이 제 팔 일이었다고 요한이 진술하는데 더 큰 의미가 있다고 보아야 한다. 만일 물질적인 물이 실제로 부어지지 않았다면, 믿는 자들이 영적이고 생명을 주는 물을 예수님으로부터 받아 누릴 수 있음을 말한 것이다. 이 물에 대한 하나님의 제안은 수세기 전 이사야 선지가 "너희 목마른 자들아 물로 나아오라"(사55:1)라고 한 말로 표현되었다; 그러나 이제 그 말이 한 개인을 가리켜서 되풀이되고 있다: "누구든지 목마르거든 *내게*로 와서 마시라"

예수님께서 초청하신 말씀을 표현한 전통적인 구두법을 고친 것에는 여러 가지 좋은 이유가 있다. 그래서 이렇게 기술이 된다:

11) Mishnah, tractate *Sukkāh* 4.9.

만일 어느 누구든지 목마르거든 내게로 와서 마시게 하라;

나를 믿는 그로 하여금 마시게 하라.

그 합성적인 대구(對句)가 그 운율에 있어서 원래의 아랍어적인 어투의 운율과 신실하게 잘 맞아 들어간다. 그 아랍어적인 어법이 헬라어의 본문으로부터 재구성될 수 있는 한에서 그러하다. 예수님께서는 이미 사마리아 여자에게 생수가 가진 우월한 성질에 대하여 말씀하신 바 있다: "내가 주는 물을 먹는 자는 영원히 목마르지 아니하리니 나의 주는 물은 그 속에서 영생하도록 솟아나는 샘물이 되리라"(요4:14). 이 솟아나는 성질은 그 사람의 영혼에 새 힘을 줄 뿐 아니라, 다른 이의 삶을 새롭게 할 정도로 흘러넘치는 성질임이 여기서 암시되고 있다. "나를 믿는 자는 성경에 '이름과 같이 그 배에서 생수의 강이 흘러나리라'." 그러나 정확히 성경의 어느 곳에 그런 말씀이 있나? 이 말씀이 나오는 곳으로 지목되는 스가랴의 문맥 속에서 주의 날이라는 말씀이 있다. "그 날에 생수가 예루살렘에서 솟아나서"(슥14:8).[12] 에스겔은 이 물에 대해 더 자세하게 말하고 있다. "이 강물이 이르는 곳마다 모든 생물이 살고"(겔47:9). 이러한 예언들과 유사한 예언의 성취(욜3:18; 사33:21 참조)를 수에즈 운하에 맞먹는 이른 바 이스라엘 영토를 관통하는 운하와 같은 20세기의 물의 체계 속에서 찾아서는 안된다; 그 성취는 요한이 묘사한 대목에서 분명하게 드러나 있다. "또 저가 수정같이 맑은 생명수의 강을 내게 보이니 하나님과 및 어린양의 보좌로부터 나서 길 가운데로 흐르

12) 스가랴 14장은 장막절 첫 날에 읽혀지기로 정해진 본문이었다(Babylonian Talmud, tractate *Mᵉgillāh* 31a).

더라"(계22:1). 생명수는 지상의 예루살렘에서 나는 것이 아니다. 그리스도께서 거처를 정하시는 믿는 자들의 마음속에, 그리스도께 헌신된 자들의 생명 속에서 흘러나온다. 예수님의 말씀의 의도를 반드시 이해하게 하려고 요한은 자기의 글을 읽는 독자들을 안내하는 분명한 주를 달아 놓았다. "이는 그를 믿는 자의 받을 성령을 가리켜 말씀하신 것이라" 흥미 있는 점은 어떤 유대의 선생들은 이 물을 붓는 의식을 성령을 외적으로 부어주시는 약속으로 이해한다. 그래서 어떤 랍비의 해석에 의하면, 그 의식을 '물을 긷는' 의식이라고 불렀다는 것이다. 어째서? "거기서부터 그들이 성령의 영감을 끌어내었기 때문이다. 기록된 바와 같다. '그러므로 너희가 기쁨으로 구원의 우물들에서 물을 길으리로다'" (사12:3).[13] 여기서 분명한 것은 예수님께서 약속하신 생수는 성령의 선물이라는 점이다-그 선물은 예수님께서 '영광을 받으시기 전에는' 주어질 수 없는 것이었다. 뒤에 나오는 참고사항들로부터 분명하게 드러나는 점은 그의 영화(榮化)가 바로 십자가에 못 박히시는 것이라는 점이다-그가 높이 '들리우시는 것' 이다. 이것이 바로 요한복음 기자의 또 다른 특정적 표현법이다. 예수님께서는 다락방 강화의 말씀 속에서 당신이 떠나지 않으면 보혜사가 그들 제자들에게 오실 수 없음을 강조하신다: "내가 가면 그를 너희에게 보내리니"(요16:7). 이 약속이 처음으로 성취된 것이 요20:22에 기록되어 있다.

13) Jerusalem Talmud, tractate *Sukkāh* 5.1, 55a: *Ruth Rabba*랍비적인 주석 룻2:9에 대한 주석). 사12:3에서 동사 *솨압(shā' ab)*('물을 긷다')의 연유로, 그 의식이 진행되는 성전 뜨락을 *벧 하쉬 우바하 <bêth-ha-shᵉ'û-bāh>* (물길음의 집)이라고 부르기도 하였다(본주석 8장 주1 참조).

39절의 두 번째 마지막 소절을 가장 바르게 읽는 법은 단순히 "성령께서 아직…계시지 않더라" 이다. 이는 성령께서 아직 존재 하지 않으신다 함이 아니다. 우리는 이미 성령께서 역사하고 계심을 알았다(요1:32에서와 같이). 그 말은 성령께서 아직 예수님께서 약속하신 형식으로는 계시지 않는다는 말이다. 아니면 (RSV의 표현대로) '아직 성령이 주어지지 않으셨다' (as yet the Spirit had not been given)는 의미이다-곧 예수님의 제자들에게 말이다.

7:40-42 **"이 말씀을 들은 무리 중에서 혹은 이가 참으로 그 선지자라 하며 혹은 그리스도라 하며 어떤 이들은 그리스도가 어찌 갈릴리에서 나오겠느냐 성경에 이르기를 그리스도는 다윗의 씨로 또 다윗의 살던 촌 베들레헴에서 나오리라 하지 아니하였느냐 하며"**

광야에서 허다한 무리를 먹이신 일이 그가 두 번째 모세, 신18:15 에서 말하는 바, 오실 그 선지자라는 생각을 하게 하였듯이(요6:14 참조), 지금은 생수를 주시겠다는 예수님의 제안이 역시 그 생각을 새롭게 하게 하였다. 모세가 그들 조상들을 위하여 반석을 쳐서 물을 내어 마시게 한 일을 기억하는 이들이 많기 때문이다 (출17:6; 민20:11). 우리가 요6:14을 주해하면서 위에서 인용한 바 있는 랍비는 '첫 구속자가 만나를 내리게 하였다 … 그러므로 마지막 구속자도 만나를 내리게 할 것이다' 라고 말한 바 있다. 그 랍비는 계속하여 말하기를, '첫 구속자가 우물을 터지게

하였듯이 마지막 구속자도 물이 솟아오르게 할 것이다' 라고 하였다.[14)]

세례자 요한을 종말론적으로 기대하는 어떤 인물과 동일시하는 시도에서 나타난 바와 같이(요1:20 이하), 여기서 메시아는 일반 대중의 마음에서 모세와 같은 선지자와는 구별이 되어 있다. 메시아와 모세와 같은 선지자는 쿰란 공동체의 기대 속에서도 구분 되어 있었다. 그들은 평범하고 제사장적인 메시아(기름부음 받은 자들 - 역주)들의 줄기를 따라서 현세의 마지막에 일어날 위대한 선지자를 기대하고 있었다. 초기 그리스도인들이야 말로 모세와 같은 선지자를 다윗의 혈통에서 나오는 메시아와 동일시한 최초의 인물들이었다. 그들이 그렇게 할 수 있었던 것은 기대되는 이 두 인물에 대하여 기록된 것을 성취하신 이가 예수님이시라고 인지하였기 때문이다. 그러나 지금 이 본문에 나오는 예루살렘 인들이 예수님을 바로 그 메시아가 아닌가 하고 생각한다고 해서 그를 오실 그 선지자로 보고 있는 것으로 여겨서는 안 된다. 그들이 오랫동안 강림하시기를 갈망해 온 그 왕적인 메시야는 다윗의 자손으로 오신다는 것이 일반적으로 받아들여지고 있던 사상이다. 삼하7:12-16에서 나단이 하나님의 약속을 다윗에게 전달할 때에 그 점이 함축된다. 사9:7에서는 그와 같은 예언적 말씀들에서 그 점이 확증된다. "다윗에게 허락한 확실한 은혜"(사55:3)라는 말은 다윗 집의 한 귀인이 제외되어서는 실현될 수 없었다. 더구나 마5:2에서 유다 베들레헴에서 '이스라엘의 다스리는 자' 가 나올 것이라고 분명하게 선언되어 있다; 위대한 다윗의 자손이 다윗의 본고장에서 태어나야 한다는 것이 가장 정확한 해석이다. 여기서 우리는 다시 요한식의 아이러니한 표현을 대하게 된다. 요한이나 요한

14) 전1:9의 주해인 *Ecclesiastes Rabba* 1.9.1 참조.

의 이 복음서를 읽는 많은 독자들은, 예수님께서 "육신으로 하면 다윗의 혈통에서 나신"(롬1:3) 분이심을 충분하게 잘 알고 있었다. 그리고 갈릴리 나사렛이 아닌 유대 베들레헴이 그의 출생지였다는 것도 잘 알고 있었다. 그가 메시아가 될 수 없는 반론을 제기하는 것이 얼마나 허망한 짓인가가 분명하게 드러난다; 그 점을 그렇게 많은 말로 지적할 필요가 없다. 만일 이 대목에서 제 4복음서인 이 요한복음의 기자가 예수님이 다윗의 자손엄과 베들레헴 태생임을 알지 못했거나 인정하지 않았다는 식으로 추론한다면, 이 상황을 다루는 기자의 섬세한 기교는 전혀 이해하지 못하고 있는 셈이다.

7:43,44 "예수를 인하여 무리 중에서 쟁론이 되니 그 중에는 그를 잡고자 하는 자들도 있으나 손을 대는 자가 없었더라"

여기서 다시 예수님의 말씀에 대하여 무리 중에 분쟁(*스키스마(schisma)*)이 일어난 것을 다시 진술하게 된다(9:16;10:19참조); 사람들은 예수님의 평가에 따라서 이편저편으로 나뉘어지게 되었다. 30절에서와 같이 그를 체포하거나 제어하려는 시도가 다시 있었지만 아무 성과를 거둘 수 없었다.

V. 높은 지위에서의 불신앙(7:45-52)

7:45, 46 "하속들이 대제사장과 바리새인들에게로 오니 저희가 묻되 어찌하여 잡아오지 아니하였느냐 하속들이 대답하되 그 사람의 말하는 것처럼 말한 사람은 이때까지 없었나이다 하니"

44절에서 언급된 바, 예수님을 잡으려는 시도는 독자들로 하여금 산헤드린 공회가 성전의 하속들을 파견하여 예수님을 제어하려고 하였다는 것을 상기하게 한다(32절). 요한은 의심의 간계를 효과적으로 사용하는 법을 안다; 이제 그는 성전의 하속들에게 시선을 돌려 그들이 아무 일도 하지 못한 채 그들을 보냈던 당국자들에게 돌아간 일을 말한다. 당국자들은 자연히 그 일이 어찌 된 것이냐고 묻는다.

증인의 실제적인 용어가 여기서 사용되고 있지는 않지만, 성전의 공직자들은 예수님에 대한 증거를 더욱 가중시키고 있다. 이 복음서에 기록된 증거를 더욱 믿을만하게 하고 있다. 그들이 예수님에게서 들은 말들은 자기들이 받은 명을 집행하여 그를 체포할 엄두를 내지 못하게 하는 인상을 끼쳤다. "그 사람의 말하는 것처럼 말한 사람은 이때까지 없었나이다." 그러한 권세(마7:29참조)와 그러한 은혜(눅4:22 참조)를 다른 어떤 이에게서도 발견하지 못하였다. 그들의 증언은 단순하고 적은 말로 표현이 되었다. 그러나 그 말은 19세기 동안에도 여전히 견고하게 서 있었다.

7:47-49 "바리새인들이 대답하되 너희도 미혹되었느냐 당국자들이나 바리새인 중에 그를 믿는 이가 있느냐?"

예수님의 확신에 찬 말씀을 듣고 대중들이 넋을 잃었을지도 모른다. 바리새인들도 함께 거기에 사로잡혔을 수도 있다. 그러나 잘 훈련된 성전의 공직자들이 자기들이 집행할 명을 감당해야 되는데도 불구하고 예수님의 말씀의 설득에 굴복되었다는 것은 정말 놀라운 일이다.

"당국자들이나 바리새인 중에 그를 믿는 이가 있느냐?" 라고 물은 것은 말로 이치를 따져 보자는 식의 질문이다. 앞 질문에서와 같이 이 질문도 형식이 '아니다' 라는 답을 해야만 이치에 합당하다는 식의 의도가 깔려 있는 질문형식이다. 만일 예수님께서 진정 메시아이시거나, 하나님의 참 선지자라면, 아마 백성들의 관원 중에서 어떤 자들은 예수님의 주장을 인정하였을 것이고, 종교 지도자들 중에 어떤 이들은 그의 참된 성품을 인정하였을 것이 아니냐는 식이다. 그 논리가 암시하는 대로 하면 무식한 자들만이 예수님의 주장이 어떤 진실을 담고 있다고 생각할 수 있다는 것이다. 그러나 그 논리가 그들이 상상하는 것같이 들리지는 않았다: 그 한 예로, 니고데모는 관원 중에 적어도 한 사람으로 철저한 바리새인이었다. 그가 예수님께 대하여 아주 호감을 가지고 있었다. 또 다른 예로 예수님께서 친히 당신 자신의 인격과 사명에 대한 진리를 지혜롭고 총명한 자들에게는 숨기시고 어린 아이들에게는 밝히셨다고 선언하셨다(마11:25;눅10:21). 하나님께서는 관례적으로 약하고 어리석은 자를 택하사 지혜롭고 능한 자들을 혼미케 하신다.

일반대중들이 판단하는 것이 별 것 아니라는 식으로 말한 이들의 자세는 일반 백성들을 향한 많은 바리새인들의 특정적인 태도를 표현하고 있다. 일반 백성들 - '그 땅의 사람들', 그들 바리새인들이 사람들을 그렇게 불렀다 - 이 구두(口頭)로 된 율법이나 '장로들의 유전(遺傳)'의 상세한 부분을 알 리가 없다는 식으로 생각들을 하고 있었다. 그러므로 그들은 언제나 그러한 유전을 어기기가 쉬웠던 것이다. 그리스도께서 오시기 이전 세대의 자유주의적인 생각을 가지고 있는 힐렐(Hillel) 랍비마저도 '일반 대중들 치고 경건한 이가 전혀 없다'[15]고 한 말에서 그러한 자세를 나타내고 있다. 바리새인들의 관점에서 보면 일반백성들은 어떤 의혹의 선생에 의하여 쉽게 탈선할 수도 있었다. 그들이 율법의 참 해석을 정말 알지 못하고 있다는 이유 때문이다.

7:50-52 **"그 중에 한 사람 곧 전에 예수께 왔던 나고데모가 저희에게 말하되 우리 율법은 사람의 말을 듣고 그 행한 것을 알기 전에 판결하느냐 저희가 대답하여 가로되 너도 갈릴리에서 왔느냐 상고하여 보라 갈릴리에서는 선지자가 나지 못하느니라 하였더라"**

요3:1에서 처음 소개되는 니고데모(그 때에는 밤에 예수님께 왔었다)는 지금 '유대인의 관원이요 바리새인의 한 사람으로서' 자기가 없는 자리에서 예수님을 정죄한 것을 항의하고 있다. 일반 백성들의 무지에 대하여 어떻게 말할 수 있다고 할지라도, 그 사람은 공인된 '이스라엘의 선

15) Pirqê 'Abôth 2.6

생' 으로서 율법을 알고 권위 있게 그 율법을 해석할 수 있는 사람이었다.

니고데모가 들고 나온 법은 랍비의 문헌에서도 나타나 있다: '살과 피가 그 사람의 말을 듣고 있다면 그 사람에게 살과 피가 선고를 내릴 수 있다. 만일 그의 말하는 것을 듣지 못하였으면 그 판단을 확정지을 수 없다.'[16] 로마의 법은 이 점에 있어서 유대인의 법과 동조한다. 행25:16절에 나오는 베스도의 말이 분명하게 보여주는 바와 같다. 로마의 법이나 유대인의 법에 피고인(被告人)은 법정의 선고가 내려지기 전에 자기를 변호하는 진술을 할 기회를 가질 수 있다.

그러나 니고데모의 항의는 성난 대다수의 사람들로부터 너도 갈릴리에서 왔느냐는 경멸어린 비난만 불러왔을 뿐이다. 갈릴리에서 선지자가 나리라는 기대는 할 수 없게 되어 있다고 그들은 주장한다. 거기서 그 어떤 선지자도 나온 적이 없었기 때문에 그러하다는 것이다. 심지어 그들이 역사적인 사실에 입각하여 바른 말을 하고 있더라도, 이제 그들은 법칙에 예외되는 것을 만나게 되었다. 그러나 그 전에도 법칙에 예외 된 적이 있었다. 바로 엘리야 선지자가 길르앗(요단 건너 갈릴리) 출신이었다. 그러나 그 외침 속에서 일반적으로 느껴지는 것은 유대에서만이 진정한 종교를 기대할 수 있다는 것이다-바벨론의 포로에서 돌아온 직후부터 가진 유산으로서의 진정한 종교를 유대에서만 기대할 수 있다는 것이다. 예수님께서 실제로 유대에서 태어나신 사실(41, 42절)이 그들에게 알려지지 않았을 수도 있다.

파피루스 66의 초본은 '갈릴리에서 선지자가 일어나지 않는다' 고 되어 있다: 다시 말하면, 신18:15에서 언급된 모세와 같은 선지자가 갈릴리

16) 출14:15에 대한 랍비적 주해 *Exodus Rabba*에서 인용된 랍비 Eleazar ben Pedath(주후 100년경).

에서 나지 않는다는 것이다. 모세와 같은 선지자가 거기서 나오지 않는다는 어떤 분명한 시사가 있는 것이 아니라 다만 그들은 모세와 같은 선지자가 오면 확실하게 말해서 갈릴리는 아닐 것이라고 느끼고 있었던 것이다.[17]

17) 요7:53-8:11(간음하다 잡힌 여자의 사건)과 그 주석을 위해서는 부록을 참고하기 바람.

제 8 장

간음하다 잡힌 여인(요7:53-8:11)

(본 주석의 영어원전에서는 이 부분을 책 말미 부록에 넣어 별도로 다루고 있으나 한글번역에서는 이 부분을 본문의 순서대로 넣었음을 양지하시기 바람 - 역주)

이 열 두 구절들이 NIV의 문맥에서는 빠져 있고, RSV에서는 각주로 밀려나 있다. 그리고 NEB에서는 요한복음 말미에 따로 떼어서 인쇄하였다. 그것도 '성전에서 일어난 사건' (An incident in the temple)이라는 제목으로 인쇄했다. 초기의 다양한 헬라어 사본들에서는 이 부분이 빠져 있다. 그리고 수리아어와 콥트어 (Syriac and Coptic)로 된 복음서들의 가장 오래된 형태에서도 빠져 있다. 그리고 여러 아람어역에서도 빠져 있다. 옛 조지 왕조 사대나 옛 라틴어 사본들에서도 빠져 있다. 그리고 고딕 성경 (Gothic Bible)에서도 빠져 있다. 이 부분에 해당하는 구절들은 복음적인 진실한 자료의 파편으로서 본래 네 복음서 중 어느 곳에도 포함되어 있지 않다. 그런데도 이 부분이 보전된 것(우리가 그로 인하여 감사한다)은 요한복음이나 누가복음의 온당하지 못한 부분으로 보이지는 않는 곳에 삽입하여 넣었다는 사실에 기인한 것이다. 이 부분을 포함한 요한복음의 사본들 거의 대부분이 지금 우리가 가진 성경의 7:52에서 8:12까지의 부분에 자리하고 있다; 한 사본군(寫本群)은 눅21:38 뒤에 이 부분을 넣고 있다. 이 부분을 포함시키고 있는 많은 증거들은 이 부분이 본문적인 평가가 아직은 확실치 않음을 알리기 위하여 별표나 쌍십자표로 주를 달아놓고 있다(우리 한글개역성경에서도 큰 괄호 안에 넣고 있다).[1] 문체에 있어서는 요한복음보다는 공관복음서와 더 친밀하다. 요한복음에서 이 문맥에 이 부분을 넣은 한 가지 이유는 8:15에서 "나는 아무도 판단치 아니하노라" 하신 예수님의 말씀의 한 예증으로 기여했다는 생각때문이 아닐까 한다.

7:53-8:1 "다 각각 집으로 돌아가고 예수는 감람산으로 가시다"

이는 거룩한 주간 동안 예수님의 행적을 기록한 누가의 기술과 아주 친밀한 병행을 이루고 있다: "예수는 낮이면 성전에서 가르치시고 밤이면 나가 감람원이라 하는 산에서 쉬시니"(눅21:37). 사실 그 거룩한 주간이야 말로 이러한 사건이 일어나기에 적당한 배경을 제공하여 준다.

8:2 "아침에 다시 성전으로 들어오시니 백성이 다 나아오는 지라 앉으사 저희를 가르치시더니"

다시 눅21:38이 근사한 병행구를 제공한다: "모든 백성이 그 말씀을 들으려고 이른 아침에 성전에 나아가더라" 많은 서기관들 이 바깥뜰에서 열심히 가르치고 있었다. 바깥뜰에서 그들은 앉아서 율법을 그들 제자

1) 본문의 증거는 B. M. Metzger, *A Textual Commentary on the Greek New Testament*(London/New York, 1971), pp.219-223에 상세하게 제시되어 있다. 이 대목을 요한복음에 통합된 것으로 계속 취급하기 위하여 내거는 논리는 Z. C. Hodges가 그의 Bibliotheca Sacra136(1979), pp.318-332에 있는 '간음하다 잡힌 여자(요7:53-8:11):본문' 이라는 제하의 글에 제시되어 있다. 아울러 그의 Bibliotheca Sacra 137(1980), pp.41-53에 게재된 '간음하다 잡힌 여자(요7:53-8:11):주석' 에서 소개되어 있다

들에게 강해(講解)한다; 예수님께서도 동일한 일을 하셨다 - 그러나 차이가 있다.

8:3-5 '서기관들과 바리새인들이 간음 중에 잡힌 여자를 끌고 와서 가운데 세우고 예수께 말하되 선생이여 이 여자가 간음하다가 현장에서 잡혔나이다 모세는 율법에 이러한 여자를 돌로 치라 명하였거니와 선생은 어떻게 말하겠나이까"

'서기관들과 바리새인들' 이라는 표현은 공관복음서들의 표현과 같다. 그러나 그것이 요한적인 표현법은 아니다; '서기관' 이라는 말 자체가 요한복음에서는 발견되지 않는 말이다. 서기관들은 성경을 연구하고 강해하는 일에 공인된 자들이다; 그들 모두가 다 그런 것은 아니지만 그들 중 많은 이들이 바리새파에 밀착되어 있다. 거기 현장에 있던 바리새인들 중에는 산헤드린 공회원들이 있었을 가능성이 있다. 그들의 책무는 그런 식으로 율법을 심각하게 어기는 것을 다루는 일이었다.

'선생이여' (호격으로 *디다스카레(didaskale)*)는 분명히 히브리어 '랍비' 란 말을 번역한 말이다(요1:38, 49;3:2참조).

이 고소 건에 크게 의심할 만한 것이 있다. 간음의 죄는 혼자만 저지를 수 있는 류의 범죄가 아니다; 만일 그녀가 현행범으로 잡혔다면, 그녀와 함께 죄를 범한 남자는 어떻게 도망치게 내버려 두었는가? 아마 그 둘 중 남자가 더 민첩한 행동을 취할 수 있어서 비겁하게 그녀를 그런 곤경에 버려두고 도망쳐 나갈 수 있었을 수도 있다. 그러면 그를 추적하여 잡아들이려고 하지 않았다는 말인가? 우리가 받은 인상은, 여자를 고소한 이들이 공의(公義)가 시행되는 것보다는 예수님을 그러한 황당한 상황에 밀어 넣으려는 것에 더 큰 관심을 가지고 있다는 것이다.

돌로 치는 것을 거론하는 것을 보니 그 여자가 아직 결혼은 하지 않았지만 약혼한 상태가 아닌가 하는 추측이 제기되기도 하였다. 신22:23이하를 참조하면 약혼한 처녀가 자기 신랑에게 신실하게 하지 못하면 그녀의 정부(情夫)와 함께 돌로 쳐 죽이라고 되어 있다. 그러나 레20:10에서와 같이 신22:22에서는 모든 부정한 아내들과 그 정부들에게 사형(死刑)이 언도되어 있다. 물론 돌로 쳐서 죽이라는 것이 언급되어 있지는 않다. 그러나 사형집행의 방법으로 돌로 치게 하는 것이 함축되어 있다고 보는 것이 좋다. 사실 주후 1세기경에는 율법을 엄격하게 적용하는 일이 더 이상 보편화되어 있지 않았다. 어쨌든 간에 도시 지역에서는 그러하였다. 그러나 지금까지 근동(近東)의 덜 세련된 지역들에서는 그 고대의 법이 아주 세밀한 엄격성을 발휘하고 있다. 그래서 바티칸시 간행물인 *Oriente Moderno*는 수년 전에 이렇게 보도한 바 있다. "두 이슬람교도가 메카에서 돌아오는 순례길에 있었는데 1757년 7월 11일에 간음이라는 악명 높은 죄를 지은 것으로 밝혀져 체포되어 메카에서 재판을 받고 돌로 쳐 죽이는 형을 받았다. 그 선고는 7월 12일에 집행되었다. 머프티(Mufti) 자신이 먼저 돌로 쳤다."[2)] 그리고 1980년에 그 지역의 왕가의 가족으로 포함된 자까지도 그 범죄에 대하여 극적으로 형벌을 가하여 처리한 일이 '국제적인 사건' 으로 비화된 일은 누구에게나 상식적으로 알려졌다.

2) *CBQ* 20(1958), p.224에 인용된 *Oriente Moderno* 37(1957), p.593.

그들은 예수님께 "선생은 어떻게 말하겠나이까?"라고 물었다 모세가 한 처사는 분명하였다; 그런데 이 예수는 어떻게 이 문제를 처리할 것인가? 그들은 아마 예수가 모세를 대적하는 자세로 나가서 결국 공적인 위치를 상실하여 결국 산헤드린 공회 앞에서 조사를 받게 될 것이 아닌가 생각하고 있었고, 그렇게 되기를 바라기도 하였다.

8:6 "저희가 이렇게 말함은 고소할 조건을 얻고자하여 예수를 시험함 이러라 예수께서 몸을 굽히사 손가락으로 땅에 쓰시니"

여기서 예수님께 던지는 질문과 공관복음서에 기록된바 세금에 관하여 던진 질문 사이에 유사한 점이 있다. 두 질문 다 예수님을 궁지에 몰아넣고자 하는 계산에서 나온 것이다. 이렇게 대답하면 사람들이 그에게 가지고 있는 좋은 인상을 상실하게 될 것이고, 저렇게 대답하면 로마의 치안방해 죄로 총독의 문책을 받게 될 것이다: 만일 문제된 요점에 대하여 나름의 독단적인 판결을 한다면, 특히 사형판결을 내려야 한다고 말하였다면, 총독의 사법권을 찬탈하였다는 죄목으로 고소를 당하였을 것이다. 아니면, 로마 행정부가 산헤드린 공회에 분명하게 위임한 사법권용 찬탈한 일로 송사를 받게 되었을 것이다. 산헤드린 공회는 유대인이 법을 어겨 사형에 해당하는 죄에 대하여 사형을 선고할 권한을 보유하고 있었다. 물론 총독의 허락이 나기 전에는 '그 선고에 대하여 집행은 할 수' 없었다(18:31을 참조하라). 이러한 문제들은 보통 사람으로서는 관여할 일이 아니라는 권고가 늘 주어지곤 하였었다. 그러나 그런 문제에 대한 생각을 밝히라는 도전을 예수님께서는 받고 있었던 것이다.

어째서 그가 몸을 굽히사 손가락으로 땅에 쓰셨는지? 맨슨(T. W. Manson)은 그가 로마 관리의 행동을 본받고 있었다고 추측하기도 한다. 로마관리는 자기의 선고를 기록하여 그것을 큰 소리로 읽어 내려갔다는 것이다.[3] 그러하다면, 예수님께서 쓰신 말은 7절에서 하신 말씀일 것이다. 이 본문의 경우가 예수님께서 무엇을 쓰셨는지 보도하는 오직 유일한 경우다. 그가 무어라고 쓰셨는지에 대하여 확실치는 않고 다만 추측할 뿐이다. 주님께서 무얼 쓰셨든지 금방 지워졌을 것이다. 어떤 사본들은 *메 프로스포이우메노스*〈*mē prospoioumenos*〉('듣지 않으시는 척하시면서' , 아니면 '거들떠보지 않으시면서')라고 부연하고 있다. 흠정역(AV)에서 '그가 듣지 아니하시는 것같이 하시면서' (as though he heard them not)라고 한 것이 그러한 사본대로 번역한데서 기인하였을 것이다-그러나 AV는 그 부분을 이탤릭체로 인쇄하여 이 구절을 그리 크게 여기지 않음을 시사하고 있다.

8:7,8 "저희가 묻기를 마지 아니하는지라 이에 일어나 가라사대 너희 중에 죄 없는 자가 먼저 돌로 치라 하시고 다시 몸을 굽혀사 손가락으로 땅에 쓰시니"

돌로 쳐 죽이는 경우를 옛 율법은 이렇게 지시하고 있다. "이런 자들을 죽임에는 증인이 먼저 그에게 손을 댄 후에 뭇 백성이 손을 댈지니라 너는 이와 같이하여 너희 중에서 악을 제하라" (신 17:7;13:9과 레24:14도 참

3) T. W. Manson, '*The Pericope de A dultera*(요7:53-8:11)' , *ZNW*, 44 (1952-53), pp.255이하.

조). (행7:58에 기록된 바와 같이, 스데반을 쳐서 증거하는 자들이 자기들의 겉옷을 먼저 벗어던져야 했다). 예수님께서는 이 여자가 저지른 유형의 범죄를 저지른 자들로 돌로 쳐 죽이라는 모세의 법을 조금도 제한하지 않았다. 그는 다만 스스로 죄 없다고 하는 자들(이 특별한 죄의 범주에 대하여 무죄한 자들)이 이 선고를 집행하는데 대한 책임을 지는데 앞장 설 수 있다고 했다. 이 판례에는 예외가 있을 수 없다. 그러나 그 것은 실제에 있어서 그 일을 집행하기가 불가능하게 만들었다.

우리는 음심(淫心)이 가득한 눈으로 마음에 간음하는 것에 관하여 예수님 자신의 말씀을 상기할 수 있다(마5:28). 그러나 예수님의 처사에는 그보다 더한 것이 함축되어 있었다. 율법은 남자들보다는 여자들에게 더 엄격하였다. 약혼하였거나 결혼한 여자가 자기 신랑될 사람이나 자기 남편 아닌 다른 남자와 성적 관계를 가지면 사형에 처해졌다; 그런데 결혼한 남자가 자기 아내 말고 다른 여자와 관계를 가지되, 다른 남자와 정혼이나 결혼을 하지 않은 상태에 있는 여자와 관계하면 그 죄가 가볍게 취급되었다. 남자들이 자기들의 삶 속에서 어떤 정상적이지 못한 사건들에 연류됨에도 불구하고 공적인 뱃심을 지속하는 것이 가능하였다; 그러므로 예수님의 판결은 그 말을 듣는 각 남자의 양심에 도전적으로 다가왔던 것이다. 이제 당황하게 된 것은 예수님이 아니라 그들 자신들이었다. 간음죄에 대한 예수님의 판결은 이혼에 대한 다른 곳의 판결같이 덜 혜택을 받고 있는 여성의 편을 들어 당시의 불균형적인 잘못을 바로 잡는 역할을 감당하였다. 그러나 예수님께서는 증인들의 양심에 호소함으로써 그 문제를 순전히 사법적인 차원에서만 생각하지 못하게 하시고, 보다 더 높은 도덕적인 수준으로 끌어올리셨다. 그렇게 하심으로써 당신의 정규(正規)적인 자세와 가르침에 부합하게 하신 것이다.

어떤 사본들은 8절을 확대하여, 그가 땅에 쓰신 것이 '그들이 각자 지은 죄들이었다' 는 식으로 말하기도 한다(어떤 한 사본은 6절에서 그 대목을 삽입하기도 한다). 그렇게 첨가하여 놓은 것은 분명하게 말해서, 예수님께서 무어라고 쓰셨는지에 대한 자연스런 호기심을 만족시키고자 하는 동기에서 나온 일이다.

8:9 "저희가 이 말씀을 듣고 양심의 가책을 받아 어른으로 시작하여 젊은이까지 하나씩 하나씩 나가고 오직 예수와 그 가운데 섰는 여자만 남았더라"

'공인된 사본' 과 흠정역(AV)은 말하기를, '저희가 자기 양심의 가책을 받았다' 고 말한다. 의심할 여지없는 사실이다. 물론 그것이 이 대목의 원문의 본문 그대로는 아니지만 말이다 그들이 떠나게 되었다는 묘사는, 가장 나이 많은 이부터 먼저 떠나고, 그렇게 하여 나이가 가장 어린 사람까지 떠났다는 것을 함축하는 것이다. 본문에 대한 사본적인 어떤 증거들은 '마지막까지' 라는 말을 더하여 그 점을 더 분명하게 하고 있다. 이 구절의 생략은, 그들 중에 '장로들' (*프레스비토리(presbyteroi)*)이나, 혹은 산헤드린 공회원들이 먼저 나갔다는 것이 함축되어 있었다고 상상하게 만든다; 그러나 그럴 것 같지는 않다. 3절은 아마 그들이 그 여자를 빙 둘러서 있었음을 의미할 것이다; 그들이 다가고 나서 '그 가운데 섰는' 여자만 남았다면 그 여자가 그들이 세워두었던 자리에 그냥 그대로 남아 있었다는 말이 된다.

8:10,11 "예수께서 일어나사 여자 외에 아무도 없는 것을 보시고 이르시되 여자여 너를 고소하던 그들이 어디 있느냐 너를 정죄한 자가 없느냐 대답하되 주여 없나이다 예수께서 가라사대 나도 너를 정죄하지 아니하노니 가서 다시는 죄를 범치 말라 하시니라"

여자를 고소하던 자들이 다 돌아가기 전에는 예수님께서는 땅에 무언가 쓰시는 것을 멈추지 않으셨다. 그 여자를 고소하기에 합당한 자가 누구냐를 판결하신다면 그들의 죄를 분명하게 밝혀내기에 충분하신 분이시다: 주님께서는 그들을 눈으로 바라봄으로써 그들을 당혹케 하지는 않으셨다. 그 여자를 바라보시면서 '여자여' 라고 부른 것은 무례한 일이 전혀 아니었다; 요2:4과 19:26에서와 같이 당신의 어머니에게도 그러한 언어를 쓰셨다. 20:13에서도 막달라 마리아에게 그렇게 부르신다. 그녀는 예수님을 주여(*퀴리에(kyrie)-퀴리오스(kyrios)*의 호격이다)라고 부른다. '주님' 으로서가 '선생' 으로 번역될 수 있는 말이다; 그녀가 예수님의 정체를 알았다는 암시는 전혀 없다. 급기야 그는 그녀를 고소한 자들의 송사가 사실인 것으로 인정하신다. 예수님께서 그녀를 정죄하지 않으시는 것은 그녀가 간음을 행하지 않았음을 의미하는 것은 아니다. 오히려 예수님께서 오신 것은 "세상을 심판하려 함이 아니요 세상을 구원하려 함이기" (요12:47; 3:17을 참조) 때문이다. 그는 그녀의 죄를 편들어 주지 않으며 죄인을 정죄하지 않으신다. 가서 다시는 죄를 더 짓지 말라고 하신 주님의 명령에서 우리는 베데스다 연못에서 치료를 받은 사람에게 내린 명령과 유사함을 발견한다(요5:14).

이 대목으로 인하여 본문 상에 어떤 난제가 야기된다 할지라도, 이 '기술은 역사적 진실성의 모든 특성을 다 갖추고 있다.'[4] 우리는 그 일이 거룩한 주간에 성전의 뜨락에서 일어난 것으로 인정해도 무방할 것이다. 여기 이 일을 들고 나온 무리들은 막12:13-34에 관련된 자들에 속한 무리들과 같은 편에 든 사람들일 것이다. 특히 세금을 내는 것의 문제를 들고 나온 무리들과 관련을 맺고 있는 자들일 것이다.

vi. 세상의 빛 (8:12-20)

8:12 "예수께서 또 일러 가라사대 나는 세상의 빛이니 나를 따르는 자는 어두움에 다니지 아니하고 생명의 빛을 얻으리라"

물을 붓는 의식은 예수님께서 37절과 38절에 기록된 바대로 생명의 말씀에 대하여 선언하시는 데 있어서 아주 효과적인 배경을 제공하여 주었다. 그러하듯이 여기 예수님께서는 그 명절의 또 다른 특정의 배경을 이용하시어 당신이 세상의 빛이시라는 주장을 더하신 것이다: 다시 말하면, 성전의 구내가 빛을 밝게 비취고 있었다.[1]

4) B. M. Metzger, *A Textual Commentary on the Greek New Testament*, p.220. 이 사건이-한 유대인-그리스도인이 써서 고대 몇 세기동안 유포된 작품인 히브라 복음서(Gospel according to the Hebrews) 에서 인용된 것이라고 주장하는 학자들도 있다. 그렇게 주장하는 이들은 역사가 Eusebius의 '교회사' 에서 한 진술에 힘을 얻는다. 파이아스라는 주후 130년경의 히에라폴리스의 감독이 그의 *Exegesis of the Dominical Logia*에서 '많은 죄로 인하여 주님 앞에 송사 받아 나온 한 여자에 관한 또 다른 기술을 들고 나오는데,바로 그 *히브리 복음서*에 내포되어 있다' 는 것이다. 그러나 그 두 사건의 정체는 아직 확실하지 못하다; 여기 요7:53-8:11의 여자는 *많은* 죄로 고소당한 여자가 아니다.

1) 예루살렘에 '물을 붓는 집' 의 빛이 비취지 않는 뜨락이 없었다(Mishnah, tractate *Sukkāh*5:3)

구약에서 하나님께서는 당신의 백성들의 빛이시다(시27:1); 백성들은 그가 계신 임재의 빛 아래서 은혜와 평안을 누렸다(민6:24 -26). 여호와의 종은 열국의 빛으로 지명된다. 하나님의 구원이 땅 끝까지 이르도록 하기 위하여 지명된 종이다(사49:6). 하나님의 말씀이나 하나님의 율법을 역시 순종의 길로 안내하는 빛이라고 묘사한다(시119:105; 잠6:23). 그래서 예수님께서는 아버지의 아들과 주의 종과 성육신하신 말씀으로서 이 구약의 언어를 실현하신 것이다. 말씀이 육신이 되시기 전에도 예수님께서 영원 전에 소유하던 생명인 "사람들의 빛이셨다" (요1:4); 이제 성육신하심으로써 참 빛이 세상에 와서 모든 사람을 비추게 되었다(요1:9; 3:19).

어둠과 빛의 두 세계가 분명하게 구분된다. 빛의 아들들과 어둠의 아들들이 세상에 오신 참 빛이신 예수님에 대하여 가진 관계에서 어떤 자들인지 스스로 선언하는 방식을 우리는 이미 알아보았다(요3:19,21). 빛의 아들들이 빛으로 와서 그 빛을 따른다. 그렇게 하지 않는 이들은 반드시 어둠에 남아있기 마련이다. 세상의 빛 되신 이분 외에 다른 빛이 전혀 없기 때문이다. 그가 나누어 주시는 빛이 "생명의 빛" 인 것은 그 빛이 생명을 주기 때문이다. 시편 기자는 하나님께 아뢰어 이르기를, "주의 광명중에 우리가 광명을 보리이다" (시36:9)라고 하였다. 쿰란 공동체의 규율에서는 '하나님의 참된 권고의 정신으로 사람의 길들, 심지어 사람의 모든 불의까지도 속(贖)함 받아 생명의 빛을 볼 수 있게 된다' 라는 말이 있다.[2] 요한복음서 기자는 이에 동조할 것이다. 그러나 그 언어가 어떤 효과적인 의미를 가지기 위하여 살아계시고, 생명을 주시는 '세상의 빛' 과

2) 1QS 3.6이하.

관련하여 자기 개인과 관계되는 것으로 이해되어야 한다.

8:13 "바리새인들이 가로되 네가 너를 위하여 증거하니 네 증거는 참되지 아니하도다"

바리새인들의 반론은 요5:31에 기록된 예수님의 말씀을 들고 나온 격이다. "내가 만일 나를 위하여 증거하면 내 증거는 참되지 아니하며" 표면상으로는 그들의 현재의 반론은 그러한 요점을 내포하고 있는 듯하다.

8:14-16 "예수께서 대답하여 가라사대 내가 나를 위하여 증거하여도 내 증거가 참되니 나는 내가 어디서 오며 어디로 가는 것을 앎이어니와 너희는 내가 어디서 오며 어디로 가는 것을 알지 못하느니라 너희는 육체를 따라 판단하나 나는 아무도 판단치 아니하노라 만일 내가 판단하여도 내 판단이 참되니 이는 내가 혼자 있는 것이 아니요 나를 보내신 이가 나와 함께 계심이라"

만일 예수님께서 "내가 세상의 빛이라"고 하신 것같이 자신에 관하여 진술을 하였다면, 그 진술은 반드시 지지를 받지는 못한다. 법이 집행되는 법정에 제시된 증거는 두 사람 이상이 확증하여야 효력이 있다. 그러나 아버지의 아들은 언제나 아버지의 권위로 말씀하신다. 아버지의 권위를 분명하게 언급하시든지 않든지 간에 항상 그렇게 하신다. 예수님께서는 자신이 어디서 온 것인 줄을 아신다-아버지께로서 오신 것을 아신다(요5:36이하;16:28 참조). 그리고 어디로 가실 것을 아신다 - 아버지께로 가신다(요13:1; 16:28 참조). 한편 그는 영원한 '합치' (合致)로 말미암아 그가 아버지 안에 계시고 아버지께서 그 안에 계신다(요14:11 참조). 그러므로 만일 율법의 공식상의 문자를 통하여 생각하여 보면 그가 자신에 관하여 말하는 것 같다면 그의 증거는 인정할 필요가 없다. 사실 예수님의 증거는 항상 아버지에 의하여 지원된다. 그러니 그 증거는 항상 인정받아야 한다-받아들여져야 한다. 바리새인들이 볼 때에는 그는 고작해야 '하나님께로서 온 선생' (요3:1)에 지나지 않았다. 그러므로 자신의 이름으로 말할 권세가 없다고 본 것이다. 그들은 예수님의 진정한 기원과 예수님이 가실 진정한 목적지를 알지 못하였다; 그들은 그저 '육체를 따라서' 판단하였을 뿐이다-다시 말하면, 외모로 판단한 것이다(요7:24 참조)-그래서 예수님에 대한 그들의 판단은 항상 바르지 못하였다. 실로 아버지께서는 그에게 모든 심판의 권한을 다 위임하셨다(요 5:22). 물론 당시로서는 당신의 판단의 권위를 행사하지 않으셨다. 그가 심판하려 오신 것이 아니라 구원하려 오신 까닭이다(요 3:17; 12:47).

여기서 동사 '판단하다' (*크리노(krinō)*)라는 말이 두 가지 의미에서 사용된다-하나는 법정적인 의미다. '내가 아무도 판단치 아니하고' 라고 할 때가 바로 그 경우다. 그러나 또 다른 경우는 모든 정보를 다 종합하여 판단하는 것을 의미한다. 후자의 의미로 그들의 판단은 그릇되어 있었다. 그 판단이 피상적이었기 때문이다 (삼상16:7 참조); 예수님의 판단이 옳은 것은 아버지와의 교제 속에서 판단을 내리시기 때문이다. 여기이 본문에서 함축하는 것은 이러하다. 그들이 예수님과 그 말씀하시는 것을 판단하려고 앉아서 불의한 선고를 내리고 있으니 사실 그들이 예수님으로부터 판단을 받는다. 예수님께서 그들을 판단하실 때에 아무런 오류가 있을 수 없는 것은 자기를 보내신 이와 자기가 같은 마음이기 때문이다.

8:17,18 "너희 율법에도 두 사람의 증거가 참되다 기록하였으니 내가 나를 위하여 증거한 자가 되고 나를 보내신 아버지도 나를 위하여 증거하시느니라"

예수님께서는 요5:37에 논증을 반복하신다. 예수님께서 거론하시는 율법의 원리가 신19:15에 제시되어 있다: "사람이 아무 악이든지 무릇 범한 죄는 한 증인으로만 정할 것이 아니요 두 증인의 입으로나 세 증인의 입으로 그 사거(死去)를 확정할 것이며" (신17:6 참조). 여기서 예수님께서 '너희 율법' 이라고 하신 것은 그들이 그 율법의 권위를 인정하고 있었고, 그 율법에 기초한 논증의 힘을 인정하지 않을 수 없게 되어 있기 때문이다. 실로 그들이 전에 예수님께서 자신에 대하여 증거하신 것(13절)을 받아들이기를 싫어한 것도(그들이 말하는 대로) 예수님께서 지금 인용하신 원리에 기초한 것이기 때문이다. 그러나 예수님께서는 이제 주장을 굽히지 않으신다. 자기의 주장이 진리임을 증거하는 두 번째 증거가 있다. 바로 자기를 보내신 아버지가 그 증인이시라고 하신다: 아버지의 증거는 절대적인 권위를 가진다.

8:19 "이제 저희가 묻되 네 아버지가 어디 있느냐 예수께서

대답하시되 너희는 나를 알지 못하고 내 아버지도 알지 못하는도다 나를 알았더면 내 아버지도 알았으리라"

전에 예루살렘에 있을 때 예수님께서 아버지의 증거에 대해 호소하신 적이 있었다. 그때에 예수님과 논쟁을 벌이던 자들에게 '너희는 아버지의 음성도 듣지 못하였고 그 형용(形容)도 보지 못하였다' (요5:37)라고 하셨었다. 이제 그들이 "네 아버지가 어디 있느냐?" 고 물으니 역시 유사하게 답하신다. 그들이 지상적인 추원에서 생각해서 예수님께서 어디 출신인지를 안다고 주장할 수 있었다(요7:27). 그러나 그들은 예수님의 영원한 기원에 대하여 생각조차 할 수 없었다. 만일 그들이 예수님이 진정 누구인지를 알았나면, 그들은 아버지도 알았을 것이다. 예수님께서 오셔서 아버지를 나타내셨기 때문이다(요14:9 참조).

8:20 **"이 말씀은 성전에서 가르치실 때에 연보궤 앞에서 하셨으나 잡는 사람이 없으니 이는 그의 때가 아직 이르지 아니하였음이러라"**

'연보궤' 는 여자들의 낭실 한 부분에 놓여 있었다. 거기는 13개의 나팔 모양의 상자들이 여러 가지의 헌금을 수합(收合)하기 위하여 놓여 있었다. 그런데 그 중에 여섯은 자원하는 예물을 위한 것이었다.[3] 예수님께서 그 거룩한 주간에 과부가 그 한 궤에 두 '렙돈' 을 넣는 것을 보실 때에 바로 그 연보궤 맞은 편에 이웃하여 앉아 계셨었다(마12:41-44).

3) Mishnah, tractate *Sheqālim* 6.5.

요한은 이때에 바로 전에 있었던 일(요7:32,45 이하)과 같이 예수님을 잡으려는 시도가 행해졌는지 어떤지에 대하여는 말하지 않는다. "아직 그의 때가 이르지 않았기" 때문에(요7:30에서 말한 것같이) 아무도 그를 잡는 자가 없었다고만 말한다-단순하게 그가 잡혀서 심문을 당하고 처형되는 '때' 가 아직 이르지 않았기 때문이라는 것이다. 그러나 "이 세상을 떠나 아버지께로 가실 때"가 온다(요13:1). 결국 때가 이르러 예수님께서 잡히시고 심문을 당하시고 처형되는 일은 세상에 자신을 보내신 분께로 돌아가는 길목에서 만나는 단계들이었다.

vii. "내가 그로라" (8:21-30)

8:21 "다시 이르시되 내가 가리니 너희가 나를 찾다가 너희 죄 가운데서 죽겠고 나의 가는 곳에는 너희가 오지 못 하리라"

다시 예수님께서는 당신의 말씀을 듣는 자들이 전혀 알아들을 수 없는 진술을 하신다. 그들이 그 말씀에 이해하지 못하는 반응을 하니 예수께서는 그것을 설명하고 그들의 조건에 적용할 기회로 삼으신다. 성육신하신 '말씀' 이 정해진 기간 동안만 눈에 보이게 존재하신다. 이 정해진 기간이 바로 그들의 기회다: 만일 그들이 예수님이 누구신지를 정확히 알고 영접한다면, 영생이 그들의 것이 될 것이다. 그러나 그들이 그 기회를 흘려버리면, 그 기회는 다시 오지 않을 것이다. 예수님께서 눈에 보이게 그들과 함께 계시는 때가 지나갈 것이다. 그리고 그때에 다시 그 일을 찾아도 얻지 못할 것이다. 그들은 예수님을 믿음으로 말미암아 영생을 누리는 대신에 그들의 죄 가운데서 죽게 될 것이다 그들의 죄를 사함받지 못한 채 말이다. '죄' (단수로)는 가장 우선적으로 그를 믿지 못한 것이다(요16:9 참조). 빛을 활용할 수 있는 동안에 빛을 거절한 것이 바로 그들의 죄다(요3:19-21참조).

이 부분에서 하신 예수님의 말씀은 대체로 요7:33이하의 말씀의 반복이다. 그 말씀은 요13:33-14:4에서 제자들에게 하시는 말씀을 어느 정도 예기하는 내용이다. 그들도 예수님께서 떠나실 것에 대하여 듣는다. 그들이 예수님을 찾을 것이나 예수님을 따를 수 없다는 말도 듣는다-그러나 아직은 아니다. 왜냐하면 그는 당신이 계신 곳에 그들이 함께 있게 하시려고 그들을 위하여 처소를 예비하려 가시기 때문이다.

> 8:22-24 "유대인들이 가로되 저가 나의 가는 곳에는 너희가 오지 못하리라 하니 저가 자결하려는가 예수께서 가라사대 너희는 아래서 났고 나는 위에서 났으며 너희는 이 세상에 속하였고 나는 이 세상에 속하지 아니 하였느니라 이러므로 내가 너희에게 말하기를 너희가 너희 죄 가운데서 죽으리라 하였노라 너희가 만일 내가 그인 줄 믿지 아니하면 너희 죄 가운데서 죽으리라"

또 다른 기회에 예수님께서 그러한 말씀을 하신 적이 있다. 그 때에 그 말씀을 듣는 자들은 흩어져 있는 유대인이 가있는 여러 나라들에서 헬라인들에게 선교할 것을 구상하고 있는 것이 아닌가 하고 의아하게 생각하였다(요7:35). 지금 여기 본문에서는 그가 더 극적인 어떤 일-자살-을 구상하고 있는 것이 아닌가하고 의아하게 생각하고 있다. 요한의 글을 읽는 독자들은 이 표현의 아이러니적인 느낌을 맛볼 수 있다. 그들은 예수님께서 이미 포학한 죽음을 만나셨음을 알고 있었기 때문이다. 그것도 자기의 손이 아니라 원수의 손으로 말미암아 죽임을 당하셨다.

예수님께서는 다시 엄격한 선고에 대해 그들과 논쟁에 들어가신다. 예수님과 그들은 다른 영역에 속하여 있다. 그들이 생각하고 말하는 노선의 전제와 전망이 전혀 다른 것으로 그 점이 드러난 다. 그들은 '아래 땅'에서 났다(*에크 톤 카토(ek tōn katō)*)고 예수님께서 말씀하신다; 예수님 자신은 '위에서 나셨다' (*에크 톤 아노(ek tōn anō)*) 소유격 복수 *톤(tōn)*을 중성이나 남성으로 생각 할 수도 있다; 여기서는 어느 것인가? 예수님께서 그 말씀을 듣는 이들을 '아래 있는 자들' (*호이 카토(hoi katō)*)이라고 하시는가, 아니면 '아래 있는 것들' (*타 카토(ta katō)*)이라고 하시는가? 예수님께서 자신을 '위에 있는 자들' (*호이 아노(hoi anō)*)에 속한 것으로 말씀하시는지, 아니면 '위에 있는 것들' (*타 아노(ta anō)*)에 속한 것으로 말씀하시는지? 예수님께서는 이 복음서의 다른 곳에서 예수님의 기원을 전치사 *에크(ek)*나 *아포(apo)*가 인칭명사 뒤에 붙어서 묘사된다. 그런 경우에 인칭명사가 항상 단수로서 하나님이나 아버지를 지칭한다(요13:3; 16:28참조). 그러므로 여기서 예수님께서 자신이 '위에 있는 것들' - 위에 있는 세계로부터 오신 것으로 말씀하시는 것으로 보는 것이 더 타당할 것 같다. 만일 그러하다면 예수님을 대적하는 이들도 '아래 있는 것들' - 더 낮은 세계에서 온 것으로 묘사되고 있다고 말해야 할 것이다 이 점은 실로 즉시 다음에 따라오는 말씀으로 확증된다. '아래서' 라는 말이 '이 세상' 이라는 말로 바꾸어지고 '위에서' 라는 말이 '이 세상에 속하지 아니 하였느니라' (하늘의 세계에 속한다)라는 말로 바꾸어 표현된다. '이 세상' 이란 말은 요1:10의 *코스모스(kosmos)*라는 말과 같은 말이다. 그 세상은 하나님의 말씀이 왔을 때에는 알아보지 못하였다. 예수님께서 그 형제들에게 "세상이 나를 미워하나니 이는 내가 세상의 행사를 악하다 증거함이라" (요7:7)고 말씀하신다. 예수님께서는 친히 자신을 '코스모스의 빛' 이시라고 하신다. 그러나 예수님을 따르는 자들만이 '생명의 빛' 을 가지고 어둠에 다니지 아니한다(12절). 그들은 예수님을 따름으로써 자기들이 그와 같이 '이 세상에 속하지 아니함' 을 드러낸다. 다른 이들은 어둠을 택하고 따라서 자기들의 죄악 가운데서 죽는다. 복수로 '죄들' 이란 이 말이 24절에서 사용되어 21절에서 단수로 그냥 '죄' 라고 한 것과 대조가 된다; 만일 단수가 불신앙의 근원적인 죄를 지적한 것이라면 복수는 그 죄의 열매를 이루는 여러 가지의 특별한 행동과 자세와 말과 행실을 표현하는 것이다.

더 낮은 세계에 속하는 이들은 스스로 더 높은 세계를 향해 나아갈 수 없다; 그들은 위의 세계에 속한 언어를 알아듣지 못한다. "육으로 난 것은 육이요 성령으로 난 것은 영이니라" (요3:6). 만일 위에서 내려왔다가 다시 '이전 있던 곳으로 다시 올라가면' (요6:62), 낮은 세계에 속한 자들이 위의 세계로 소속을 바꿀 오직 유일한 가능성이 생기는 것이다. 그분이 길을 열어 놓으셔야 가능한 것이다-실로 예수님께서는 길이시다- 그 길로 말미암아 위의 세계로 올라갈 수 있다(요14:6).

그러나 어떤 사람이 자기와 함께 다른 이들도 하늘에 올라가게 할 수 있는 방식으로 실제로 내려온 자가 있는가? 이 복음서의 대답은 '하늘에 집이 있는 인자되신' 예수님께서 그리하셨다는 것이다(요3:13). 그러나 그가 어떠한 분인지 인정하고 믿음으로 자신들을 그에게 위탁하는 자들만이 그로 말미암아 살아서 올라갈 수 있는 것이다. 다른 이들은 더 낮은 차원에서 계속 살아가다가 때가 되면 죽는다. NEB가 예수님의 말씀을 번역한 바와 같다; '나 그대로를 믿지 않으면, 너희 죄 가운데서 죽으리라' (If you do not believe that I am what I am, you will die in your sins). *에고 에이미(egō eimi)*라는 말을 NEB는 '나 그대로' (I am what I am)라 번역한다. 그 말은 이 복음서에서 광범위한 의미를 가질 수 있는 말이다. 가장 평범한 차원에서 그 말이 가지는 의미는 '나는 바로 그다' 라는 의미이다. 예수님께서 연못가에서 제자들에게 자신을 가리켜 그렇게 밝히셨다(요6:20).[4] 그러나 예수님께서 이 복음서에서 이 단어들을 사용하실 때 어떤 이는 복음서 기자의 생각이 두 차원을 즉흥적으로 왔다 갔다 하는 것이 아닌가하고 의아하게 생각한다. 어쨌든 이 본문의 문맥에서 예수님께서 자신의 정체에 대하여 말하는 것에 하등의 의문이 없다. 예수님께서는 자기 인격에 대하여 중요한 것을 말하고 있다.

NEB의 번역은 떨기나무가 타는 곳에서의 모세에게 주신 계시를 상기하게 한다. 하나님께서 모세더러 애굽으로 돌아가서 백성에게 너희 조상의 하나님께서 너희를 구원하실 것이라고 말하라는 명을 내리셨었다. 그때에 모세가 하나님께 아뢰었다. "그들이 내게 묻기를 그의 이름이 무엇이냐 하리니 내가 무엇이라고 그들에게 말하리이까?" 하나님께서 말

4) 본서 6:19-21의 주해와 9:9와 18:5-8의 주해를 참조하라.

씀하시기를, "'나는 스스로 있는 자라' (I am who I am); '스스로 있는 자'가 나를 너희에게 보냈다 하라"(출3:13이하)하셨다. 70인경에서는 출3:14에서 하나님께서 모세에게 대답하신 말씀을 이렇게 번역하고 있다. 곧 "*에고 에이미 호 온*(*Egō eimi ho ōn*, 나는 존재하는 자다); 그들에게 *호 온*(*ho ōn*, 존재하는 자)이 너를 보냈다 하라." 만일 현재의 대목에서 출3:14을 직접 가리키려는 의도가 있다면, 누구나 *에고 에이미*보다는 *호 온*이란 표현을 기대할 것이다. 여기서는 *에고 에이미*가 '내가 그로라' (*아니 후*(*'ăni hû*))라는 의미를 드러내고 있다고 보는 것이 더 옳아 보인다. "내가 그로라"는 표현은 사40:55에서 하나님의 확인으로 되풀이 사용되어 70인경에서는 *에고 에이미*로 번역될 수 있다(예를 들어서 41:4; 43:10,13,25; 46:4; 48:12). 이 *아니 후*라는 확언(確言)이 *아니 웨후*(*'ănî wᵉ hû*, 문자 그대로 하면 '나와 그')라는 통상적으로 불리워지는 하나님의 이름의 기원일 수도 있다. 그 말이 후일에는 *야훼*라는 아주 신성한 이름의 대안으로 쓰여졌다. 특히 장막절에 시118:25을 행렬을 지어 노래할 때에 그 말이 쓰여졌다.[5] 접속사 *웨*(*wᵉ* '그리고')는 긴밀한 연관, 곧 거의 이스라엘의 하나님과 그 백성들의 동질화를 지시하기 위하여 쓰여졌다. 여기와 28절의 *에고 에이미*는 예수님께서 하나님과 그의 백성들을 함께 묶는 끈을 구체화하심을 암시한다고 보는 것이 좋을 듯하다.[6]

8:25,26 "저희가 말하되 네가 누구냐 예수께서 가라사대 나는 처음부터 너희에게 말하여 온 자니라"

5) Mishnah; tractate *Sukkāh* 4.5. 어떤 관점은 *아니 웨-후*(*'ăni wᵉ-hû*)가 *아나*(*'ānnā*) YHWH라는 말의 수식으로 본다. '오 여호와여 구하옵나니' (시 118:25).

6) C. H. Dodd *The Interpretation of the Fourth Gospel*, p.349이하.

예수님께서 "내가 그로라" 고 하신 것을 잘 이해하지 못하였으면 그 주장에 대한 반응으로 자연스레 나올 수 있는 질문이 바로 '네가 누구냐?' 이다. 그리고 우리는 *에고 에이미(egō eimi)*가 그 말 자체로는 아주 모호한 말임을 알았다.

"네가 누구냐?"라는 질문에 대하여 예수님께서 하신 대답은 복음서 전체에서 번역하기 가장 어려운 구절일 것이다. '대체 내가 어째서 너희에게 말해야 한다는 말이냐?' (Why should I speak to you at all?) (NEB)라고 번역하면 그 의미는 주후 초기 몇 세기동안에 그러한 문제를 다루었던 헬라 작가들 거의 대부분이 나타낸 의미가 될 것이다. 그 저자들은 자기 나라 말인 헬라어를 아는 자들일 것이라고 기대할 수도 있다. '대체' (at all)라고 옮겨진 어구는 *텐 아르첸(tēn archēn)*이다; 그 어구는 주로 부정적인 문장에서 그런 의미를 가지고 사용된다. 의미상 부정적인 분위기가 아예 내재되어 있을 수 있다('대체 내가 어째서 너희에게 말해야 한다는 말이냐? 는 '대체로 내가 꼭 너희에게 말하지는 않을 것이다' 라고 하는 것과 대동소이하다). *텐 아르첸*은 문자 그대로 하면 직접목적격으로 '시작' 을 의미한다. 직접목적격은 여기서 구절의 목적을 지시할 수는 없는 것이다. 그 말은 부사적인 목적격으로 취급되어야 한다. '대체' 라고 번역한 이들도 그리 취급한다; 또한 그것을 '시작부터' 라고 번역한 이들도 그런 식으로 생각한다. RSV에서와 같다. '심지어 내가 처음부터 너희에게 말하여 온 바니라' (Even what I have told you from the beginning)라고 번역하였다. 직접목적격으로 하면 '처음부터' 라는 식의 표현이 되기는 어렵다(요일1:1에서 *아프 아르체스*〈*ap' archēs*〉라고 한 것같이 하기는 곤란하다는 말이다); 그 말은 '처음에' 라는 의미일 수 있다. 마치 예수님께서 '네가 누구냐?' 라는 질문에 답하신 것이 '내가 처음에 너희에게 말한(아니면, '말하여 온') 그대로다' 라고 한 것이다(NEB의 표현은 'What I have told you all along'). 라틴역은 예수님께서 '내가 처음이다' 라는 식으로 말한 것같이 표현하고 있다(골1:18 참조). 라틴어로는 그 말이 가능하다. 라틴어에서는 '처음' (principium)이란 말이 중성으로서 주격과 직접목적격이 전혀 구분되지 않는다; 헬라어는 그러한 의미를 받아들일 수 없게 되어 있다. 사본 파피루스 66에서의 한 교정본에서는 *텐 아르첸* 앞에 *에이폰 휘민(eipon hymin)*이라는 두 단어를 삽입한다. 그래서 그 의미가 이렇게 된다: '나는 처음에 내가 (지금) 너희에게 말하고 있는 바로 그것을 말하였다.' 이는 아마 본래의 의미를 그대로 표현한 것이다. 그런 식으로 말을 고친 것이 구문을 더 분명하게 하기 위하여 확장시킨 것같이 보인다. 확실하게 말해서 이 복음서에서 예수님께서는 예루살렘에서 당신과 아버지의 관계를 다시 되풀이해서 말씀하지는 않으셨다. 베데스다 연못에서 하신 행동으로 말미암아 논란이 일어난 이후에도 그렇게 하신 적이 없다.

헬라의 교부들이 더 좋아한 번역('대체 어째서 내가 너희에게 말해야 하느냐?')이 가진 난점은 문맥에 맞지 않는다에 있다. 예수님께서는 그들에게 '대체' 라는 식으로 부정적인 분위기를 풍기는 말을 하시기는커녕 오히려 그들에게, 그들에 관하여 하실 말이 많으심을 확증하여 주신다-판단의 방식으로 그들에게 하실 말씀이 많으신 것을 밝히고 계신다. 여기서의 판단은 진리를 선포하시는 것을 내포하는 것이다. 그래서 그들이 믿음도 없고 실행하는 것도 없이 그 진리의 빛에 드러나게 하시려 하신 것이다. 예수님께서 선언하시는 진리는 예수님께서 스스로 생각해내신 것이 아니다; 자기를 보내신 이가 맡기신 것이다. 아들은 자기가 먼저 무엇이든지 말씀하실 수 없다. 그러나 오직 아버지께서 하시는 일을 보이는 것만 하실 수 있다(요5:19). 그와 같이 아들도 자신이 먼저 아무 것도 가르치실 수 없고, 다만 아버지께 들은 것만을 말씀하실 수 있다. 복음서 기자 자신이 이미 그 사실을 증거하였다. "하나님의 보내신 이는 하나님의 말씀을 하나니"(요3:34). 하나님께서 진리이시니 당신의 아들을 통하여 세상에 전하시는 메시지도 역시 진리다. 그걸 듣는 이가 유쾌하게 생각하든 하지 않든 간에 말이다.

8:27-29 **"저희는 아버지를 가리켜 말씀하신 줄을 깨닫지 못하더라 이에 예수께서 가라사대 너희는 인자를 든 후에 내가 그인 줄을 알고 또 내가 스스로 아무 것도 하지 아니하고 오직 아버지께서 가르치신 대로 이런 것을 말하는 줄도 알리라 나를 보내신 이가 나와 함께 하시도다 내가 항상 그의 기뻐하시는 일을 행하므로 나를 혼자 두지 아니 하셨느니라"**

예수님의 말씀을 듣는 이들이 '나를 보내신 이'라고 말씀하실 때 아버지 하나님을 두고 하시는 말씀인 줄을 인지하지 못한 것은 이상한 일이다. 전에 그 예루살렘을 방문하였을 때에 하신 말씀을 통해서 충분하게 분명히 그 점이 알리워 졌을텐데 말이다. 예를 들어서, 예수님은 "나를 보내신 아버지께서 친히 나를 위하여 증거하셨느니라"(요5:37)고 하셨다. 요한은 예수님께서 주장하시는 대로 믿지 않으려는 그들의 태도에서 드러나 보이는 영적인 무감각을 강조하고 싶었을 것이다. 코텍스(Codex) 시내산 사본이나 서구의 어떤 사본의 초본은 그 의미에 말을 더하여 첨가한다. '그들은 그가 하나님이 자기 아버지라고 말씀하시는 것을 깨닫지 못하였다'. 전에 예수님께서 그러한 말씀을 하시니 그들은 분노하였다(요5:18); 아마 지금 예수님께서 '내 아버지' 라고 하지 않으시고 '나를 보내신 이' 라고 풀어서 말씀하시어 주장하시는 것이 분명하게 무엇을 의미하는지를 알지 못하였던 것 같다. 그러나 이 요한의 글을 읽는 독자들은 이때쯤이면 예수님께서 뜻하시는 것이 무엇인지를 잘 알고 있었다.

"네가 누구냐?" 라는 질문에 대하여 인자가 '들리기' 까지는 적당한 답이 주어지지 않을 것이다. 십자가는 아들 안에서 나타난 하나님의 영광의 완전한 계시다. 예수님께서는 하늘이 열리고 천사들이 인자 위에 오르락내리락 하는 것을 보게 될 때를 첫 제자들에게 말씀하셨다; 그들은 그보다 더 큰 비전을 볼 수 없었다(요 1:50이하). 니고데모에게 말씀하신 것같이 "저를 믿는 자마다 영생을 얻게 하려고" 인자는 '들려야 한다' (요 3:15). 우리가 앞에서 본 바와 같이 그가 십자가 위에 '들리시는 것' 은 아버지께로 돌아가는 여로의 첫 단계만 되는 것이 아니다: 그 자체가 그의 영화롭게 되시는 높아지심이다(요12:23,31-33 참조). 가장 먼저 복음서를 기록한 마가는 예수님이 죽는 순간에 하나님의 영광을 감추고 있던 성전의 휘장이 위로부터 아래로 찢어졌다고 하였는데, 이것은 같은 진리를 표현한 것이다. 그때에 예수님을 처형하는 책임을 맡은 백부장은 '이 사람은 진실로 하나님의 아들이었도다' 라고 고백하였다(막15:38 이하).

예수님께서 세상에 오셔서 아버지를 나타내시었다. 그는 십자가에 죽으심을 통해서 가장 온전하게 아버지를 계시하셨다. 십자가를 통해서, 눈에서 비늘이 벗겨지고 다음과 같이 인정하지 않을 수 없게 된다. "이는 여호와시라 우리가 그를 기다렸으니 우리는 그 구원을 기뻐하며 즐거워하리라 할 것이며"(사25:9). 물론 십자가와 부활까지도 그들 모두로 하여금 거기 십자가에 못 박혀 죽으신 자가 아버지를 나타내시는 자였다고 믿게 하지는 못한다. 그러나 만일 그러한 것이 그들로 하여금 믿게 하지 못하면 그들을 믿게 할 것이 하나도 없다.

그가 '들리시는' 것은 당신 자신의 정당성을 변호하시는 것이다.
그때에 그가 내내 아버지의 권위로 행하셨고 말씀하셨음을 나타내실 것이니 말이다. "내가 스스로 아무것도 하지 아니하고 오직 아버지께서 가르치신 대로 이것을 말하는 줄도 알리라… 내가 항상 그의 기뻐하시는 일을 행하므로…" 지금까지도 당신의 이 정당성을 언제나 인식하고 있었기 때문에 그는 언제나 담대하실 수 있었다. 그보다 더 그는 아버지께서 항상 자기와 함께 하시고 자기를 인정하신다는 것을 확신하고 계셨다. 그가 행하신 모든 일 속에 아버지께서 함께 계셨다: 그가 방금 하신 말씀과 같다. "내가 판단하여도 … 내가 혼자 있는 것이 아니요 나를 보내신 이가 나와 함께 계심이라"(16절). 그래서 십자가를 지시기 전날 밤에 당신의 동료들이 버리고 다 달아날 것을 아시고 이러한 신을 가지셨다. "그러나 내가 혼자 있는 것이 아니라 아버지께서 나와 함께 계시느니라"(요16:32).

8:30 "이 말씀을 하시매 많은 사람이 믿더라"

예수님께서 어찌나 힘 있게 말씀하셨던지 그 말씀을 듣던 이들 중 많은 이들이 '들리심을 받는' 최종적인 증거를 기다리지 않고도 그 말씀으로 확신하게 되었다. 일찍이 예루살렘에서 많은 이들이 믿은 것은 그가 행하신 표적 때문이었다(요2:23); 그러나 예수님의 말씀을 통하여 생긴 믿음은 표적에 기초한 믿음보다는 더 확고한 터를 갖고 있기가 쉽다.

viii. 아브라함의 자녀들(8:31-59)

8:31, 32 "그러므로 예수께서 자기를 믿은 유대인들에게 이르시되 너희가 내 말에 거하면 참 내 제자가 되고 진리를 알지니 진리가 너희를 자유케 하리라"

예수님 안에 '거한다'는 것은 예수님의 가르침에 귀착(歸着)하여 있다는 것을 의미한다-예수님의 가르침을 따라서 자기들의 삶을 이끌어 나가는 것을 말하는 것이다. 예수님께서 하신 말씀의 힘은 이미 그 말을 듣는 이들 중 얼마의 사람들의 마음을 감동하여 믿게 하였다. 그러나 제자가 된다는 것은 지속적인 일이다; 그것은 하나의 삶의 방식이다.[7] 참 제자는 자기 선생의 가르침을 애호할 뿐 아니라 받아들이되, 그저 맹목적으로 받아들이지 않고 지성적으로 받아들인다. 선생의 가르침이 그 제자의 믿음과 행실의 원리가 된다. 예수님께서 가르치신 것은 진리였다; 그의 제자들은 예수님을 주목함으로써 진리를 받았다. 거짓된 믿음

7) 요6:60과 함께 본서의 주해를 참조.

이 사람들의 마음을 얽어맨다; 진리는 그들을 풀어준다. 진리는 그 본질상 외적인 강압에 의하여 부과될 수 없는 것이다. 진리를 진리 그대로 보든지 아니면 보지 못하든지 둘 중 하나다. 이 복음서에서 '진리' 는 예수님 자신 안에 그 개념이 구체화되어 있다. 그런데 여기 나오는 '진리' 를 명심할 때, 예수님의 세사들이 진리를 아는 것이 당연한 이치다. '그들이 그의 말씀을 들을 뿐 아니라: 어떤 이유로든지 진리이신 그분과 연합해야 한다' .[8)]

8:33 "저희가 대답하되 우리가 아브라함의 자손이라 남의 종이 된 적이 없거늘 어찌하여 우리가 자유케 되리라 하느냐?"

예수님과 그의 말씀을 듣는 자들 사이에 오가는 대화의 변증적인 성격은 그 말씀을 듣던 자들이 그를 새롭게 믿게 된 유대인들만이 아니었다는 생각을 하게 만든다. 그 주고받는 대화가 오가는 초기 단계에서 예수님과 대화하는 상대자들이 확대되었다는 것을 알게 된다; 37절이 말하는 시점에 이르러서는 예수님께서 믿지 않는 유대인들을 상대로 말씀하고 계신다. 현재의 질문은 예수님의 말씀하시는 의도를 해명하라는 것이었다: "진리가 너희를 자유케 하리라" 는 말씀의 의도가 무엇인지 말하라는 것이다. 자유함을 필요로 하는 이들은 지금 노예 상태에 있거나 갇혀있는 자들이다. 그러나 예수님의 말씀을 듣는 이들은 자기들이 매여 있다는 의식이 전혀 없다. 그들은 자기들의 생각을 되풀이하고 있을

---

8) C. H. Dodd *The Interpretation of the Fourth Gospel*, p.178.

따름이다: 우리는 아브라함의 자유한 자손들이다. 그리고 노예가 된 적이 전혀 없었다. 진실로 그들의 조상들이 애굽에서 강제로 노역에 종사한 적은 있었다. 그리고 그들이 후에 바벨론에 포로로 잡혀 간 적이 있었다; 그러나 그러한 체험은 잠시적인 징계의 과정에 불과하였다.[9] 아브라함과 그의 소생을 통해서 선포된 고대의 복락(창12:3; 22:18등)은 아브라함의 자손들이 노예에 속한 자들이라면 아무런 의미가 없었을 것이다. 아브라함에게 주신 약속은 그의 후손들에게 복락을 말하였다. 그리고 자유는 그 복락에 있어서 진수적인 부분이었다.[10]

8:34-36 "예수께서 대답하시되 진실로 진실로 너희에게 이르노니 죄를 범하는 자마다 죄의 종이라 종은 영원히 집에 거하지 못하되 아들은 영원히 거하나니 그러므로 아들이 너희를 자유케하면 너희가 참으로 자유하리라"

예수님께서는 경제적으로 노예가 되거나 사회적으로 노예가 되는 것과는 다른 류의 노예가 있다고 말씀하신다. 죄는 상전이다. 자신들이 자유하였다고 생각하는 자들도 죄의 노예로 팔려갈 수 있다. '죄의' 라는

9) 비록 그들 땅이 지금 로마에게 점령당하여 있지만, 그로 인하여 생긴 상황은 매여 있는 것은 아니었다. 예수님의 공생애 시기에 그들은 내적인 자치권을 가지고 있었다. 이 복음서가 쓰일 때(주후 70년에 그들의 나라가 붕괴된 후에도) 여전히 종교적인 독립성을 유지하고 있었다.

10) 요한이 그 심중에 유대 그리스도인들을 항상 염두에 두고 있었다는 추측을 하는 이도 있다. 그러한 추측을 하는 이들의 생각은, 유대인 그리스도인들이 자기들은 이방인 신자들과는 구별되게 아브라함의 후손으로 특별한 권한을 가지고 있다고 계속 주장하면서 자기들이야말로 메시야 공동체의 '생득적인 권한을 가진 지체' 들이라고 하였다는 것이다. 그러한 것을 알아보려면 C. H. Dodd *Historical Tradition in the Fourth Gospel*, p.379; R. E. Brown *The Gospel according to John*(Garden City, N.Y. 1966), pp.362이하.

말은 본문의 원문에서 없는 부분일 수도 있다.[11] 그러나 문맥이 '죄의 노예'를 의미한다는 것을 확실하게 해준다. 여기서 가르치는 교훈은 바울이 롬6:12-23에서 말하는 것과 유사하다.

35절은 아마 삽입구적인 비유일 것이다.[12] 노예가 누구에게 속하여 있든지 간에 상전의 집에서 영구히 존재하지를 못한다. 그는 다른 상전에게로 쉽게 팔려갈 수 있다; 그래서 새로운 주인에게 매일 수 있는 것이다. 그러나 아들은 다르다. 아들은 아버지의 집에서 권리를 가지고 거한다: 한 번 아들이면 항상 아들이다. 36절은 34절과 더 가까운 관계를 가지고 있다: 죄인은 노예로 있지만 해방될 수는 있다. 그를 해방하는 이는 바로 아들이시다-자기 상전의 아들이 아니라, 요한복음 전체에서 그 칭호가 사용되는 이로 말미암아 해방된다는 것이다. 아들은 자유로운 가족이다. 그는 나이가 들어도 그 집에서 그가 가진 지위 때문에 권세있게 행동 할 수 있는 것이다: 하나님의 아들은 최상의 권위를 가지고 행동하신다. 그것은 "아버지께서 아들을 사랑하사 만물을 그 손에 주셨기" (요3:35) 때문이다. 만일 아버지께서 그에게 주신 권위로 행동하시는 아들이 노예를 해방시켜 주신다면, 그 노예는 이제부터 '진정 자유자' 다.

8:37,38 "나도 너희가 아브라함의 자손인 줄 아노라 그러나 내 말이 너희 속에 있을 곳이 없으므로 나를 죽이려 하는도다 나는 내 아버지에게서 본 것을 말하고 너희는 너희 아비에게서 들은 것을 행하느니라"

11) 이 부분이 Codex Bezae, Sinaitic Syriac, Old Latin Codex Veronensis 등의 사본에서는 빠져 있다.
12) C. H. Dodd *Historical Tradition in the Fourth Gospel*, pp.379-382; J. Jeremias *The Parables of Jeus* (London 1954), pp.69,148; B. Lindars *Behind the Fourth Gospel*, p.44.

예수님께서는 그들이 육신의 혈통에 있어서 아브라함의 자손임을 인정하신다. 그러나 그는 계속 지적하여 나가신다. 도덕적인 관계가 육신적인 혈통의 관계보다 더 중요하며, 아브라함의 진정한 자녀는 아브라함의 행사를 따라 행하는 자라고 말씀하신다. 예수님의 말씀을 듣고 있는 자들이 여전히 그를 죽일 기회를 찾으려고 벼르고 있는 그들의 자세는 지금 예수님의 말씀을 듣고 믿는 이들이 유대인들일 가능성이 전혀 없음을 확인하여 준다. 오히려 그들은 요5:18에서 묘사된 자들일 것이다. 그들은 베데스다 연못에서 병자를 치료하신 후에 예수님을 죽이려고 모의를 한 자들일 것이다. 그들 속에는 예수님의 교훈이 머물 틈이 없다. 받아들일 가능성이 전혀 존재하지 않는다; 반면에 예수님께서는 당신을 믿는 자들을 격려하시면서 당신의 말씀 안에 '거하라' 고 하신다(31절). 아버지의 면전에서 '보셨던' 것들을 말씀하신다고 외치시는 예수님의 주장(38절)은 요6:46의 말씀과 서로 일치한다: "오직 하나님에게서 온 자만 아버지를 보았느니라" 예수님께서 가르치시는 진리는 하늘의 진리다. 물론 그 진리를 받아들이는 자들은 땅에 있는 사람들이다. 그러나 하늘에서 내려와 땅에 있어 그 말을 듣는 자들에게 진리를 나누어 주시는 자 외에는 하늘의 실상을 말씀 하실 수 없다. 그 진리는 당신이 그 말로 할 수 없는 초절적인 차원에서 보았고 들었던 것이다. (요3:11-13 참조).

38절의 하반절에 있는 '행하다' 라는 동사를 명령형으로 취급할 수도 있다: "너희는 너희 아비에게서 들은 것을 행하느니라"(소유대명사 '너희의' 는 여러 사본들의 본문에서는 빠져 있다. 코덱스 바티칸 사본이나 파피루스 66과 같은 사본에서도 빠져 있다). 그런 논리대로 하면 그들이 그 아버지한테서 들은 것들은 예수님께서 아버지의 권위로 가르치신 것들을 포함할 것이다. 그러나 그들은 예수님께서 하시는 말씀의 의미를 깨닫지 못하였다. 그 점은 예수님께서 의도하신 것이 그것이 아니라는 증거는 될 수 없다: 이 복음서에서 보면 사람들이 예수님의 말씀을 자주 오해한다. 대체로 예수님이 하시는 말씀은 이러하다고 보는 것이 좋다. 예수님께서 당신의 아버지의 성품과 부합하게 행동하신 것 같이, 그들의 행사 역시 그들의 아버지의 성품과 부합한 것이다.

8:39-41a "대답하여 가로되 우리 아버지는 아브라함이라 하니 예수께서 가라사대 너희가 아브라함의 자손이면 아브라함의 행사를 할 것이어늘 지금 하나님께 들은 진리를 너희에게 말한 사람인 나를 죽이려 하는도다 아브라함은 이렇게 하지 아니 하였느니라 너희는 너희 아비의 행사를 하는도다"

그들은 예수님께서 그들의 아버지를 지칭하시면서 하시는 말씀의 의도가 무엇인지 즉시 깨닫지를 못하였다: 그러나 그들은 유대인이면 어느 누구든지 주장할 말을 하고 있다. 아브라함이 자기들의 *탁월한(par excellence)* 아버지라는 것이다. '아브라함이 우리 아버지' 라는 표현은 유대인들이 아브라함을 지칭할 때 흔히 쓰는 정규적인 방식이다('우리의 선생 모세', '우리의 왕 다윗' 이란 칭호들과 대조하여 보라). 그러나 예수님께서는 아주 노골적으로 문제가 되는 것은 도덕적으로 어떤 류에 속하는지라고 강조하고 계신다. 하나님의 진리를 그들에게 나누어 주고 있는 자를 죽이려고 하는 것은 아브라함의 자손의 표가 아니다. 아브라함은 하나님의 말씀을 받아들였고 하나님의 계명에 순종하였다. 하나님께서 친히 증언하셨다: "이는 아브라함이 내 말을 순종하고 내 명령과 내 계명과 내 율례와 내 법도를 지켰음이니라 하시니라"(창 26:5). 아니 그들의 아버지는 아브라함과 아주 다른 존재다. 그들은 바로 그 아비의 행사를 하고 있다.

8:41b "대답하되 우리가 음란한 데서 나지 아니하였고 아버지는 한 분 뿐이시니 곧 하나님이시로다"

예수님께서 아브라함이 자기들의 아버지라는 그들의 주장을 인정하지 않으신다 해도, 자기들은 하늘 아버지의 자녀들이라고 주장하는 그들의 주장은 인정하지 않을 수 없었다. "이스라엘은 내 아들 장자라"(출4:22). "나는 이스라엘에게 아버지가 되리라"(렘31 :9)고 하신 분이 바로 하나님이시다. 그러나 그들은 자기들더러 진정한 의미에서 아브라함의 자손은 아니라는 예수님의 말씀에 반기를 들었다: 예수님의 이 말씀은 그들의 혈통에 불법의 오염이 있었다는 것을 함축하는 것이다. 그들은 '음행의 결과' 로 태어났다는 어떤 암시에 대하여도 분개하였다.

이 점을 바로 이해하게 하는 빛이 예수님더러 네가 '사마리아인' 이라고 비난(48절)하는 그들의 자세를 통해서 나온다. 유대인들과 사마리아인들은 각기 서로 상대방이 진정한 이스라엘 사람이라고 하는 것을 공박하고 있었다. 유대인들은 사마리아인들이 혼혈족이라고 비난하였다. 유대인들의 기원에 대하여 사마리아인들이 어떤 식으로 말하였는지에 대하여 상세히 확실하게 말할 수는 없다. 그러나 가인을 하와로 범죄하게 한 마귀의 유혹의 열매로 보는 전설이 있다는 증거가 있기는 하다. 그래서 사마리아인들이 유대인들을 보고 너희는 셋의 후예들이 아니고 가인의 후예들이라고 비난하면(창5:3에 의하면 셋만이 아담의 형상을 따라서 낳은 오직 유일한 아들로 말해지고 있다), 예수님과 불신자인 예루살렘 사람들 사이에 주고받는 여러 가지의 암시적 말들을 설명할 수 있을 것 같다. 예를 들어서, 그들이 우리는 '음행' 으로 난 아들이 아니라고 저항한 것이 예수님께서 사마리아인들 사이에 유포 되던 비방을 넌지시 함축하고 있는 것이 아닌가 하고 의심한데서 나온 것일 수 있다. 사실은 예수님께서 의도하시는 것은 전혀 그런 것이 아니었다.[13]

8:42,43 "예수께서 가라사대 하나님이 너희 아버지였으면 너희가 나를 사랑하였으리니 이는 내가 하나님께로 나서 왔음이라 나는 스스로 온 것이 아니요 아버지께서 나를 보내신 것이니라 어찌하여 내 말을 깨닫지 못하느냐 이는 내 말을 들을 줄 알지 못함이로다"

예수님께서는 '아버지' 와 '자녀' 라는 말을 계속 윤리적인 의미에서 이용하고 계신다: 자녀들은 아버지의 성품을 재현하는 자들이다. 지금 예수님과 논쟁하고 있는 자들은 자기들이 아브라함의 자손들이라고 주장한다(혈통적으로). 그리고 하나님의 자녀도 된다고 한다(양자로 받아들

13) J. Bowman, 'Samaritan Studies' *BJRL* 40(1957-58), pp.306-308.

여 주셨으므로). 예수님께서는 이미 아브라함의 자손들은 아브라함의 행사를 할 것이라고 말씀하셨다; 이제 예수님께서는 그들이 자신들을 하나님의 자녀들이라고 주장하는 것이 바르지 못하다고 하신다. 그들 속에 하늘 아버지의 성품이 전혀 보이지 않기 때문이다. 특히 그는 하나님의 독생하신 아들이시다; 자신들을 하나님의 자녀들이라고 부르는 자들이 정말 주장하는 대로라면 마땅히 예수님을 알아보고 사랑할 것이다. 하나님의 권속으로서 가진 느낌이 예수님께 끌리는 무엇을 가지게 하였을 것이기 때문이다. 요한은 다른 곳에서 이렇게 말한다. "내신 이를 사랑하는 자마다 그에게서 난 자를 사랑하느니라" (요일 5:1). 여기서 '난 자' 가 탁월하신 하나님의 아들을 가리켜 말하는지 아니면 하나님의 권속 중 다른 지체를 가리켜 말하는 것이든지 상관없다. 예수님께서 "내가 하나님께로 나서 왔음이라" 고 하실 때, "나는 하나님께로서 나왔다(*액셀돈(exēlthon)*, 부정 과거) (육신을 입고 이 세상에 오심으로써) 그리고 나는 하나님께로서 와서(*헤코(hēkō)*), 완료적인 의미를 가진 현재형으로) 너희에게 지금 하나님의 메시지를 전하는 자가 되었다" 라는 의미일 수도 있다. 그러나 다드(C H. Dodd)가 찬동하는 웨스트콧트(Westcott)는 '내가 하나님께로서 왔다' 는 말씀 속에서 성육신의 사실보다 더한 것을 본다. 그는 '께로' (from)라고 번역한 전치사가 *에크(ek*, 'out of')임을 지적하면서 '그 말씀이 아버지께 근원을 두고 있는 아들의 참된 신성을 가리키는 말로만 해석할 수 있다' 고 결론을 내렸다. 그는 요16:28에서도 같은 의미를 발견한다. 거기서 예수님께서는 "내가 아버지께로 나와서 세상에 왔고(여기서 '께로' 가 *파라〈para〉*인데 소유격과 함께 쓰여지고 있다)" 라고 하셨다. 이 말씀은 요13:3과 16:30의 말씀과 대조를 이룬다. 거기서는 예수님께서 하나님께로서 오신 것을 전치사 아포(apo)로 나타내 성육신하신 것을 지시하신다. 우리는 더 이상 헬라어 전치사의 신학을 웨스트콧트가 한 방식과 같은 정확히 학문적인 것으로 다룰 수는 없다. 그러나 우리가 지금 생각하고 있는 구절의 의미는 다드가 표현한 대로, '예수님께서 아버지의 존재 안에 그 기원을 가졌다' 이다.[14] 이는 단순하게 존재하기 시작한 시점을 가리키는 것이 아니다.[15] 여기서의 부정과거형은 시간을 가리키지 않고 영원을 가리킨다. 그러나 그 말씀은 당신의 영원한 출생을 가리키는지 아니면 당신이 육신이 되신 것을 가리키는지 간에, 그가 지금 그 말씀을 듣는 이들에게 오신 것은 아버지의 보내신 자로서 오신 것이다.

그는 아버지의 보내신 자로서, 아버지의 메시지를 전하신다. 참으로 하나님의 자녀들은 그들 아버지의 메시지가 예수님의 입술에서 나오고 있음을 인지할 것이다. 그러나 이들은 그러한 인지 능력이 없음을 드러내고 있다. 이는 그들이 자기 아버지라 주장하는 하나님을 알지 못하고 있다는 것을 보여주는 것이다(요7:28 참조). 웨스트콧트는 말한다. '그들이 예수님의 말씀하시는 것의 의미나 근원을 인식할 수 없었던 것은 예수님께서 말씀하시는 의도를 몰라서였다. 그 말씀은 성육신하신 것의 한 계시로서 그 안에 다른 모든 것을 함축하고 있다'. 그들은 예수님께서 밖으로 내어 말씀하시는 것(*라이아(lalia)*)의 의미를 이해할 수 없었다. 그 말씀을 귀로는 들을 수 있으면서도 뜻은 알지 못하였다. 그것은 그들이 말씀(*로고스(logos)*, 그 로고스가 표현된 것을 들을 수가 없었

14) C. H. Dodd *The Interpretation of the Fourth Gospel*, p.259.
15) 요1:1에 대한 Arius의 말을 참조하라.

기 때문이다. 그 로고스는 빛의 쏘임을 받은 지성만이 이해할 수 있는 것이다.

8:44,45 **"너희는 너희 아비 마귀에게서 났으니 너희 아비의 욕심을 너희도 행하고자 하느니라 저는 처음부터 살인한 자요 진리가 그 속에 없으므로 진리에 서지 못하고 거짓을 말할 때마다 제 것으로 말하나니 이는 저가 거짓말장이요 거짓의 아비가 되었음이니라 진리를 말하므로 너희가 나를 믿지 아니하는도다"**

문법적으로, 44절의 첫 부분을 '너희가 마귀의 아비에게서로다' 라고 번역할 수도 있었다. 이러한 오역은 영지주의(gnostic)적인 형태의 무익한 사변에 빠지게 한다.[16] 아마 한때 그러한 일이 실제로 있었다. 그래서 사본 상의 여러 증거들(코텍스 K 사본이나 시내산 수리아 사본 등)은 '너희 아비' 를 생략함으로써 그러한 가능성을 삭제하였다. 그래서 진술이 단순하게 된다. '너희는 마귀의 (소생)이라.' 그러나 본문을 줄일 필요는 전혀 없다: '아버지' 와 마귀' 는 각기 동격으로 되어 있다.

앞에서, 처음 여기서 함축된 것은 윤리적인 관계다. 예수님의 원수들은 예수님을 죽이려고 하였다; 그들은 예수님께서 제시하시는 진리를 받아

16) 유대인들이 숭배하였던 것으로 알려지는,Ophites, laldabaoth의 영지주의 파에 따르면, 뱀(오피스(*ophis*))의 형상을 가진 마음 (누스(*nous*))의 아버지를 그 Ophites파가 숭배하였다(Irenaeus *Against Heresies* 1.30.5)-그러나 이러한 환상은 요8:44과는 무관하다. 오히려 요일3:8의 "죄를 범하자마자 마귀에게 속하여" 라는 말씀을 참조하라.

들일 수 없는 자신들의 무능을 드러내었다. 그들은 두 방면에서 그들이 하나님의 자녀들이 아니고 마귀의 자녀들인 것을 증거하였다. 하나님께서는 생명을 주시는 분이시요 진리의 근원이시다; 마귀는 생명을 멸하고 거짓의 아버지다.

"저는 처음부터 살인한 자요(*anthrōpoktonos*)" 라는 진술은 무엇을 의미하는가? 아마 마귀가 우리 첫 조상들을 속여서 '세상의 죽음과 우리의 모든 화를 들여 온 것' 을 뜻한 것이다. '마귀의 시기를 통하여 사망이 세상에 들어왔고, 마귀 편에 속한 자들은 죽음을 맛본다' (지혜서2:24). 그가 거짓말쟁이 대장으로서 그가 한 말 중에서 처음 기록된 말은 의심하게 할 뿐 아니라, 하나님께서 말씀하신 것을 단호하게 반대한다. 하나님께서는 "너희가 정녕이 죽으리라" (창2:17)고 말씀하시고, 뱀은 "너희가 결코 죽지 아니하리라" (창3:4)고 말한다. 신약은 아예 처음부터 그 뱀을 마귀의 대변자로 본다. 하나님께서 말씀하신 것은 '진리' 이시다; 마귀가 말하는 것은 '거짓말' 이다. 그 말이 '진리' 를 거스르기 때문이다. 그래서 바울은 우상숭배자들을 가리켜 "진리를 거짓으로 바꾸는 자들" 이라고 한다(롬1:25); 다른 곳에서 바울은 '진리의 사랑' 을 받기를 거절하는 자들에 대하여 말하기를, "이러므로 하나님이 유혹을 저의 가운데 역사하게 하사 '거짓 것' 을 믿게 하셨다" (살후 2:11)라고 하였다. 마귀는 본성적으로 아주 쉽게 거짓을 말하되, 하나님께서는 본성적으로 즉시 진리를 말씀하신다: 만일 "하나님께서 거짓말을 하실 수 없다" (히6:18)면, 동동하게 마귀가 진리를 말하는 것은 불가능하다. 심지어 마귀가 자기의 목적을 위하여 '진리를 이용한다' 할지라도 말이다. 그러니 하나님의 자녀들은 진리를 사랑하는 것을 특정으로 하고 있다; 마귀의 자녀들은 진리를 받아들이기를 거절함으로 그 특성을 드러내는 것이다. 예수님께서는 '비록 내가 진리를 말하여도 너희가 나를 믿지 않는다' 고 말씀하지 않으시고, '비록 내가 진리를 말하기 때문에 너희가 나를 믿지 않는다' 고 말씀하신다; 예수님을 대적하는 원수들의 영적인 노선에 속하여 있는 그들은 예수님께서 진리를 말씀하신 사실이 그 말씀을 거부하기에 충분한 이유가 되는 것이다.

> 8:46, 47 **"너희 중에 누가 나를 죄로 책잡겠느냐 내가 진리를 말하매 어찌하여 나를 믿지 아니하느냐 하나님께 속한 자는 하나님의 말씀을 듣나니 너희가 듣지 아니함은 하나님께 속하지 아니하였음이로다"**

그들은 예수님께서 이중적인 죄를 범하고 있다고 상상하였다:
하나는 안식일을 범하는 죄이고, 또 다른 하나는 하나님을 모독하는 신성모독의 죄다(요5:18). 그러나 그런 식의 고소가 궁극적으로 문제가 되는 법정-곧 하늘의 법정에서 그를 쳐서 증거할 혐의점을 확보할 수 있는 고소인가? 예수님께서 그러한 이중적인 죄를 지은 것이 아님을 스스로 변호하실 때, 그의 변호는 그들의 적대감의 불이 피어오르게 기름을 붓는 셈이 되었다. 그러나 그는 하나님의 존전(尊前)에서 그러한 일이 허락될 것이라고 믿고 계셨다.

다시 그는 그들이 당신이 선언하시는 진리를 받아들이지 않는 이유는 그들이 진리의 하나님의 자녀들이 아닌 연고라고 하신다. 만일 "하나님의 보내신 이는 하나님의 말씀을 하신다면" (요3:34),하나님의 자녀는 누구든지 하나님의 말씀을 들음으로써-인정함으로써-자기가 하나님의 자녀인 것을 증거할 것이다. 예수님께서 지금하신 말씀은 후에 빌라도에게 하실 말씀을 얘기하는 것이다:

"무릇 진리에 속한 자는 내 소리를 듣느니라"(요18:37).

8:48 **"유대인들이 대답하여 가로되 우리가 너를 사마리아 사람이라 또는 귀신이 들렸다 하는 말이 옳지 아니하냐?"**

41절의 주해에서 암시되었듯이, 그들이 하나님의 자녀라고 스스로 주장하는 것을 예수님께서 인정하지 않으시는 것은 그들로 하여금 유대인들을 보고 그 근원이 나쁘다고 한 사마리아인들의 비방을 생각나게 하였다. 그러나 예수님께서 그러한 말을 하심으로써 족속적으로 사마리아인이 되는 것이 안된 것같이 하시는 것은 아니다. 예수님같이 한 유대인으로서 자기 동료 유대인에 대하여 이렇게 말하는 것은 순전히 미치광이 짓이거나 귀신이 들려서 하는 일로 여겨지기 때문이다(7:20참조).

8:49-51 **"예수께서 대답하시되 나는 귀신들린 것이 아니라 오직 내 아버지를 공경함이어늘 너희가 나를 무시하는도다 나는 내 영광을 구치 아니하나 구하고 판단하시는 이가 계시니라 진실로 진실로 너희에게 이르노니 사람이 내 말을 지키면 죽음을 영원히 보지 아니하리라"**

예수님의 하시는 말씀은 귀신들린 자가 할 수 없는 말이다. 그 말씀은 아버지께서 하라고 하신 말씀이다(요3:34;17:8,14). 예수님께서는 그러한 말씀을 하심으로써 당신의 아버지를 영화롭게 하셨다. 그 말씀을 받아들이기 싫어하는 자들이 그러한 행사를 통해서 자기 아비를 욕되게 한 것같이 말이다. 예수님을 통해서 예수님의 아버지가 영광을 받으신 것이다(5:23참조). 예수님께서 자기의 메시지를 순종함으로 전함으로써 구하는 일은 당신의 아버지의 영광이다; 그는 자기 평판에 관심이 있는 분이 아니시다. 그는 자기의 평판을 위하여도 자기 아버지를 신뢰할 수 있다. 사실 예수님께서는 다른 그 어느 누구보다도 "유일하신 하나님께로서 오는 영광"을 받으신 분이다(요5:44). 그는 의롭게 판단하실 수 없는 그들의 잘못된 판단에 의하여 흔들릴 필요가 없다. 그들이 "외모를 따라" 판단하기 때문이다(요7:24); 그가 아버지의 인정을 누리는 한에서는 만족하신다.

예수님께서는 오천 명을 먹이신 후 다음날 가버나움 회당에서 그가 하신 말씀이 어떤 것인지에 대하여 설명하셨다. "내가 너희에게 이르는 것이 영이요 생명이니"(요6:63). 이제 그는 다시 '진실로' 라는 말을 이중적으로 쓰시면서 당신이 말씀하신 것이 생명을 주시는 능력을 가지고 있음을 강조하신다: "내 말을 지키면 죽음을 영원히 보지 아니하리라."[17] 죽음을 '본다' 는 것은 '하나님의 나라를 보는 것' 같이(요3:3) 죽음에 들어가서 그 죽음을 맛보는 것을 의미한다. 베드로가 이미 고백한 것같

17) 51절의 발언이 여러 가지 형태를 띠고 뒤의 여러 세대의 구전으로 전해졌다. 예를 들어서, '도마복음' (예수님이 말씀하신 것 114가지를 모은 것이라고 주장하는)은 서두를 이렇게 연다. "이는 살아계신 예수님께서 말씀하시고 디두모의 유다 도마가 기록한 비밀스런 말씀이다; 그가 말씀하시기를, '누구든지 이 말의 해석을 발견하면 죽음을 맛보지 않을 것이다' 고 하셨다;"('죽음을 보다' 는 말을 위하여는 52절을 참조).

이 예수님께서는 "영생의 말씀"(요6:68)을 가지고 계신다. 예수님께서 전한 메시지는 그 말씀을 듣고 지키는 자들을 영원한 사망을 당하지 않게 지켜주신다.

8:52,53 "유대인들이 가로되 지금 네가 귀신들린 줄을 아노라 아브라함과 선지자들도 죽었거늘 네 말은 사람이 내 말을 지키면 죽음을 영원히 맛보지 아니하리라 하니 너는 이미 죽은 우리 조상 아브라함보다 크냐 또 선지자들도 죽었거늘 너는 너를 누구라 하느냐?"

계속되는 논쟁에서 예수님을 반대하는 이들은 정말 그가 미치광이라고 독자들로 생각하게 만드는 짓을 한다. 몸이 죽는 것(요한의 사고에 있어서 그 육체의 죽음이란 그리 중요한 문제가 아님)을 의미하지 않는다는 것을 안다. 그러나 반대자들은 육신적인 죽음에 대하여 말하는 것으로 상상하고 있다. 아브라함은 하나님의 말씀을 듣고 그 말씀을 따라서 순종하여 행하였다; 그러나 아브라함은 죽었다 하나님의 말씀이 이스라엘의 선지자들에게 임하였다. 그들은 자기들 당대의 사람들에게 그 말씀을 신실하게 증거하였다; 그리고 그들 선지자들 또한 죽었다. 만일 하나님의 말씀이 그걸 듣고 지키는 자들을 육신적으로 죽지 않게 하지 못 하였다면, 이 사람의 말이 어떻게 죽지 않게 하는 효력을 발생할까? 그들이 생각하기를, 만일 이 사람이 그런 식으로 믿는다면 이 사람은 분명히 환영의 희생자요 귀신들린 것이 틀림없다.

"죽음을 맛보다"(막9:1;히2:9참조)는 51절에서의 '죽음을 보다' 라는 것과 같이 '죽음을 체험하는 것' 을 의미한다.

8:54-56 "예수께서 대답하시되 내가 내게 영광을 돌리면 내 영광이 아무것도 아니어니와 내게 영광을 돌리시는 이는 내 아버지시니 곧 너희가 너희 하나님이라 칭하는 그이시라 너희는 그를 알지 못하되 나는 아노니 만일 내가 알지 못한다 하면 나도 너희같이 거짓말장이가 되리라 나는 그를 알고 또 그의 말씀을 지키노라 너희 조상 아브라함은 나의 때 볼 것을 즐거워하다가 보고 기뻐하였느니라"

자기 자신을 증거하는 증거는 아무 효력이 없다(요5:31). 그러하듯이 자기 자신을 칭찬하는 것은 칭찬이 아니다. 심지어 서로 칭찬하는 공동체 내에서도 그 칭찬이 진정한 것인지 의심받게 된다(요5:44). 예수님의 눈에 오직 진정한 영광은"오직 하나님께로서 오는 칭찬"이다. 예수님의 대적들은 이 논쟁에서 이 하나님을 인정하기는 한다. 그들이 바로 하나님을 자기들의 하나님이라고 주장하기 때문이다-하나님이 이스라엘의 하나님이 아니신가? 그러나 아마 하나님은 더 특별하게 나다나엘같이 이스라엘 내에서 참 이스라엘 사람들만의 하나님이실 것이다(요1:47 참조). 예수님께는 하나님이 이스라엘의 하나님 이상이시다; 예수님께서는 하나님을 '나의 아버지' 로 아신다-그 칭호가 예수님의 입술에서 나올 때에 그들 예수님을 대적하는 무리들에게 그 칭호가 특별하게 해당이 안 된다는 것을 함축하고 있는 듯하다(요5:17,18 참조). 그들은 이 논쟁이 벌어지는 동안에 그 칭호를 예수님께서 사용하실 때에 더 크게 소외되었다. 예수님께서는 그 칭호를 그들이 사용해서는 안 된다고 생각하시기 때문이다. 그들이 "아버지는 한 분 뿐이시니 곧 하나님이시로다" 라고 말할 때, 예수님께서 그들에게 이르시되 너희의 행사가 그러한 주장을 부인하고 있다고 하셨다(요8:41,42).

예수님께서는 "너희가 '그가 우리 하나님이시다' 라고 하지만 너희는 그를 알지 못한다" 고 말씀하실 때에, 이전의 큰 선지자들의 주장을 상기하게 한다. 당대의 사람들이 '우리는 하나님의 백성들이요 하나님의 참 자녀들이라' 고 주장하는 것이 허사라고 그들 선지자들이 공박하였다. 그들이 하나님을 아는 지식을 거부하였기 때문이다(호4:1;6:6 참조). 55절에서 '안다' 는 뜻을 가진 두 동사 사이에 의미상 차이가 없어 보인다. "너희는 그를 알지(*에그노 카테(egnōkate), 기노스코(ginōskō)*의 완료형) 못하되 나는 아노니 (*오이다〈oida〉*)" (요7:27 참조).

예수님께서 하나님을 안다고 주장하시는 것이 영원 전부터 아버지의 아들로 존재하셨다는 것에 근거를 두고 있을 뿐 아니라 아버지의 뜻에 온전히 순종하시는 것을 기초한 것이다. 불순종은 하나님을 아는 지식을 가지지 못하게 막는 장벽이다. '그분을 아는 것 안에 우리의 영생이 있다'. "나는 그를 알고 또 그의 말씀을 지키노라" 는 진술은 서로 상관되는 두 상관 구절들이다. 그러나 이 진술에는 강조적이고 함축적인 의미가 있다: "내가 그를 안다. *왜냐하면* 내가 그의 말씀을 지키기 때문이다" 만일 영생이 하나님을 아는 것이라고 한다면(요17:3), 그의 말씀(그의 아들을 통해서 전달된)을 지키는 것은 영생에 이르는 길임이 동등하게 분명해진다. 예수님께서 자신을 어떤 자로 드러내시는가? 본질적으로 그가 살아계신 생명을 주시는 말씀이시다.

"너희 조상 아브라함은 나의 때 볼 것을 즐거워하다가 (여기서 이 말씀을 다른 방식으로 말한다면, '너희 조상 아브라함이 나의 날을 즐거워하면서 고대하였다')라는 말씀이 아브라함의 삶 속에서 특별한 체험을 지적하시는 것 같다. 그러나 그 체험이란 어떤 것인가?

여러 랍비들은 창24:1의 진술을 들먹이면서, 아브라함이 "나이 많이" 라는 말-글자 그대로 하면 '여러 날들로 들어섰다' 는 말이다 - 은 아브라함이 이스라엘의 역사 속에서 아주 탁월한 날을 내다보고 있다는 것을 암시하였다. 다시 말하면 홍해를 건너는 일이나, 율법을 주시는 것이나 장래에 일어날 일 등과 같이 말이다.[18] 그러니 메시아의 시대를 내다본다는 개념이 유대인들에게는 거부될 수 없었을 것이다. 그러나 언제 아브라함이 그리스도의 날을 보고 '즐거워' 하였는가(*아갈리아오마이(agalliaomai)*)? 아마 이삭을 번제로 드리려고 가던 길에서 "하나님이 번제를 위하여 어린양을 준비하시리라" 고 말한 때가 아닌가 한다(창22:8).[19] '이삭을 묶는' 사건은 유대인의 종교적 사상 속에서 탁월한 부분을 차지하는 것이었다. 특히 속죄의 교리가 문제시 되었을 때에는 말이다. 그러나 예수님께서는 아브라함이 '그리스도의 날' , 또는 '메시아의 시대' 를 알았다고 하지는 않으셨다; 그가 말씀하신 것은 아브라함이 '내 날' 을 보았다고 하셨다. 그것을 예수님 자신의 날로 표현하였기 때

18) *Genesis Rabba*(랍비적인 주석) 59.6이 창24:1에 대하여 주해하는 바를 참조하라.
19) *Testament of Levi* 18:6에서 Levi는 '새로운 제사장의 도래' 를 예고한다. 그 제사장을 위하여 '하늘이 열리고 영광의 성전에서 그에게 거룩함이 임할 것이로되, 아브라함이 이삭에게 말하듯이 하나님 아버지의 음성과 함께 임하리라' (창22:8을 가리키면서 아브라함이 이삭에게 한 말을 기록한 오직 유일한 경우를 생각하게 하는 것이 틀림없다).

문에 그들로 하여금 성나게 하였고 이상하게 조소(嘲笑)어린 생각을 일으켰다.

8:57,58 "유대인들이 가로되 네가 아직 오십도 못되었는데 아브라함을 보았느냐 예수께서 가라사대 진실로 진실로 너희에게 이르노니 아브라함이 나기 전부터 내가 있느니라 하시니"

그들은 예수님의 말씀을 이해하기를, 그와 아브라함이 당대의 사람으로 말하고 있는 쪽으로 이해하기 시작하였다. 그러한 주장은 심각하게 다루기에는 너무나 무모한 주장이었다. 예수님께서는 아브라함을 보았다고 말씀하시는 것이 아니다. 아브라함이 예수님의 날을 내다보았다고 말씀하신 것뿐이다. 그리고 그 시야(視野)가 아브라함에게 기쁨으로 가득 채웠다고 하신 것이다. 그러나 예수님의 대적자들이 말한 바대로, 그는 (말하자면) 엊그제 태어나신 것이다; 그는 그들 중 많은 이들보다 더 젊으셨다: 그런데 어떻게 아브라함이 그를 보았거나 그가 아브라함을 보았겠느냐?[20] (파피루스 75번이나 시내산 사본들을 포함한 사본적인 증거들은 사실상 '아브라함이 너를 보았느냐?' 이다)

예수님의 나이를 '오십' 으로 평가하는 것은 어림잡아 하는 평가다. 진실로 그는 50세에 미치지 못하셨다. 그러나 아브라함이 고대에 속한 사람이

20) 31-58절의 대화에서 아브라함을 언급한 것이 총 합계10회다(이 복음서의 다른 곳에서는 아브라함의 이름이 언급된 적이 없다). 이 점에 대하여 알아보려면, C. H. Dodd의 *More New Testament Studies*(Manchester1968), pp41-57에 나오는 'Behind a Johannine Dialogue' 를 참조하여 보라.

라는 것을 감안하면 30이나 50이나 그 차이는 무의미하다. 요2:20의 '46년' 이란 말에 대한 주해에서 이미 그리스도의 지상 생애는 49년까지 계속되었다고 하는 무리한 주장에 대 하여 언급한 적이 있다. 그러한 논리대로 하면, '아직 50도 못된' 이라는 말이 '전혀 50이 아닌' 이라는 말이다.[21]

예수님께서 그들의 항의에 대답하신 말씀은 '내가 그로라' *(에고 에이미(egō eimi)*는 확언을 되풀이한 것이다. 8장에서 이미 그 말을 두 번이나 하셨다(24,28절). 그것도 그 말이 표현하고자 하는 주장의 대단함을 강조하는 방식으로 말이다. 그는 이스라엘의 하나님의 언어를 반영하신다. 하나님께서는 영원부터 영원까지 동일하시다: "나 여호와라 태초에도 나요 나중 있을 자에게도 내가 곧 그니라" (사41:4). '아직 50도 못된 자' 가 어떻게 그같이 말할 수 있는가? 그가 태초부터 하나님과 함께 계시다가 이제 지상에 성육신 하시어 오신 '말씀' 으로서 말씀하실 경우에만 그렇게 하실 수 있다. 아브라함은 예수님의 성육신을 고대하고 있었다. 그러나 예수님 자신은 성육신하시기 전에도 존재하셨다. 아브라함이 태어나기(*게네스다이〈genesthai〉*) 전에도, 세상이 지음받기 전에도 계셨다. 영원하신 하나님의 '말씀' 은 영원하지 않으실 수 없다. 이 문맥에서 *에고 에이미*라는 말이 그와 같은 것을 전달하고 있다. 만일 그 대화가 아람어로나 아니면 히브리어로 되어졌다면, 예수님께서는 *아니 후('ănî hû)*라는 말을 사용하셨을 수 있다. 물론 그 말들을 자신에게 적용하시어 말이다.[22]

---

21) 2:19-21의 본서 주해를 참조하라.

22) 24절의 주해를 참조하라. B. Lindars(*Behind the Fourth Gospe*, p.46)는 '하나님의 지혜의 자기 예언' 을 생각 한다-예를 들어서, 잠8:27에서 "그가 하늘을 지으시며 궁창으로 해변에 두르실 때에 내가 거기 있었고"(히브리어 *솨암 아니〈shām 'anî〉*- '거기 내가 있느니라').

8:59 "저희가 돌을 들어 치려하거늘 예수께서 숨어 성전에서 나가시니라"

만일 예수님의 말씀이 근거 없는 것이었다면, 정말 뻔뻔한 신성 모독이었을 것이다: 그는 하나님께서만이 사용하실 수 있는 언어를 사용하시고 계셨다. 그 말씀을 듣는 이들이 가공스러워졌다:

그들의 자연스런 반응은 (비공식적이기는 했지만) 신성모독자들에게 가해지는 형벌을 간단하게 가하고 있는 것으로 나타났다:

"온 회중이 돌로 그를 칠 것이라"(레24:16). '숨다' 라는 동사는 글자 그대로 '숨겨지다' (수동형으로 *에크뤼베(ekrybē)*)인데 요12:36 에서와 같다. *크뤼입토(kryptō)*의 수동형은 70인역의 창3:8에서와 같이 재귀적인 의미를 가지고 있다. 아담과 그 아내가 '자신을 숨겼다' (*에크뤼베산* 〈*ekrybēsan*〉). 다양한 읽기는 예수님께서 '그들 중으로 통과하여 지나갔다' (*파레겐(parēgen)*)고 말한다 - 이는 9장의 처음의 진술: '길 가실 때에' (*카이 파라곤(kai paragōn)*)라는 말을 위해 독자를 준비시켜 준다.

역자 : 서문 강 목사

충남 금산고와 고려대 신문방송학과를 거쳐 총신대학 신학대학원을 졸업한 그는 현재 서울 은평구 녹번동 소재 중심교회의 담임 목사로 시무하고 있다.

번역을 통한 문서선교를 제2의 목회현장으로 여기는 역자는 그 동안 조나단 에드워즈와 아키발드 알렉산더, 로이드 존스, 제임스 패커, 제임스 보이스, 아더 핑크, 존 오웬, 뱅겔 등 개혁주의적이고 칼빈주의적인 신학 서적과 강해서들을 수십 편 번역 출간하여 한국 교회의 성도들과 복음 사역자들에게 그리스도 안에서 큰 도움을 준 사람으로 하나님께 쓰임 받는 사람이다.

저작 : "내가 다시 말하노니 기뻐하라" (빌립보서 강해)

역작 : 로이드 존스의 로마서 강해 전 9권

제임스 보이스의 요한복음 강해 전 5권

제임스 패커의 "하나님을 아는 지식"

아더 핑크의 히브리서 강해 전 3권

로이드 존스의 "목사와 설교"

조나단 에드워즈의 "신앙과 정서"

조나단 에드워즈의 "그리스도를 아는 지식"

존 오웬의 "그리스도의 영광"

뱅겔의 신약 주석 가운데 요한복음과 로마서 외 다수

요한복음 1

초판인쇄 : 1996년 9월 11일
재판발행 : 2000년 3월 25일
개정판 1쇄 : 2009년 4월 1일

저 자 F.F. Bruce
역 자 서문강 목사
발행인 김 용 환
발행처 도서출판 로고스

주소 : 서울 동대문구 신설동 98-9
TEL. 922-6872 FAX. 926-5406
등록 : 제 5-156호

정가 16,000원